Handbuch Badminton

Allgemeine Hinweise

BERND-VOLKER BRAHMS

HANDBUCH BADMINTON

TRAINING – TAKTIK – WETTKAMPF

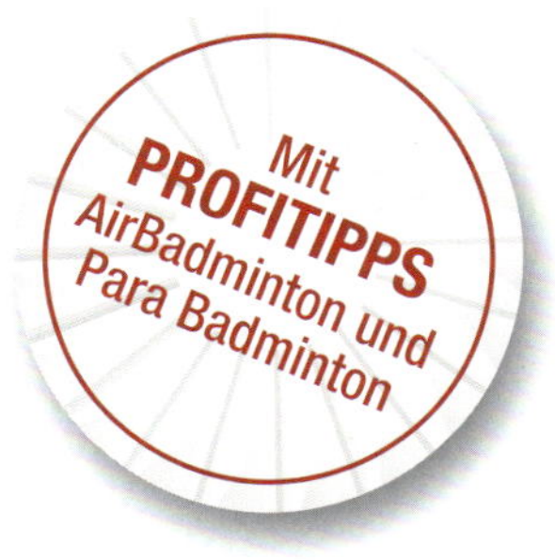

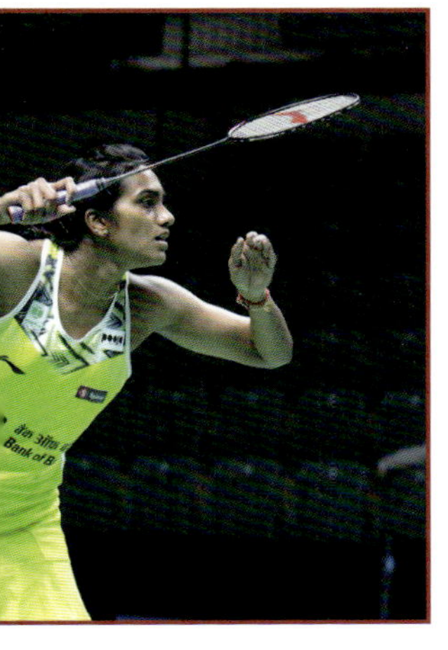

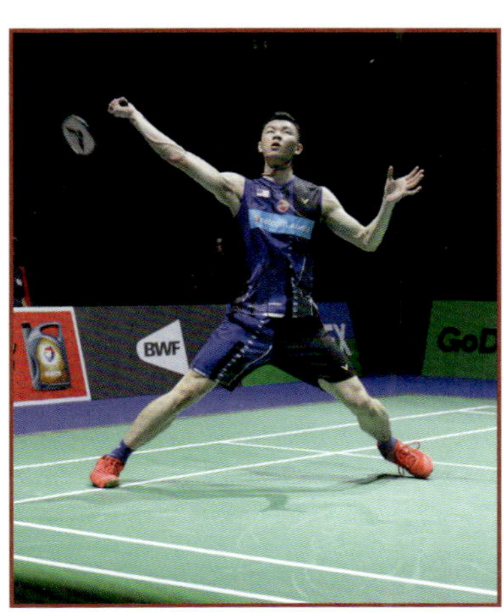

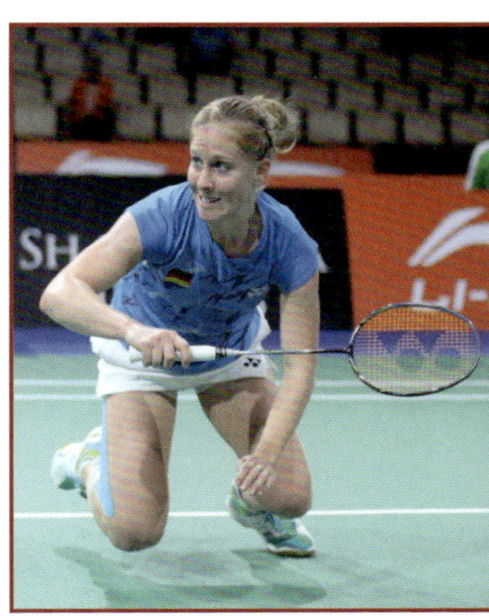

Meyer & Meyer Verlag

Handbuch Badminton

Bibliografische Information der Deutschen Nationalbibliothek
Die Deutsche Nationalbibliothek verzeichnet diese Publikation in der Deutschen Nationalbibliografie; detaillierte bibliografische Daten sind im Internet über http://www.dnb.de abrufbar.

3. überarbeitete Auflage 2024

Auckland, Beirut, Dubai, Hägendorf, Hongkong, Indianapolis, Kairo, Kapstadt, Manila, Maidenhead, Neu-Delhi, Singapur, Sydney, Teheran, Wien

 Member of the World Sport Publishers' Association (WSPA)

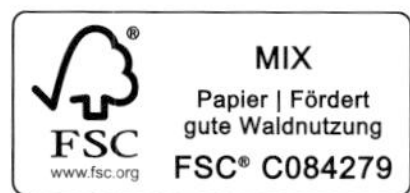

Gesamtherstellung: Print Consult GmbH, München
ISBN 978-3-8403-7875-1
E-Mail: verlag@m-m-sports.com
www.dersportverlag.de

Inhalt

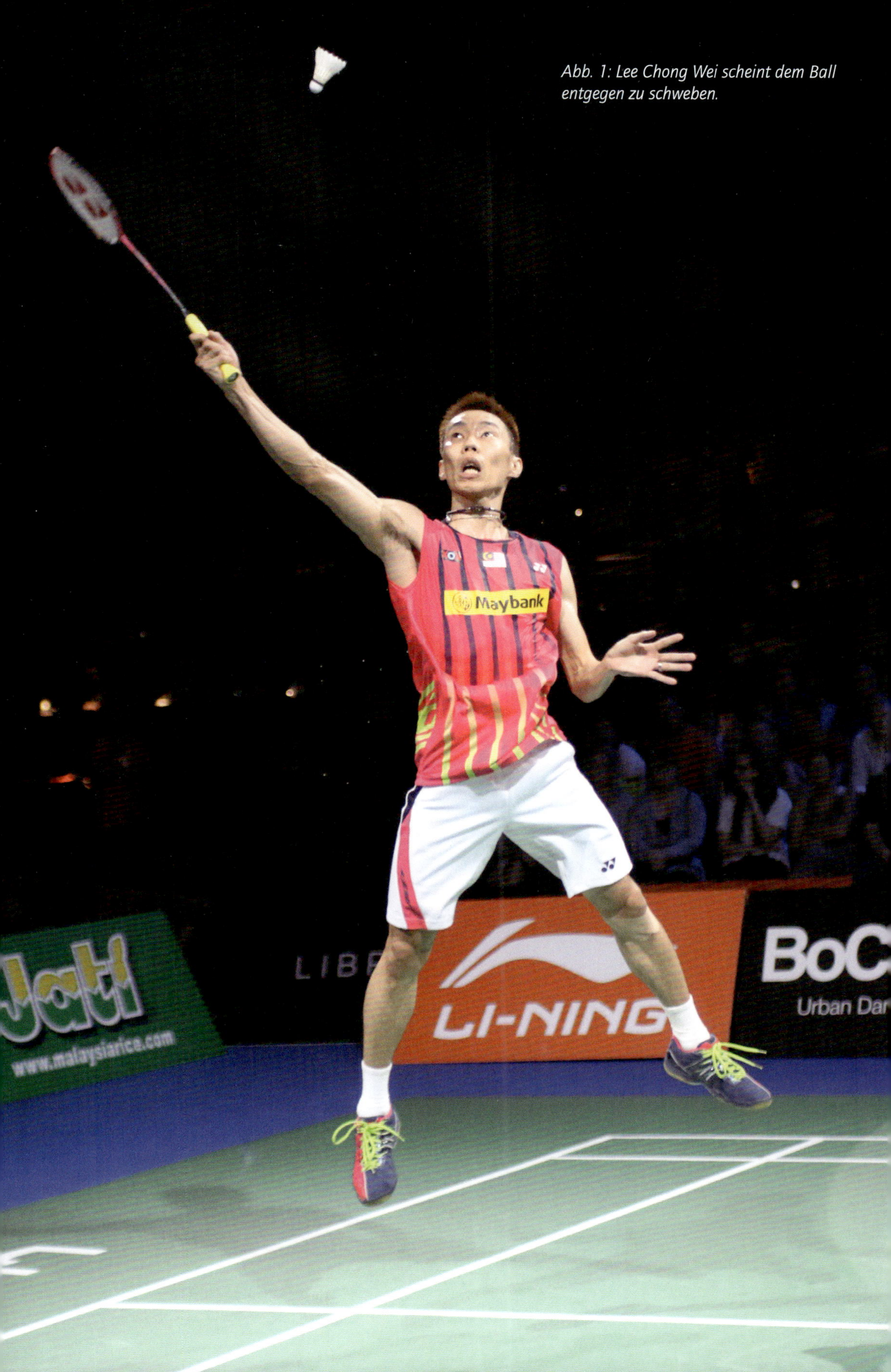

Abb. 1: Lee Chong Wei scheint dem Ball entgegen zu schweben.

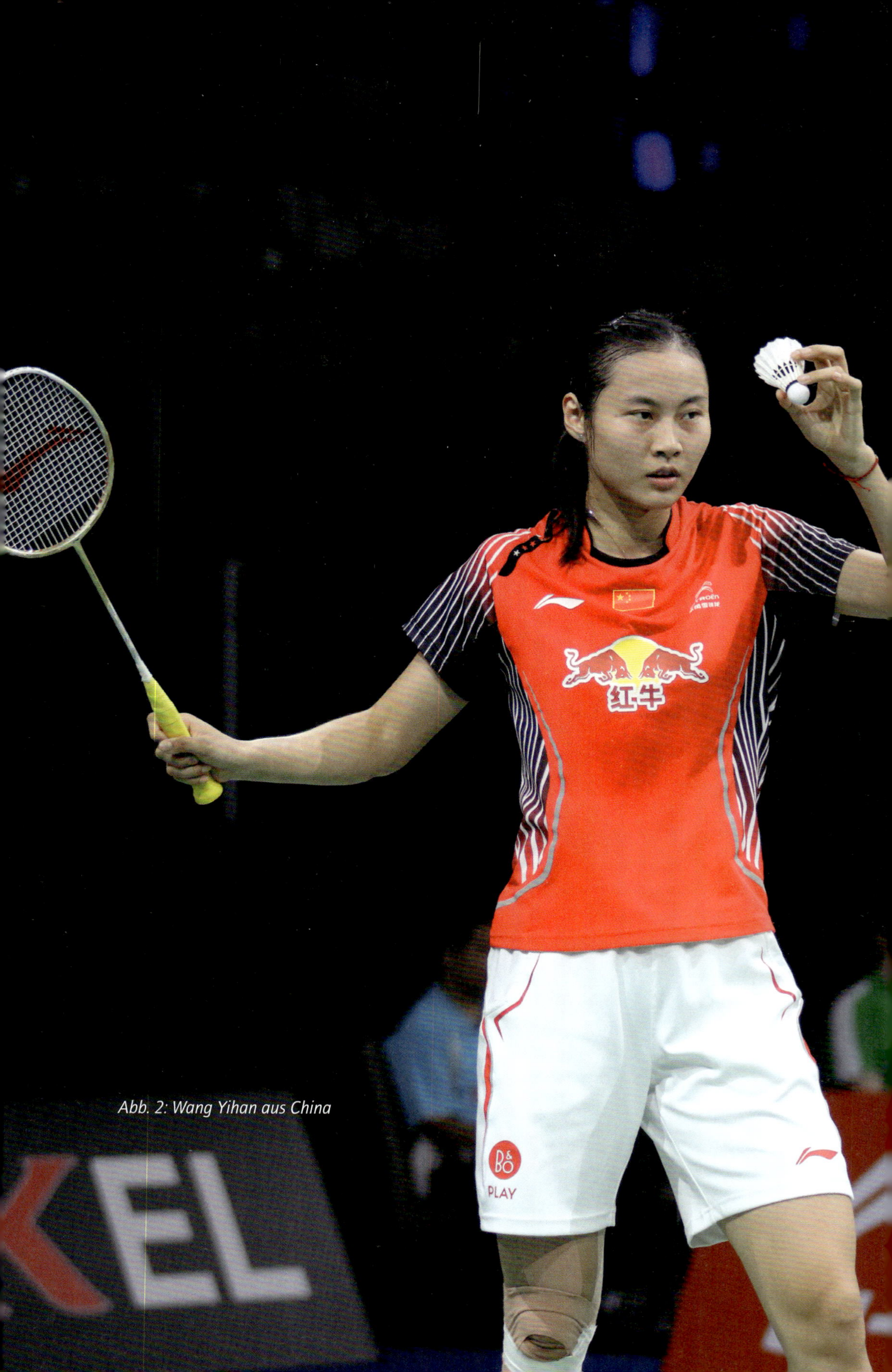

Abb. 2: Wang Yihan aus China

1 Die Philosophie des Spiels

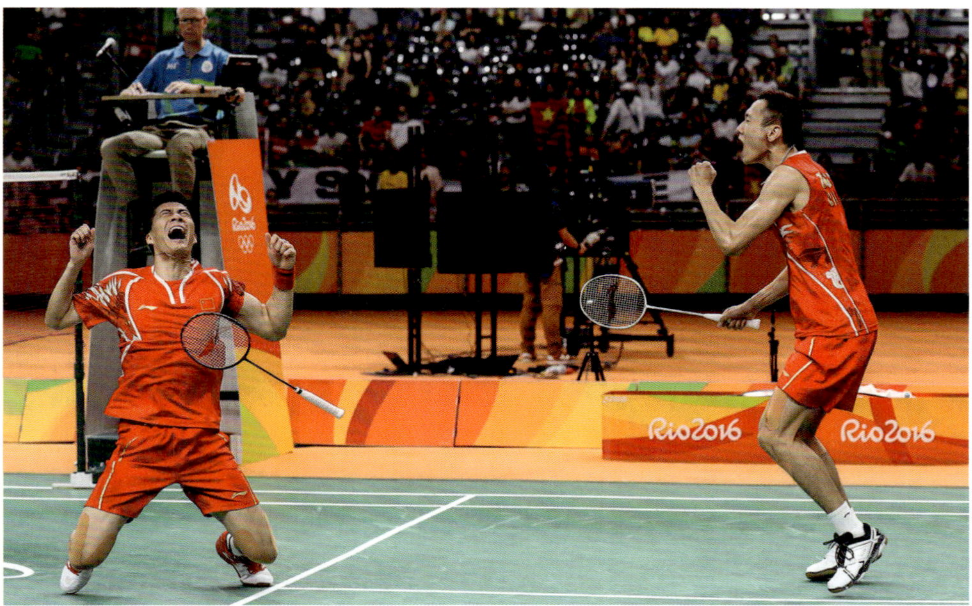

Abb. 3: Fu Haifeng und Zhang Nan freuen sich nach dem verwandelten Matchball - sie haben Gold gewonnen.

Badminton gehört zu den **schnellsten Sportarten der Welt**. Bei einem dänischen Spieler wurden bei einem Wettkampf 2017 bei einem Schmetterball 426 km/h gemessen - so schnell ist nicht einmal ein Golfball. Mit der zunehmenden Popularität von Badminton weltweit in den vergangenen 40 Jahren und der **Anerkennung als olympische Disziplin** entwickelte sich auch die Sportart selbst enorm weiter. Sportwissenschaftliche Überlegungen, verbessertes Training sowie industrielle Forschungen insbesondere bei der Schlägerproduktion führten Badminton in den vergangenen Jahren in eine ganz neue Dimension. Mit dem Federball auf der Wiese oder dem **gemächlichen Aristokratensport aus der Anfangszeit** vor 150 Jahren hat diese rasante Sportart schon lange nichts mehr zu tun. Nur Profis, die sich ganz dem Sport widmen, können es heutzutage noch in die Weltklasse schaffen.

Mit **immer besseren Trainingsmethoden** und Spielanalysen werden extreme Höchstleistungen erzielt, die auf Grund der Schnelligkeit der Bewegungsabläufe von Laien kaum erkannt werden. Während bis Mitte der 1980er-Jahre noch weit ausholende Schlagbewegungen und auch Handgelenkbewegungen zum Standardrepertoire gehörten, wird heute auf Weltklasseniveau viel mehr **mit kurzen Ausholbewegungen** gespielt - um dem Gegner möglichst wenig Reaktionszeit zu lassen. Ein gutes Beispiel dafür ist der

Aufschlag, der heute sowohl im Einzel als auch im Doppel bei Spitzenspielern fast nur noch mit der Rückhand ausgeführt wird. Dort gibt es nur noch **eine verkürzte Ausholbewegung**. Auch die Erkenntnis von der **Basicdrehung des Unterarms** revolutionierte das Denken über die Trainingsmethoden. Nicht der Einsatz des Handgelenks ist für die meisten Schläge elementar, sondern die Unterarmdrehung.

Badminton fordert den ganzen Körper, von der Schnellkraft über Konzentration und Kondition bis hin zu Feingefühl, Koordination und Raffinesse. Das Spiel ist sehr komplex, gleichwohl können Anfänger schon nach wenigen Trainingseinheiten **schnell Fortschritte in ihrem Spiel** erkennen. Nicht zuletzt deswegen ist Badminton ein sehr beliebter Schulsport.

Spiel mit einfachem Ziel und komplexen Möglichkeiten

Vereinfacht gesagt, beruht das Ziel des Spiels darauf, den Ball dorthin zu spielen, wo ihn der Gegner nicht mehr erreichen oder nur mit Mühe zurückbringen kann. **Die Ecken der gegnerischen Spielfeldhälfte** sind dabei taktisch die sinnvollsten Anspielpunkte, da der Gegner so die maximalen Laufwege zurücklegen muss. Welche Schlagarten, Lauftechniken und welche taktischen Konzepte den Spielern zur Verfügung stehen, soll in den kommenden Kapiteln erläutert werden. Dabei wendet sich das Buch insbesondere an Einsteiger und Vereinsspieler, denen kein Trainer zur Verfügung steht.

Die **optimale Ausführung der Schläge** unter Ausnutzung der anatomischen Voraussetzungen ist die Grundvoraussetzung, um ein höheres Spielniveau zu erreichen. Wenn falsche Bewegungsabläufe erst einmal verinnerlicht wurden, sind diese häufig nur durch hartes Training wieder auszumerzen. Und fatalerweise neigen Spieler gerade in engen Wettkampfsituationen dazu, dann doch wieder **in die alten Muster zurückzufallen**. Daher ist es besser, Badminton von Anfang an systematisch und richtig zu erlernen. Die im Folgenden erläuterten Schlagtechniken gelten für Rechtshänder und müssen von Linkshändern analog verstanden werden. Wenn vom Doppel die Rede ist, so ist gleichzeitig Herrendoppel, Damendoppel und Mixed gemeint.

Bei Badminton-Wettkämpfen wird sehr auf eine **Gleichberechtigung von Männern und Frauen** geachtet. In nur wenigen Sportarten wird derart intensiv miteinander Sport getrieben. Sei es in den Mannschaften, aber auch in der Mixed-Disziplin. Anders als beim Tennis, finden immer alle fünf Disziplinen bei den Turnieren statt, es gibt keine Trennung zwischen Herrn- und Damenturnieren. Seit 2008 wird auch **das gleiche Preisgeld** für beide Geschlechter gezahlt.

Zum **Gedanken der Gleichberechtigung** gehört beim Badminton auch die Teilhabe von Menschen mit Beeinträchtigungen. Badminton gehört seit 2021 zu den Paralympi-

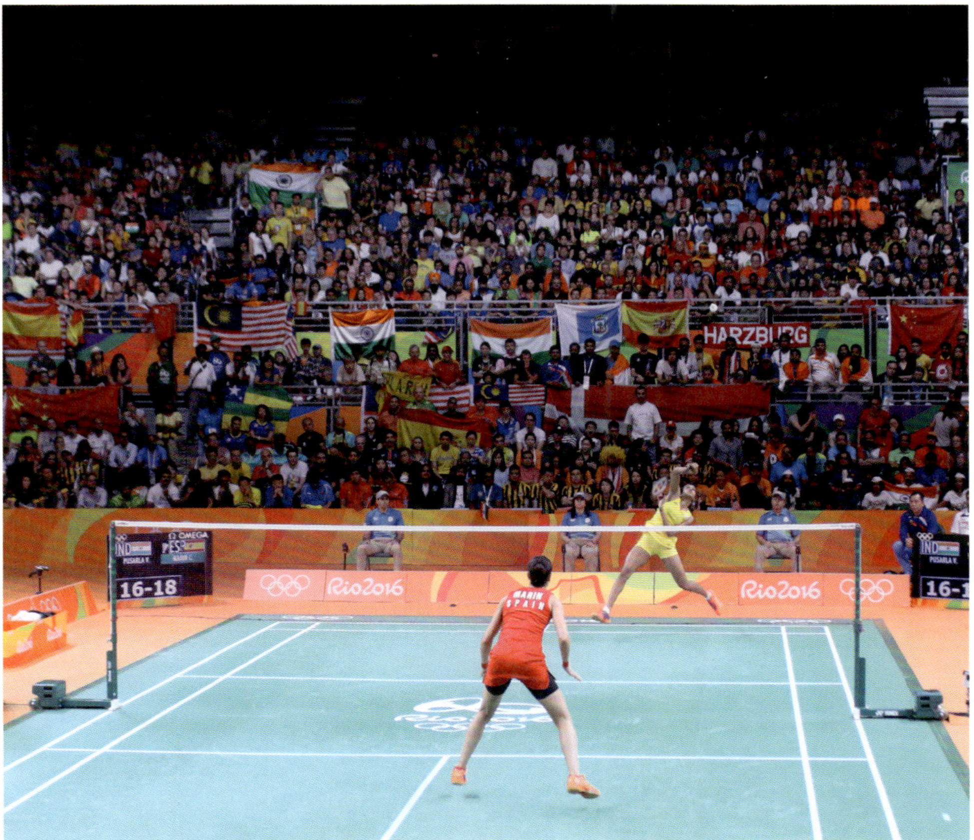

Abb. 4: Bei großen Turnieren – wie hier bei den Olympischen Spielen – wird vor großem Publikum gespielt.

schen Spielen und wird mittlerweile auch in diesem Bereich mit einer bemerkenswerten Professionalität betrieben. Es gibt zunehmend Turniere auf internationaler Ebene – und das auf allen Kontinenten. Für **Rolli-Fahrer und Fußgänger mit Beeinträchtigungen** gibt es im Übrigen nur wenige abweichende Regeln. Diese sind im regulären Regelwerk des Weltverbandes und auch beim Deutschen Badminton Verband (DBV) vermerkt. Diese Neuauflage widmet sich in einem eigenen Kapitel der paralympischen Variante des Sportes.

Auch auf einem weiteren Feld gewinnt Badminton Popularität. Seit 2020 gibt es die **Outdoor-Variante AirBadminton**, die am Strand genauso gespielt werden kann wie im Park oder auf der Straße. Wie das geht und welche Regeln dafür gelten, auch das findet sich erstmals hier in einem Buch veröffentlicht.

Badminton verbindet. Es wird in nahezu allen Ländern der Welt gespielt – dem Weltverband gehören 198 Nationalverbände an.

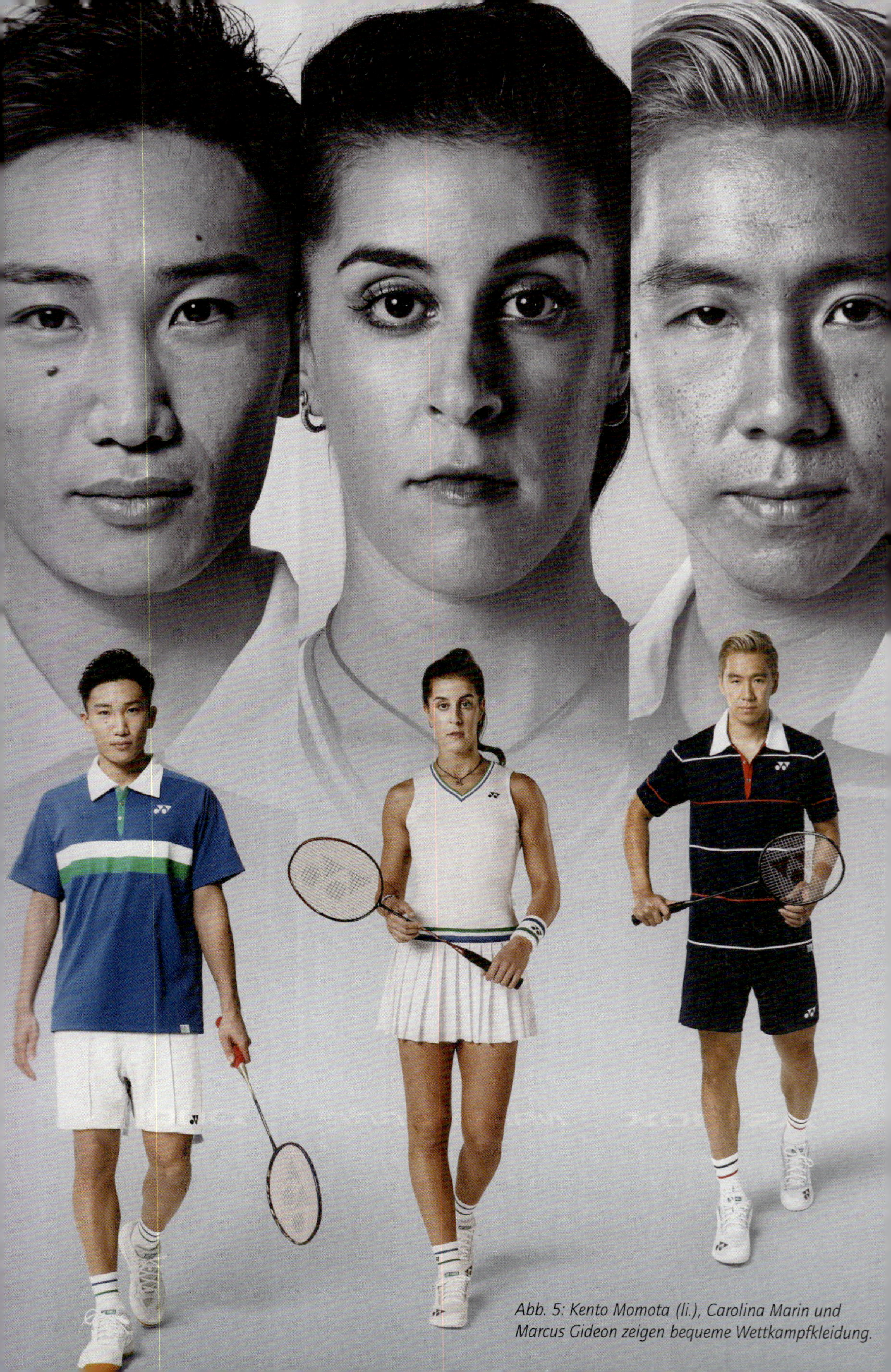
Abb. 5: Kento Momota (li.), Carolina Marin und Marcus Gideon zeigen bequeme Wettkampfkleidung.

2 Die Ausrüstung

Nicht zuletzt auf Grund der Verbesserung des Equipments beim Badminton sind heute wesentlich höhere Leistungen im Spitzenbadminton möglich. Diese Entwicklungen beziehen sich vor allem auf den **Schläger**, die **Besaitung** und die **Bälle**. Aber auch die **Sportkleidung** und die **Schuhe** wurden den modernen Anforderungen an einen Leistungssport angepasst. Dazu gehören genauso spezielle **Schlägerhüllen** und **Sporttaschen**, die den Erfordernissen von Badmintonspielern entsprechen.

2.1 Der Schläger

Während in den 80er Jahren das **Gewicht** der Schläger noch zwischen 100 g und 130 g lag, so wiegen die guten Rackets heute gerade mal noch etwa 85 g. Trotzdem können die Schläger durchaus mit einer Härte von bis zu 14 kg bespannt werden. Die Bestandteile des Schlägers sind **Griff**, **Schaft**, **Kopf** und **Besaitung**. In den Anfängen des Badmintonsports bis in die 1970er-Jahre bestanden Schläger vollständig aus **Holz**. Damit der Schlägerrahmen sich nicht verzog, wurde dieser nach dem Spiel in einen Spanner eingeklemmt.

Erst mit der Professionalisierung des Sports experimentierten asiatische Firmen mit anderen **Materialien** als Holz. Zunächst wurden Schaft und Rahmen aus **Leichtmetall, Stahl, Aluminium** und später aus **Carbon-Grafit** (Kunstfaser aus verkohltem Erdpech) hergestellt. Dadurch reduzierte sich zum einen das Gewicht, zum anderen erhöhte dies die Stabilität des gesamten Schlägers. Heute werden auch Stoffe wie Glasfasern (Fiberglas) und synthetische Fasern **(Boron, Grafit, Kevlar und Magan Beryllium)** verwendet. Die Materialien haben einen sehr hohen Zerreißwiderstand und sind wesentlich fester als Stahl - und haben vor allem eine wesentlich **höhere Elastizität**. Dabei besteht der Schläger nicht mehr aus verschiedenen Teilen, sondern Kopf und Schaft sind bei den hochwertigen Spielgeräten **aus einem Stück** (One-Piece-Konstruktion).

Die oben genannten Materialien machen die Schläger leichter und bringen eine größere Flexibilität hinein. Insbesondere der **elastische Schaft** sorgt für den sogenannten **Peitscheneffekt**. Man hört beim Schlag ein typisches **Zischgeräusch**. Während ein elastischer Schaft druckvolle Schläge unterstützt und eine noch größere Beschleunigung bewirkt, so ist die Eigenschaft der Flexibilität beim Schlägerkopf eher hinderlich. Die Präzision in den Schlägen geht verloren. Es gilt daher: Je härter der Rahmen ist, desto präziser lässt sich damit schlagen.

Hochwertige Schläger zeichnen sich durch eine **geringe Torsion** (Verwindungssteifheit des Schafts) aus. Diese wird daran gemessen, inwiefern sich der Schlägerkopf um die **Längsachse** des Schafts nach links oder rechts drehen lässt. In dem Fall, in dem der Spieler den Ball nicht zentral, sondern am **Schlägerrand** trifft, kann dieser bei einem Schläger mit geringer Torsion ähnlich gut zurückgebracht werden, wie bei einem Ball, der mittig getroffen wurde.

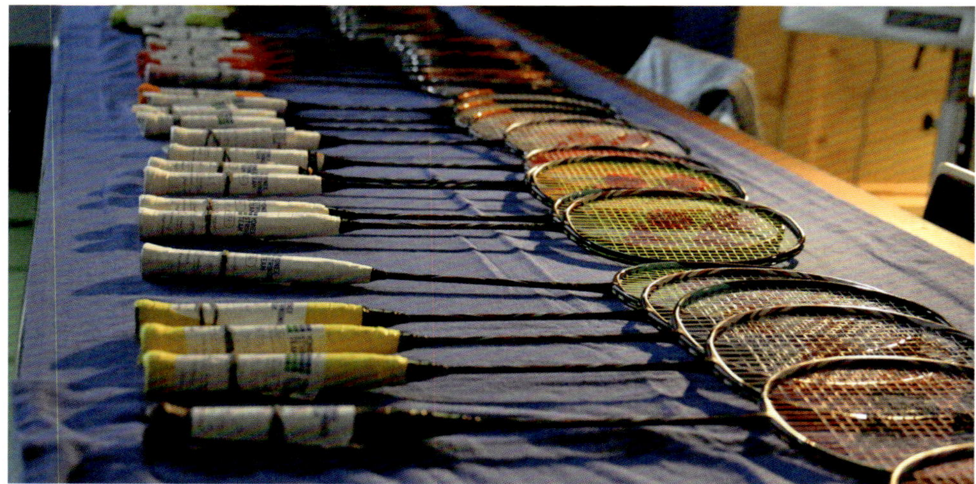

Abb. 6a: Neu bespannte Schläger bei einem Profiturnier

Eine weitere physikalische Eigenart des Schlägers, die die Spieleigenschaft beeinflusst, ist die **Balance**. Auf dem Markt gibt es **kopf- und grifflastige** sowie **ausgewogene Schläger**. Grundsätzlich bieten kopflastige Schläger eine **höhere Beschleunigung** beim Smash, während grifflastige Modelle besser geeignet sind für eine **defensive Spielweise**, weil damit eine größere Präzision in den Schlägen gegeben ist. Ausgewogene Modelle sind ein Kompromiss beider Varianten. Um zu testen, um welche Art von Schläger es sich handelt, muss man den Schläger auf dem Zeigefinger balancieren – und zwar so, dass sich der Zeigefinger in der Mitte am Schaft befindet.

Auch an der **Form des Schlägerkopfs** wurde experimentiert, da das Regelwerk lediglich Maximalmaße festlegt und somit andere Maße zulässig sind. So darf der gesamte Schlägerrahmen nicht länger als 68 cm in der Länge und 23 cm in der Breite sein. Für die Besaitung gelten Werte von maximal 28 cm x 22 cm.

Der traditionelle Schlägerkopf ist oval, es kann damit eine gute Ballbeschleunigung erzielt werden. Dies ist die Fort-

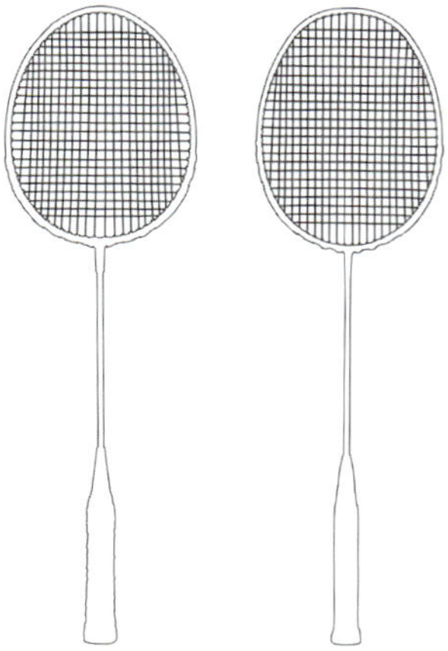

Abb. 6b: Klassische vs. Isometrische Kopfform

entwicklung gegenüber der **Tropfenform** aus den Anfängen der Sportart. Daneben ist mittlerweile auch die **isometrische Kopfform** gängig, wobei der Kopf nach oben hin flach abgerundet ist. Der optimale Schlagbereich - der sogenannte **Sweet-Spot** - vergrößert sich dadurch.

Tipp 1: Einsteiger sollten sich nicht von der **Schlägerwerbung** verrückt machen lassen - und ein günstigeres und unter umständen **robusteres Schägermodel** wählen. Gute Einsteigerschläger sind für **60-80,- €** zu haben. Stabile Schläger sind insbesondere bei Neulingen angeraten, wenn diese gerne **Doppel** spielen. Durch mangelndes technisches und taktisches Verständnis kreuzen sich da schon einmal ungewollt die Schläger.

Tipp 2: Beim Training und insbesondere beim **Wettkampf** sollte ein Spieler mindestens **zwei Schläger** dabeihaben. Diese Schläger sollten durchaus **im Wechsel** gespielt werden, damit sie „eingeschlagen" sind und während des Wettkampfs nicht für unnötige Anpassungsschwierigkeiten sorgen.

Tipp 3: Die **Griffstärke** kann über **Griffbänder** reguliert werden. Spieler mit großen Händen tendieren oft zu dicken Griffen. Sie wickeln durchaus zwei oder drei Griffbänder übereinander, um die gewünschte Stärke zu bekommen.

Tipp 4: Die Schlägergriffe eines neuen Schlägers sind aus **synthetischem Stoff** oder aus Leder. Versierte Spieler, die zum **Schwitzen in der Handfläche** neigen, wickeln ein rutschfestes Griffband aus **Gummi** oder **Frottee** um das Originalband. Dabei ist zu berücksichtigen, dass ein Frotteeband nach einer gewissen Zeit verbraucht ist und ausgewechselt werden muss.

Tipp 5: **Turnierspieler** sollten immer auch ein **Ersatzgriffband** dabeihaben, um dieses schnell auswechseln zu können.

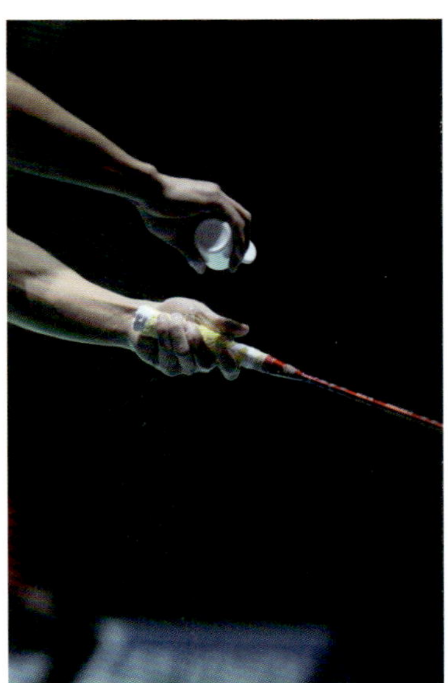

Abb. 7: Mit Puder kann der Frotteegriff getrocknet werden – hier von Lin Dan.

2.2 Die Besaitung

Die Besaitung des Schlägers ist ein wichtiger Faktor beim Badminton. Der Ballflug wird durch die **Beschaffenheit** und **Bespannungshärte** der Saite beeinflusst. Beschleunigung, Kontrolle und Kraftaufwand variieren dadurch erheblich. Saiten sind durchschnittlich **etwa 0,62-0,85 mm** dick. Bei der Bespannung ist zu unterscheiden in K**unstsaiten** und **Darmsaiten**.

Während frühere Spitzenspieler ausschließlich auf Naturdarmsaiten aus **Rinds- und Schafsdärmen** schworen, so nimmt deren Bedeutung mit der immer besseren Herstellung von Kunstsaiten ab. Darmsaiten zeichnen sich durch eine **hohe Elastizität** aus und gestatten ein gefühlvolles Spiel und eine hervorragende Ballbeschleunigung. Allerdings sind sie teurer als vergleichbare Kunstsaiten und weniger haltbar, da sie auf äußere Einflüsse wie Temperatur und Luftfeuchtigkeit reagieren.

Kunstsaiten können aus **einem Strang** (Polyester) oder aus **mehreren Fasern** (multifile Nylonsaiten) bestehen. Je nach Beschaffenheit unterstützen sie bestimmte Spieleigenschaften, wie gefühlvolles oder kraftvolles Spiel. Zudem variiert die Haltbarkeit je nach Herstellungsverfahren. Eines der profiliertesten Unternehmen auf dem Gebiet ist die amerikanische Firma Ashaway, die vor fast 200 Jahren in der Nähe von Boston mit der Produktion von Operationsfäden und Fischfangsaiten begann. Seit etwa 70 Jahren entwickeln sie Badminton- und Squashsaiten weiter.

Bei der **Bespannungshärte** muss ein Kompromiss zwischen der Beschleunigung und der Ballkontrolle gefunden werden. Als Faustformel gilt: Je härter die Bespannung, desto größer ist die Kontrolle und Ballsicherheit. Die Beschleunigung nimmt gleichzeitig ab. **Einsteiger** und **versierte Turnierspieler** sollten eine Härte von **etwa 7,5 bis 10 kg** wählen, um eine vernünftige Relation zur Haltbarkeit zu haben. Nur Profis wählen Bespannungshärten **zwischen 11 und 14 kg**. Durch ihre gute Technik und das hohe Kraftniveau können sie die Schwächen dieser extremen Härte ausgleichen. Häufig reißt die Bespannung bei einer derartigen Härte, sobald der Ball nicht sauber in der Mitte, sondern am Schlägerrand getroffen wird.

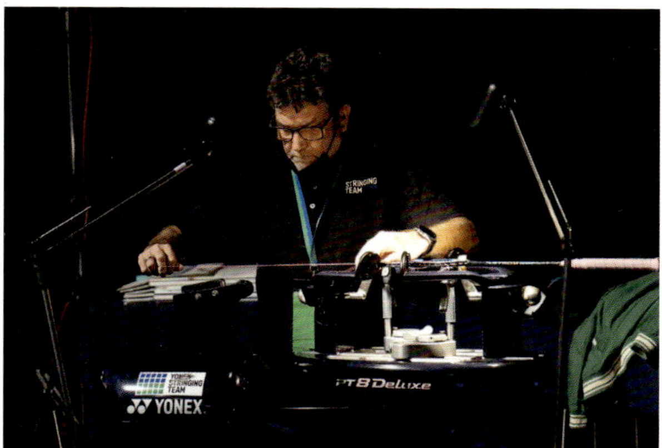

Abb. 8: Tim Willis bespannt für die Profis beim Turnier die Schläger – hier in Saarbrücken.

Tipp 1: Nach dem Spiel sollten die Schläger in einer Schlägerhülle aufbewahrt werden, damit die Besaitung nicht durch **klimatische Bedingungen** leidet.

Tipp 2: Bei regelmäßigem Training von 1-2 x pro Woche sollte eine Schlägersaite etwa **alle halbe Jahr** ausgewechselt werden, auch wenn diese nicht gerissen ist, da die **gleichmäßige Spannkraft** nachlässt und dadurch die Präzision der Schläge leidet.

Tipp 3: Wenn am **Trainingsschläger** eine Saite reißt, kann mit einer im Handel erhältlichen **Reparaturzange** der Schläger repariert werden. Dies sollte nicht mehr als 1 x erfolgen, da mit dem Reißen die gleichmäßige Spannung der Besaitung ohnehin weg ist.

Tipp 4: Sollte ein **Turnierschläger** reißen, so empfiehlt es sich, die übrigen Saiten gleich mit einer **Schere** zu zerschneiden. Dies wird insbesondere von Profis mit einer hohen **Bespannungshärte** gemacht, um ein **Verziehen des Schlägerrahmens** zu vermeiden.

Tipp 5: Spieler mit Beschwerden im Ellbogen **(Tennisarm)** können mit einer weichen, mehrfaserigen Nylonsaite für Abhilfe sorgen. Sie sollten sich von einem **Fachmann** über die entsprechende Saite beraten lassen.

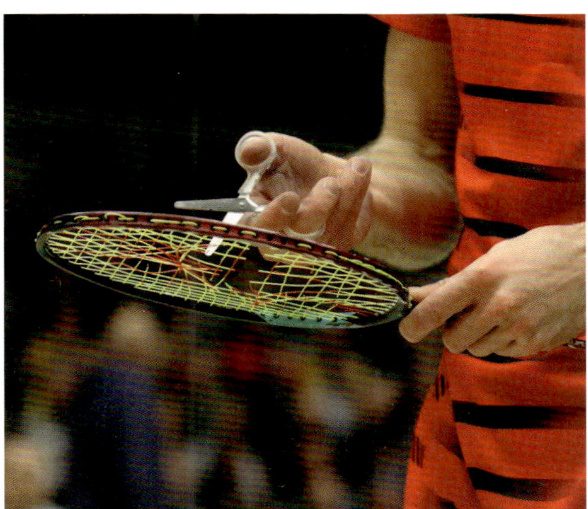

Abb. 9: Wenn eine Saite gerissen ist, wird sie komplett zerschnitten. Profis spielen hohe Bespannungshärten, da könnte der Rahmen Schaden nehmen.

2.3 Die Bälle

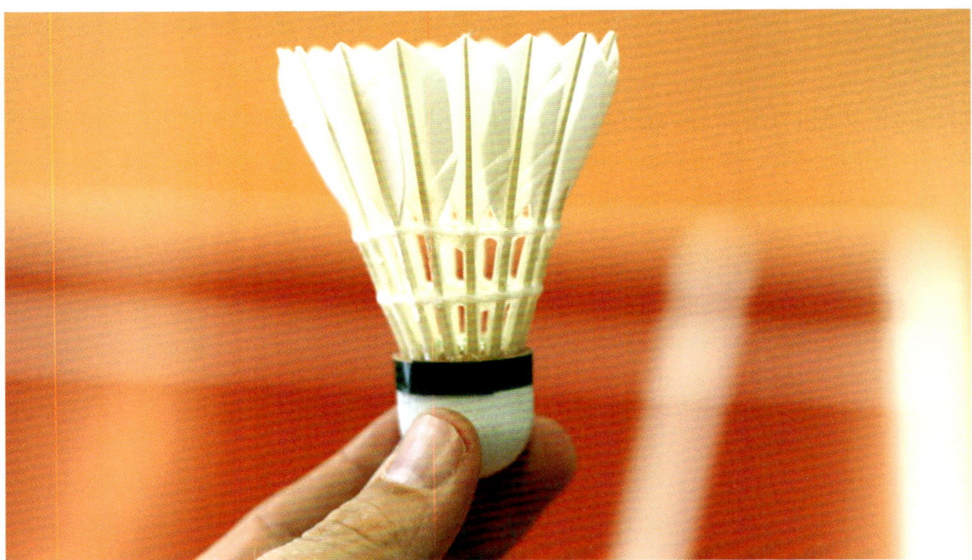

Abb. 10: Federball mit 16 Gänsefedern

Die **Maße** und das **Gewicht** der Bälle sind durch das **Regelwerk** festgelegt (siehe Kap.20). Es wird unterschieden in **Kunststoffbälle** und **Naturfederbälle** aus Gänse- und Entenfedern. Während es der Industrie bei der Besaitung gelungen ist, durch synthetische Stoffe die Naturprodukte nahezu abzulösen, ist dies bei den Bällen bisher nicht gelungen. Im Spitzenbereich werden ausschließlich Naturfederbälle gespielt, die zwar teurer und weniger haltbar als die Kunststoffbälle sind, jedoch viel bessere Flugeigenschaften aufweisen.

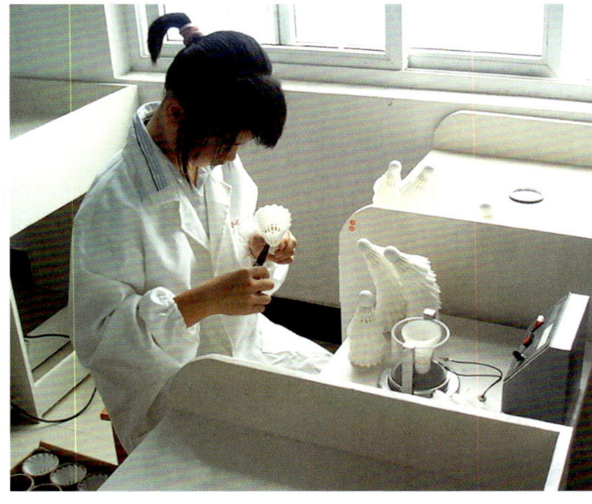

Abb. 11: In der Federballfabrik im chinesischen Nanjing, wo Victor seine Bälle produzieren lässt, wird der Abstand der Federn jedes einzelnen Balls manuell kontrolliert.

Naturfederbälle müssen mit einem **ungeheuren manuellen Aufwand** hergestellt werden. Auf Grund des hohen menschlichen Arbeitseinsatzes werden die Bälle ausschließlich in Asien produziert. Lediglich große Teile der **Korkfüße** stammen aus Portugal. Die Gänsefedern werden sortiert und mit Seife und Bleichmittel gewaschen und getrocknet. Später erfolgt eine Sortierung nach Federn in Links- und Rechtsbeugung. Lediglich das Zuschneiden der Federn erfolgt mit Maschinen. Die **16 Federn** werden per Hand in den Korkfuß gesetzt und mit Klebstoff und Garn befestigt.

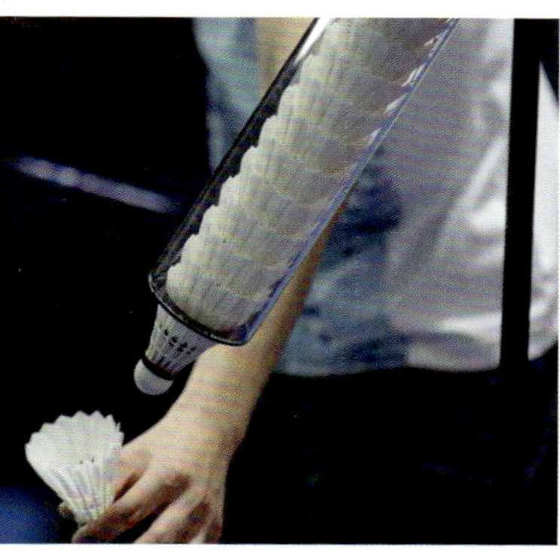

Abb. 12: Seit Corona gibt es am Spielfeldrand Ballspender. Vorher reichte der Aufschlagrichter die neuen Bälle.

Ehe die Bälle im Dutzend in Papprollen verpackt werden, wird jeder einzelne Ball mit einer Maschine oder per Hand auf seine **Geschwindigkeit** und den **Flugverlauf** getestet und in entsprechende Kategorien eingeteilt. Optimale Bälle fliegen bei einem **satten Unterhandschlag** von der Grundlinie bis 53-99 cm vor die gegenüberliegende Grundlinie **(Geschwindigkeitstest)**. In der Regel wird auch von den Sportlern vor der Partie die Geschwindigkeit der Bälle getestet, da diese je nach klimatischen Verhältnissen und der Größe der Halle variieren.

Je nach Hersteller gibt es unterschiedliche Bezeichnungen für die Qualität der Federbälle. International haben sich jedoch folgende Geschwindigkeitsangaben etabliert: **76 (langsam), 77 (mittel), 78 (schnell)**. Der Deutsche Badminton Verband (DBV) hat für die Bundesliga und die höherklassigen Turniere die jeweiligen Topbälle der Anbieter Babolat (Babolat 1), Decathlon (FSC 990), Forza (Forza VIP), Oliver Sport (Apex 200), Siam Sports (Yang Yang 202), Viktor (Master Ace) und Yonex (AS 50).

Insbesondere durch die relativ teuren Federbälle ist Badminton durchaus ein kostenintensiver Sport. Eine 12er-Rolle Bälle kostet zwischen 15,- und 30,- €, wobei man bei einem hart geführten Spiel **4-6 Bälle** verbraucht. Profis, die gelegentlich schon nach einem harten Smash prophylaktisch den Ball auswechseln, kommen bei einer Partie auch mal auf **20-30 Bälle**. Zumeist sind es einzelne Federn, die **abbrechen** und damit die Flugeigenschaft des Balls komplett verändern.

Kunststoffbälle halten – im Gegensatz zu den Naturfederbällen – durchaus einen kompletten Trainingsabend oder zwei, drei Spiele durch. Auch wenn die Hersteller immer wieder betonen, dass ihre Plastikbälle annähernde Flugeigenschaften wie die Gänsefederbälle haben, so kann man in der Trainingshalle andere Beobachtungen machen. Plastikbälle verlieren in der Luft schneller an **Geschwindigkeit**. Potenziell muss mit einem **höheren Kraftaufwand** geschlagen werden, außerdem ist die **Präzision** insbesondere beim kurzen Netzspiel nicht gegeben.

Nach vielen Experimenten der Ballproduzenten ließ der englische Verband 1952 erstmals Kunststoffbälle für den Spielbetrieb zu. Beim Weltverband wird zusammen mit der Firma Yonex daran gearbeitet, Kunststoffbälle mit Kunstfedern für die Topturniere zu entwickeln. Perspektivisch sollen die Federbälle abgeschafft oder zumindest stark reduziert werden. Diese seien - durch die hohen Kosten - ein Hinderungsgrund für eine noch stärkere Verbreitung des Sports. Allerdings ist es sehr schwer, an die Flugqualitäten eines echten Federballes heranzukommen. Bei absoluten Liebhabern ist es sogar der Knall des Balls beim Auftreffen auf den Schläger, der „wie Musik in den Ohren" ist. Dies möchten viele nicht missen.

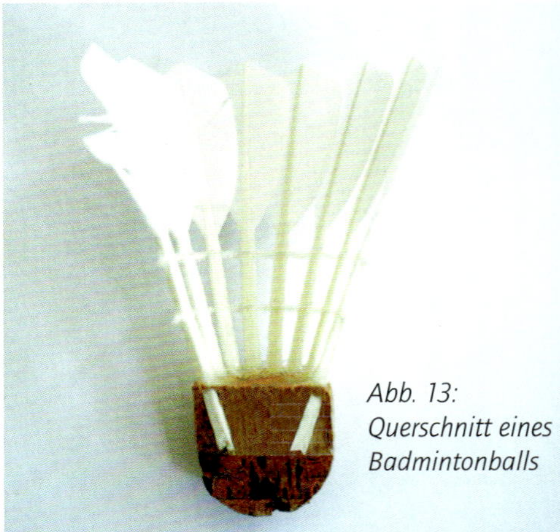

Abb. 13: Querschnitt eines Badmintonballs

Die Kunststoffbälle werden in drei unterschiedlichen Geschwindigkeitsstufen verkauft: **rot (schnell), blau (mittel) und grün (langsam)**. Es hängt auch von der Hallentemperatur ab, welche Kategorie gewählt werden sollte. Je heißer es in der Halle ist, desto schneller sollte der Ball sein.

Tipp 1: Zu **schnelle Federbälle** werden dadurch verlangsamt, indem entweder jede zweite oder jede vierte Feder an der **Spitze leicht nach außen abgeknickt** wird. Bei zu langsamen Bällen müssen die Federn entsprechend nach innen geknickt werden.

Tipp 2: Lange **gelagerte Federbälle** neigen dazu, **trocken** und **spröde** zu werden. Indem die Bälle einzeln und kurze Zeit über **Wasserdampf** gehalten werden, können diese wieder „frisch" gemacht werden, sodass sie nicht so schnell abbrechen und länger durchhalten.

Tipp 3: **Verbrauchte Turnierbälle** sollten nicht gleich **weggeschmissen** werden, für das Training sind diese immer noch gut. Für Übungen mit der **Ballmaschine** können sogar reichlich „abgenudelte" Bälle verwendet werden.

Tipp 4: Auch die **leeren Federballrollen** sind noch brauchbar. Bei Wettkämpfen kann mit zwei Dosen, die aneinandergeschlagen werden, **ordentlich Lärm** gemacht werden. Fans in Asien unterstützen so schon lange ihre **Favoriten**.

2.4 Die Schuhe

Mehrere Hersteller bieten spezielle Badmintonschuhe an. Diese zeichnen sich durch eine **rutschfeste Sohle** für Hallenböden aus und sie sind **sehr flach** konzipiert, damit der Spieler jederzeit guten Bodenkontakt hat und bei den oft rasanten Bewegungen nicht umknickt. Badmintonschuhe sind vorne **an den Zehen verstärkt**, damit sich die Schuhe beim Nachziehen des Fußes – speziell beim Ausfallschritt – nicht zu schnell abnutzen. Zudem sollte durch die Sohlen eine gute Dämpfung vorhanden sein, da Badmintonspieler viel springen. Gute Schuhe sind zu einem Preis von 70-120,- € zu bekommen.

Tipp 1: Beim Kauf der Schuhe sollte darauf geachtet werden, dass die Sohle nicht auf dem Hallenboden **abfärbt**. Sowohl in Schulsporthallen als auch in Centern kann man damit ansonsten **Ärger** bekommen.

Tipp 2: Es sollten zwei Paar Schuhe gleichzeitig in Gebrauch sein, damit bei Wettkämpfen auf jeden Fall **„eingelaufene" Schuhe** zur Verfügung stehen. Auf keinen Fall sollte man mit **neuen Schuhen** zu einem Turnier kommen, da man sich damit sehr schnell **Blasen** unter den Füßen läuft.

Tipp 3: Die Schuhe stets **gut zubinden**, damit der Fuß fest im Schuh sitzt und ein **Umknicken** damit verhindert wird.

Tipp 4: Auf keinen Fall in Jogging- oder Laufschuhen Badminton spielen. Diese sind zum Geradeauslaufen konzipiert und völlig ungeeignet für ruckartiges Hin- und Herspringen. Joggingschuhe provozieren durch die sehr hohen, gedämpften Sohlen geradezu ein Umknicken des Fußes.

Tipp 5: Insbesondere Spieler mit **Knick-, Spreiz- oder Senkfüßen** sollten **Sporteinlagen** in ihren Schuhen tragen. Ansonsten besteht die Gefahr, dass die ruckartigen Bewegungen zu wenig durch die Füße abgefedert werden und direkt auf das **Knie wirken**.

Rekord – Schnellster Marathon in einem Badminton-Dress
Der Pole Pawel Czudec stellte am 23. April 2023 beim TCS London-Marathon einen neuen Guinness-Rekord auf, in dem er die 42,195 Kilometer lange Strecke in einem Badminton-Dress in 2:53,01 Stunden bewältigte – so schnell wie keiner vor ihm. Der Pole trug den gesamten Lauf einen Schläger und einen Ball in seinen Händen. Wer den Rekord brechen will, muss laut Guinness-Statuten mindestens 16 Jahre alt sein.

2.5 Die Kleidung

Badmintonsportler sollten vor allem **bequeme Kleidung** tragen. Weite Schlabberhosen oder eng sitzende Röcke sind eher ungeeignet, da es auf die **Beweglichkeit** ankommt. Wettkampfspieler - egal, ob Männer oder Frauen - tragen zumeist **Poloshirts** und Shorts. Dabei kann je nach modischem Geschmack auch auf eng anliegende Kleidung zurückgegriffen werden. Die Shirts sollten aus einem **atmungsaktiven Stoff** sein, damit der Spieler nach langen Ballwechseln nicht das Gefühl hat, zu ersticken.

Mannschaftsspieler treten in einheitlicher Spielkleidung an. Zur guten Ausstattung gehört auch ein **Trainingsanzug**. Um alle Utensilien für Training und Wettkampf verstauen zu können, sollten Badmintonspieler früher oder später auf **große Taschen** zurückgreifen, in denen sowohl Schuhe, Kleidung, Schläger und Bälle sowie etwas zu trinken und essen Platz finden. Spezielle Badmintontaschen sind heute so konzipiert, dass sie auch bequem wie ein **Rucksack** auf dem Rücken getragen werden können.

Von der Spielordnung im Deutschen Badminton Verband (DBV) gibt es kaum Einschränkungen der Kleidung. Es heißt dort lediglich, dass „sportgerechte Kleidung" zu tragen sei. Auch Werbung ist auf der Kleidung uneingeschränkt zulässig, es sei denn sie ist „sittenwidrig, beleidigend oder abstoßend".

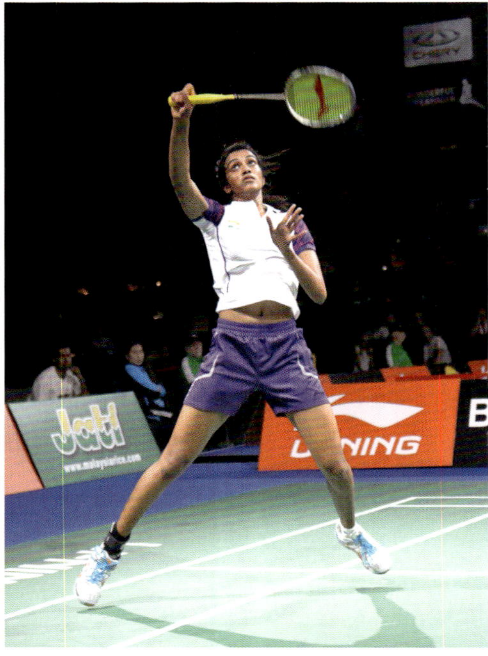

Abb. 14: Hosen sind auch für Frauen zugelassen. Der Weltverband war 2011 damit gescheitert, Frauen einen Rock aufzuzwingen.

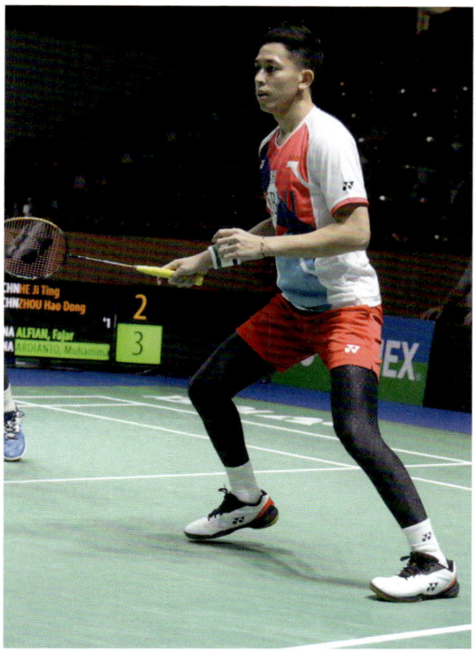

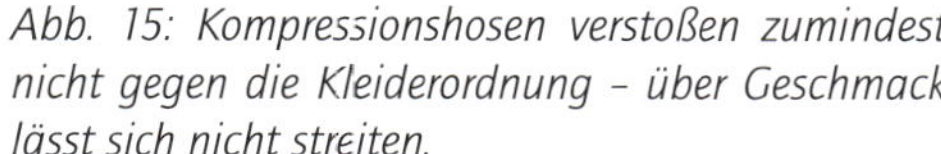

Abb. 15: Kompressionshosen verstoßen zumindest nicht gegen die Kleiderordnung – über Geschmack lässt sich nicht streiten.

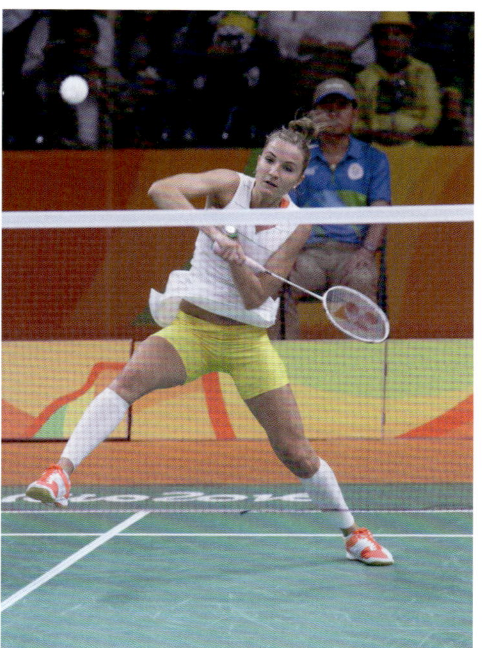

Abb. 16: Für Frauen sind Leggins erlaubt – wenn drüber ein langer Einteiler getragen wird. Hier die Ungarin Laura Sarosi.

Tipp 1: Bei **Wettkämpfen** sollte der Spieler etwa genauso **viele Shirts** dabei haben, wie dieser vermutlich Spiele bestreiten muss. Ein durchgeschwitztes Hemd sollte sofort nach dem Match **ausgezogen** und gegen ein **trocknes** gewechselt werden. Ansonsten kann sich der Spieler bei Zugluft schnell eine **Erkältung** zuziehen.

Tipp 2: Nach einem Spiel oder in einer längeren Trainingspause sollte der Spieler immer einen **Trainingsanzug** überstreifen, damit der Körper nicht **auskühlt**. Ansonsten fühlt sich der gesamte Körper steif an und die **Muskulatur** ist bei der Wiederaufnahme des Spiels nicht warm.

Tipp 3: Spieler mit **stark schwitzenden Füßen** sollten **sich Spezialsocken kaufen**, die die **Feuchtigkeit** gut aufnehmen. Zwei Paar Socken übereinander anzuziehen, ist in einem solchen Fall eher nicht zu empfehlen, da man sich hierdurch schnell mal **Blasen** läuft.

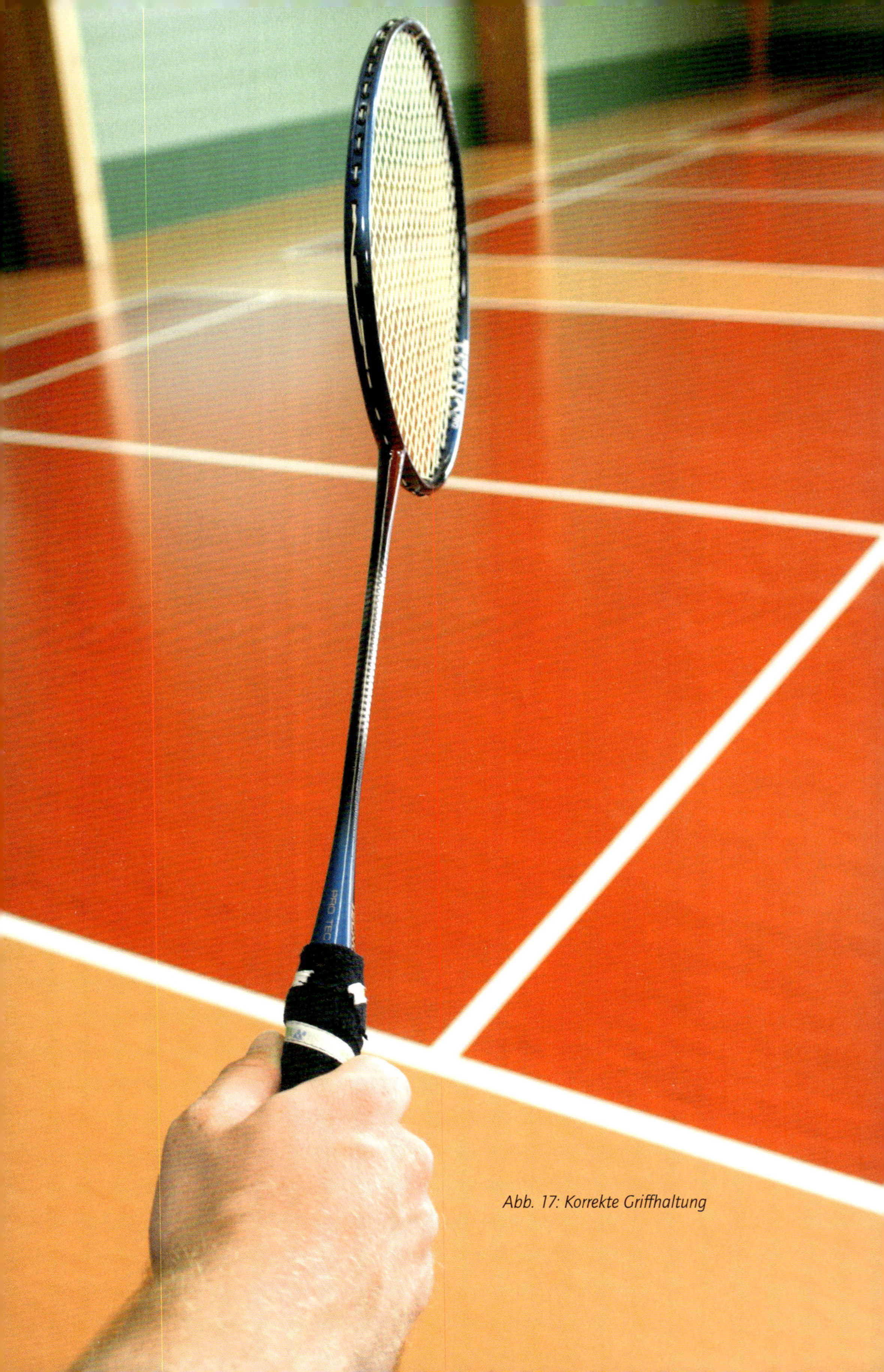

Abb. 17: Korrekte Griffhaltung

3 Die Griffhaltung

Die **richtige Griffhaltung** des Schlägers ist die Grundlage für effektive Schläge und essenziell für die Verbesserung des Spielniveaus. Nur so können die **ideale Ausholbewegung**, die **ideale Kraftübertragung** und der **ideale Treffpunkt** des Balls zusammenfallen - und einen **krafteffizienten Schlag** erzeugen. Völlig ungeeignet ist der sogenannte **Bratpfannengriff** (Abb. 18), bei dem der Schläger wie eine Pfanne oder Fliegenklatsche gehalten wird. Die Haltung ist ein beliebter Anfängerfehler und kann bei dauerhafter Ausführung zu **Schmerzen im Ellbogen** führen (sogenannter Tennisarm). Bei einer richtigen Haltung ist der Schlägerkopf zum Bratpfannengriff etwa um **90°** versetzt.

Einsteiger sollten zunächst ausschließlich mit dem **Universalgriff** spielen (Abb. 17). Alle Schläge können damit sicher und effektiv geschlagen werden. Dabei fasst der Spieler den Schläger so an, dass er bei einem ausgestreckten Arm lediglich den Schaft und den Rahmen - jedoch nicht die Bespannung - sieht. Die Schlagfläche ist dabei gewissermaßen die **Verlängerung der Handfläche**. Die Hand umfasst den Griff vollständig und die **Handunterkante** schließt etwa mit dem Griffende ab. Dem Universalgriff sollten Einsteiger eine erhöhte Aufmerksamkeit zukommen lassen. Erst einmal angewöhnte Fehlgriffe sind später nur schwer auszumerzen. Zudem kommt **Frustration** auf, wenn die Grundschläge auf Grund der falschen Griffhaltung nicht gelingen wollen.

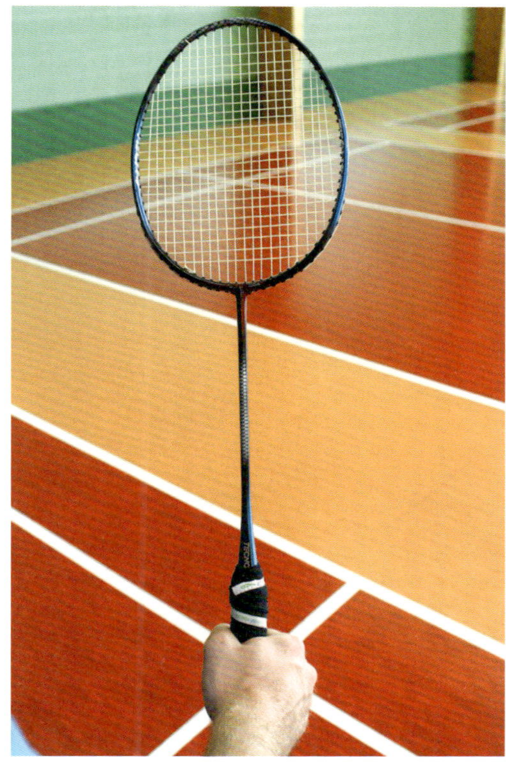

Abb. 18: So besser nicht: Der Bratpfannengriff

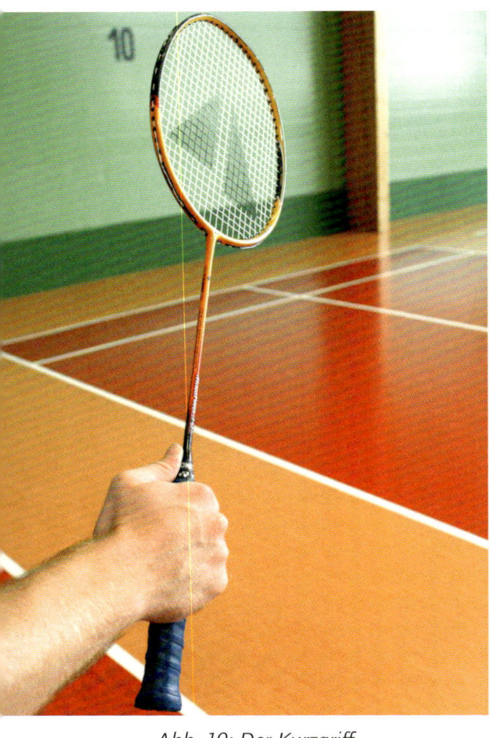

Abb. 19: Der Kurzgriff

Je nach Spielsituation variiert der versierte Badmintonspieler die Griffhaltung, um damit bestimmte Schläge noch effektvoller zu spielen. Beim **Kurzgriff** (Abb. 19) fasst der Spieler den Schläger möglichst weit oben am Griff an. Der Hebel zwischen Schlagfläche und schlagführender Hand ist dadurch besonders kurz und der Ball kann besonders kräftig geschlagen werden. Diese Griffvariante bietet sich an, wenn der Ball vorne **am Netz** „getötet" werden soll, also möglichst sicher ins gegnerische Spielfeld gebracht wird. Auch beim **Drive** kann die Haltung effektiv eingesetzt werden, weil es auch hier auf einen kräftigen Schlag ankommt, der ohne lange Ausholbewegung ausgeführt wird. Der Ball wird häufig mehr geschoben als geschlagen. Der Unterarm und der Schlägerschaft stehen nahezu in einem rechten Winkel zueinander.

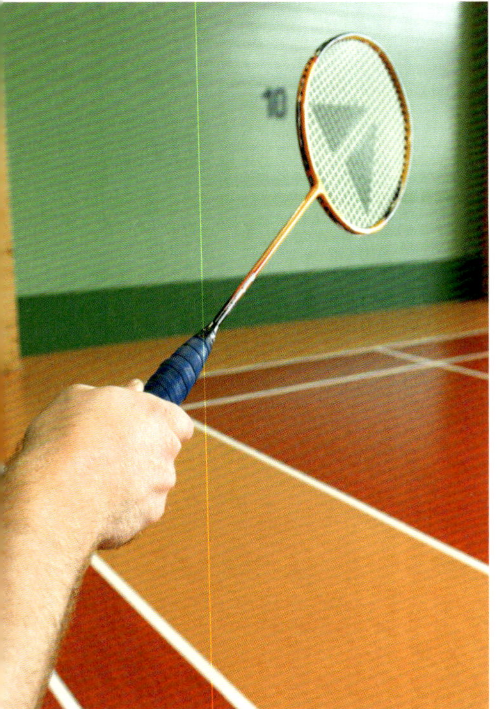

Abb. 20: Der Langgriff

Eine andere Variante zum Universalgriff ist der **Langgriff** (Abb. 20), bei dem der Spieler den Griff am äußersten Ende anfasst. Hierdurch kann eine **hohe Beschleunigung** erreicht werden, da der Hebel zwischen schlagführender Hand und Schlägerkopf verlängert wird. Die Griffhaltung kann prinzipiell auf **alle Schläge** angewandt werden. Es ist jedoch zu berücksichtigen, dass der Griff nicht voll umfasst wird und dadurch leichter aus der Hand rutschen kann. Am wenigsten geeignet ist der Langgriff daher für den Smash.

Generell gilt für die Schlägerhaltung, dass der Schläger **locker in der Hand** liegt, solange nicht geschlagen wird. Erst mit dem Schlag wird fest **zugegriffen**. Auf einem höheren Spielniveau weichen die Spieler situationsbedingt vom Universalgriff ab und drehen den Schläger **um bis zu 30°** nach links oder rechts. Hierdurch verändert sich der Schlagwinkel, sodass der Ball in verschiedene Richtungen gewissermaßen weggedrückt werden kann. Dieses Vorgehen eignet sich auch zum **Streuen von Finten**, da der Gegner sich nicht auf die direkte und **antizipierte Variante** einstellen kann.

Beim Universalgriff ...
- bildet die Schlagfläche die Verlängerung der Handfläche;
- bilden Daumen und Zeigefinger ein „V";
- umfasst die Hand den Griff voll und
- schließt die Handkante unten mit dem Griff ab.

Beim Kurzgriff ...
- wird der Schläger weit oben angefasst und
- kann der Spieler mehr Druck auf den Schlag ausüben (insbesondere beim Drive und dem Spiel im Vorderfeld).

Beim Langgriff ...
- wird der Schläger am Ende des Griffs festgehalten;
- schiebt sich die Handfläche im Extremfall unter das Griffende;
- kann der Spieler aus dem Hinterfeld mehr Beschleunigung in den Schlag bringen;
- sorgt der Zeigefinger bei Vorhandbällen für eine Stabilisierung des Schlags und
- sorgt der Daumen beim Rückhandschlag für einen erhöhten Druck beim Schlag.

Tipp: Den Schläger locker in der Hand halten und erst mit dem Schlag fest zugreifen.

Übung 1: Schlägerdrehen: Den Schläger in der Hand drehen, um so ein Gefühl zu entwickeln.
Übung 2: Ballgefühl: Einen Ball senkrecht in die Luft schlagen und abwechselnd mit der Vor- und der Rückhand wieder hochschlagen.
Übung 3: Duell mit der Wand: Ein Ball wird mit Wucht gegen eine Wand gespielt, sodass dieser für weitere Schläge abprallt und immer wieder geschlagen wird.
Übung 4: Griffroulette: Bewusster Wechsel der Griffhaltung von Universal-, Kurz- und Langgriff während einer Wechsel-Clear-Übung (siehe Kap. 8).
Übung 5: Ballaufheben: Versierte Spieler nehmen den Ball mit dem Schläger vom Boden auf und bücken sich nicht bis ganz runter. Das Ballaufheben mit dem Schläger ist eine gute Übung zur Koordination von Hand und Schläger. Mit der Rahmenspitze wird mit Schwung unter den Korkfuß gegriffen und so der Ball auf die Schlägerfläche gehoben.

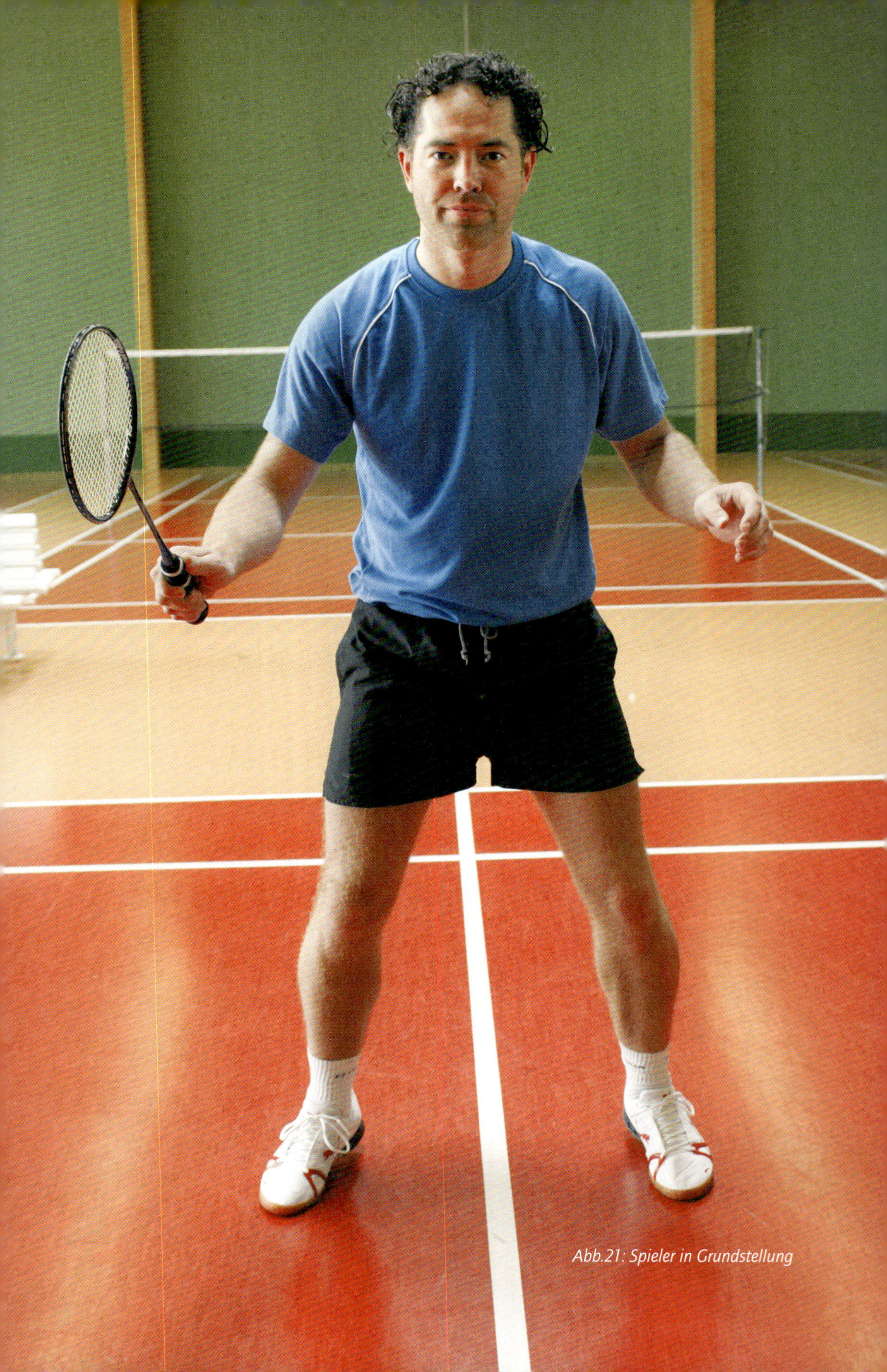

Abb.21: Spieler in Grundstellung

4 Die Grundstellung

Die Grundstellung ist **kein Bewegungsablauf**, sondern gewissermaßen eine **eingefrorene Ausgangsstellung,** woraus sich **taktische Überlegungen für den Spielaufbau** ableiten lassen. Sie wird auch als **Nullstellung oder zentrale Position** bezeichnet. Innerhalb eines Spiels - mit seinen schnellen Schlagbewegungen und Laufwegen - wird der Spieler selten einmal wirklich in dieser gedachten Idealposition verharren. Es ist vielmehr eine theoretische Momentaufnahme. Die Ausführungen beziehen sich vorrangig auf die Einzeldisziplin, taktische Überlegungen zum Doppel finden sich im entsprechenden Kapitel dieses Buches.

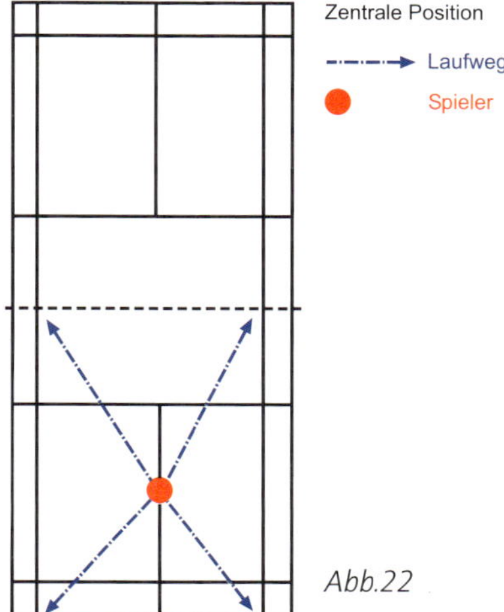

Abb.22

Der ballannehmende Spieler steht idealerweise in der **zentralen Position** des Spielfeldes, die sich etwa 1 m **zurückversetzt von der T-Linie** befindet. Der Spieler steht mittig, sodass er nach links und rechts einen gleich weiten Weg hat. Die zentrale Position sichert dem Spieler, gleich gut die kurzen Bälle am Netz und die langen Bälle an der Grundlinie erreichen zu können. Die **gleich schnelle Erreichbarkeit aller vier extremen Ecken des Spielfeldes** ist der Grundgedanke und **das taktische Konzept** bei der Orientierung auf die zentrale Position. Speziell im Kapitel 14 „Die Lauftechnik" finden sich hierzu die Beschreibungen verschiedener Laufwege.

Bei der Grundstellung steht der Spieler **frontal zum Netz**, seine Füße sind etwa schulterbreit nebeneinander aufgestellt. Die Knie sind leicht angewinkelt, der **Oberkörper ist etwas nach vorn gebeugt**. Der gesamte **Körper ist angespannt**, wobei das **Körpergewicht auf den Zehenspitzen** liegt. Die **Körperhaltung** sowie die **Muskulatur** sind in **Vorspannung** - und bereit zur Aktion. Um den Ball möglichst schnell retournieren zu können, wird der **Schläger hoch** vor dem Körper gehalten. Der Blick des Spielers geht zum Gegner, er versucht, die **Flugbahn** des Balls möglichst **schnell vorherzusehen**, um entsprechend reagieren zu können.

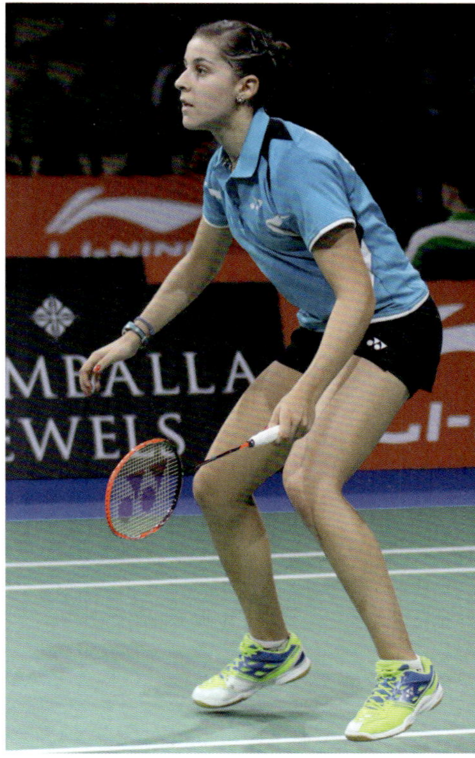

Abb. 23: Carolina Marin erwartet in Grundhaltung den Ball. Der Körper ist in Vorspannung.

Dem Badmintonspieler bleibt nur der **Bruchteil einer Sekunde**, um über den **Laufweg** und die **Schlagvariante** zu entscheiden. Dabei erfordert jede Spielsituation eine **neue Lösungsvariante**, viele Abläufe geschehen dabei **intuitiv** und sind nicht bewusst überlegt. Von daher ist es wichtig, im Training **bestimmte Spielsituationen** bewusst durchzugehen, um diese im Wettkampf anwenden zu können. Die Überlegungen zur Grundstellung sollen helfen, ein Grundgerüst für die taktischen Varianten des Spiels aufzubauen – es handelt sich um die optimale Ausgangsstellung. Je nach **Spielsituation** muss diese vom Spieler **selbstständig variiert werden**.

Bei der Grundstellung ...

- steht der Spieler etwa einen Schritt hinter der T-Linie, also etwas hinter der vorderen Aufschlaglinie (in der zentralen Position des Spielfeldes);
- winkelt der den Ball annehmende Spieler die Knie leicht an;
- zeigt der Schlägerkopf nach oben und wird vor dem Körper gehalten;
- ist der Oberkörper leicht nach vorne gebeugt;
- befindet sich der Ellbogen des schlagführenden Arms vor dem Körper;
- geht der Blick in Richtung des Gegners;
- steht der Spieler auf beiden Füßen, wobei die Belastung auf dem Fußballen liegt und die Fersen leicht angehoben sind;
- stehen die Füße etwa schulterbreit nebeneinander und
- sollte der Spieler leicht hüpfen und so eine Spannung in den gesamten Körper bringen.

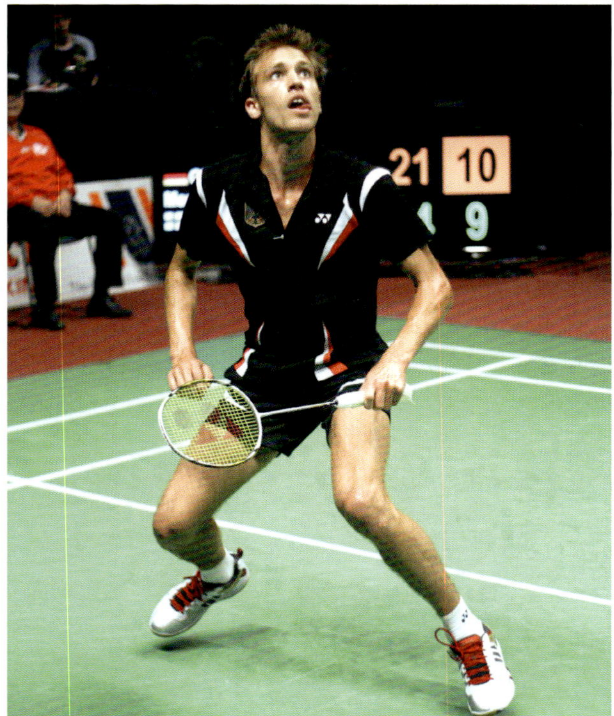

Abb. 24: Marc Zwiebler hat die Grundstellung verlassen und orientiert sich ins hintere Spielfeld.

Übung 1: Spiel ohne Ball: Mit Schattenbadminton werden alle Ecken des Feldes angelaufen, wobei der Spieler nach jedem trockenen Schlag in die Grundstellung zurückkehrt. Die Bewegungsabläufe werden trainiert, ohne dass dabei der Stress des Balltreffen-Müssens hinzukommt.

Übung 2: Eckenrennen: In allen vier Ecken des Feldes steht ein Kasten, auf dem jeweils ein Federball liegt. Der Übende hat einen Ball in der Hand und läuft von der Grundstellung aus alle vier Ecken an und tauscht jeweils den Ball aus. Nach jedem Sprung in die Ecke kehrt er in die zentrale Position zurück und verharrt mit einem Wippen kurz in der Grundstellung.

Übung 3: Abwehrschlacht: Der Übende macht einen hohen Aufschlag und erwartet danach in der Grundstellung einen Smash des Gegners. Der Gegner sollte den Schmetterball variieren und nach links und rechts an die Seitenlinie platzieren. Der Übende spielt den Ball immer wieder hoch hinaus und konzentriert sich darauf, in die optimale Grundstellung zurückzukommen.

Übung 4: Polizistenspiel: Der Trainer deutet mit einem Schläger unregelmäßig in die vier Ecken des Spielfeldes. Der Übende läuft die jeweilige Ecke an und macht im Rückwärtsgehen einen Sprung-Smash und in der Bewegung nach vorne einen Ausfallschritt. Nach jedem Schlag kehrt der Übende in die zentrale Position zurück und wartet auf das nächste Zeichen des Trainers.

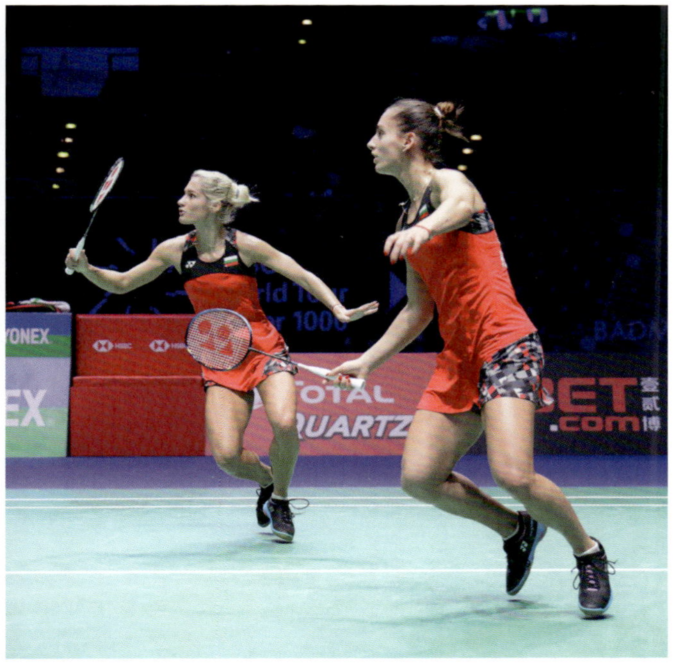

Abb. 25: Auch im Doppel erwarten die Spielerinnen in der Grundhaltung den Ball. Hier sieht man die bulgarischen Schwestern Gabriela und Stefani Stoeva.

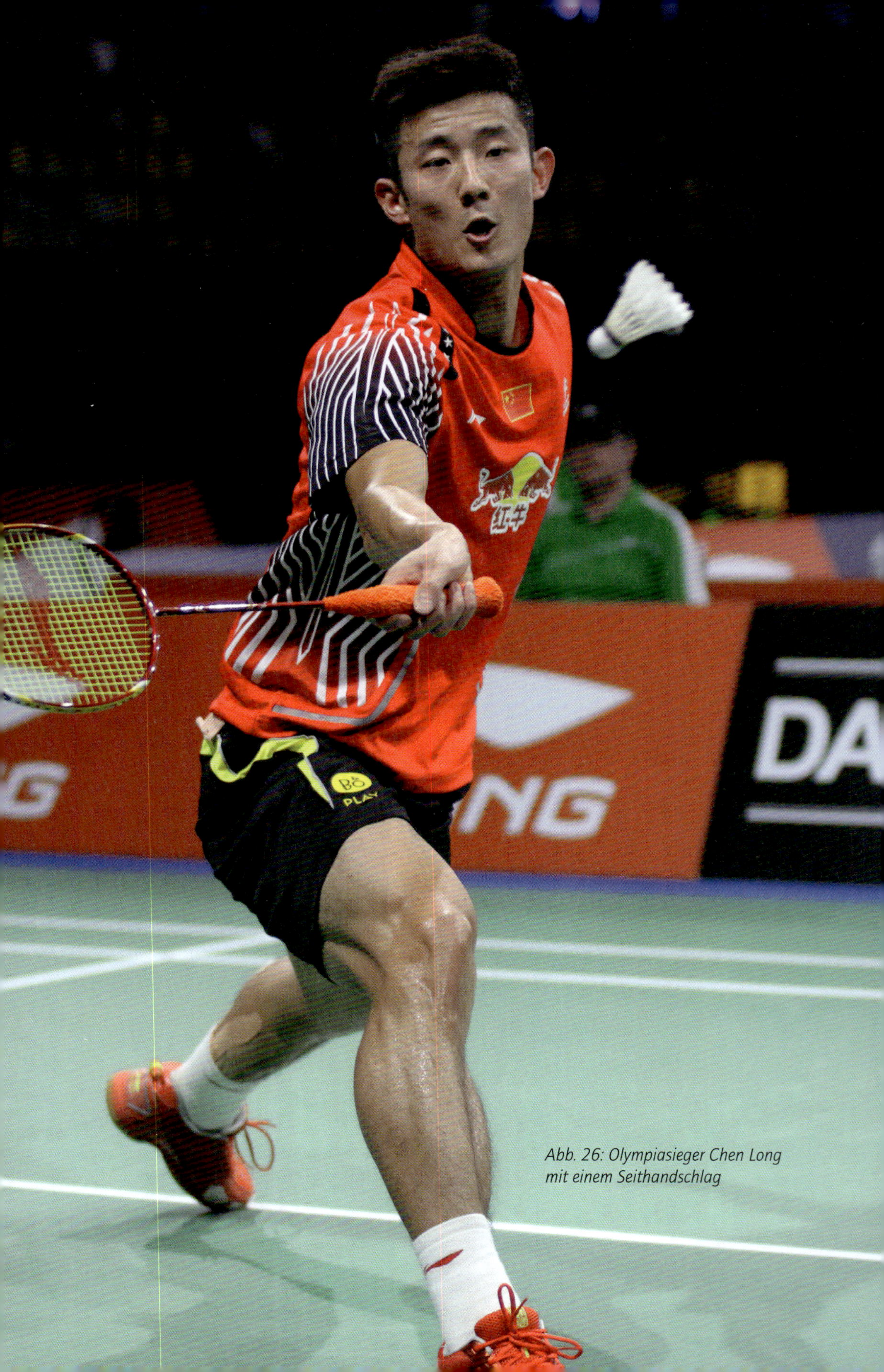

Abb. 26: Olympiasieger Chen Long mit einem Seithandschlag

5 Die Schlagbereiche

Die Schlagbereiche, in denen der Badmintonspieler den Ball in optimaler Weise erreicht, können grob in den **Vorhand-** und in den **Rückhandbereich** aufgeteilt werden. Entscheidend für die Unterscheidung ist, wo sich die Schlaghand beim Treffen des Balls befindet. Etwa 75 % der Reichweite eines Badmintonspielers befindet sich im Vorhandbereich, etwa 50 % liegt im Rückhandbereich. Eine Überschneidung gibt es bei etwa 25 % der Reichweite. Diese Überschneidung liegt im unteren Bereich vor dem Körper (auch **Unterhand** genannt) sowie im Bereich **Links-vom-Kopf** (LvK).

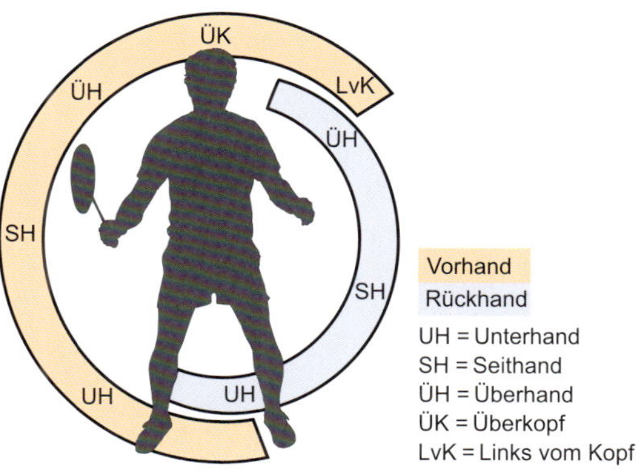

Abb. 27: Die Schlagbereiche

In diesem **überschneidenden Treffabschnitt** muss der Spieler entscheiden, ob er besser mit einem **Vor- oder Rückhandschlag** zurechtkommt. Bei der Links-vom-Kopf-Variante ist die Vorhand zu empfehlen, da hiermit mehr Kraft hinter den Ball gebracht werden kann und nicht - wie bei der Rückhand - die Gefahr besteht, dass der Spieler seinen **Rücken zum Netz** dreht und dabei den **Blick zum Gegner verliert**. Bei dem Überschneidungsbereich unten vor dem Körper empfiehlt sich dagegen eher der Rückhandschlag, da hiermit eine **bessere Kontrolle über den Ball** gewährleistet ist. Die Vorhand führt in diesem Bereich eher zu Verrenkungen beim Schlag.

Neben der Unterscheidung von Vor- und Rückhand unterteilen Badmintonspieler - je nach Position der Schlaghand beim Schlag - in **Seithand, Unterhand, Überhand** und **Überkopf.** Es wird damit beschrieben, ob der Ball oben, seitlich oder unten getroffen wird. Insbesondere, um die Anweisungen des Trainers zu verstehen, sollten die Spieler die Bezeichnung der Schlagbereiche kennen. Alle Bereiche können im Training geübt werden.

Bei der Vorhand ...

- wird der Ball mit der Vorderseite des Schlägers getroffen, sie ist quasi die Verlängerung der Handfläche;
- liegt der größte Treffbereich rechts vom Körper, kann aber auch vor dem Körper oder links davon liegen;
- ist der Spieler grundsätzlich in der Lage, härtere Bälle zu schlagen als mit der Rückhand;
- steht der Spieler in der Regel frontal zum Netz;
- hat der Spieler jederzeit Sichtkontakt zum Gegner und es
- kann Aufschlag, Clear, Smash, Drop und kurzes Spiel gespielt werden.

Bei der Rückhand ...

- wird der Ball mit der Rückseite des Schlägers getroffen, quasi mit dem verlängerten Handrücken;
- liegt der größte Bereich links vom Körper, kann aber insbesondere bei der Abwehr auch vor oder sogar rechts neben dem Körper liegen;
- wendet sich der Spieler zumindest für einen Augenblick nach hinten;
- verliert der Spieler kurz den Sichtkontakt zum Gegner;
- kann normalerweise kein so starker Druck erzeugt werden, wie mit der Vorhand und es
- kann Aufschlag, Clear, Smash und Drop gespielt werden.

Tipp: Die Vorhand ist nach Möglichkeit der Rückhand vorzuziehen. D. h. ein Ball, der links vom Kopf mit der Vorhand geschlagen wird, ist immer noch besser als ein wenig druckvoller Rückhandschlag.

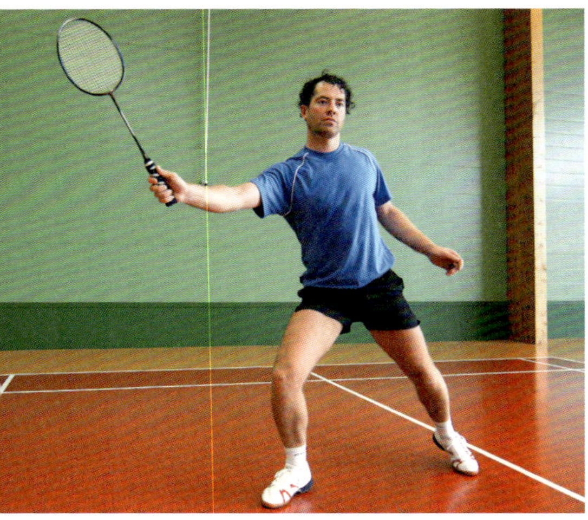

Bei der Seithand ...

- wird der Ball etwas oberhalb der Hüfte und unterhalb der Schulter seitlich vom Körper getroffen;
- gibt es sowohl Vorhand- wie Rückhandschläge und es
- kann ein Drop, Clear, Spiel am Netz und Drive/Swip gespielt werden.

Abb. 28: Der Seithandschlag

Bei der Unterhand ...

- wird der Ball unterhalb der Hüfte gespielt;
- gibt es sowohl Vorhand wie Rückhand und es
- kann Aufschlag, Spiel am Netz, Clear und Drop gespielt werden.

Bei der Überhand ...

- wird der Ball oberhalb der Schulter getroffen;
- gibt es sowohl Vorhand wie Rückhand;
- kann Smash, Drop und Clear gespielt werden und
- ist der Links-vom-Kopf-Schlag eine Besonderheit, der mit der Vorhand aus der Rückhandecke gespielt wird.

Der Profitipp

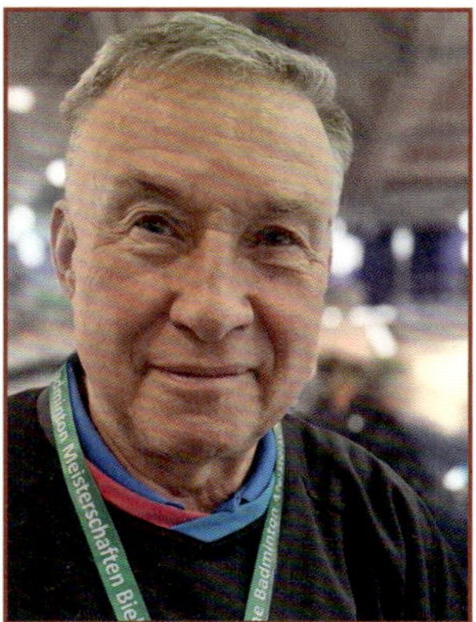

Hans-Werner Niesner

*1947

Trainerlegende

Ehemaliger österreichischer und deutscher Bundestrainer

Dozent für Badminton an der TU Braunschweig am Institut für Sportwissenschaft und Bewegungspädagogik

TV-Kommentator Eurosport und *Sportdeutschland.tv*

Mehrere Länderspiele für den DBV, 1980 Internationaler Meister von Österreich im HD mit Harald Klauer

Badminton-Camps unter www.hwn-bm.de

Kluge Tempo- und Richtungswechsel: Immer im Hinterkopf behalten, kreativ zu sein. Das beginnt schon beim Einschlagen vor dem Match: Nicht nur stumpf den Ball parallel schlagen, sondern auf Cross mit Wechsel Vorhand- und Rückhand. Dem Ball mit Köpfchen ein Ziel geben: Cross spielen, flach und hoch variieren. Vor allem im Einzel geht es darum, gnadenlos die Ecken anzuspielen. Ich selbst habe viele Spiele gewonnen, weil ich andere „gejagt" habe; gerade auch mit cross-kurzen Bällen. Der Gegner muss zu langen Laufwegen gezwungen werden. Daraus resultiert: Auf Longline Smash z. B. folgt nicht Longline-Abwehr, besser ist cross-kurz. Das gilt es auch im Training umzusetzen: kluge Tempo- und Richtungswechsel einbauen.

Übung 1: Seithandduell: Der Ball wird vom Übenden im Seithandbereich mit der Vorhand flach über das Netz gespielt. Der Übende spielt den Ball geradeaus auf die Rückhandecke des Zuspielers. Diese Übung wird 5 min durchgezogen. Anschließend wird der Ball 5 min flach diagonal gespielt, sodass sowohl Spieler als auch Zuspieler die Seithand mit einem Vorhandschlag ausführen. Zum Abschluss spielt der Übende den Ball 5 min unregelmäßig auf die Vor- oder Rückhandseite des Zuspielers. Der Zuspieler seinerseits spielt den Ball immer wieder in die Vorhandecke des Übenden. Zur Steigerung können beide Spieler den Seithandball flach und unregelmäßig in die Vor- oder Rückhand des Gegenübers spielen.

Übung 2: Befreiung aus der hinteren Ecke: Der Trainer schlägt den Ball jeweils in die rechte hintere Ecke. Der Übende spielt abwechselnd einen Drop mit der Rückhand und der Vorhand (links vom Kopf). Der Spieler kann mit der Übung herausfinden, mit welcher Lösungsmöglichkeit er aus der Situation besser zurechtkommt.

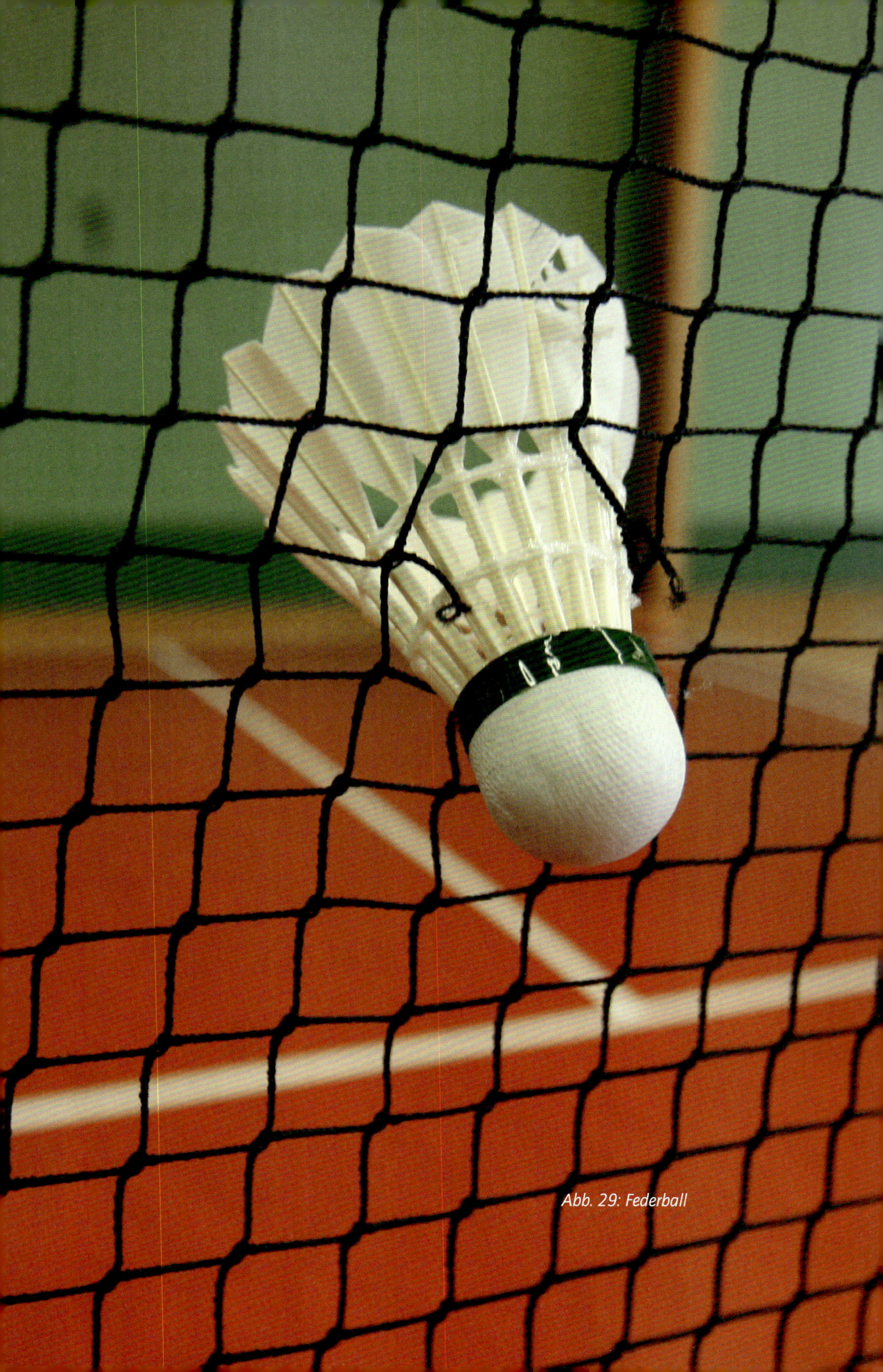

Abb. 29: Federball

6 Die Schlagarten

Dem Badmintonspieler stehen nach dem Aufschlag grundsätzlich sechs verschiedene **Schlagvarianten** zur Verfügung (siehe Abb. 30). In den folgenden Kapiteln werden diese Varianten erläutert.

Die Varianten sind ...

- Clear als Abwehr-Clear (1)
- und als Angriffs-Clear (2),
- Drive/Swip (3),
- Smash (4),
- Drop (5) und
- Spiel am Netz (6).

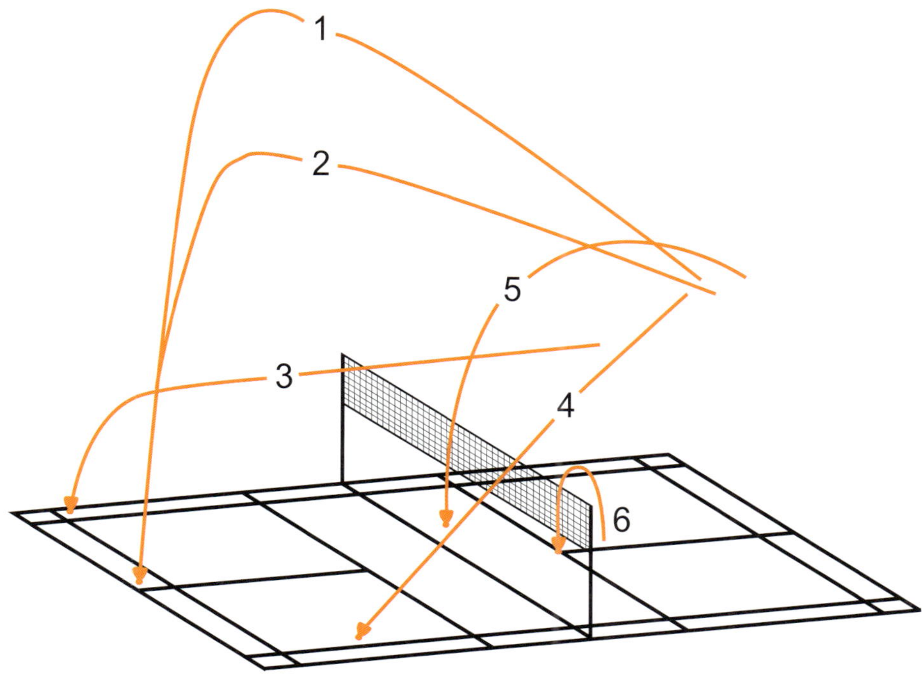

Abb. 30: Die Schlagarten

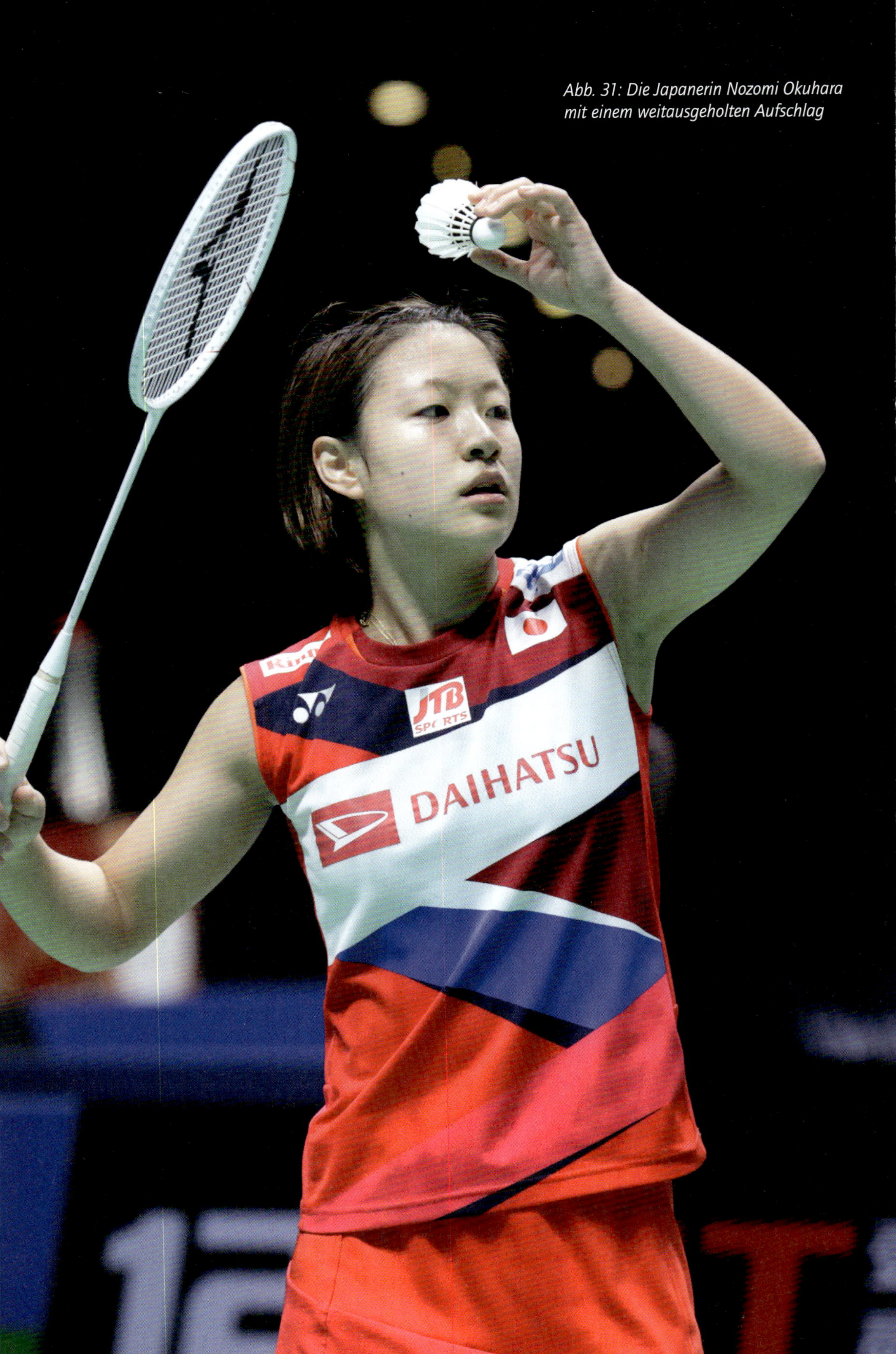

Abb. 31: Die Japanerin Nozomi Okuhara mit einem weitausgeholten Aufschlag

7 Der Aufschlag

Beim Badmintonaufschlag kann grob **in zwei Aufschlagvarianten** unterschieden werden. Es gibt die **hoch-lange** und die **kurze Spieleröffnung**. Beide können sowohl als **Vorhand-** als auch als **Rückhandaufschlag** ausgeführt werden. Nach den Vorgaben des Regelwerks ist der Aufschlag von unten zu schlagen und darf keinesfalls wie beim Tennis von oben ins Spiel gebracht werden. Der Treffpunkt des Balls muss unterhalb von 1,15 Metern liegen (Variante beim Deutschen Badminton Verband, siehe Regeln Kapitel 21). Diese Vorgaben, die vom Schiedsrichter überwacht werden, **grenzen die Varianz ein**.

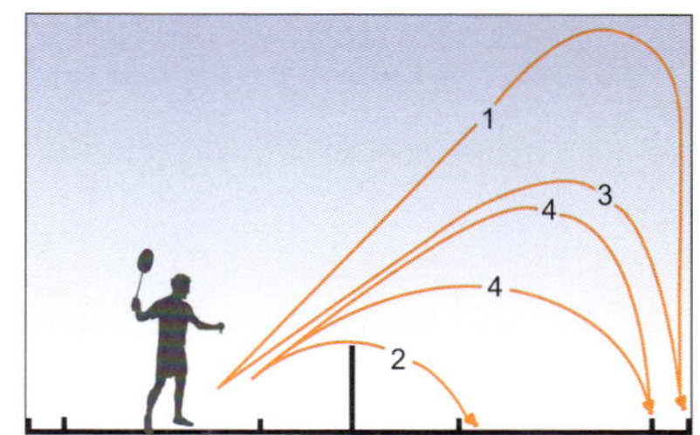

Abb. 32: Aufschlagvarianten

Der Aufschlag wird ausgeführt, indem der Ball **mit Daumen und Zeigefinger** der linken Hand an den Federn festgehalten wird, der Korkfuß zeigt nach unten. Die Finger lösen sich dann vom Ball, er wird **fallengelassen** und mit dem Schläger in der rechten Hand geschlagen. Dem Ball darf ausdrücklich kein Drall mitgegeben werden. Dies wurde vom Weltverband mit der Regel „No Spin-Service" untersagt. Dadurch, dass der Ball von unten gespielt werden muss, kann der Gegner in den meisten Fällen mit einem **Angriffsschlag reagieren**. Es sollte daher das Ziel beim Aufschlag sein, nicht unmittelbar **in die Defensive zu geraten**. Es ist daher wichtig, die Aufschläge so zu variieren, dass der Gegner sich **nicht darauf einstellen** kann. Für den Aufschlag sind daher **Ballsicherheit** und **Finesse** gefragt. Da dies der einzige Schlag ist, der nicht vom Gegner beeinflusst wird, ist dieser berechenbar und sollte so lange trainiert werden, bis dieser sicher kommt. Eine **geringe Fehlerquote** beim Aufschlag ist die **Grundvoraussetzung**, um Spiele gewinnen zu können.

Im **Hochleistungsbadminton** wird überwiegend nur noch der Rückhandaufschlag sowohl im Einzel als auch im Doppel ausgeführt. Bei dieser Variante hat der Gegner auf Grund der **geringeren Ausholbewegung** eine weitaus kürzere **Reaktionszeit** zur Verfügung. Der Aufschlag mit einer weiten Ausholbewegung wird lediglich als Variation eingestreut. Was von den Profis gehandhabt wird, kann für den Hobby- und Vereinsspieler nicht schlecht sein.

Eine **Ausnahme** bilden die Einzelspielerinnen. Sie verzichten noch weitgehend auf den Rückhandaufschlag. Aufgrund **des hohen Kraftaufwands** bei den langen Rückhandaufschlägen bevorzugen sie die Vorhand.

Bei der Ausführung des Aufschlags steht der Spieler zumeist weit vorne am **T-Kreuz**. Hierbei muss wieder zwischen Einzel und Doppel unterschieden werden. Doppelspieler stellen sich ganz bis an den Rand der vorderen Aufschlaglinie, direkt am T-Kreuz. Damit ist gewährleistet, dass sie den **Return des Gegners** – wenn er kurz erfolgt – vorne **am Netz töten** können. Sie müssen dazu nur einen kurzen Ausfallschritt nach vorne machen. Sollte der Return des Gegners jedoch lang kommen, so deckt der Doppelpartner den hinteren Spielfeldbereich ab und ist somit am Zuge. Im Einzel rückt der aufschlagende Spieler nicht ganz bis an das „T" heran, da er sowohl den kurzen als auch den langen Return des Gegners in optimaler Ausgangslage erwarten sollte. Der Spieler steht daher etwas von der Aufschlaglinie zurückversetzt.

Der aufschlagende Spieler muss sich darüber im Klaren sein, dass es beim Badminton einen Vorteil darstellt, Aufschlag zu haben – diesen Vorteil gilt es, durch **Variantenreichtum** zu nutzen. Der Spieler hat den **aktiven Part**, der Gegner kann nur reagieren. Der Aufschlag sollte daher am besten so erfolgen, dass der Gegner mit der Spieleröffnung in die **Defensive** gerät. Dies ist der Fall, wenn der Gegner den Ball nur so erreichen kann, dass er mit einem Verteidigungsschlag (von unten geschlagener Ball oder Defensiv-Clear) reagieren muss. Dies ist insbesondere beim kurzen Aufschlag der Fall, allerdings muss dieser präzise und flach über das Netz gespielt werden. Bei einem zu hohen Aufschlag kann der Gegner den Ball „töten".

Der aufschlagende Spieler sollte **beobachten,** wie sich der Gegner zur Aufschlagannahme positioniert. Steht dieser weit in der Spielfeldmitte, so ist der effektivste Ball auf jeden Fall der kurze Aufschlag, da der Gegner nur mit einem Ausfallschritt an den Ball kommen kann und diesen von unten schlagen muss. Sollte der Gegner jedoch weit vorne am Netz stehen und den Schläger oberhalb der Netzkante zum „Töten" bereithalten, so bietet sich zumindest als Variation immer auch ein langer Aufschlag an. Dabei ist der **Swip-Aufschlag** (Abb. 32, Nr. 3) in dieser Situation das beste **Angriffsmittel**.

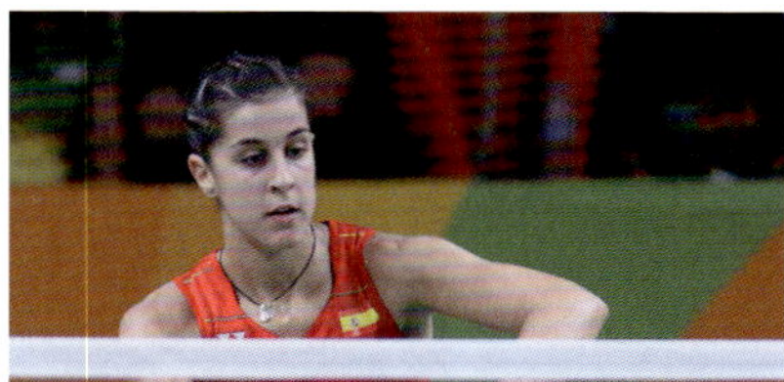

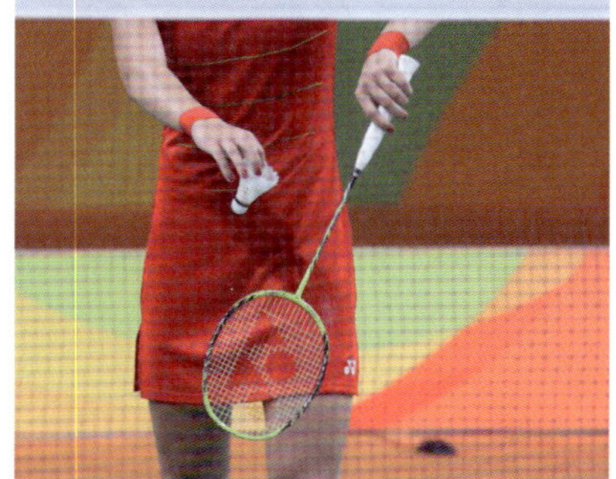

Der Swip wird scharf-flach ins gegnerische Spielfeld gebracht. Er stellt im Repertoire der Schlagarten eine **Finte** dar. Dabei muss bedacht werden, dass die Flugbahn durch die Reichweite des Gegners geht und damit ein **Risiko** birgt. Versierte Spieler erkennen nach zwei, drei Malen die Swip-Absicht des Gegners und reagieren blitzschnell und bringen den Ball als Smash fast todsicher zurück. Daher sollte der Swip nur als Variante zum kurzen Aufschlag gebracht werden, sodass der Gegner sich nicht auf die Aufschläge einstellen kann.

Abb. 33: Carolina Marin führt einen Rückhandaufschlag mit kurzer Ausholbewegung aus.

Beim hoch-langen Aufschlag ...

- sollte der Ball bis annähernd an die hintere Aufschlaglinie geschlagen werden (Abb. 32, Nr. 3);
- sollte die Hallenhöhe ausgenutzt werden, sodass der Ball steil nach unten fällt (Abb. 32, Nr. 1);
- wird der Ball in der linken Hand gehalten und mit Daumen und Zeigefinger am Korkfuß fixiert;
- wird der Ball etwas rechts vom Körper fallen gelassen;
- wird der Schläger bei der Ausholbewegung weit nach hinten genommen;
- wird der Schlagarm dicht unten am Unterschenkel vorbei beschleunigt;
- belastet der Spieler zunächst das rechte Bein, beugt sich während der Ausholbewegung nach vorn und hat am Ende die Belastung während des Schlagens auf dem linken Fuß;
- steht der linke Fuß parallel zur Mittellinie, während der rechte Fuß in einem Winkel von bis zu 90° dazu steht;
- schiebt sich das Becken während der Vorwärtsbewegung nach vorn rechts;
- schwingt der Schläger nach dem Schlag in Richtung des linken Ohres aus, der Ellbogen befindet sich in Kopfhöhe;
- wird der Ball mit einem peitschenartigen Schlag etwa in Höhe des Oberschenkels rechts seitlich vor dem Körper getroffen;
- erfolgt kurz vor dem unmittelbaren Schlag noch eine Beschleunigung aus dem Handgelenk heraus und
- drehen sich Ober- und Unterarm kurz vor der Schlagausführung nach außen.

Beim kurzen Aufschlag ...

- sollte der Ball bis kurz hinter die Aufschlaglinie des Gegners fliegen;
- kann die Ausholbewegung identisch mit der beim hoch-langen Aufschlag sein;
- kann eine verkürzte Ausholbewegung gewählt werden, indem sich der Schläger schon rechts neben dem Körper befindet und der Ball nach kurzer Beschleunigung getroffen wird;
- wird das Handgelenk kaum bewegt und dadurch Fahrt aus der Bewegung genommen und
- liegt der Treffpunkt rechts vor der Hüfte.

Beim Rückhandaufschlag ...

- liegt das Körpergewicht auf dem linken Fuß, der nahezu mit der Spitze an der Aufschlaglinie steht;
- geht der Oberkörper während der Ausholbewegung leicht nach vorn;
- wird der Schläger mit der Rückhand vor dem Körper gehalten;
- wird der Ball in der linken Hand zumeist an den Federn festgehalten und fallen gelassen;

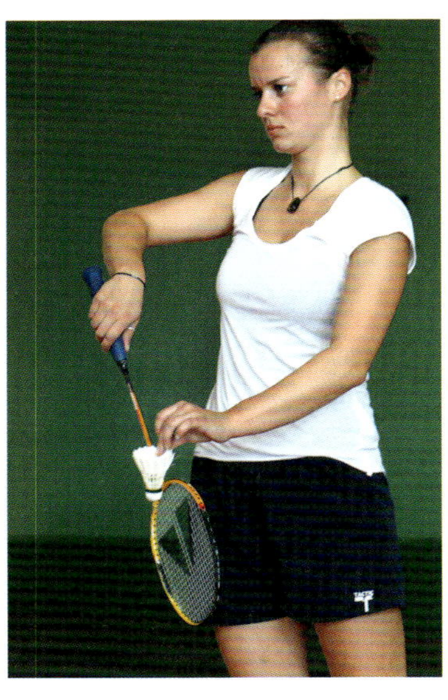

- erfolgt eine äußerst kurze Ausholbewegung aus dem Ellbogen heraus;
- wird der Ball knapp unterhalb der Hüfte getroffen (wird von den Regeln gefordert);
- befindet sich der Ellbogen der Schlaghand rechts oben vor dem Körper;
- zeigt der Schläger deutlich nach unten und
- kann der Ball mit einer blitzartigen Bewegung im letzten Augenblick – statt bis kurz hinter das Netz – mit einem Swip bis in die hintere Spielfeldhälfte geschlagen werden.

Abb. 34: Der Rückhandaufschlag

Beim Swip-Aufschlag ...

- ist eine Vor- oder Rückhandvariante möglich;
- erfolgt die Ausholbewegung relativ langsam, sodass der Gegner mit einem kurzen Ball rechnet;
- wird im letzten Augenblick vor dem Schlag extrem beschleunigt, sodass der Ball weit ins gegnerische Feld fliegt;
- kommt der letztendliche Schwung aus dem Handgelenk;
- soll der Gegner getäuscht werden (Finte);
- sollte die Flugbahn möglichst flach sein, damit der Gegner keine Chance hat, diesen zu erreichen und
- ist das Risiko, den Ball zu verziehen, sehr hoch (bei zu hohen Bällen bekommt man diesen als Smash um die Ohren gehauen).

Bei der Aufschlagannahme ...

- wird der Schläger vor dem Körper hochgehalten;
- befindet sich der Schlägerkopf oberhalb der Netzkantenhöhe und wird insbesondere im Doppel weit nach vorne gestreckt;
- befindet sich die Schlägerfläche parallel zur Netzkante;
- wird die linke Hand hoch vor den Körper gehalten;
- stellt der Spieler den linken Fuß bis an die Aufschlaglinie, um bei einem zu hohen Aufschlag mit einem Sprung diesen „töten" zu können und
- steht der rechte Fuß zurückversetzt hinter dem linken Fuß.

Der Profitipp

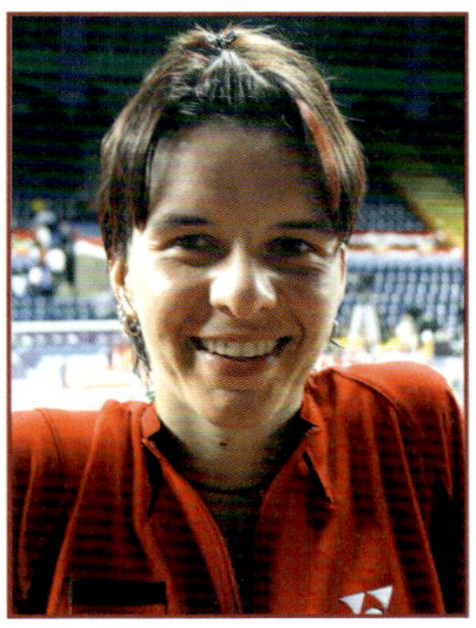

Nicole Grether
*1974

Rekordnationalspielerin (106 Berufungen)
Olympiateilnehmerin 2000, 2004
Vizeeuropameisterin im Damendoppel 2006
Deutsche Meisterin Dameneinzel 1997, 2001

Zielschießen: Die einfachste Variante ist, man nimmt sich eine Ballkiste und übt 20-30 min Aufschläge. Um dies etwas zu erschweren, stellt man sich einen Trainingspartner gegenüber, der die Aufschläge annimmt. Alternativ kann man fünf Punkte hinter der Aufschlaglinie markieren und diese bei den Aufschlägen gezielt anvisieren. So ist z. B. Punkt eins die T-Linie, dann folgen Punkt zwei und drei jeweils im Mittelbereich, Punkt vier außen und Punkt fünf ist der lange Aufschlag. Das Wichtigste beim Aufschlag ist, dass man nicht verkrampft, einmal tief durchatmet und dann locker aufschlägt.

Übung 1: Blindflug: Das Netz wird mit einem Handtuch als Sichtschutz abgehängt, hierdurch erkennt der Übende erst im letzten Augenblick, von wo der Ball kommt.

Übung 2: Blitzreaktion: Der Übende stellt sich mit dem Rücken zum Netz, er darf sich erst auf Zuruf umdrehen und muss blitzschnell reagieren, um den Aufschlag zu retournieren.

Übung 3: Nerven behalten: Der Übende macht abwechselnd von links und rechts einen kurzen, flachen Aufschlag; der Partner versucht, jeden der Bälle oben am Netz zu „töten". Der Aufschlag muss also präzise gespielt werden.

Übung 4: Hoch hinaus: Zwei Übende schlagen im Wettbewerb hohe Aufschläge, als Punkt zählen lediglich die Bälle, die zwischen den beiden hinteren Aufschlaglinien landen. Variation: Vorhand- und Rückhandaufschläge.

Übung 5: Kurzer Prozess: Spieler A macht einen kurzen Aufschlag, Spieler B schlägt diesen kurz zurück. Spieler A muss den Ball jetzt „töten".

Tipp: Bei jeder Schlagübung bei Beginn eines neuen Ballwechsels bewusst innehalten, einmal tief durchatmen, den Partner anvisieren und erst dann den Aufschlag ausführen. Viele Anfänger neigen dazu, noch beim Aufheben des Balls diesen ohne Zeitverzögerung zum Gegenüber zurückzuspielen.

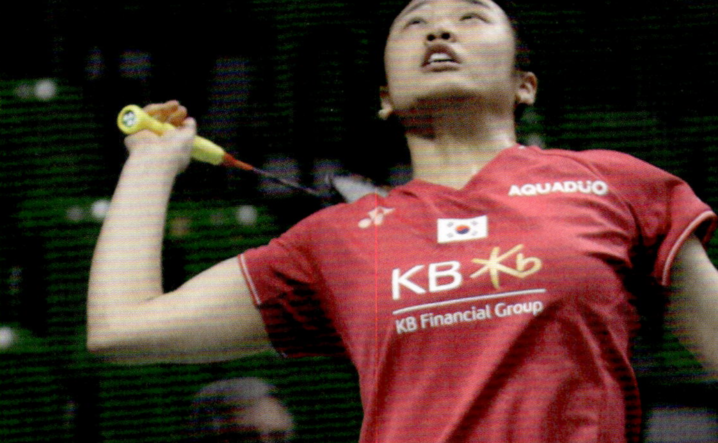

Abb. 35: Die Koreanerin An Se Jung holt zum Clear von der Grundlinie aus.

8 Der Clear (Grundlinienschlag)

Beim Clear wird der Ball bis **an die Grundlinie des Gegners** geschlagen. Dabei ist zu unterscheiden in die **Angriffs- und die Defensivvariante**. Entscheidend, welcher Art der Clear ist, ist die **Flugbahn**. Bei der schnell und flach gespielten Variante handelt es sich um den Angriffsclear. Der hoch geschlagene Ball ist der Verteidungsclear. Ein versierter Spieler sollte den Clear von der eigenen Grundlinie bis zu der des Gegners schlagen können. Voraussetzung für einen effizienten Schlag ist, dass dieser möglichst hoch und vor dem Körper getroffen wird.

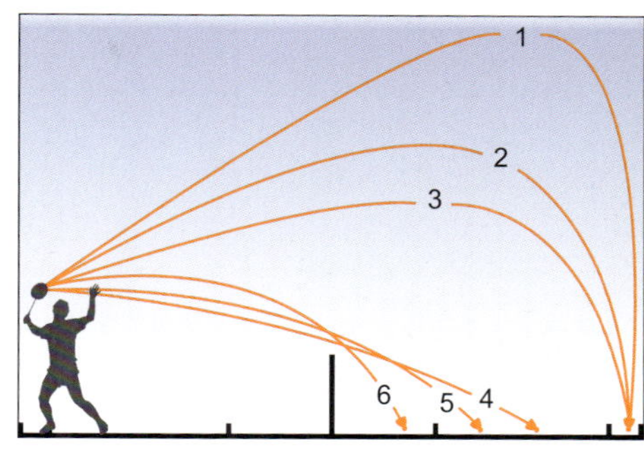

Abb. 36: Clear, Smash, Drop

Der Clear ist als **Überhandvariante** der wichtigste Schlag beim Badminton, da aus dessen Ausholbewegung weitere Grundschläge (Smash, Drop) abgeleitet werden (siehe Abb. 36, Nr. 1-6). Der Gegner erkennt erst im letzten Augenblick, welcher Schlag angewandt wird. Der Clear kann als Vorhand- oder Rückhandvariante auch aus dem Vorderfeld bis an die Grundlinie des Gegners gespielt werden. Es ist dann ein Unterhandschlag. In diesem Kapitel werden die Vorhandvarianten des Clears beschrieben. Die Rückhandvariante findet sich in Kapitel 12 „Die Rückhand". Die Bewegungsabläufe sind den Bildern und der folgenden Beschreibung zu entnehmen.

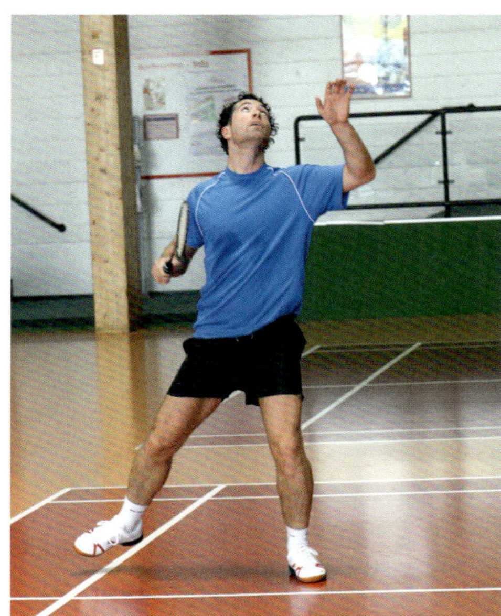

Abb. 37: Clear Phase 1

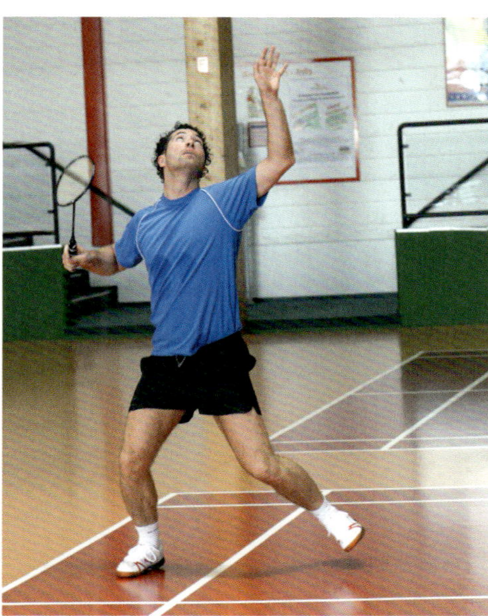

Abb. 38: Clear Phase 2

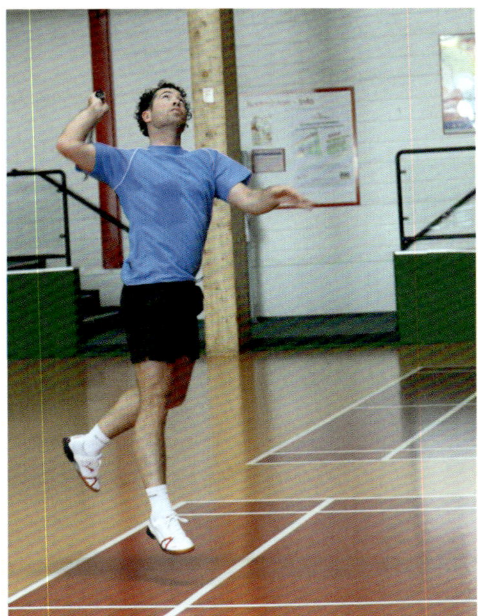

Abb. 39: Clear Phase 3

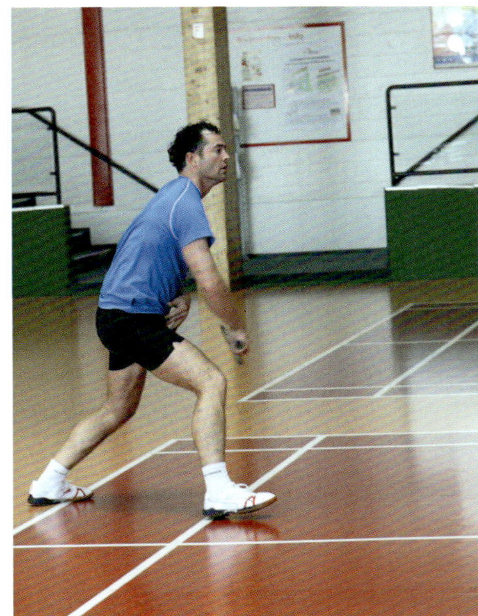

Abb. 40: Clear Phase 4

In der **ersten Phase** des **Grundlinienclears** wird der Ball anvisiert, um diesen möglichst früh zu treffen. Der **Treffpunkt sollte möglichst hoch sein** und vor dem Körper liegen. Die Körperlast befindet sich zunächst auf dem **linken Bein**, wobei der **Fuß** annähernd **parallel zur Grundlinie** steht. Der **Körper** befindet sich dagegen **parallel zu den Seitenlinien.**

In der **zweiten Phase** wird das volle **Körpergewicht** auf das **leicht angewinkelte rechte Bein verlagert**, auch dort steht der **Fuß parallel zur Grundlinie**. Gleichzeitig beginnt die **Ausholbewegung zum Schlag**. Der **Blick** ist weiterhin **auf den Ball** gerichtet, während die **linke Hand** das **Anvisieren** unterstützt. Mit dem rechten Bein drückt sich der Spieler hoch, um mit dem Schlag springen zu können.

In der **dritten Phase** hebt der Spieler ab und **dreht mit dem Schlag den Oberkörper nach vorne**, sodass sich dieser **parallel zur Grundlinie** befindet. Mit dem Schläger wird hinter dem Rücken Schwung geholt. Der Bewegungsablauf ist annähernd so, als ob der Spieler den Schläger aus einem Rucksack herauszieht. Beim Schlag bewegt sich zunächst der **Ellbogen nach vorne**, erst danach wird der Schlag mit einem komplett ausgestreckten Arm **an der höchstmöglichen Stelle getroffen**.

In der **vierten Phase** landet der Spieler nach dem Schlag wieder auf dem Boden, zunächst mit dem linken Fuß. Dieser bringt den Körper unmittelbar wieder **in die Vorwärtsbewegung** in der Orientierung auf den zentralen Punkt. Um die **Achillessehne** nicht zu sehr zu belasten, sollte **der linke Fuß zur Seite zeigen**, da das gesamte Gewicht des Körpers bei der Landung darauf drückt.

Beim Clear als Überhandvariante ...

- läuft der Spieler rückwärts zur Grundlinie;
- liegt zunächst das Gewicht auf dem linken Fuß, gleichzeitig wird der Ball mit der linken Hand und den Augen anvisiert;
- verlagert sich das Gewicht vor dem Schlag auf das rechte, leicht angewinkelte Bein (Stemmschritt), dabei steht der rechte Fuß parallel zur Grundlinie, der Körper befindet sich wiederum parallel zur Seitenlinie;
- wird mit dem Schläger hinter dem Kopf ausgeholt;
- steigt der Spieler in die Luft, der Körper hat eine Bogenspannung;
- geht der Ellbogen des Schlagarms nach vorn und wird mit dem Unterarm beschleunigt;
- landet der Spieler mit dem linken Bein und schiebt gleichzeitig mit einer Vorwärtsbewegung das rechte Bein nach vorn;
- wird der Ball mit ausgestrecktem Arm an der höchsten Stelle vor dem Körper getroffen;
- wird ein Angriffsclear (Abb. 36, Nr. 2, 3) gespielt, wenn die Flugbahn flach und der Ball stark beschleunigt ist (diese Flugeigenschaft wird dadurch erreicht, dass der Ball deutlich vor dem Körper getroffen wird);
- wird ein Verteidigungsclear (Abb. 36, Nr. 1) gespielt, wenn der Ball eine hohe, langsame Flugkurve hat (diese Flugeigenschaft entsteht dadurch, dass der Schlägerkopf beim Schlag nach hinten zeigt; dies ist oft unbeabsichtigt der Fall, wenn der Spieler den Ball erst hinter dem Körper trifft).

Beim Clear als Unterhandvariante ...

- kommt der Spieler mit einem Ausfallschritt in die vordere Spielfeldhälfte;
- wird der linke Fuß nicht nachgezogen, um möglichst schnell wieder in die Rückwärtsbewegung zu kommen;
- der Bewegungsablauf ähnelt stark dem hoch-langen Aufschlag;
- kommt der Schwung aus dem Handgelenk und es
- kann zwischen hoher Flugbahn (Verteidigungsclear) und flacher Flugbahn (Angriffsclear) gewählt werden.

Der Profitipp

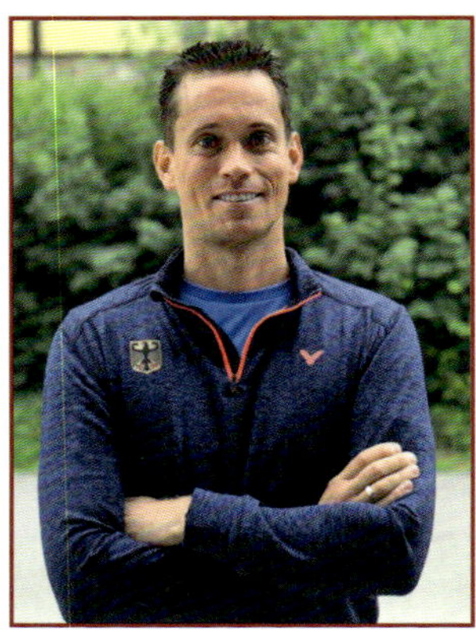

Diemo Ruhnow, *1981

Nationaltrainer in Spanien

Ehemaliger Leitender Bundestrainer Doppel/Mixed

MBA, MSc Sport Coaching, Dipl.-Trainer, BSc Mathematik

Veranstaltet Workshops & Fortbildung in Deutschland und Europa, u.a. als IOC-Experte und Experte für Badminton Europe viele Workshops, weitere Infos: www.dr-badminton-training.de

Mitautor DBV-Rahmentrainingskonzeption (https://go.badminton.de/rtk)

Nach dem Spiel ist vor dem Spiel: Badminton ist eine actiongeladene Sportart – und ein cleveres Cool-down kann nicht nur die Regeneration nach einer anstrengenden Trainingseinheit oder einem Spiel verbessern, sondern auch Verletzungen vorbeugen. Dazu nach einem kurzen Barfuß-Auslaufen nicht nur aktive Dehnübungen, sondern insbesondere dynamische Stabilisierungsübungen durchführen. Diese fördern – wissenschaftlich erwiesen – nicht nur die Regeneration, sondern können typische Schwachpunkte stärken.

Daher Übungen wie Handlauf, Schwimmen und „T" in Bauchlage (Arme ausgebreitet, Daumen nach oben schwingen), Unterarmstütz-Liegestützposition im Wechsel und Hüftstreckung-Beugung in Seitlage beidseitig nach dem Training durchführen – 6 Übungen à 20-30 Sekunden, je zwei Durchgänge entsprechen ca. 5 Minuten für eine bessere Regeneration und clevere Verletzungsprophylaxe.

Übung 1: Doppelt gemoppelt: Clear mit zwei Bällen, damit wird die Schlagintensität erhöht.

Übung 2: Clear mit Droppause: Spieler A macht einen hohen Aufschlag, Spieler B antwortet mit einem Clear. Daraufhin spielt A einen Drop und B spielt einen Unterhandclear. Jetzt beginnt A wieder mit einem Clear usw.

Übung 3: Ballmaschine: Der Trainer schlägt jeden einzelnen Ball in den Grundlinienbereich des Übenden; dieser spielt den Ball als Clear in den Grundlinienbereich des Trainers, der diesen fallen lässt und gleich wieder einen neuen Ball zum Übenden schlägt.

Übung 4: Aussetzer: Zwei Spieler schlagen einen Vorhand-Überkopf-Clear; einer der Übenden läuft nach jedem Schlag an die T-Linie und tippt dort auf einen bereitgestellten Kasten.

Übung 5: Clear mit Umsprung: Der Übende läuft bei jedem Clear einen Schritt zurück und macht den Umsprung. Bei Fehlern in der Schrittfolge muss dieser den Bewegungsablauf 3 x trocken ohne Ball absolvieren.

Übung 6: Wurftechnik: Zwei Übende werfen sich mit vollem Schwung gegenseitig einen Federball zu; der Bewegungsablauf beim Wurf soll in etwa dem des Schlagens mit dem Schläger entsprechen.

Übung 7: Wechselclear: Spieler A spielt einen flachen Clear (Offensivclear), während Spieler B jeweils mit einem hohen Clear (Defensivclear) antwortet. Nach fünf Minuten werden die Rollen gewechselt. Die Spieler lernen dabei den Unterschied zwischen den Cleararten kennen. Beim Angriff muss der Ball schnell und flach über den Gegner hinweggespielt werden, bei der Abwehr wird der Ball höher hinausgespielt, um selbst mehr Zeit zu haben, aus der hinteren Ecke herauszukommen.

Übung 8: Cross oder longline: Spieler A steht in einer Ecke an der Grundlinie und spielt entweder Longline Clear, Cross Clear oder Longline Drop. Spieler B versucht, alle Bälle hoch auf Spieler A zurückzuspielen.

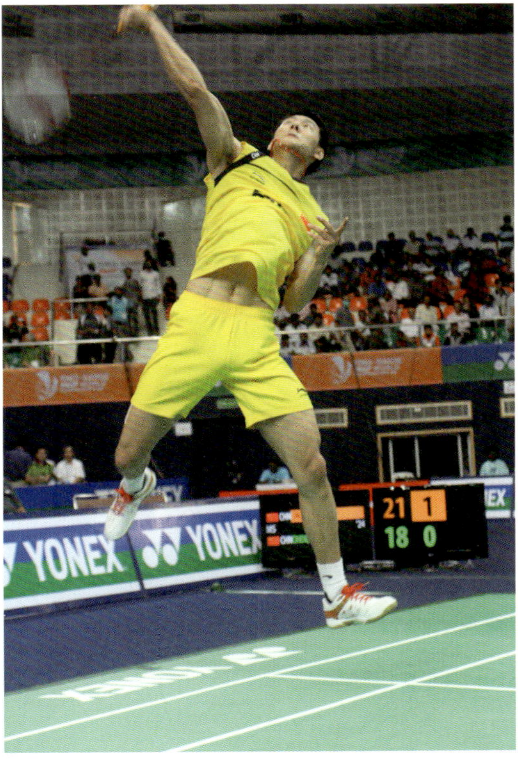

Abb. 41: Der Chinese Chen Jin schlägt im Sprung einen Clear.

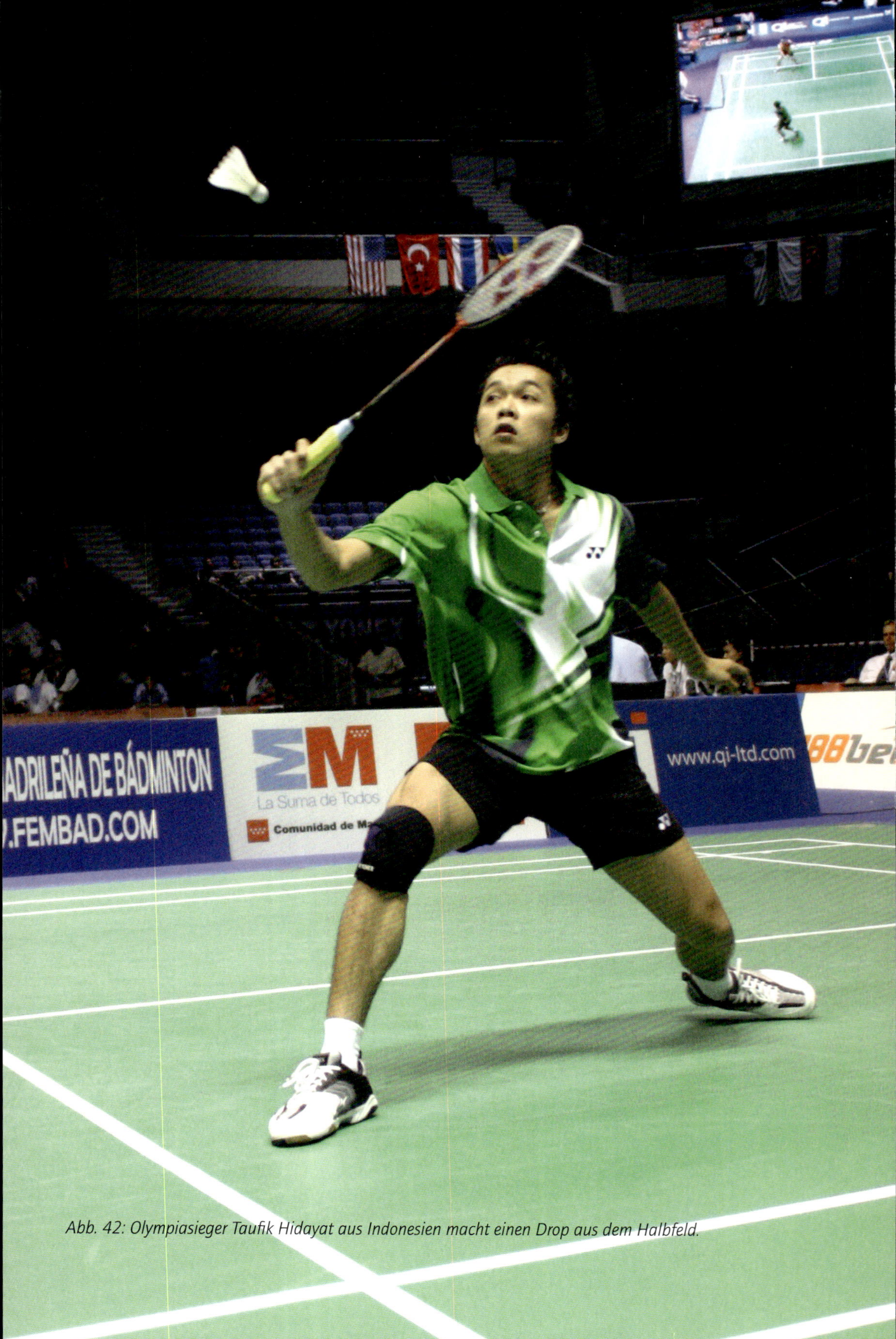

Abb. 42: Olympiasieger Taufik Hidayat aus Indonesien macht einen Drop aus dem Halbfeld.

9 Der Drop (Stoppschlag)

Der Drop ist ein Schlag, der **direkt** hinter das **Netz fällt**, also gewissermaßen „abtropft". Mit diesem Ball wird der Gegner ans Netz gelockt. Der **Stoppschlag** gehört zu den Angriffsschlägen, da der Gegner diesen in der Regel nur von unten zurückbringen kann. Die Ausnahme ist lediglich dann gegeben, wenn der Gegner den Ball auf Netzkantenhöhe ins Feld drücken („töten") kann.

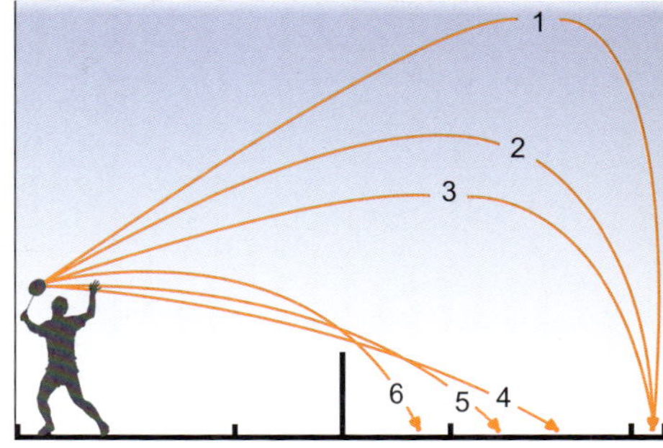

Abb. 43: Clear, Smash, Drop

Man kann unterscheiden in einen schnellen (Abb. 43, Nr. 5) und einen langsamen Drop (Abb. 43, Nr. 6). Bei der **Überkopf-Vorhand-Variante** entspricht der Bewegungsablauf bis zum Treffpunkt des Balls dem von Clear und Smash, allerdings wird die Geschwindigkeit abrupt herausgenommen, sodass der Ball nur bis kurz **hinter das Netz** fliegt. Der Drop ist am effektivsten, wenn er aus dem Grundlinienbereich geschlagen wird, er kann jedoch auch aus dem Halbfeld erfolgen.

Beim Drop ...

- fällt der Ball kurz hinter das Netz auf die Seite des Gegners;
- entspricht der Bewegungsablauf bei der Überkopfvariante weitgehend dem des Clears, allerdings wird kurz vor dem Treffen des Balls die Ausholgeschwindigkeit gedrosselt (der Gegner sollte bis zuletzt nicht wissen, ob Smash, Clear oder Drop gespielt wird);
- bleibt das Handgelenk weitgehend steif;
- kann der Ausschwung des Schlagarms gering gehalten werden;
- sollte der Ball möglichst flach über das Netz fliegen, damit der Gegner diesen von unten schlagen muss (eine steile Flugkurve, „Bogenlampe", vermeiden);
- sollte der Ball mit ausgestrecktem Arm an der höchsten Stelle vor dem Körper getroffen werden;
- visiert die linke Hand den Ball an;
- kann der Ball angeschnitten werden, indem der Spieler kurz vor dem Schlag eine leichte Drehung im Unterarm macht, den Schläger leicht wegdreht und den Ball damit schneidet und nicht mit voller Wucht trifft;
- sollte der Ball nicht weiter als bis zur gegnerischen Aufschlaglinie fliegen;
- kann der Ball mit unterschiedlicher Geschwindigkeit geschlagen werden, je langsamer dieser fliegt, desto näher kann dieser hinter das Netz geschlagen werden - allerdings hat der Gegner bei einem langsamen Drop eine bessere Reaktionsmöglichkeit;
- ist der langsam geschlagene Ball ein Verteidigungsdrop, der schnelle ein Angriffsdrop.

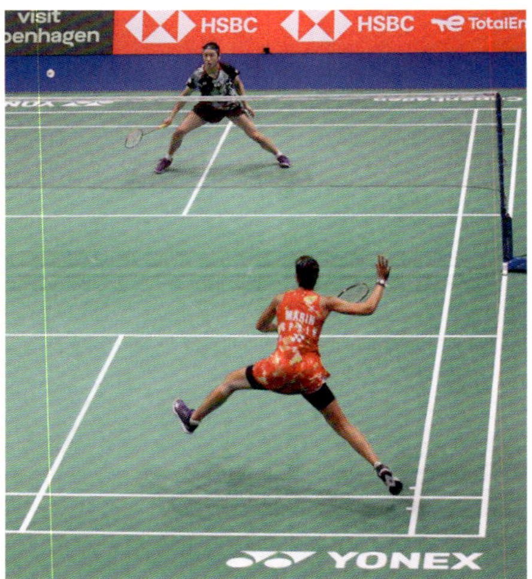

Abb. 44: Carolina Marin spielt einen Drop cross.

Beliebter Fehler: Anfänger neigen dazu, dass der Arm beim Schlag nicht durchgestreckt bleibt. Er wird angezogen und der Ball dann dichter am Kopf getroffen, wo vermeintlich mehr Ballgefühl besteht.

Übung 1: Wechseldrop: Spieler A macht einen hohen Aufschlag und Spieler B reagiert mit einem Drop. Anschließend nimmt Spieler A den Drop kurz an, sodass Spieler B hoch rausschlagen kann. Jetzt ist Spieler A mit einem Drop dran. So können beide Spieler in einer Endlosschleife abwechselnd Drop spielen.

Übung 2: Ballmaschine: Der Trainer steht in der Hälfte des Übenden und spielt in hoher Frequenz Unterhandbälle zu. Der Übende muss alle Bälle als Drop zurückspielen (längs und diagonal).

Übung 3: Dropkünstler: Der Übende muss jeden Ball als Drop zurückbringen, der Zuspieler darf bis auf Smash alle anderen Schläge anwenden und jede beliebige Ecke des Feldes anspielen. Nach fünf Minuten wechseln die Partner die Rollen.

Übung 4: Überraschungsschlag: Der Zuspieler spielt dem Übenden die Bälle auf dem ganzen Feld bis in den hinteren Grundlinienbereich zu, der Übende muss jeden Ball als Drop zurückbringen. Der Zuspieler darf gelegentlich einen kurzen Stoppball einstreuen, damit der Übende sich nicht auf die hoch rausgespielten Bälle verlassen kann.

Übung 5: Zwischenstopp: Der Übende spielt Vorhand-Überhand-Drop von der Grundlinie, nach jedem zweiten Schlag kommt er vor an die T-Linie und tippt auf einen bereitgestellten Kasten.

Der Profitipp

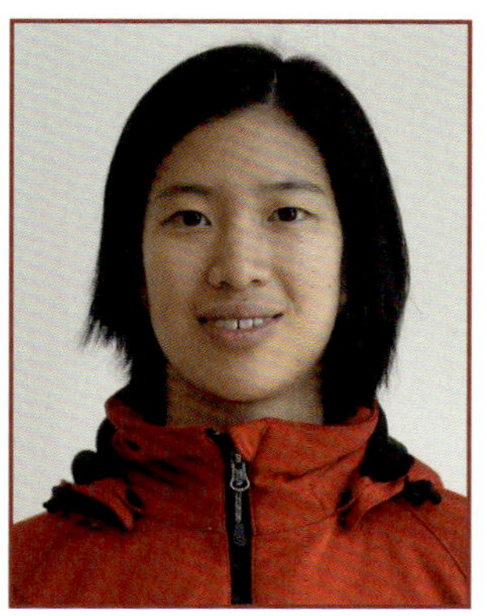

Yvonne Li
*1998

5-fache deutsche Meisterin Dameneinzel

Nationalspielerin (49 Länderspiele)

Vize-Europameisterin Mixed-Team-EM (´19)

Vize-Europameisterin Frauen-Team-EM (´18, ´20)

Teilnehmerin Olympische Spiele Tokio

Teilnehmerin World Tour-Finals 2021

Sieg bei Dutch International 2016, Czech Open 2018, Welsh International 2022

Europameisterschaft 5. Platz DE 2018, 2021

European Games 5. Platz DE 2019

Schläger: VICTOR Auraspeed HS-B (Bespannungshärte: 12,5 kg)

2 gegen 1-Übung (Korea-Style): Es wird offen gespielt (Variante auch Angriff gegen Abwehr) und nach ca. 6 Schlägen des Einzelnen muss eine Person aus der Zweigruppe heraus und der Ballwechsel wird 1 vs. 1 zu Ende gespielt. Gezählt werden nur Punkte, die in der 1 vs 1 Konstellation erzielt werden. Der, der alleine spielt, hat bei 15 gewonnen. Die Zweiergruppe muss 21 Punkte erreichen. Anpassungen sind möglich bzgl. der Übung bei 2 vs. 1, dies betrifft die Anzahl der benötigten Ballkontakte des Einzelnen und die Anzahl der benötigten Punkte des jeweiligen Teams. Etwas schwierig ist manchmal der Übergang aus der 2-vs.-1-Form in die 1-vs.-1-Form. Die beiden aus der Zweiergruppe brauchen da ein gewisses Feingefühl, um beim Übergang nicht zu nett aber auch nicht zu hart zu spielen, so dass man gut in die 1-vs.-1-Form kommt.

Rekord – Längstes WM-Endspiel
Das längste Endspiel einer Weltmeisterschaft bestritt 1997 der Däne Peter Rasmussen gegen den Chinesen Sun Jun. Der Skandinavier gewann nach 124 Minuten mit 16:17, 18:13, 15:10. Die Chinese war zeitweise von Krämpfen geplagt. „Seinen" WM-Titel holte sich der Chinese zwei Jahre später.

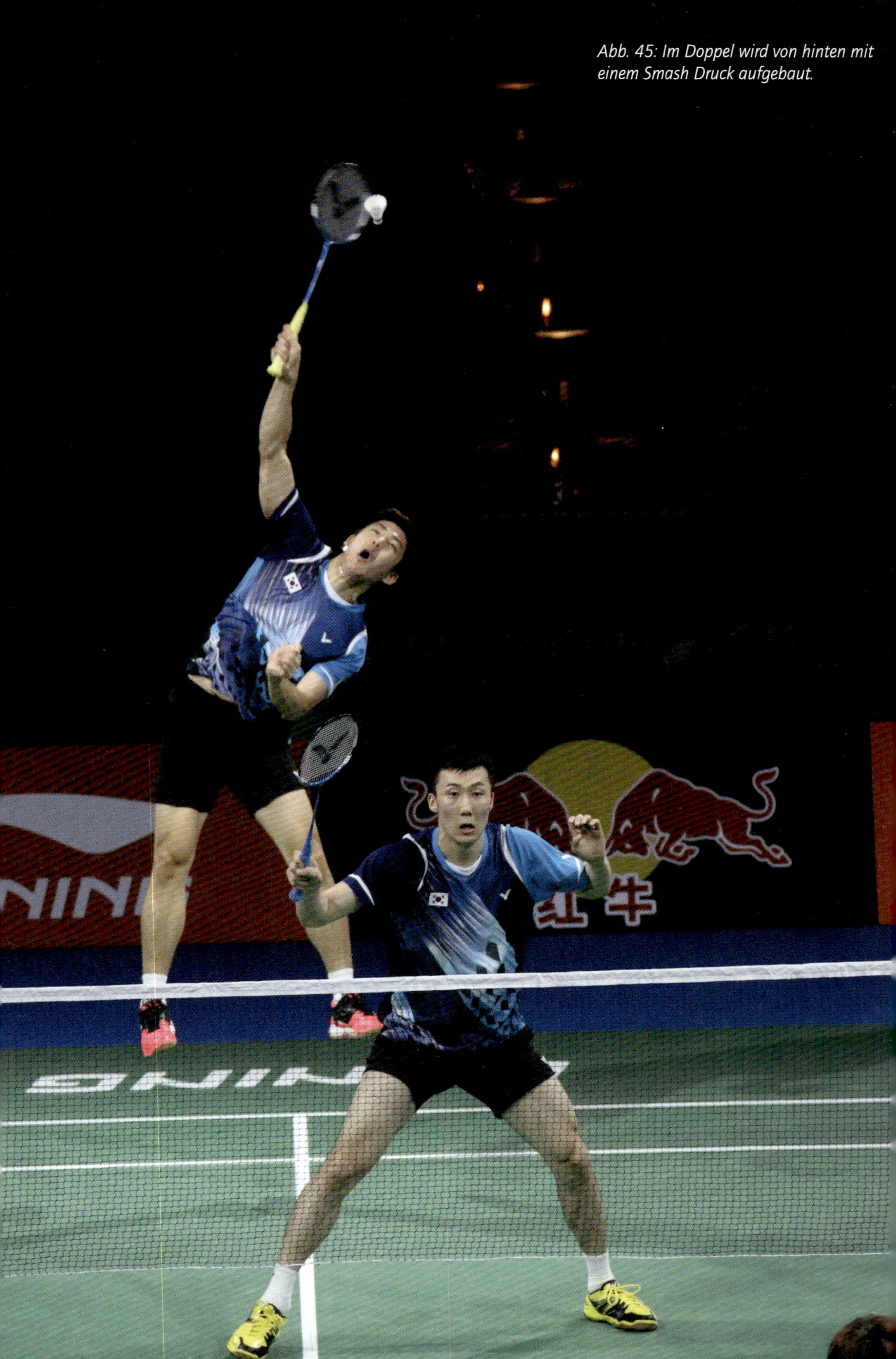

Abb. 45: Im Doppel wird von hinten mit einem Smash Druck aufgebaut.

10 Der Smash (Schmetterball)

Der Schmetterball (Abb. 46, Nr. 4) ist der **härteste Schlag** beim Badminton. Spitzenspieler erreichen dabei eine Anfangsgeschwindigkeit von **bis zu 330 km/h**. Ein ausgeprägtes Angriffsspiel mit vielen Schmetterbällen setzt eine **gute Kondition** voraus. Ziel des Schlags ist es zumeist, den direkten Punkt zu erzielen. Es ist zu unterscheiden in Aushol-, Schlag- und Ausschwungbewegung. Besonders anspruchsvoll ist der Sprungsmash, bei dem der Spieler hochspringt und somit den Winkel vergrößert, mit dem der Ball ins gegnerische Feld fliegt. Anhand der Bilder und den folgenden Beschreibungen kann der Ablauf des Schlags nachvollzogen werden.

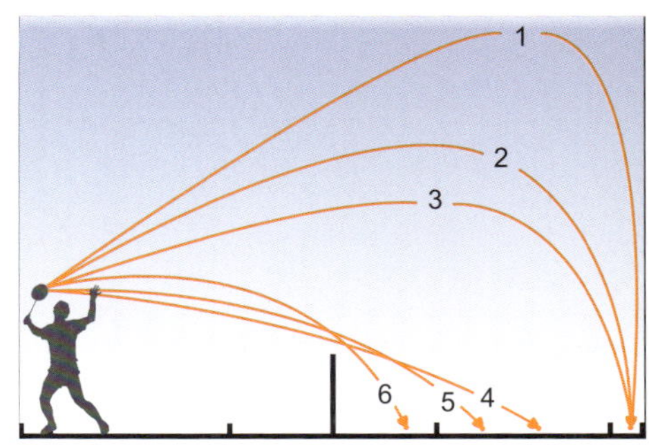

Abb. 46: Clear, Smash, Drop

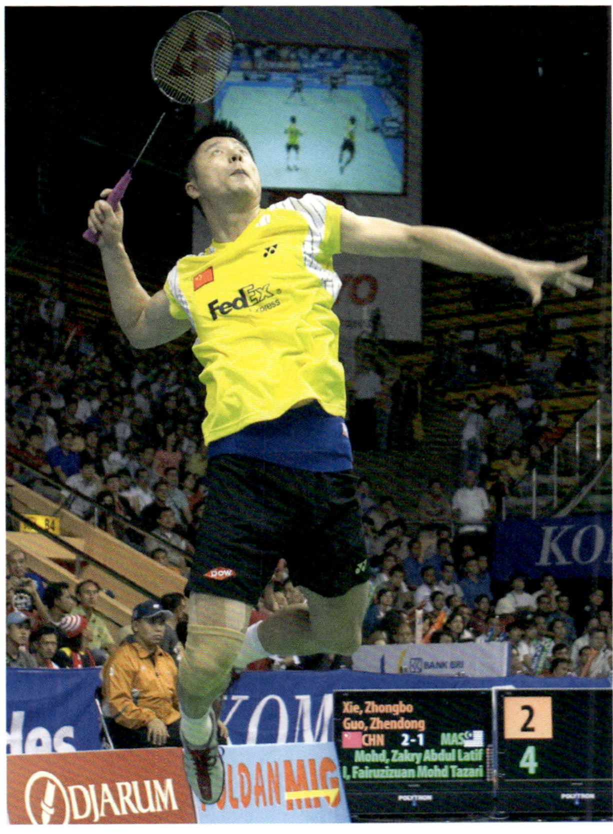

Abb. 47: Der Chinese Xie Zhongbo steigt hoch zum Smash.

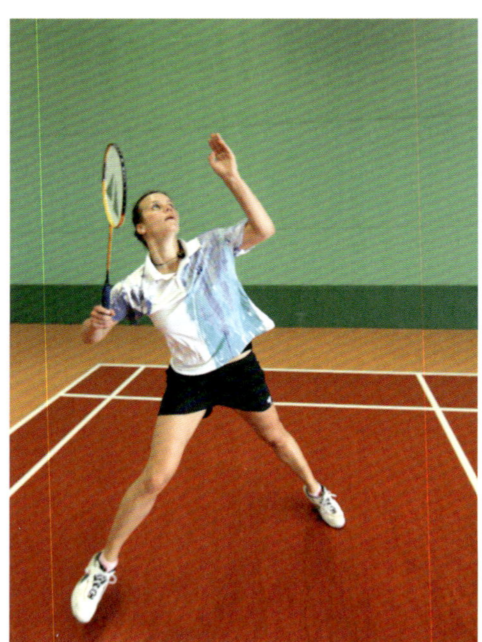

Abb. 48: Smash Phase 1

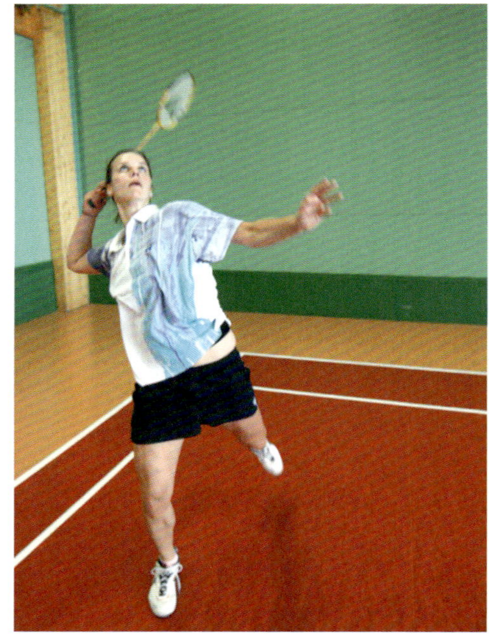

Abb. 49: Smash Phase 2

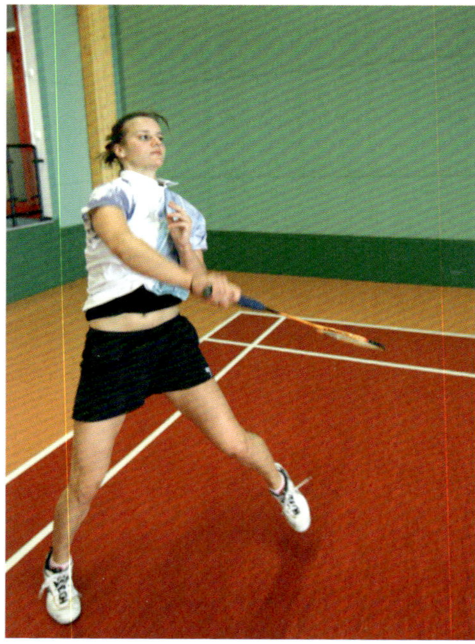

Abb. 50: Smash Phase 3

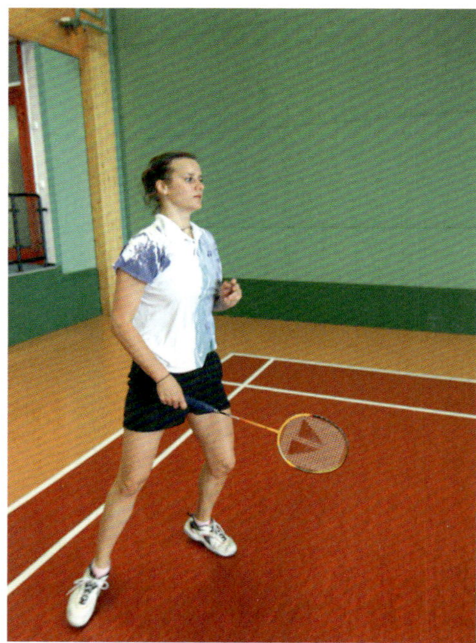

Abb. 51: Smash Phase 4

In der **ersten Phase** verlagert der Spieler - wie beim Clear - das Körpergewicht vom linken auf das rechte Bein. Die linke Hand und der Blick sind auf den Ball gerichtet. Mit dem Schläger wird zum Schlag ausgeholt.

In der **zweiten Phase** ist das Gewicht auf dem rechten Bein. Der Oberkörper wird parallel zu den Seitenlinien gedreht. Der rechte Arm holt zum Schlag aus.

In der **dritten Phase** wird zusammen mit einer Oberkörperdrehung der Ball geschlagen. Der Körper befindet sich anschließend parallel zur Grundlinie.

In **der vierten Phase** verlagert sich das Gewicht wieder auf das linke Bein, mit dem sich der Spieler nach vorne abdrückt. Der Spieler orientiert sich unmittelbar zum zentralen Punkt des Spielfeldes.

Beim Smash ...

- entspricht der Bewegungsablauf weitgehend dem des Clears, der Unterschied liegt im Schnellkrafteinsatz und in der höheren Geschwindigkeit;
- wird der Schlag aus dem Überkopf- oder dem Überhandbereich ausgeführt;
- holt der Spieler mit einer Seitwärtsbewegung nach hinten aus, der Körper bewegt sich zurück;
- liegt das Körpergewicht während der Ausholphase auf dem rechten Fuß, der zurückgestellt wird;
- wird das rechte Knie gebeugt und zum Schlag wieder gestreckt, alternativ wird aus dem Stemmschritt gespielt;
- springt der Spieler hoch;
- wird der rechte Ellbogen nach hinten gezogen, die linke Hand visiert den Ball an;
- werden während der Schlagphase explosiv die rechte Hüfte und die rechte Schulter nach vorn gedreht;
- hat der Körper während des Sprungs eine Spannung, vergleichbar mit einem gespannten Bogen;
- löst sich die Körperspannung mit der schnellkräftigen Schlagbewegung wieder auf;
- findet eine Unterarmdrehung des rechten Schlagarms mit anschließender Handgelenkbeugung statt;
- wird der Ball an der höchsten Stelle vor dem Körper getroffen;
- landet der Spieler mit dem linken Fuß auf dem Boden, mit dem er sich sofort nach vorn abdrücken kann;
- wird der Arm beim Schlag voll bis nach unten durchgezogen;
- sollte der Ball so weit vorne in der Spielfeldhälfte des Gegners landen wie möglich;
- sollte der Ball so hoch wie möglich getroffen werden, um einen guten Winkel zum Netz zu haben.

Tipp: Der finale Smash geht in die Mitte des Spielfeldes - durchaus auf den Körper des Gegners gezielt.

Der Profitipp

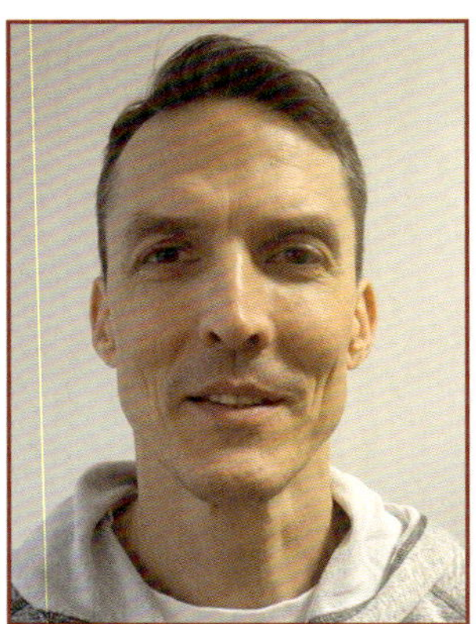

Oliver Pongratz
* 1973

Bundesstützpunkt Leiter (Trainer) Hamburg

A-Trainer

Ehemaliger Nationalspieler (74 Einsätze)

7-facher deutscher Meister

Teilnehmer Olympische Spiele 1996

Bester Platzierung in der Weltrangliste: 9 Herreneinzel

Verbesserung der Smash-Abwehr (zwei gegen eins): Hier ist einer der Zuspieler im Hinterfeld und einer am Netz. Die Person am Netz hat zwischen 10 und 15 Bälle in der Hand.
Ablauf der Übung: Der Spieler am Netz wirft die Bälle immer in die Vorhand-Ecke des Übenden. Dieser spielt einen diagonal Unterhand-Lift. Der Hinterfeld-Spieler smasht diesen long line auf die Rückhand-Seite (bei Rechtshändern) des Übenden. Dieser wehrt kurz ab. Dann wird der nächste Ball zugeworfen usw ...
Erweiterung der Übung: Z.B. kann der Hinterfeld-Spieler gerade und cross schmettern. Der Übende kann zwischen einer geraden und cross kurzen Abwehr variieren. Ebenso kann der Spieler am Netz auf die Vorhand- oder Rückhand-Ecke werfen. Allerdings sollte der Unterhand-Lift immer in die gleiche Ecke gespielt werden, um hier eine gute Qualität des Smashs zu haben.
Ziel-Überlegung: Wenn die Übung ein technisches Ziel hat, sollten die Vorgaben immer gleich bleiben. Sollte das Ziel spielähnlich sein, so kann hier natürlich variiert werden.

Übung 1: Wechselsmash: Spieler A spielt den Ball hoch raus, Spieler B antwortet mit einem Smash. Spieler A versucht anschließend, den Schmetterball kurz abzuwehren, sodass B den Ball hoch herausspielen kann. Jetzt kann A schmettern.

Übung 2: Smash mit Umsprung: Der Übende schlägt nach einem hohen Aufschlag des Zuspielers einen Smash mit Umsprung; der Zuspieler antwortet mit einem kurzen Stopp, den der Übende wiederum als Netzdrop zurückbringt; der Zuspieler kann nun den Ball wieder hoch rausziehen, sodass der Übende zurücklaufen muss und im Umsprung smashen kann.

Übung 3: Ballmaschine: Der Trainer schlägt dem Übenden die Bälle hoch weit raus in dessen Rückhandecke; der Übende muss die Bälle mit einem Links-vom-Kopf-Schlag schmettern.

Übung 4: Spiel auf halben Feld: Zwei Spieler bewegen sich auf dem halben Feld und spielen nach Punkten; ein Punkt kann jedoch nur durch einen Smash erzielt werden, alles andere ist Wiederholung des Ballwechsels.

Übung 5: Vorhandsmash: Der Zuspieler schlägt den Ball abwechselnd in die linke Vorhandecke des Übenden und kurz und geradeaus am Netz. Der Übende schlägt aus seiner Vorhandecke den Smash entweder longline oder cross; der Übende muss nach jedem Smash ans Netz vorrücken, um den Stoppball des Zuspielers zu erreichen, den er jeweils kurz zurückspielt. Der Zuspieler kann den Ball dann wieder lang in die Vorhandecke des Übenden ziehen.

Der Profitipp

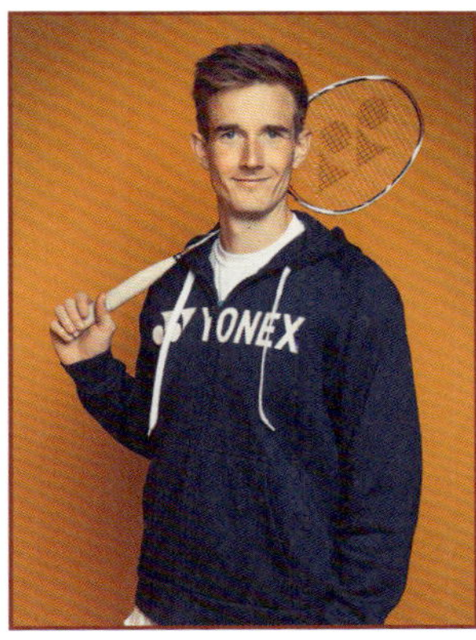

Tobias Wadenka
*1990

DBV-Trainer des Jahres 2020

A-Trainer-Ausbildung

Bundesliga-Spieler TSV Neuhausen-Nymphenburg

Website: Badminton Coaching *http://www.tobiaswadenka.com/*

Podcast „Shuttletalk" mit Nationalspieler Kai Schäfer *http://www.tobiaswadenke.com/potcast/*

Der Weg zum guten Smash: Nach meiner Erfahrung helfen vor allem die folgenden 3 Fokuspunkte dabei, einen guten und harten Smash zu entwickeln, da sie sowohl von außen als auch durch den/die Spieler*in selbst leicht beobachtet werden können:
Sound: Schlaghärte entsteht vor allem durch einen zentralen Treffpunkt ohne Schnitt. Das lässt sich vor allem an einem satten und klaren Sound erkennen.
Winkel: Ein guter Winkel im Angriff ist immer ein Zeichen, eines hohen Treffpunktes oberhalb der Schlagschulter. Der Fokus auf einen steilen Winkel im Smash führt häufig zu einer Bewegung mit hohem Treffpunkt vor dem Körper.
Endposition des Schlägers: Für viel Schlagpower ist eine explosive Unterarmrotation wichtig. Ob diese erfolgt, lässt sich vor allem durch die Schlägerbewegung nach dem Treffpunkt überprüfen. Hier sollte der Schläger beim Schwingen nach unten durch die extreme Unterarmrotation automatisch zurückschnalzen, sodass er am Ende wieder nach vorne oben zeigt.

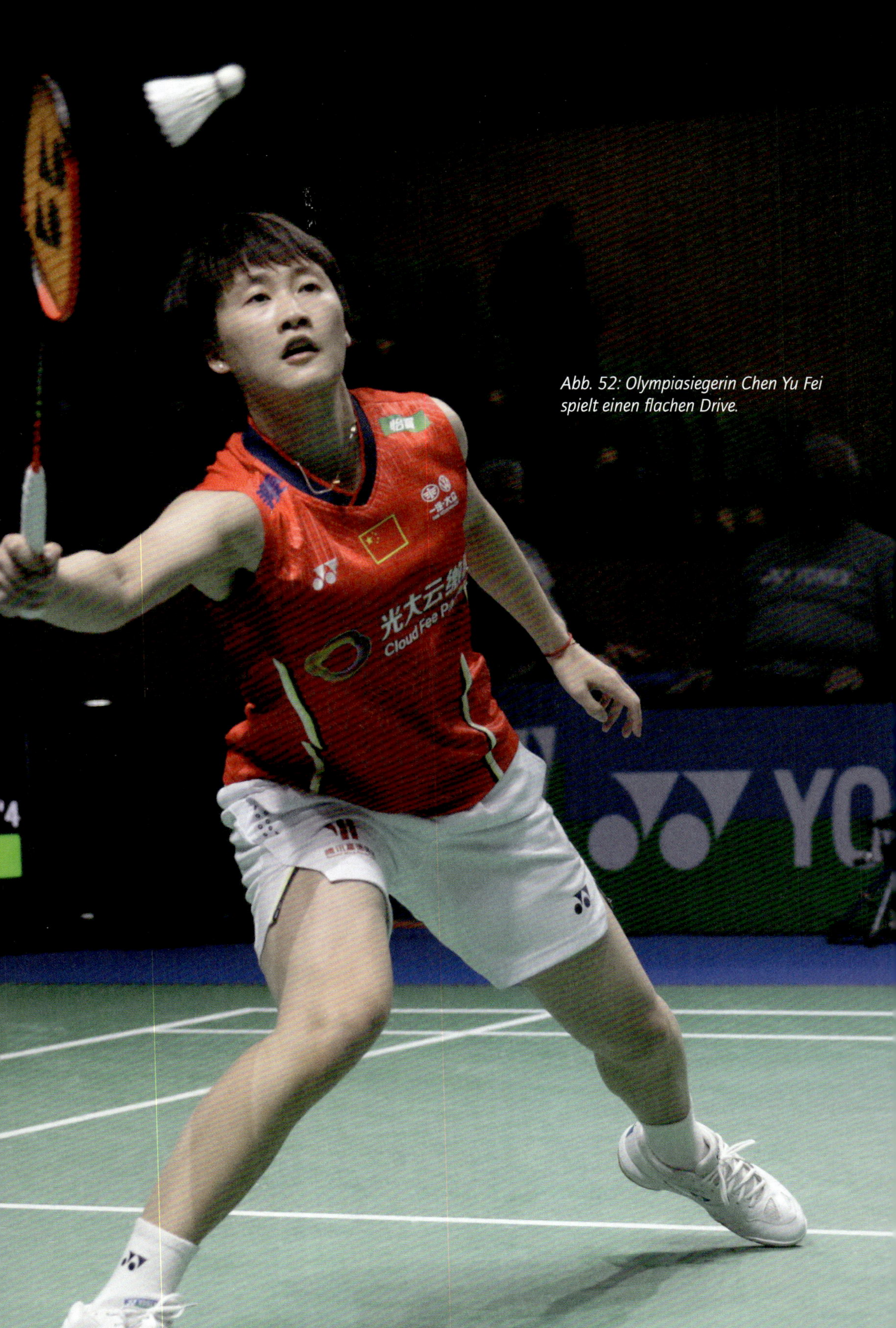

Abb. 52: Olympiasiegerin Chen Yu Fei spielt einen flachen Drive.

11 Der Drive (Treibschlag)

Der Drive (auch Treibschlag genannt) gehört zu den **Angriffsschlägen**, dem Gegner wird bei dem mit hoher Geschwindigkeit gespielten Ball kaum eine Reaktionszeit gelassen. Der Treffbereich des Drives liegt nahe der linken und rechten Seitenauslinie, er wird aus dem Halbfeld heraus geschlagen. Der Spieler beginnt diesen Schlag mit einem Ausfallschritt und schlägt ihn nach rechts als Vorhand- und nach links als Rückhandschlag. Der Ball wird dabei scharf und flach über das Netz gespielt.

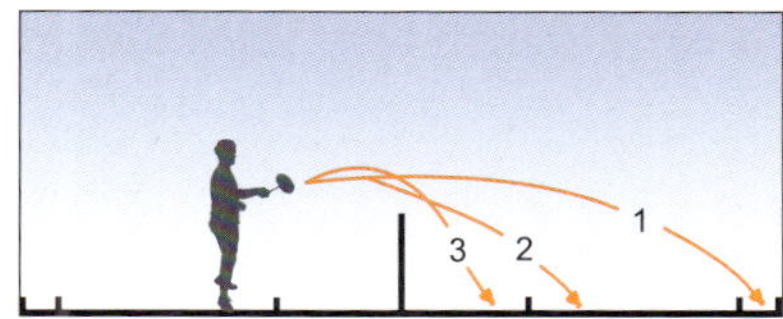

Abb. 53: Der Drive

Der Drive sollte **idealerweise parallel zur Seitenlinie** gespielt werden, in Variation kann er **cross** gespielt werden. Letztere Variante hat den Nachteil, dass der Ball am **zentralen Punkt** des Spielfeldes entlanggeschlagen werden muss, und somit durch den unmittelbaren Schlagbereich des Gegners fliegt. Wenn dieser günstig steht, kann er leicht einen **gewinnbringenden Return** schlagen.

Als **Swipvariante** (Abb. 53, Nr. 1) ist er meistens punktbringend. Der Drive ist ein Schlag, der **vorwiegend im Doppel** eingesetzt wird, insbesondere als Antwort auf einen flachen Aufschlag. Der Zielbereich liegt bei einem scharf gespielten Drive noch **vor der Aufschlaglinie** des Gegners (Abb. 53, Nr. 3), ansonsten fliegt der Ball bis ins Halbfeld (Abb. 53, Nr. 2). Nach dem Schlag sollte sich der Spieler nach vorn ans Netz orientieren, einen hohen Abwehrschlag der Gegner kann dann der eigene Doppelpartner, der hinter einem in Angriffposition steht, mit einem Smash beantworten.

Beim Drive mit der Vorhand ...

- wird der Ball im Seithandbereich getroffen und fliegt flach auf Netzkantenhöhe zum Gegner;
- liegt der Treffpunkt in der Regel nahe der linken oder rechten Auslinie;
- ist der Zielbereich der hintere Feldbereich des Gegners;
- kann längs oder diagonal gespielt werden;
- geht zunächst der Ellbogen zum Ball, der Arm erhält eine Vorspannung;
- erfolgt der Schlag aus dem Oberarm, dem Ellbogen und dem Handgelenk heraus;
- wird der Ball seitlich vom Körper etwa auf Kopfhöhe getroffen;

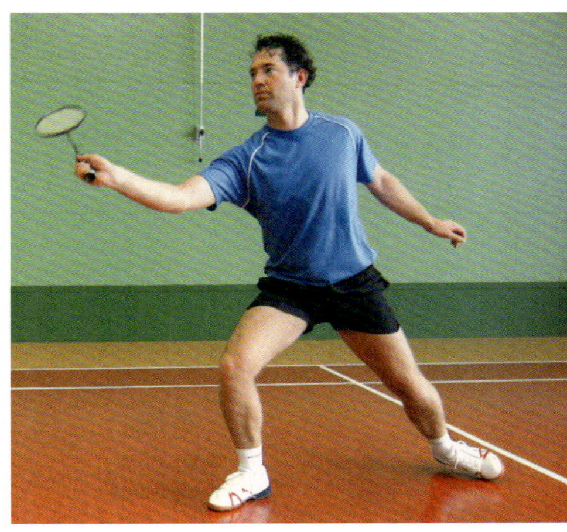

Abb. 54: Der Drive

- geht das rechte Bein mit einem leichten Ausfallschritt zum Ball;
- wird die Swipvariante gespielt, indem bei einem angedeuteten kurzen Ball im letzten Augenblick beschleunigt und durchgezogen wird (Finte).

Beim Drive mit der Rückhand ...

- befindet sich der rechte Schlagarm waagerecht auf Brusthöhe vor dem Körper;
- stehen die Füße entweder parallel nebeneinander (dabei sind die Knie leicht angewinkelt) oder das linke Bein geht mit einem leichten Ausfallschritt nach links vorn;
- erfolgt der Schlag aus einer kräftigen Unterarmdrehung;
- wird der flache Ball parallel oder diagonal über das Netz gespielt und
- sollte der Daumen der Schlaghand auf den Griff drücken und die Hebelwirkung des Schlags erhöhen.

Übung 1: Treibjagd: Spieler A und B schlagen sich gegenseitig die Bälle scharf und flach über das Netz zu und variieren dabei Vor- und Rückhand. Nach einigen Schlägen gehen beide Spieler mit jedem Schlag ein Stück weiter zurück, um sich später wieder anzunähern.

Übung 2: Spielverderber: Spieler A und B spielen sich wie in Übung 1 die Driveballe zu, jetzt stehen Spieler C und D weit vorne am Netz, versuchen, dazwischenzufahren und den Ball zu „töten".

Übung 3: Ballmaschine: Der Trainer spielt in hoher Frequenz ins Halbfeld des Übenden, dieser muss den Ball als Drive longline zurückbringen. Der Trainer variiert dabei die Vor- und Rückhandseite des Übenden.

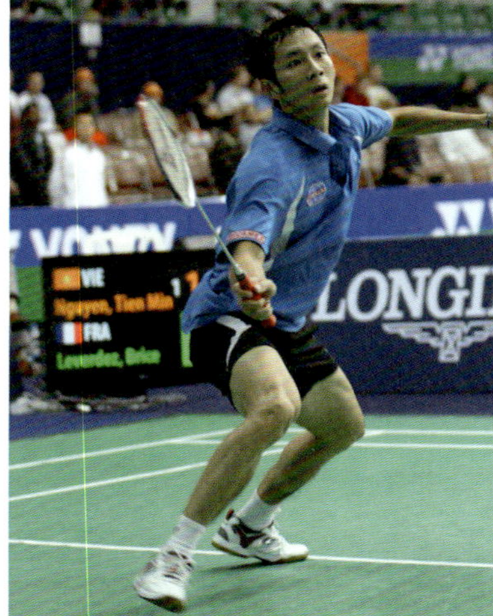

Abb. 55: Der vietnamesische Spitzenspieler Nguyen Tien Min setzt zum Drive an.

Der Profitipp

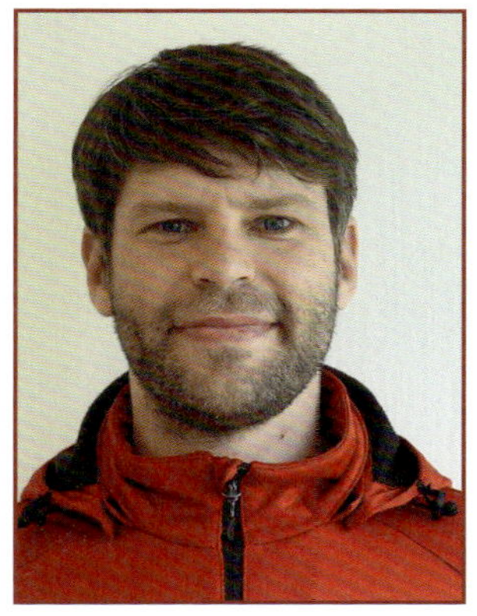

Michael Fuchs
*1982

Bundestrainer Nachwuchs 2021-2023

A-Trainer

Ehemaliger Nationalspieler (97 Länderspiele)

Deutscher Meister Herrendoppel (2) und Mixed (6)

Deutscher Mannschaftsmeister mit 1. BC Bischmisheim (2006-10, 2015-16, 2018-21)

Teilnehmer Olympische Spiele 2012 und 2016
Bespannungshärte als Profi: 16 Kilogramm (35ibs)

„Around the World": Spieler A eröffnet den Ballwechsel mit einem hohen Zuspiel in die Rückhandseite von Spieler B. Dieser spielt einen (Vorhand-) „Aufbau-Schlag" (Drop, Stick-Smash oder Half-Smash) in die Feldmitte und Spieler A antwortet mit einem flachen Lift in die Vorhandseite von Spieler B. Spieler B springt auf die Vorhandseite (Chinasprung), schmettert longline und macht direkt einen Schritt nach vorne in den Midcourt (Follow-Up). Spieler A retourniert den Smash mit einer flachen, geraden Abwehr, die Spieler B mit einem harten Longline (ggf. Überkopf-) Drive erwidert. Spieler A blockt den Ball gerade netzfern (d. h. bis etwa zur vorderen Aufschlaglinie), woraufhin Spieler B sich weiter Richtung Netz bewegt und abermals longline drückt/pusht. Spieler A versucht, den Ball als geraden oder diagonalen Block ans Netz zu spielen und Spieler B macht einen explosiven Ausfallschritt nach vorne, um den Ball am Netz zu töten.
Im zweiten Durchgang wird die Seite gewechselt. Der hohe Aufschlag erfolgt demnach in die Vorhandseite und der Follow-Up bzw. der Weg ans Netz wird auf der Rückhandseite durchgeführt.

Variationsmöglichkeit: Diese Übung kann auch als Multishuttle-Übung durchgeführt werden. Bei der oben beschriebenen Ballwechsel-Variante sind zwei „gleichberechtigt übende" Spieler – einer in der Defensive und einer in der Offensive – involviert, während bei der Multishuttle-Übung ein Trainer bzw. Zuspieler und ein Übender (in der Offensive) beteiligt sind. Für eine effektive Übungsdurchführung kommt es bei der Multishuttle-Übung vor allem auf die Präzision und das Timing des Zuspielers an. Um die oben erklärte Ballwechsel-Variante erfolgreich durchführen zu können, benötigen beide Spieler eine gewisse Schlagsicherheit.

Tipp: Am besten startet man in den ersten Runden noch nicht mit maximaler Schlaghärte und -geschwindigkeit (auf beiden Seiten), sondern versucht zunächst, die Schlagfolge ohne Fehler bis zum Ende durchzuspielen. Sobald die Übung grundsätzlich funktioniert, wird das Tempo gesteigert.

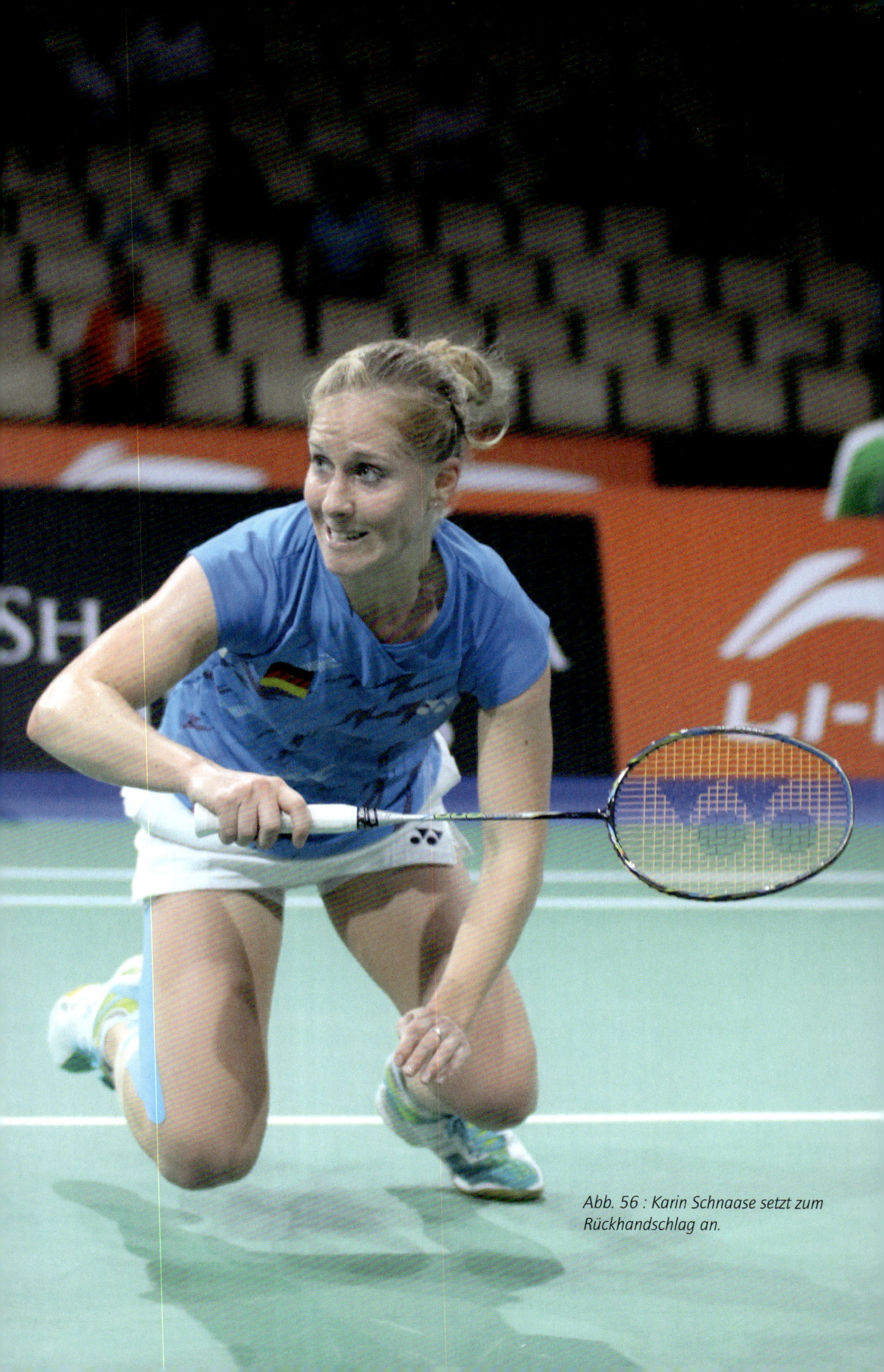

Abb. 56 : Karin Schnaase setzt zum Rückhandschlag an.

12 Die Rückhand

Die Rückhand kann **in allen Varianten** der Grundschläge (Clear, Smash, Drop, Drive und Aufschlag) und als Abwehr sowie beim Spiel am Netz gespielt werden. Der Rückhandschlag ist von der Grundlinie (als Überhandschlag) immer die **zweitbeste Variante**, es sollte nach Möglichkeit die Vorhand geschlagen werden (Schlag Links-vom-Kopf). In Präzision und Schlagkraft ist die Rückhand im Nachteil, obwohl sie als Clear, Smash und Drop zu den technisch anspruchsvollsten Schlägen beim Badminton gehört. Als Abwehrschlag im vorderen Feld kann die Rückhand sehr effektiv genutzt werden, wobei der Spieler entweder im Halbfeld steht oder mit einem Ausfallschritt ans Netz kommt. Anhand der Bilder und den folgenden Beschreibungen kann der Ablauf der Rückhandschläge nachvollzogen werden.

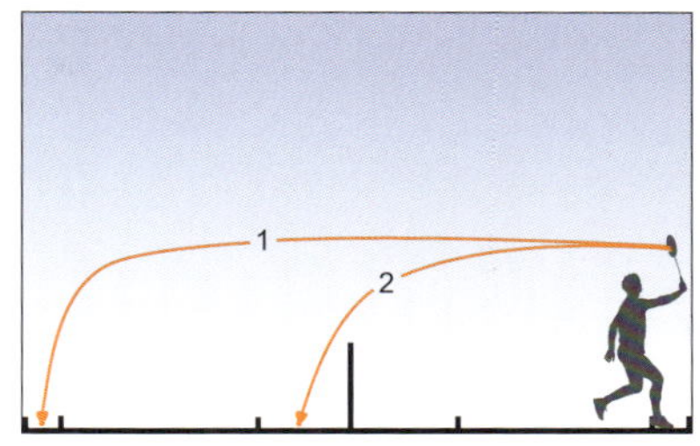

Abb. 57: Die Rückhand

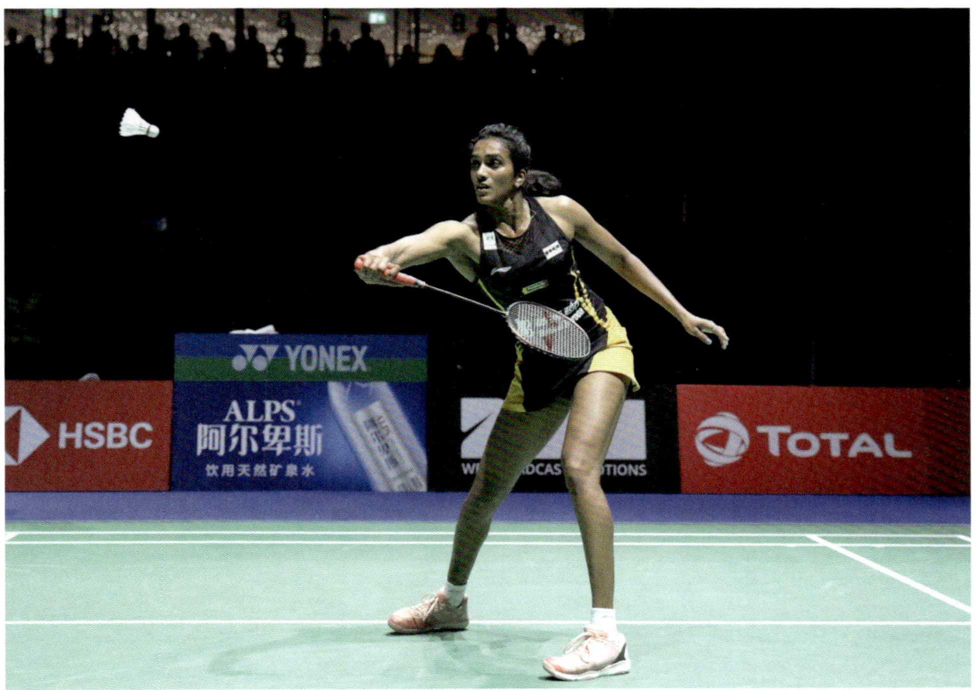

Abb. 58: Die Inderin Pusarla Sindhu beim Rückhandschlag

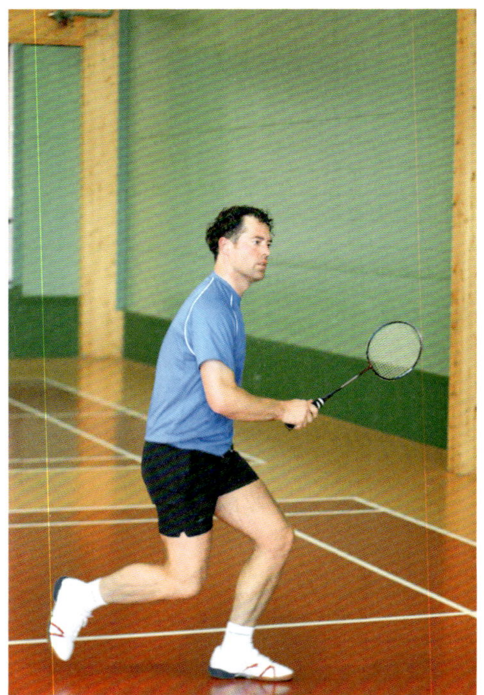

Abb. 59: Rückhand Grundlinie Phase 1

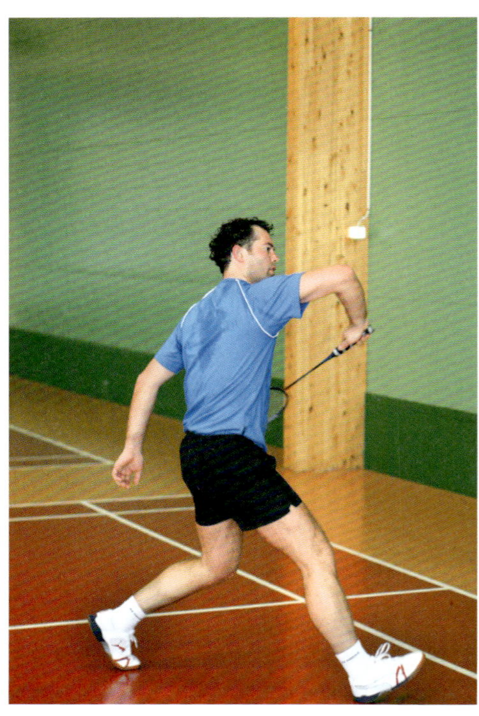

Abb. 60: Rückhand Grundlinie Phase 2

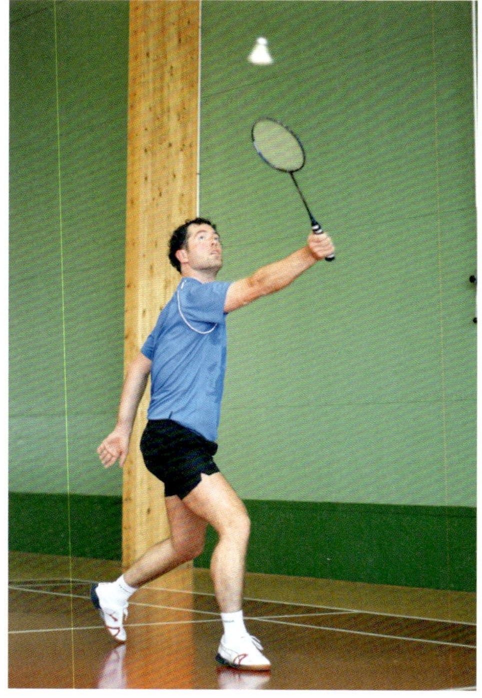

Abb. 61: Rückhand Grundlinie Phase 3

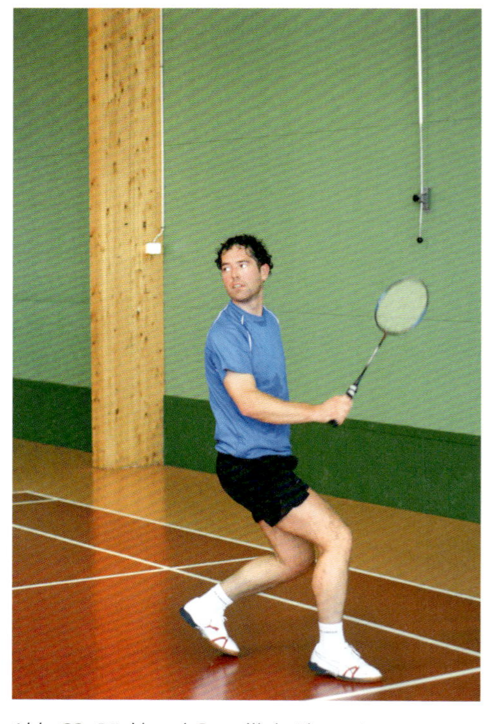

Abb. 62: Rückhand Grundlinie Phase 4

In der **ersten Phase** läuft der Spieler in die Rückhandecke, dabei muss er aufpassen, dass er Ball und Gegner nicht zu lange aus den Augen lässt.

In der **zweiten Phase** holt der Spieler zum Schlag aus. Dabei liegt das Körpergewicht mit dem Schlag auf dem rechten Bein. In Extremfällen macht der Spieler einen Ausfallschritt, um überhaupt an den Ball zu kommen. Der Fuß steht annähernd diagonal zu den Seitenauslinien, der Oberkörper parallel zur hinteren Grundlinie.

In der **dritten Phase** befindet sich der Spieler hinter dem zu schlagenden Ball. Dieser sollte möglichst hoch getroffen werden. Zur Unterstützung der Schlagkraft kann der Spieler den Daumen der Schlaghand von hinten auf den Griff drücken. Der Schlag kann als Clear, Drop oder Smash ausgeführt werden.

In der **vierten Phase** drückt sich der Spieler mit dem rechten Bein ab und orientiert sich unmittelbar zum zentralen Punkt des Spielfeldes. Der Blick ist auf die Aktionen des Gegners gerichtet.

Bei der Rückhand von der Grundlinie ...

- kommt der Spieler aus der Grundstellung und läuft mit mehreren Schritten in die hintere Rückhandecke;
- sollte der Spieler so lange wie möglich Blickkontakt zu Ball und Gegner haben;
- wird eine Körperdrehung von mindestens 90° vollzogen;
- erfolgt der letzte Schritt vor dem Schlag als Ausfallschritt mit dem rechten Bein;
- ist das rechte Knie beim Schlag leicht gebeugt;
- zeigt die rechte Fußspitze zur Seitenlinie;
- zeigt die rechte Schulter auf den rechten Netzpfosten;
- wird mit dem Schläger vor dem Körper von unten ausgeholt, der Ellbogen des Schlagarms geht Richtung Netz;
- wird mit einem Schwung aus dem Oberarm sowie mit einer Unterarmdrehung geschlagen;
- weicht die Griffhaltung vom Universalgriff leicht ab und ist etwas nach innen gedreht (also innerhalb der Hand nach rechts);
- wird der Ball an der höchsten Stelle neben dem Körper getroffen (Rückhand-Überhand-Schlag) und bei der Clearvariante (Abb. 57, Nr. 1) bis an die gegnerische Grundlinie geschlagen;
- kann der Daumen hinter dem Griff die Beschleunigung verstärken;
- wird bei der Dropvariante (Abb. 57, Nr. 2) kurz vor dem Schlag ein Teil der Beschleunigung zurückgenommen;
- wird bei der Smashvariante die Unterarmdrehung voll eingesetzt und der Ball mit der gesamten Beschleunigung nach unten gedrückt.

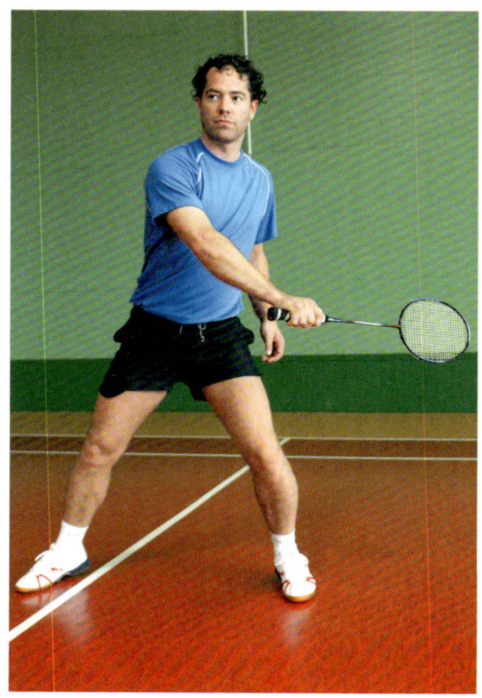
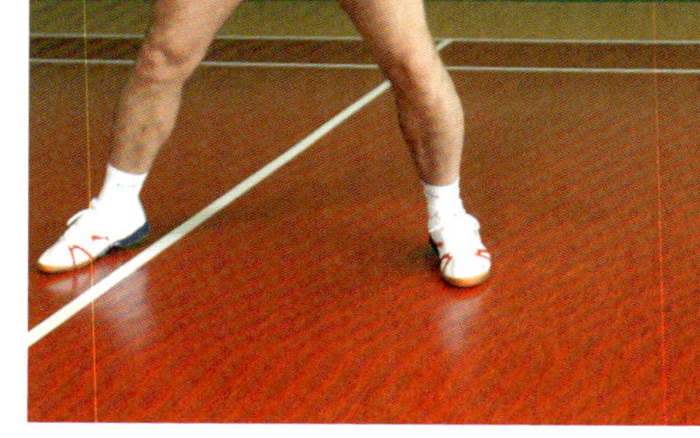

Abb. 63: Rückhandabwehr links vom Körper

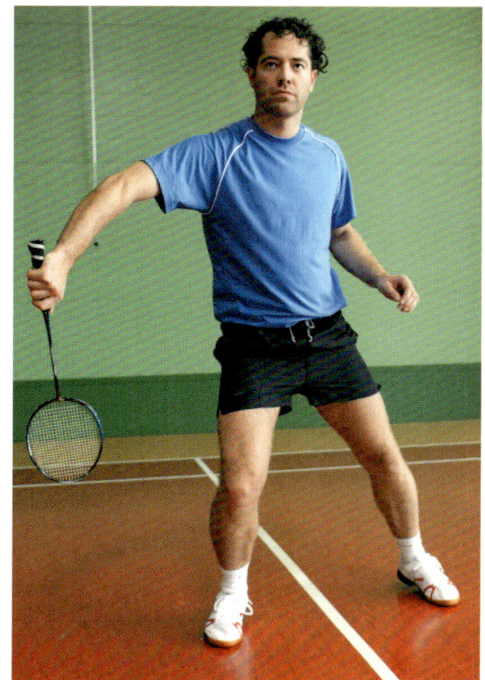

Abb. 64: Rückhandabwehr rechts vom Körper

Bei der Rückhandabwehr im Halbfeld ...

- steht der Spieler etwa 1 m hinter der T-Linie;
- steht der Spieler mit leicht angewinkelten Knien, die Füße stehen schulterbreit auseinander;
- wird der Schläger vorm Körper nach unten gehalten;
- wird der Daumen gegen den Griff gedrückt und sorgt für zusätzliche Beschleunigung;
- wird leicht nach hinten ausgeholt;
- wird die Beschleunigung über eine Unterarmdrehung bewirkt.

Bei der Rückhand am Netz ...

- wird die linke vordere Spielfeldfläche abgedeckt;
- kann ein Kurzball, Clear oder Swip geschlagen werden;
- macht der Spieler aus der Grundstellung einen Ausfallschritt mit links, der rechte Fuß wird nicht nachgezogen, um möglichst schnell wieder in die Rückwärtsbewegung zu kommen;
- wird der Ball im Optimalfall mit fast ausgestrecktem Arm auf Netzkantenhöhe getroffen;
- ist die Achse der Schlägerfläche parallel zur Netzkante und es wird leicht angewinkelt zum Netz geschlagen.

Der Profitipp

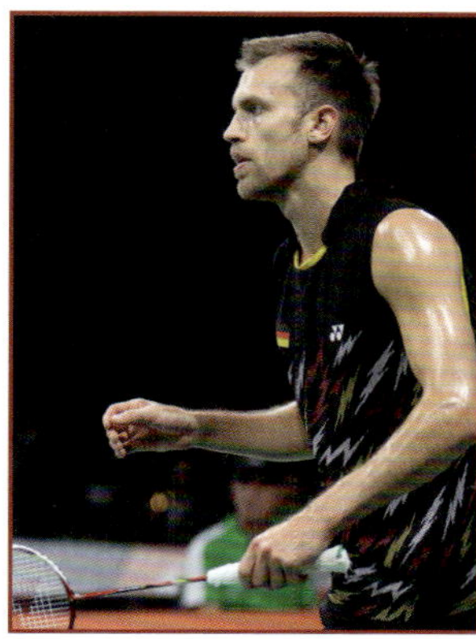

Marc Zwiebler
*1984

EBT Berlin

Profi von 2004-2018

heute Geschäftsführer der Softwarefirma Kurabu

Nationalspieler (93 Länderspiele)

9-facher deutscher Meister Herreneinzel (2005, 2008-2013, 2015, 2016)

Olympiateilnehmer 2008, 2012, 2016

Europameister 2012

Finalist Denmark Open (Super Series) 2009

Finalist Indonesia Open (Super Series) 2013

Halbfinale All England 2011

16 internationale Titel

Sponsor: Yonex

Bespannungshärte: 14,5 kg (32 ibs) längs und 15,4 kg (34 ibs) quer.

Ab in die Ecke: Der Zuspieler deckt zwei Ecken seiner Wahl ab und lässt den Übenden unregelmäßig (am Anfang auch regelmäßig) von der Vorhandecke vorne am Netz und dann zur Rückhandecke cross nach hinten laufen. Dies in allen Variationen (Zuspieler beide Ecken hinten, beide vorne usw.) jeweils etwa zwei Minuten laufen. Dann eine Minute Pause oder Wechsel, d. h., eine Gesamtzeit von ca. 12 Minuten. Der Zuspieler sollte variieren zwischen hohen Bällen, bei denen man viel Zeit mit der Rückhand hat, sowie schnellen, flachen Bällen nach hinten, um den Übenden praxisnah unter Druck zu setzen. Zur Steigerung kann der Übende auch einen schweren Schläger (z. B. Squashschläger) benutzen, um die Muskulatur zu trainieren.

Rekord – Längste Partie im Einzel und Doppel
Als längste Badminton-Partie im Einzel ist im Guinness Book ein Spiel vom 27.-28. September 2019 in Polen aufgeführt. Zwei Männer spielten 26 Stunden, 28 Minuten und 20 Sekunden. Der Rekord in einem Doppel wurde vom 12.-13. Oktober 2014 in Tampa (USA) mit 32 Stunden und 25 Minuten aufgestellt.

Der Profitipp

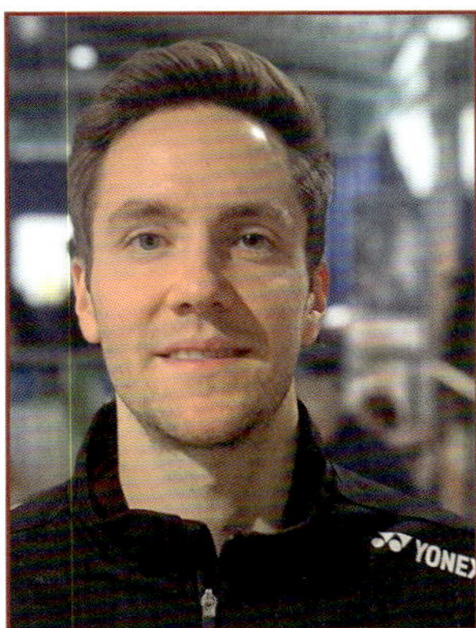

Mark Lamsfuß
* 1994

Europameister im Doppel (mit Marvin Seidel) und Mixed (mit Isabel Lohau) 2022

WM-Bronze im Mixed (mit Isabel Lohau) 2022

Deutscher Mannschaftsmeister mit dem 1. BC Wipperfeld 2022

Teilnehmer Olympische Spiele 2021

Nationalspieler (46 Länderspiele)

Sichere Rückhand: Die Übungseinheit beginnt mit einer Ballmaschine, die Bälle werden für den Übenden in angenehmer Höhe in die Rückhand-Seite gespielt – und zwar im Mid-Court. Für den Übenden geht es darum, möglichst sicher viele Bälle zurückzubringen. **Wichtig:** Der Arm muss beim Schlag durchschwingen, auf Ellenbogen-Unterarm-Rotation achten. Der Schlag „schnalzt durch".
Steigerung: Wenn der Übende sicher ist und die Bälle gut zurückbringt, dann werden die Rückschläge variiert. Die Rückhandbälle werden von innen nach außen hart geschnitten. Für den Gegner landen die Bälle dann in dessen Vorhandecke. Insbesondere im Doppel ergeben sich daraus eine Reihe taktischer Möglichkeiten.

Übung 1: Wechselnder Rückhanddrop: Zwei Spieler spielen sich jeweils in der hinteren Rückhandecke an, sodass der Partner einen Drop spielen kann. Spieler A beginnt mit einem hohen Aufschlag, Spieler B dropt. Spieler A antwortet jetzt mit einem kurzen Stoppball, sodass Spieler B diesen lang in die Rückhandecke von A spielen kann.

Übung 2: Dropvarianten mit der Rückhand: Der Übende schlägt jeden Ball als Rückhanddrop, dabei kann er variieren zwischen longline und cross. Der Zuspieler schlägt den Ball immer wieder in die Rückhandecke des Übenden hinaus. Steigerung: Der Zuspieler streut zwischendurch unregelmäßig einen Stoppschlag ein.

Übung 3: Clearduell mit der Rückhand: Zwei Spieler schlagen im Wettbewerb mit der Rückhand einen Clear longline. Die Bälle müssen in einem bestimmten Bereich im hin. teren Spielfeld landen, bestenfalls zwischen den beiden Aufschlaglinien. Wenn ein Ball des Partners zu kurz fliegt, kann er diesen fallen lassen und bekommt einen Punkt.

Übung 4: Gegen die Wand: Der Trainer steht vor einer Wand und wirft oder schlägt in hoher Frequenz dem Übenden die Bälle zu. Die Bälle sollen dabei in die Ecke links vom Kopf des Übenden fliegen, sodass er die Bälle mit der Rückhand als Clear gegen die Wand schlagen kann.

Übung 5: Ab zum zentralen Punkt: Der Übende spielt einen Drop longline, der vom Zuspieler mit einem Stopp beantwortet wird. Nach einem Wechselstopp schlägt der Zuspieler den Ball wieder in die Rückhandecke des Übenden. Beim Laufweg des Übenden von und zum Netz soll er jeweils nach rechts zum zentralen Punkt ausweichen. In der Nähe der zentralen Position kann ein Kasten aufgebaut werden, der jeweils mit dem Schläger angetippt werden muss.

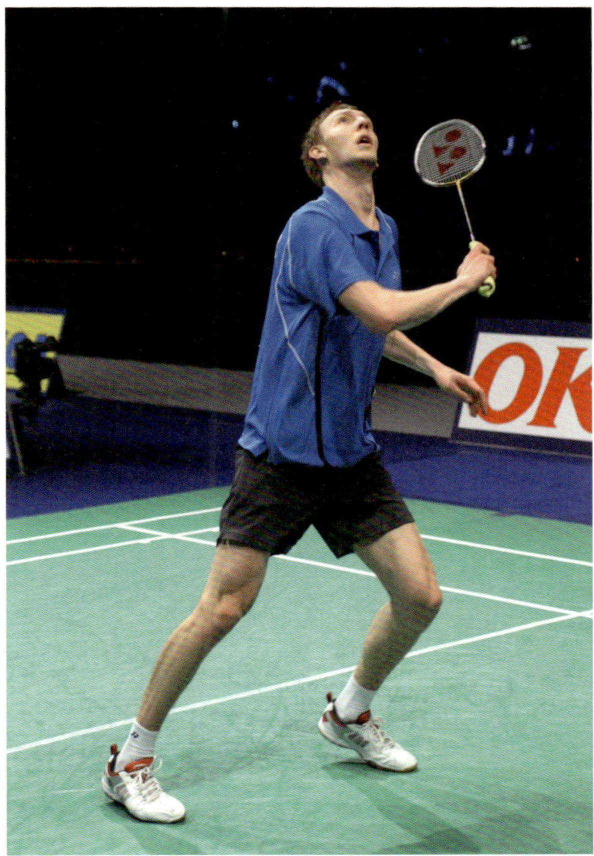

Abb. 65: Dieter Domke spielt eine Rückhand.

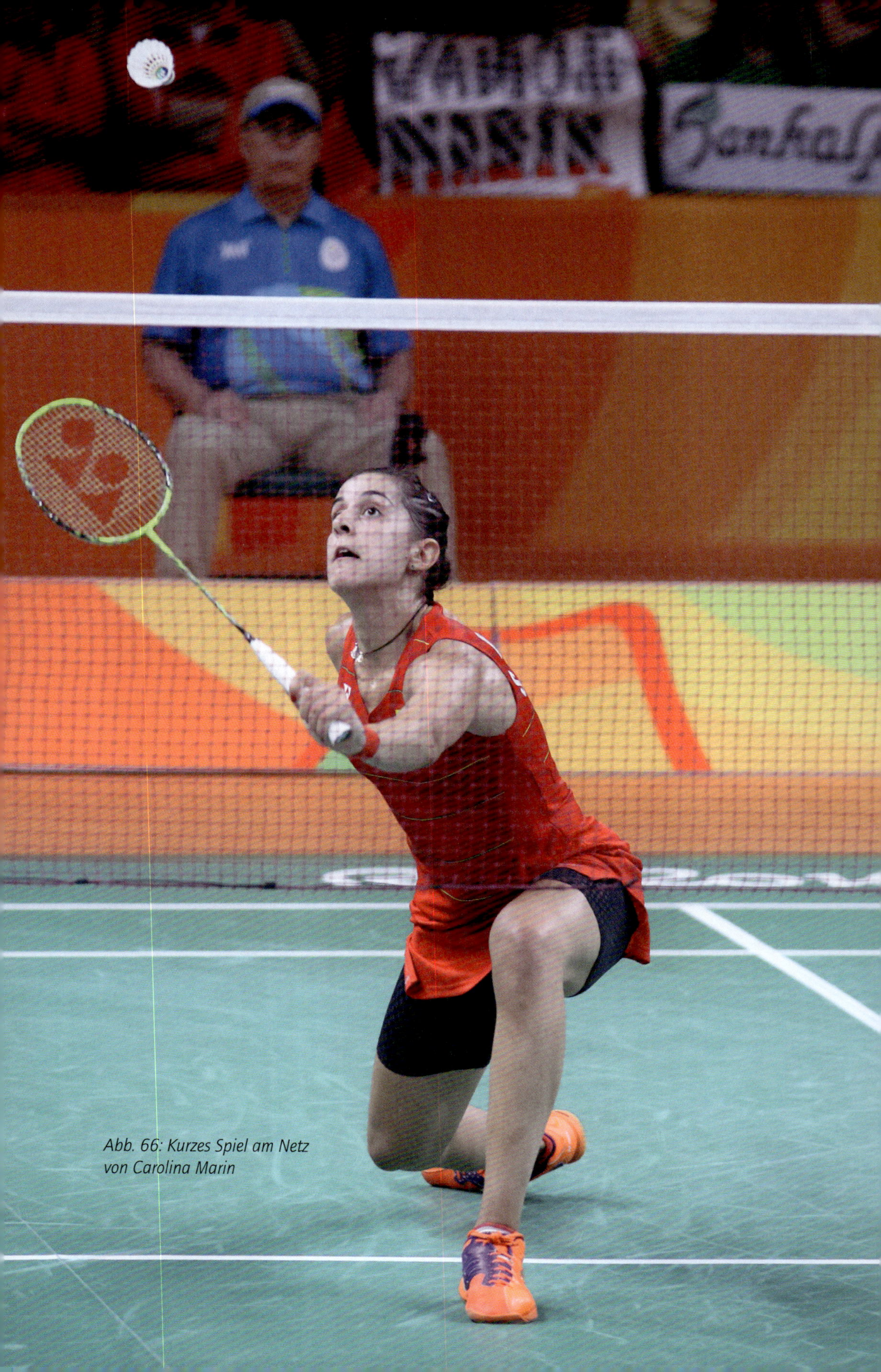

Abb. 66: Kurzes Spiel am Netz von Carolina Marin

13 Das Spiel am Netz

Das Spiel am Netz erfordert neben **Reaktionsfähigkeit** insbesondere **technisches Know-how und Fingerspitzengefühl**, da der Schläger – im Gegensatz zum Ball – das Netz nicht berühren darf. Der Schläger und auch der Spieler dürfen nicht über oder unter das Netz geraten. Man kann beim Netzspiel je nach Treffpunkt des Balls zwei **Arten von Schlägen** unterscheiden: Bälle oberhalb und Bälle unterhalb der Netzkante. Die oben geschlagenen Bälle **(„Töten", „Wischen", „Ablegen")** zählen zu den Angriffsbällen, die unten getroffenen **(„Heben", „Stechen", „Schneiden")** zu den **Verteidigungsbällen**. Allen diesen Schlagarten ist gemein, dass sie mit einem **Ausfallschritt** eingeleitet werden, der Spieler kommt aus der **zentralen Position** ans **Netz**.

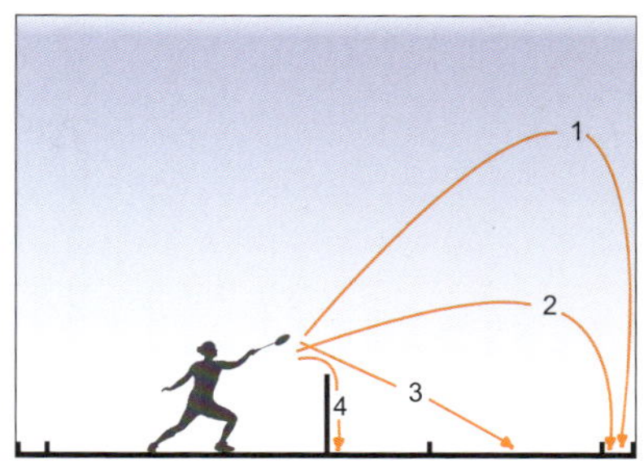

Abb. 67: Spiel am Netz

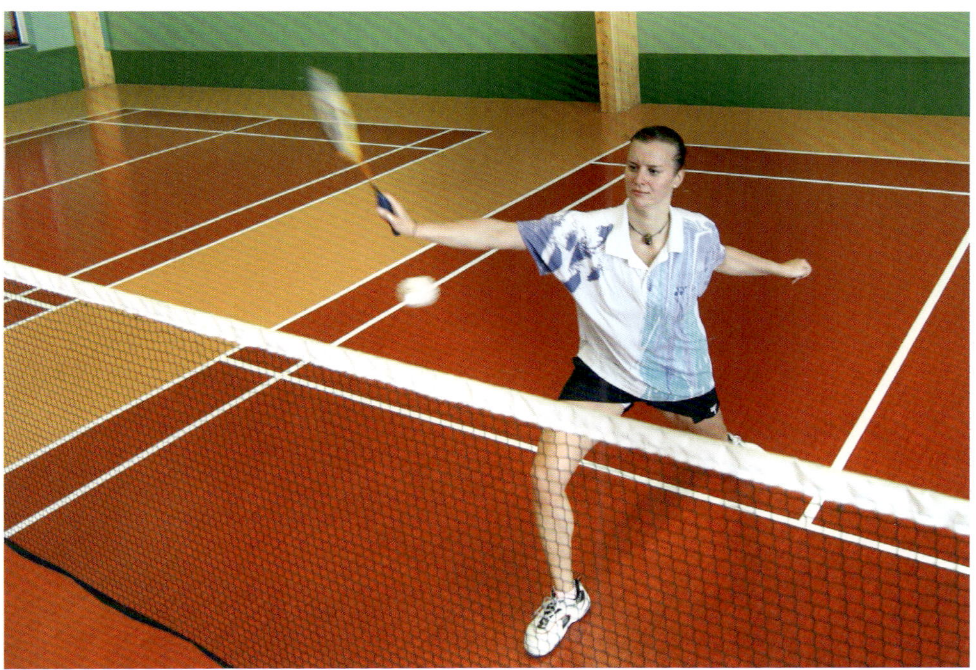

Abb. 68: Wischer am Netz

Unter **„Töten"** versteht man einen **hart geschlagenen Ball**, der von oben nach unten steil **ins gegnerische Spielfeld** geschlagen wird (Abb. 67, Nr. 3). Dies kann sowohl geradeaus als auch cross passieren. Das **„Wischen"** wird oft bei der Aufschlagannahme praktiziert, der Spieler kommt mit einem **Ausfallschritt** ans Netz und **drückt den Ball** gewissermaßen von oben ins gegnerische Feld. Dieser Ball wird nicht so hart geschlagen wie beim Töten. Die Flugbahn kann nach links und rechts beeinflusst werden, indem der Schläger - abweichend vom Universalgriff - etwas gedreht wird. Beim **„Ablegen"** trifft der Spieler den Ball nur **knapp oberhalb der Netzkante** und lässt diesen **ins gegnerische Feld** tropfen (Abb. 67, Nr. 4). Der Ball fällt also nur wenige Zentimeter hinter das Netz, sodass der Gegner diesen auf jeden Fall von unten und als Defensivschlag spielen muss. Beim Ablegen hält der Spieler quasi nur den Schläger hin, ohne dass richtig geschlagen wird.

Das **„Heben"** ist eine **Notvariante**, die jedoch in der Praxis oft gespielt werden muss, da der Spieler nicht schnell genug bis vor ans Netz kommt. Der **Schlägerkopf** befindet sich **parallel zum Boden**, der Ball wird mit einer weichen Bewegung knapp ins gegnerische Feld gehoben oder hoch weit rausgezogen (Abb. 67, Nr. 1). Insbesondere bei der Crossvariante muss aufgepasst werden, dass wirklich ein Schlag ausgeführt wird und der Ball nicht geschleudert wird - dies ist nämlich laut Reglement ein Fehler. Beim **„Stechen"** wird der Ball nur knapp unterhalb der Netzkante getroffen, der Spieler führt den Schläger mit Schwung zum Ball - **wie bei einem Fechtsportler**, der mit seiner Waffe zusticht. Je nach dem Winkel, mit dem Ball und Schlägerfläche aufeinandertreffen, **trudelt der Ball mehr oder weniger heftig** auf die Seite des Gegners. Optimal ist der Schlag, wenn der Ball die obere Netzkante berührt und dann ins Spielfeld des Gegners fällt.

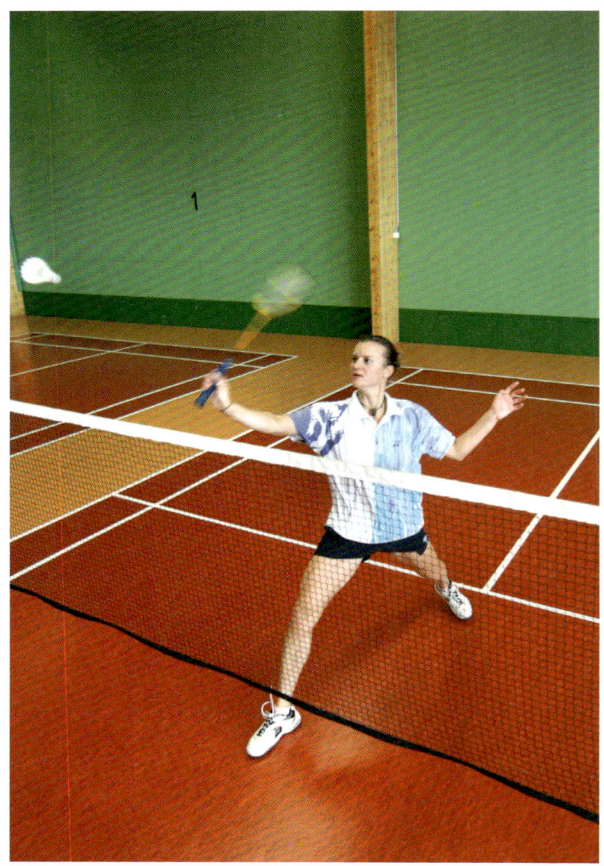

Abb. 69: Töten am Netz

Für diesen ist der Ball kaum noch regelkonform wieder zurückzubringen. Beim „Wischen", „Ablegen" und „Stechen" erhöht es die Effizienz des Schlags, wenn dieser mit Schnitt gespielt wird, der Ball nicht voll getroffen – also nicht im 90° Winkel auf die Schlägerfläche trifft, sondern nur gestreift wird.

Insbesondere im Doppel spielt das präzise Netzspiel eine große Rolle. Das **Anschneiden der Bälle** gehört zu einer wesentlichen Voraussetzung im Spitzenbadminton, dadurch kann der Spieler für den Gegner überraschende Spielzüge machen. Das Schneiden erfordert eine hohe technische Fertigkeit, da der Ball entgegen seines sonst üblichen Flugverhaltens gespielt wird, es ist ein **riskanter Schlag** mit hoher Fehlerquote. Anhand der Bilder und den folgenden Beschreibungen kann der Ablauf des Spiels am Netz nachvollzogen werden.

Das Spiel am Netz eignet sich besonders gut für Finten. Der Spieler deutet Schläge an und schlägt dann doch eine andere Variante. Versierte Spieler **täuschen durch ihren Bewegungsablauf** und auch durch ihre **Blickrichtung** einen bestimmten Schlag an, der dann jedoch **im allerletzten Moment** variiert wird. Dies setzt ein **hohes technisches Niveau** voraus, da der im letzten Augenblick geänderte Bewegungsablauf schwierig ist und Fehler provoziert. Am einfachsten ist es dabei, wenn ein kurzer Ball angedeutet und damit der **Gegner ans Netz gelockt** wird, dann jedoch der Ball **blitzartig als Swip lang gespielt wird** (Abb. 67, Nr. 2).

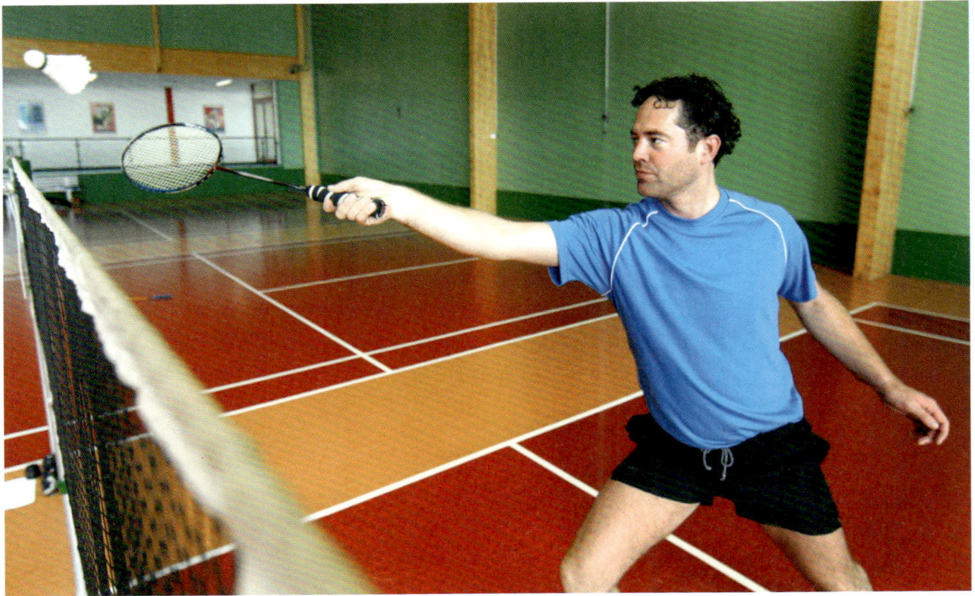

Abb. 70: Ball am Netz ablegen

Beim Netzspiel oberhalb der Netzkante ...

- muss der Spieler sehr früh am Netz sein, weil der Ball schon kurz nach Überfliegen der Netzkante getroffen wird;
- kommt der Spieler mit einem Ausfallschritt von der Grundstellung nach vorn (bei der Vorhand mit dem rechten Bein, bei der Rückhand mit dem linken Bein) → Lauftechnik (Kap. 14);
- wird der Ball „getötet", indem dieser mit ganzer Wucht steil nach unten (möglichst diagonal) ins gegnerische Feld geschlagen wird, der Schlag wird mit Unterarm und Handgelenk ausgeführt;
- wird der Ball „gewischt", wenn die Gefahr besteht, dass der Spieler beim Schlagen mit dem Schläger regelwidrig übers Netz gelangt und so ins gegnerische Spielfeld eindringt;
- wird „gewischt", indem der Schläger fast senkrecht steht (parallel zum Netz); mit einem Stups nach links oder rechts fällt der Ball kurz und mit Effet hinter das Netz; der Schlägergriff liegt abweichend vom Universalgriff mit einer leichten Drehung nach links oder rechts in der Hand;
- wird der Ball „abgelegt", indem unmittelbar an der Netzkante der Schläger leicht angewinkelt hingehalten wird, sodass der Ball ins gegnerische Feld kurz hinter das Netz zurücktropft;
- wird der Ball als Swip gespielt, indem dieser weit bis an die Grundlinie gedrückt wird.

Beim Netzspiel unterhalb der Netzkante ...

- kommt der Spieler mit einem Ausfallschritt von der Grundstellung nach vorn (zumeist mit dem rechten Bein);
- wird der Ball „gehoben", indem dieser dicht am Netz mit einer weichen, gefühlvollen Bewegung getroffen und kurz hinter das Netz gezirkelt wird; es entfällt hierbei die Ausholbewegung des Schlägers, dieser wird nur hingehalten; die Schlägerachse befindet sich waagerecht zur Netzkante;
- wird der Ball „geschnitten", indem dieser nicht frontal auf der Schlägerfläche aufprallt, sondern die Schlagfläche zur Flugrichtung des Balls angewinkelt wird; je steiler dieser Winkel ist, umso mehr Schnitt bekommt der trudelnde Ball;
- wird der Ball „gestochen", indem der Spieler wie ein Fechter etwa auf Netzkantenhöhe unter den Ball stößt, sodass dieser gegen die Querachse rotiert.

Übung 1: Netzrollerduell: Spieler A fängt mit einem normalen kurzen Aufschlag an, Spieler B nimmt den Ball vor der Aufschlaglinie an. Für den Ballwechsel gilt ausschließlich der vordere Netzbereich bis zu den Aufschlaglinien, nur Netzroller führen zu Punkten. Wer zuerst fünf Netzroller produziert, hat das Spiel gewonnen. Als Netzroller gelten nur Bälle, die vom Gegner nicht mehr zurückgespielt werden können.

Übung 2: Todmacher: Der Zuspieler wirft mit der Hand 10-15 Bälle am Netz zu. Der Übende kommt von der Mitte (T-Linie) und springt mit einem Ausfallschritt (etwa von der vorderen Aufschlaglinie) ans Netz, um den Ball hoch am Netz zu schlagen („töten"). Das Ganze zunächst auf einer Feldhälfte. Als Variation kann der Zuspieler die Bälle abwechselnd oder unregelmäßig auf die Rück- und Vorhandseite ans Netz werfen.

Der Profitipp

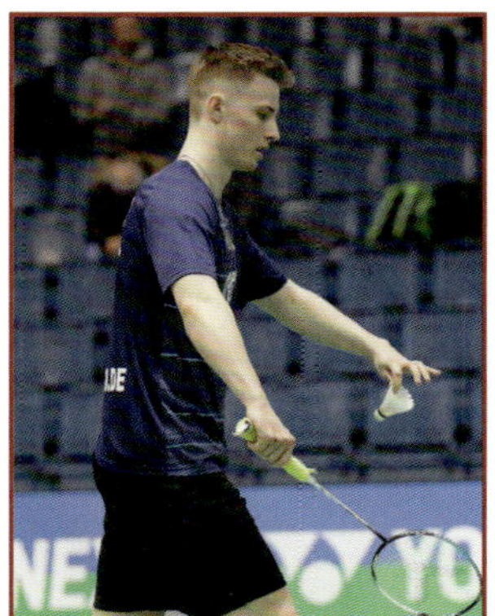

Matthias Kicklitz
*2002 in Gentofte (Dänemark)

Training: Bundesstützpunkt Mülheim/Ruhr

Bundeswehrförderkompanie

Sponsor: Viktor

Schläger: Viktor Auraspeed HS

Bespannungshärte: 13,5 Kilo

Deutscher Meister
HE O19 (2023)
HE, HD, MX U19 (2019)
HE, MX U17 (2018)
MX U17 (2017)
HE, HD U15 ((2017)
MX U15 (2016)
HD, MX U13 (2015)
HE U13 (2014)

Internationale Erfolge (Sieger HE):
Israel International (2022)
Iceland International (2023)
Lithuanian International (2023)

Deutscher Mannschaftsmeister U15 mit Horner TV (2015)

2 gegen 1: Die zwei Zuspieler stehen nur am Netz. Spielen zwei Lift und danach einen Netzball. Das immer wieder. Zuspieler sollen nicht gemein zuspielen, sondern so, dass der Übende Zeit hat und sein Netzspiel trainieren kann.

Wichtig ist, dass der Übende auf die Qualität seiner Schläge achtet und diese nicht einfach abarbeitet. Man kann mit der Übung sein Netzspiel aus der Bewegung und mit fliegendem Ball trainieren.

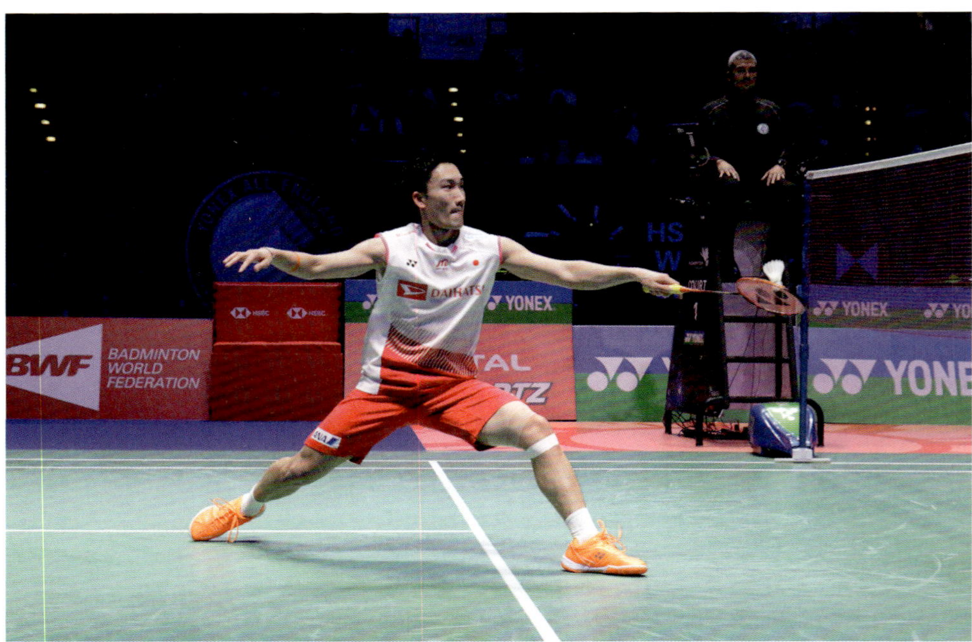

Abb. 71: Kento Momota spielt einen gefühlvollen Return am Netz.

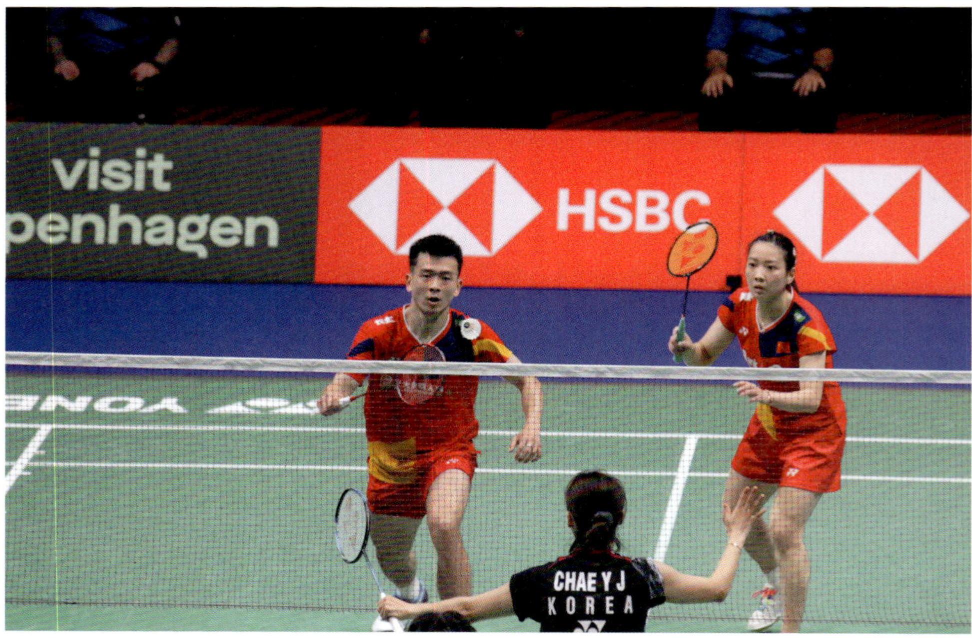

Abb. 72: Nach dem Aufschlag von Chae Yoo-Jung hat Zheng Siwei (hinten) die Möglichkeit zum kurzen Return oder dem hohen Lift.

Übung 1: Kurzspielduell: Spieler A macht einen Drop von der Grundlinie, Spieler B legt kurz am Netz ab, Spieler A reagiert seinerseits mit einem kurzen Ball, B spielt noch einmal kurz, ehe A hoch rausschlägt und die Übung mit einem Drop von B sich wiederholt. Beim Kurzspiel sollte variiert werden zwischen Stechen, Heben und Schneiden.

Übung 2: Sitzspiel: Zwei Spieler sitzen im Bereich der vorderen Aufschlaglinie und spielen sich so gegenseitig die Bälle kurz über das Netz zu.

Übung 3: Nicht berühren: Eine Reihe alter Federbälle wird an der Netzkante mit den Federn nach unten aufgesteckt. Der Übende springt aus der zentralen Position mit einem Ausfallschritt ans Netz und schießt nacheinander die Bälle herunter. Er muss darauf achten, das Netz nicht zu berühren.

Übung 4: Netzduell: Ohne den Ball zu töten, spielen zwei Übende die Bälle im vorderen Netzbereich so lange hin und her, bis einer einen Fehler macht. Das Duell kann mit Punkten gespielt werden, wobei die vordere Aufschlaglinie als Auslinie gilt.

Übung 5: Sichtschutz: Um die Reaktionszeit zu verkürzen, werden Handtücher als Sichtschutz über das Netz gehängt. Jetzt spielen die beiden Übenden kurzes Spiel, sie können dabei nur schwer erkennen, wohin der Gegner schlägt.

Rekord – Die meisten Schläge in einer Minute

Die beiden englischen Nationalspieler Greg Mairs und Jenny More spielten sich am 30. August 2020 in Milton Keynes am nationalen Trainingszentrum innerhalb von einer Minute einen Ball 161-mal gegenseitig zu. Der bisherige Rekord hatte bis dahin bei 123 gelegen. Die beiden Briten hatten sich den Federball im Schnitt alle 2,7 Sekunden zurückgespielt. Der Rekord kann bei Youtube angesehen werden. Jeder Rekordjäger kann bei sich im Verein oder im Center einmal ausprobieren, wie viele Bälle innerhalb einer Minute übers Netz befördert werden können.

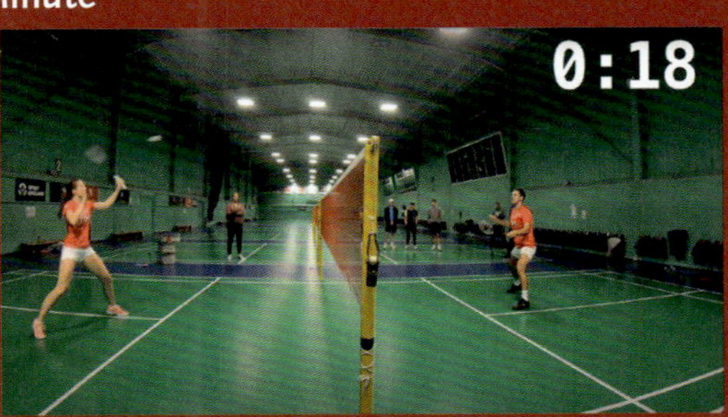

Abb. 73: Greg Mairs und Jenny More beim Rekordballwechsel

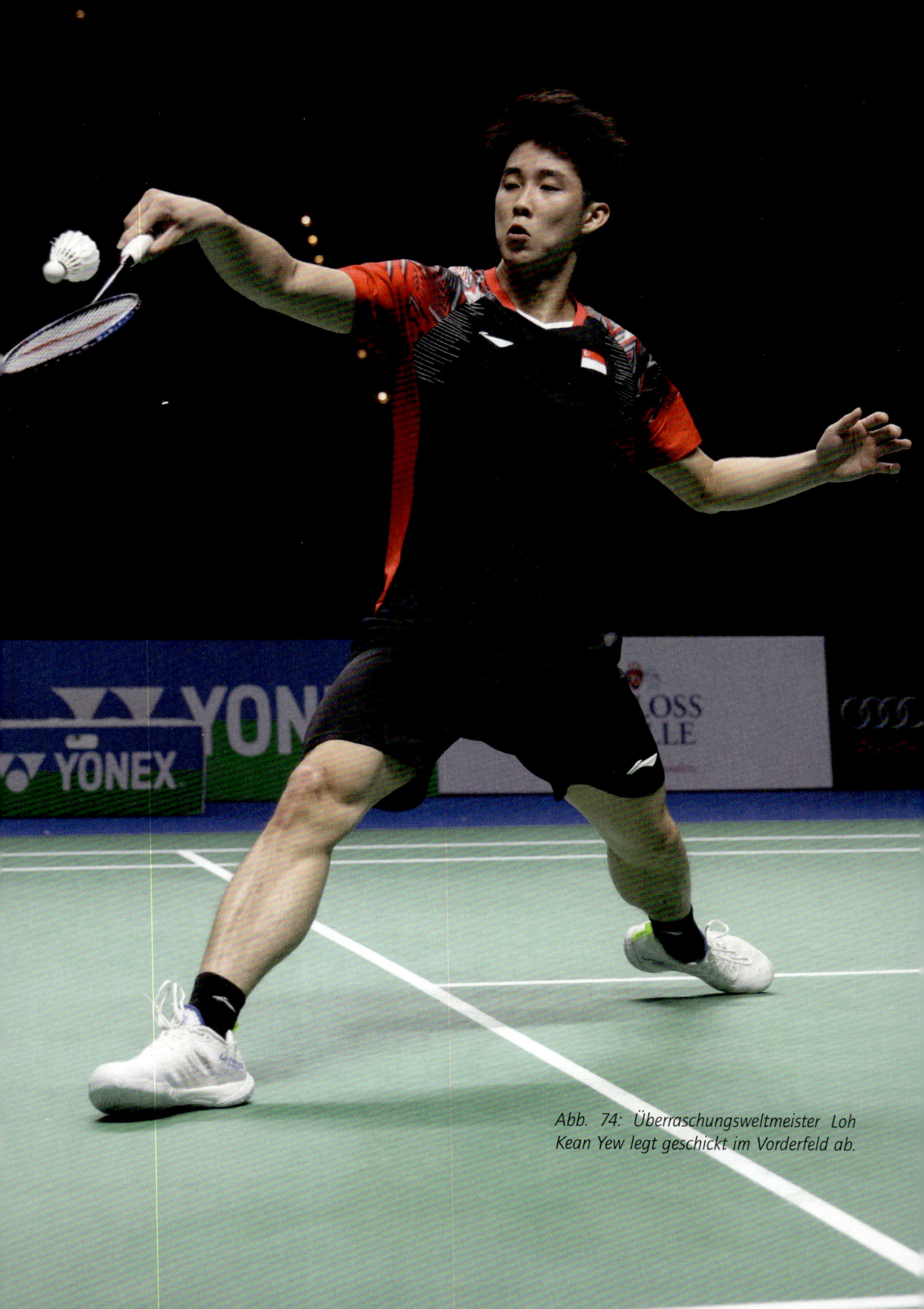

Abb. 74: Überraschungsweltmeister Loh Kean Yew legt geschickt im Vorderfeld ab.

14 Die Lauftechnik

Eine gute Lauftechnik zeichnet sich dadurch aus, dass der Spieler mit möglichst **geringem Energieaufwand** optimal **hinter den Ball** kommt und nach dem Schlag in die **zentrale Position** zurückgelangen kann. Die Fokussierung auf den zentralen Punkt ist ein wesentliches taktisches Element beim Badminton, insbesondere im Einzel. Vom zentralen Punkt aus sollten alle **Ecken des Spielfeldes** gleich gut erreichbar sein. Der Spieler erwartet somit in optimaler Stellung den Return seines Gegners. Die Lauftechnik sollte also darauf ausgerichtet sein, dass der Spieler diese wichtige Position schneller wieder erreicht, als dass der Gegner den Ball zurückbringt. Andererseits sollte es das eigene **taktische Bestreben** sein, den Gegner zu langen Laufwegen zu zwingen, sodass er beim Schlag eben nicht optimal zum Ball steht.

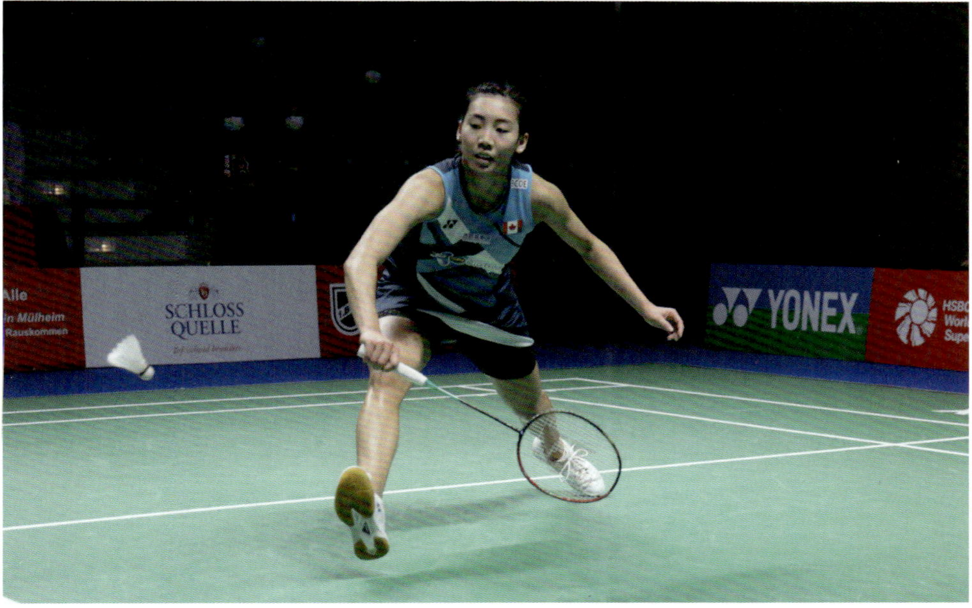

Abb. 75: Die Kanadierin Michelle Li mit einem Ausfallschritt

Die Lauftechnik muss im Einklang mit der Schlagtechnik gesehen werden. Je nach **Schlagart** variiert die Lauftechnik. Bei Hobbyspielern herrscht oft die irrige Vorstellung, dass das Techniktraining beim Badminton ausschließlich aus dem Schlagtraining besteht. Allerdings ist Badminton eine Laufsportart, bei der schon mal 3-4 km während eines Spiels zurückgelegt werden. Neben der konditionellen Grundlage ist hierzu eine schnelle, koordinierte Beinbewegung notwendig. Um diese zu verinnerlichen, sollten die Laufwege durchaus auch einmal trocken – ohne Ball – trainiert werden. Allerdings sind **Lauf- und Schlagtechniken** als **Einheit** zu verstehen.

Während groß gewachsene **Europäer**, wie Dänen und Engländer, jahrelang die Technik mit raumgreifenden Schritten praktizierten, entwickelten die kleiner gewachsenen Asiaten eine Spielweise mit kurzen, schnellen Schritten, die mit einem Sprung abgeschlossen wurden. Dabei ist nicht auszumachen, welches die bessere Variante ist. Dies ist auch von den physiologischen Voraussetzungen der Spieler abhängig. Ohnehin haben sich sowohl die Asiaten als auch die Europäer gegenseitig bei der Entwicklung des Spiels beeinflusst. Die vier wesentlichen Varianten einer besonderen Lauftechnik, die sich bei den Profis herauskristallisiert haben und die immer weiter perfektioniert wurden, sollen hier erläutert werden. Diese sind mit **Ausfallschritt, Umsprung, China-Sprung** und **Sprungsmash** benannt. Allerdings erfordern auch die übrigen Schläge, wie **Clear, Drop, Smash, Drive** und die **Rückhand**, spezielle Lauftechniken, die in den entsprechenden Kapiteln in diesem Buch behandelt werden.

14.1 Der Ausfallschritt

Der **Ausfallschritt** ist ein raumgreifender Schritt nach vorn, zur Seite oder nach hinten. Der Schritt ist so lang, dass quasi der **Zwischenschritt wegfällt**. Mit dem Ausfallschritt sollte der Spieler gleichzeitig den Ball erreichen und schlagen. Allerdings sollte der Schritt auch so ausgeführt werden, dass der Spieler auch wieder zurückkommen kann und nicht in der Position verharren muss. Dies wird im Wesentlichen dadurch ermöglicht, indem das **Knie** beim Schritt nicht weiter als bis auf Fußhöhe nach vorn gedrückt wird. Auch der **Oberkörper** sollte nach Möglichkeit **aufrecht** bleiben, auch wenn sich dies nicht in jeder Spielsituation durchhalten lässt. Begonnen wird die Schrittfolge beim Ausfallschritt mit dem **Auftaktschritt**, er ist ein Zwischenschritt mit dem linken Fuß, um von der beidbeinigen Grundstellung nach vorne zu kommen. Dem Auftaktschritt mit dem linken Fuß folgt ein (Ausfall-)Schritt mit dem rechten Fuß in Richtung Netz.

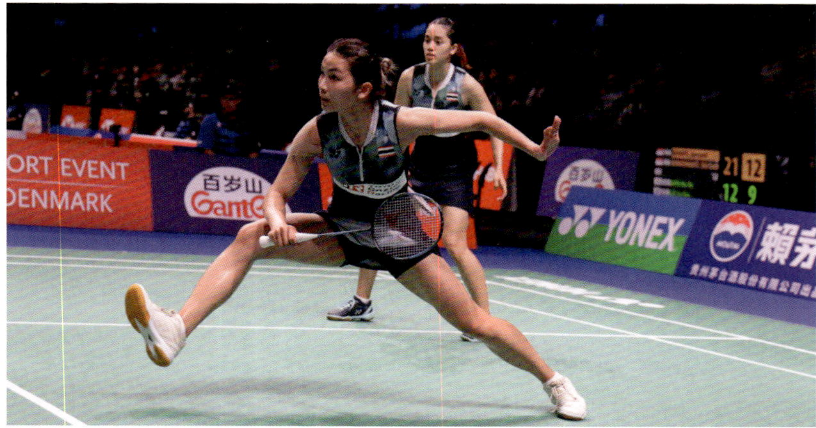

Abb. 76: Die Thailänderin Jongholphan Kititharakul zeigt einen weit ausgeholten Schritt.

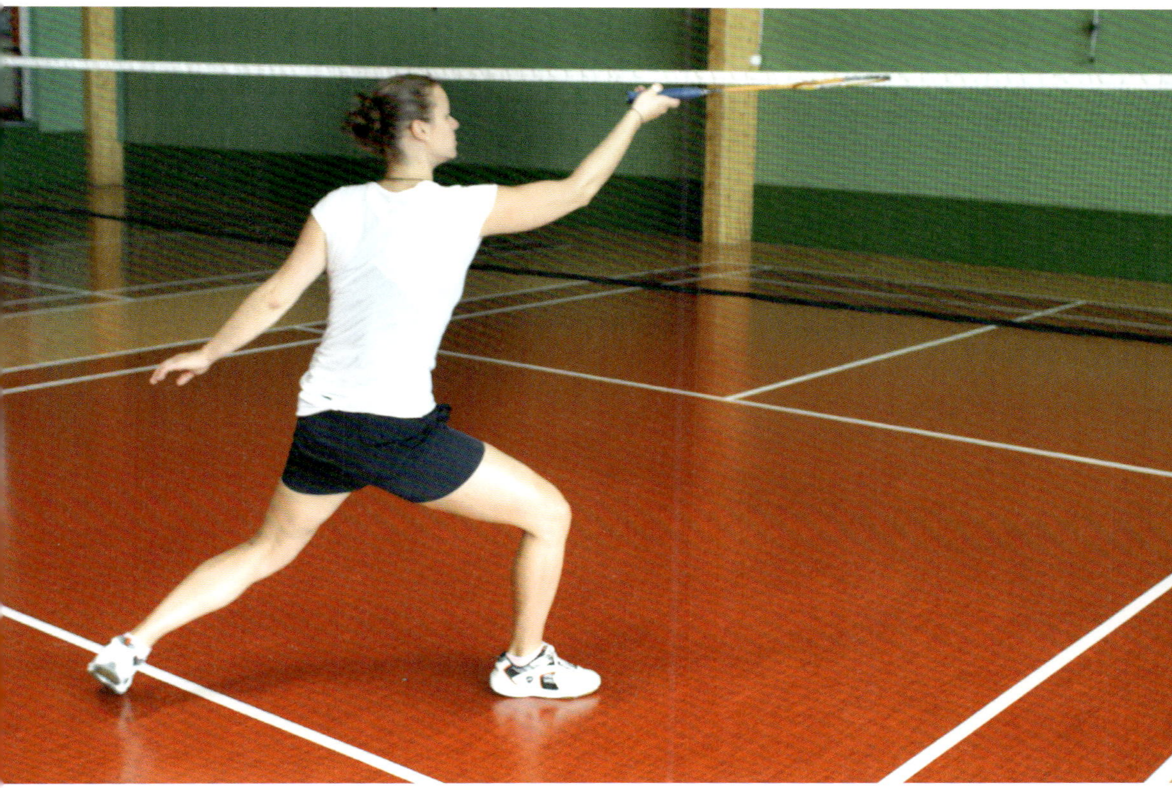

Abb. 77: Ausfallschritt

Beim Ausfallschritt ...

- macht der Spieler mit dem rechten oder linken Fuß unmittelbar vor dem Schlag einen langen, raumgreifenden Schritt – zumeist in die äußerste linke oder rechte Ecke des Vorderfelds;
- in die rechte Vorhandecke wird das rechte Bein nach vorn gesetzt, das linke Bein wird nicht nachgezogen, um schneller wieder in die Rückwärtsbewegung zu kommen;
- in die linke Rückhandecke sollte das linke Bein nach vorn gehen, um mit dem Körper schneller wieder in die Rückwärtsbewegung zu kommen; in vielen Lehrbüchern steht jedoch, dass das rechte Bein nach vorn geht, es findet eine Körperdrehung nach links statt, der Weg zurück zur Grundstellung ist länger als beim Ausfallschritt mit dem linken Bein;
- bremst der Spieler seine Vorwärtsbewegung abrupt ab;
- sollte das rechte Knie hinter dem Sprunggelenk bleiben, da der Spieler sonst nur schwer wieder in die Rückwärtsbewegung kommt;
- kann der Ball mit der Rückhand oder der Vorhand geschlagen werden.

14.2 Der Umsprung

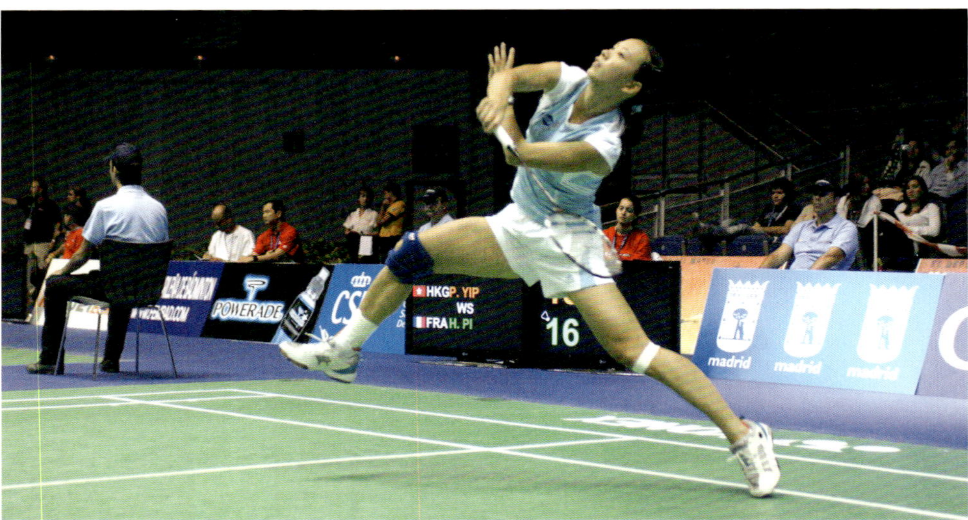

Abb. 78: Die Französin Pi Hongyan beim Umsprung

Der **Umsprung** ist eine Lauftechnik in der **Rückwärtsbewegung**. Im Rückwärtsspringen wird gleichzeitig der Ball geschlagen – dies ist ein **enormer Zeitgewinn** für den Spieler. Der Spieler kann sich sofort wieder nach vorn bewegen. Die Schlag-Sprung-Kombination wird so ausgeführt, dass der Spieler schon mit der Landung den ersten Schritt nach vorn macht. Der Umsprung wird bei langen Bällen, die bis an die Grundlinie reichen, angewandt. Es handelt sich immer um einen **Überkopfschlag**, der sowohl als Drop als auch als Clear oder Smash ausgeführt werden kann. Da der Spieler, in der Luft hängend, nicht so viel Präzision bei den Schlägen haben kann, als wenn dieser fest mit beiden Füßen auf dem Boden steht, wird eher selten ein gefühlvoller Drop aus dieser Lage produziert.

Beim Umsprung ...

- wird der Ball in der Rückwärtsbewegung geschlagen;
- befindet sich zunächst die linke Hüfte vorn;
- dreht sich das Becken und schiebt sich die rechte Hüfte während des Sprungs und des Schlags nach vorn;
- drehen sich ebenso die Schultern, wobei der linke Ellbogen nach hinten gezogen und die rechte Schulter während des Sprungschlags nach vorn bewegt wird;
- endet der Rückwärtssprung auf dem linken Fuß;
- kann der Spieler sofort nach der Landung den rechten Fuß nach vorne bringen und so die Vorwärtsbewegung auslösen;
- visiert die linke Hand während des Sprungs den Ball an.

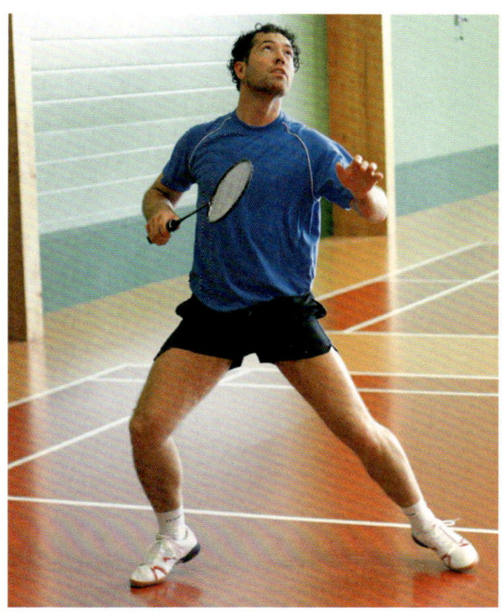

Abb. 79: Umsprung Phase 1

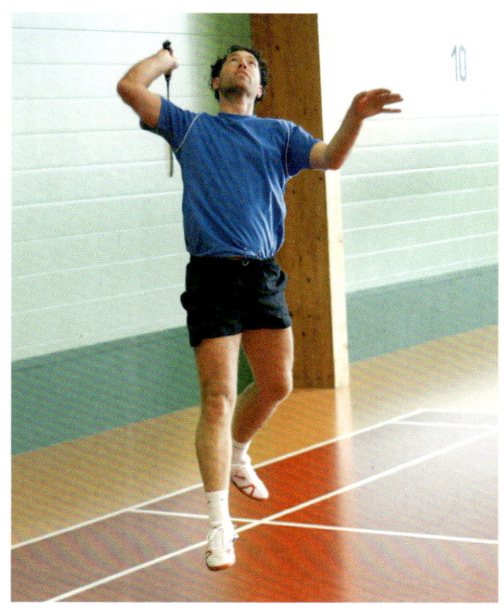

Abb. 80: Umsprung Phase 2

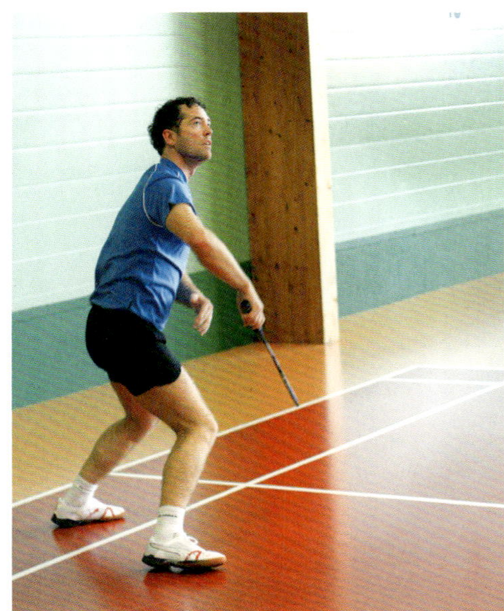

Abb. 81: Umsprung Phase 3

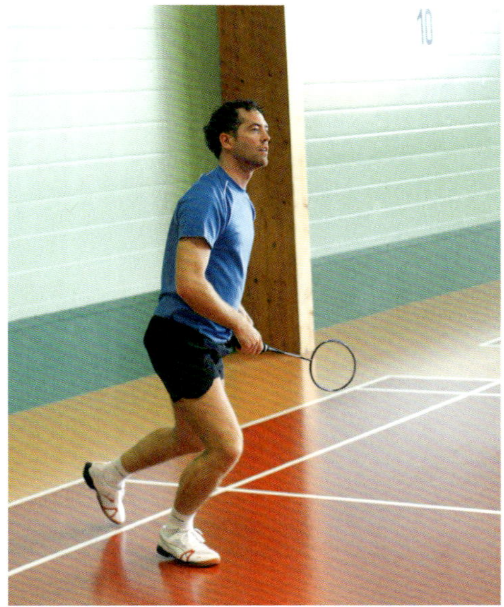

Abb. 82: Umsprung Phase 4

14.3 Der China-Sprung

Beim **China-Sprung** wird genauso wie beim Umsprung in der Rückwärtsbewegung während der **Flugphase** – wenn sich beide Füße in der Luft befinden – geschlagen. Im Gegensatz zum Umsprung geht der Spieler jedoch nicht einfach nur rückwärts, sondern fliegt quasi in die **hinteren Ecken** des Spielfeldes. Dabei ist die rechte Ecke noch besser zu erreichen, da auf der linken Seite ein **Schlag Links-vom-Kopf** erfolgen muss und dies ein komplizierter und damit riskanterer Schlag als der Vorhand-Überkopf-Schlag in der rechten Ecke ist. Zudem kann aus der Position links nicht ganz so viel Kraft hinter den Ball gebracht werden. Auch beim China-Sprung sollten die Füße bei der Landung hintereinander stehen, sodass der Spieler unmittelbar eine **Vorwärtsbewegung** machen kann. Nur in seltenen Fällen wird mit dem China-Sprung ein **gefühlvoller Drop** geschlagen, da die Präzision dafür im Sprung fehlt.

Beim China-Sprung ...

- springt ein Spieler mit beiden Füßen ab;
- schlägt der Spieler den Ball während des Flugs;
- ist immer mit einem Überkopfschlag verbunden;
- landet der Spieler mit beiden Füßen auf dem Boden, wobei die Hauptkörperlast auf dem rechten bzw. linken Fuß liegt – je nachdem, ob der Spieler in die Vorhand- oder Rückhandecke läuft;
- kommt es zu einer leichten Verdrehung des Oberkörpers;
- kann parallel zum Netz auf die Vor- oder Rückhand gespielt werden;
- kann auch diagonal nach hinten oder vorne geschlagen werden.

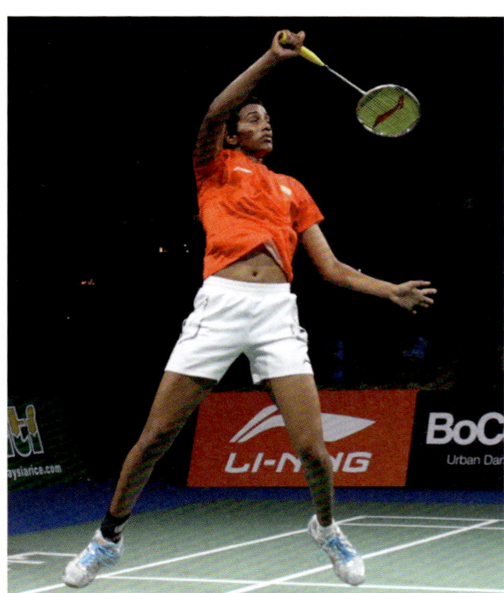

Abb. 83: Die Inderin Pursala Sindhu bei einem China-Sprung in die hintere rechte Ecke.

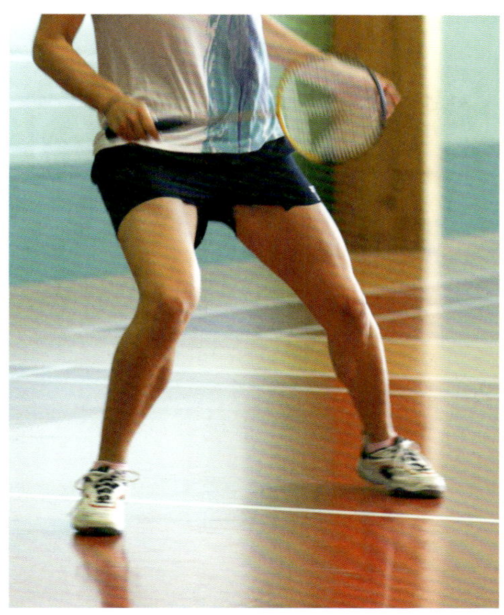

Abb. 84: China-Sprung Phase 1

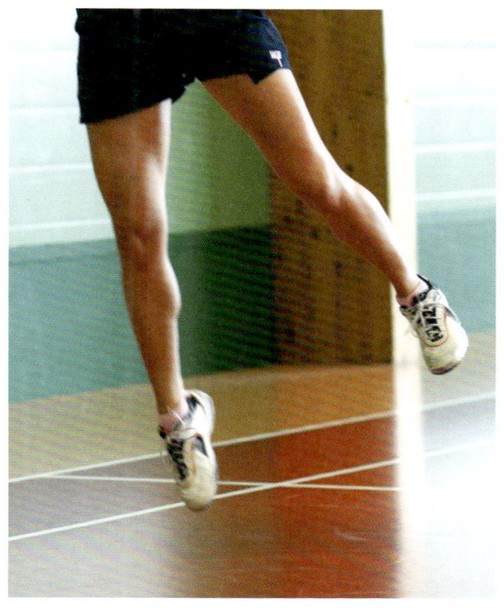

Abb. 85: China-Sprung Phase 2

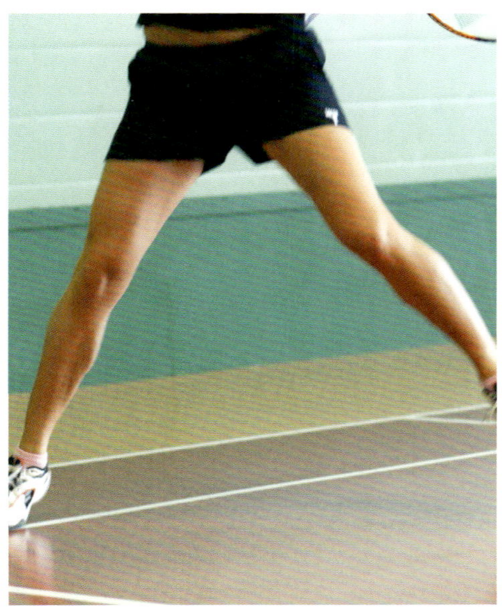

Abb. 86: China-Sprung Phase 3

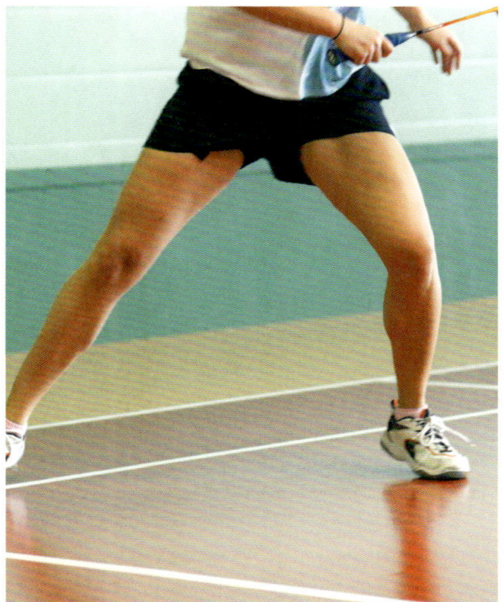

Abb. 87: China-Sprung Phase 4

14.4 Der Sprungsmash

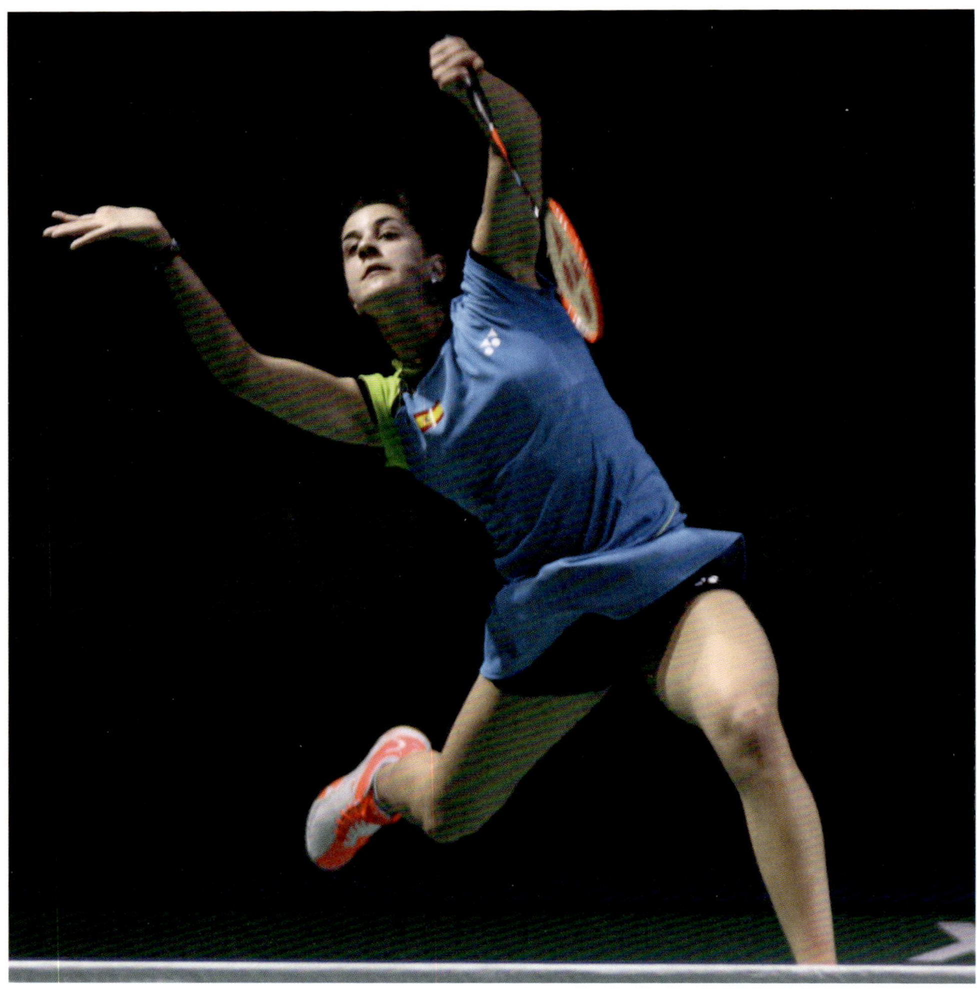

Abb. 88: Carolina Marin springt hoch zum Smash.

Der **Sprungsmash** ist einerseits sehr **effektiv**, andererseits sehr **kräftezehrend**. Durch den Sprung kann dem Schmetterball eine sehr **steile Flugbahn** gegeben werden. Der Gegner hat dadurch eine viel **geringere Reaktionszeit**. Allerdings muss der Schmetterball zielsicher sitzen und den Punkt bringen, ansonsten bringt sich der Spieler schnell in Schwierigkeiten, wenn der Ball vom Gegner wider Erwarten zurückgeschlagen wird. Die Schwierigkeiten beim Return beruhen auch darauf, weil der Spieler beim Smash mit beiden Beinen gleichzeitig wieder auf dem Boden landet und sich in einer **ungünstigen Position** befindet, um von der Grundlinie zum zentralen Punkt zu gelangen.

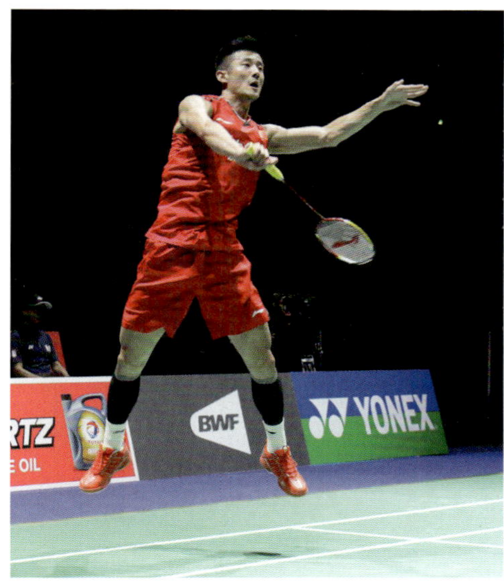

Abb. 89: Chen Long schraubt sich hoch zum Smash.

Der Sprungsmash ist durch seine Rasanz und Kraft einer der **spektakulärsten Schläge** des Badmintonsports. Insbesondere der Indonesier **Liem Swie King** machte diesen Schlag Anfang der 80er Jahre zu seinem Markenzeichen. Später folgte ihm auch sein Landsmann Heryanto Arbi, der Mitte der 90er Jahre Weltmeister war, seiner attraktiven Spielweise allerdings schnell Tribut zollen musste. Starke **Rückenprobleme** zwangen ihn zum Rücktritt.

Beim Sprungsmash ...

- springt der Spieler mit beiden Beinen hoch;
- wird der Ball mit vollem Körpereinsatz getroffen;
- erreicht der Spieler einen spitzeren Winkel für den Schmetterball;
- geht der Spieler zunächst etwas in die Knie und holt sich Schwung für den Absprung.

Übung 1: Schattenbadminton: Trainiert werden sollen die richtigen Bewegungsabläufe der Sprünge. Hierzu bietet sich an, kurz in der Grundstellung zu verharren und dann trocken ohne Ball die entsprechenden Sprünge zu absolvieren. Nach dem Sprung kommt der Spieler immer wieder in die Grundstellung zurück.

Übung 2: Ausfallschritt: In allen vier Ecken einer Spielfeldhälfte stehen Kästen, auf denen je ein Ball platziert ist. Von der Grundstellung aus läuft der Übende reihum die vier Ecken an, nimmt sich einen Ball, kehrt in die Grundstellung zurück und läuft die nächste Ecke an und tauscht dabei den Ball aus.

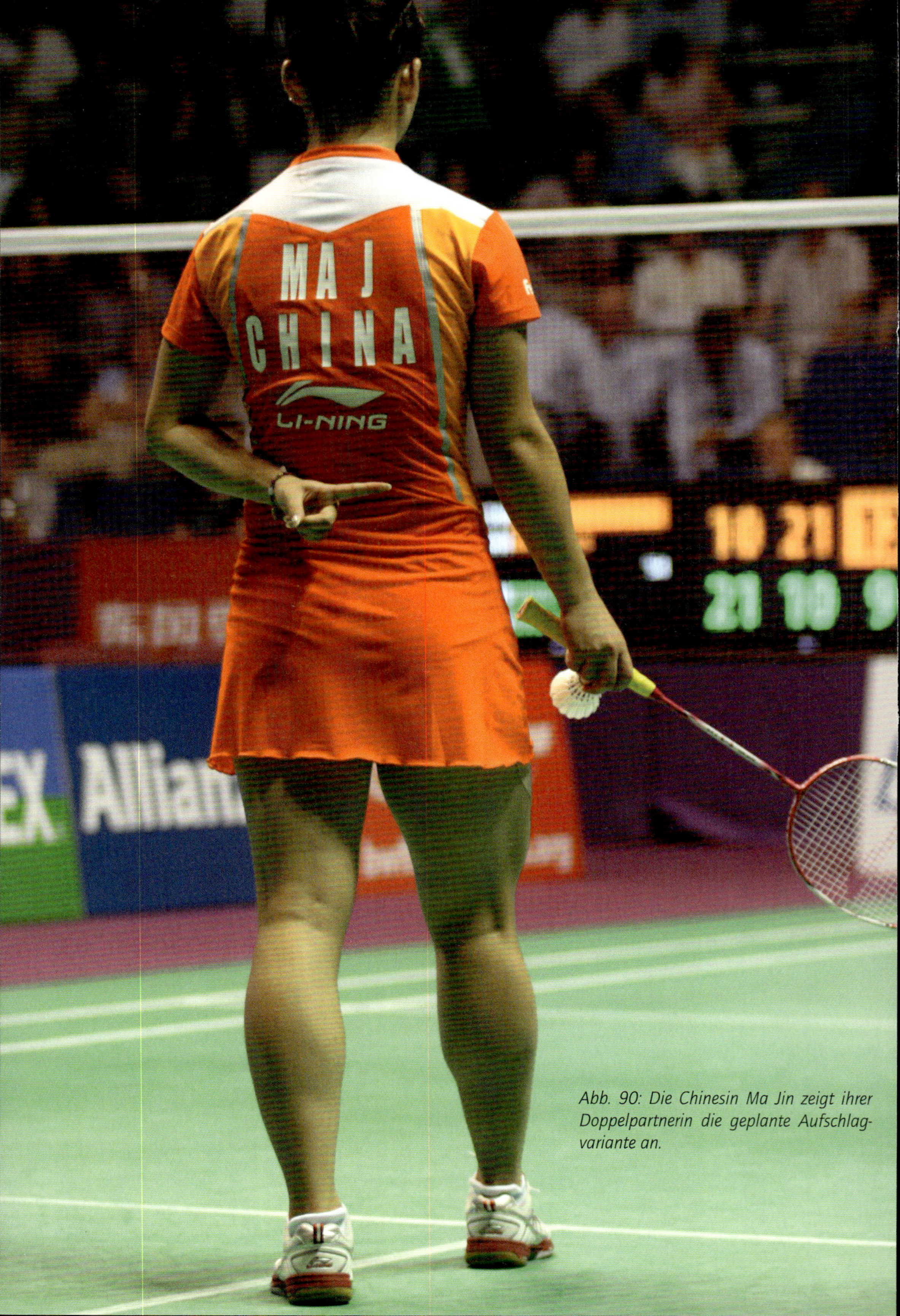

Abb. 90: Die Chinesin Ma Jin zeigt ihrer Doppelpartnerin die geplante Aufschlagvariante an.

15 Die Taktik (Einzel, Doppel, Mixed)

15.1 Taktische Grundregeln

Neben der **Technik** und der **Fitness** spielt beim Badminton die Taktik eine entscheidende Rolle. Dabei gibt es einige taktische Grundregeln, die für **Männer und Frauen** und in **allen Disziplinen** gleichermaßen gelten. Darüber hinaus gibt es spezielle taktische Regeln, die starke Unterschiede zwischen **Einzel, Doppel** und **Mixed** aufweisen.

Die oberste Maxime und **taktische Leitlinie** beim Badminton ist, dass um **jeden Ball gekämpft** wird. Dies entspricht nicht nur der **Fairness**, sondern ist ein **Wesenselement** der Sportart selbst. Die **innere Einstellung** muss **auf Kampf programmiert** sein. Ein Ausruhen auf den Lorbeeren während einer Partie kann schnell schiefgehen. Auch höhere Rückstände können innerhalb von einigen Minuten wettgemacht werden, eine kurze Phase der Unkonzentriertheit des Gegners kann dazu ausreichen. Zudem kann sich ein Spieler in einen **Rausch** spielen, angespornt vom Gelingen seiner Schläge – gerade wenn zuvor nicht viel bei ihm zusammenlief.

Zu den taktischen und technischen Grundlagen gehört es beim Badminton, dass die Bälle an der **möglichst höchsten Stelle** getroffen werden. Dies dient dazu, insbesondere beim Smash und Drop, einen **steilen Winkel** für den Schlag zu bekommen. Der Ball hat damit eine **kürzere Flugbahn**, bevor er sein Ziel erreicht. Je weiter der Ball fliegt, **desto rapider nimmt die Geschwindigkeit des Balls ab**, von daher minimiert eine kurze Flugbahn die **Reaktionsfähigkeit des Gegners**. Noch aus einem anderen Grund ist es wichtig, den Ball frühzeitig zu treffen: **Von unten geschlagene Bälle sind Defensivschläge**. Der Spieler befindet sich dadurch automatisch unter Druck. Nur mit früh geschlagenen Bällen kann der Spieler den Gegner seinerseits unter Druck setzen.

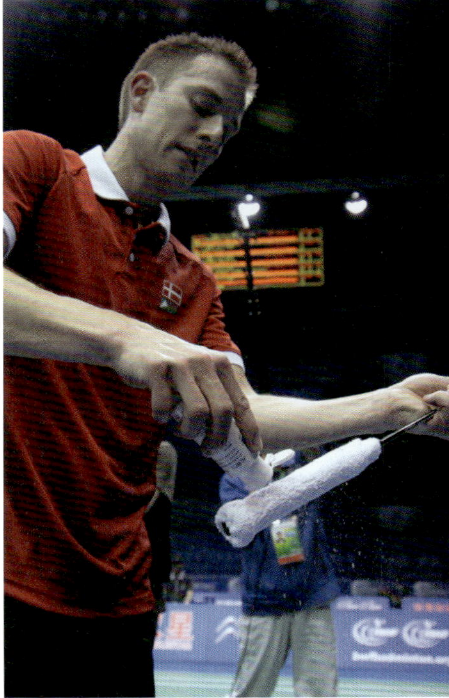

Abb. 91: Eine kurze Auszeit – wie hier zum Pudern des Griffes von Peter Gade – kann dazu beitragen, sich besser aufs Spiel zu konzentrieren.

Ein Spieler sollte sich beim Festlegen auf ein taktisches Konzept zuerst auf sich und **seine Spielstärke konzentrieren**. Erst in zweiter Linie sollte er auf den Gegner reagieren. Es sollte die Überlegung im Vordergrund stehen, was für ein **Spielertyp** man selbst ist, die konditionellen und die technischen Voraussetzungen sind hier entscheidend: **Angriffsspieler** (mit harten, platzierten Schlägen) oder Defensivkünstler (gute Abwehr, laufstark, ballsicher), **Dauerläufer** (starke Kondition, präzise Abwehrschläge) oder eher **Techniker** (platzierte Schläge, kurze Ballwechsel). Selbstverständlich sollte jeder Badmintonspieler am besten alles gleichzeitig sein. Jedoch kann es spielentscheidend sein, wenn sich der Spieler auf seine Stärke besinnt und dadurch **Ruhe** und **Konstanz** in sein Spiel bringen kann - und so mit einer gehörigen Portion **Selbstvertrauen** in den Wettkampf geht.

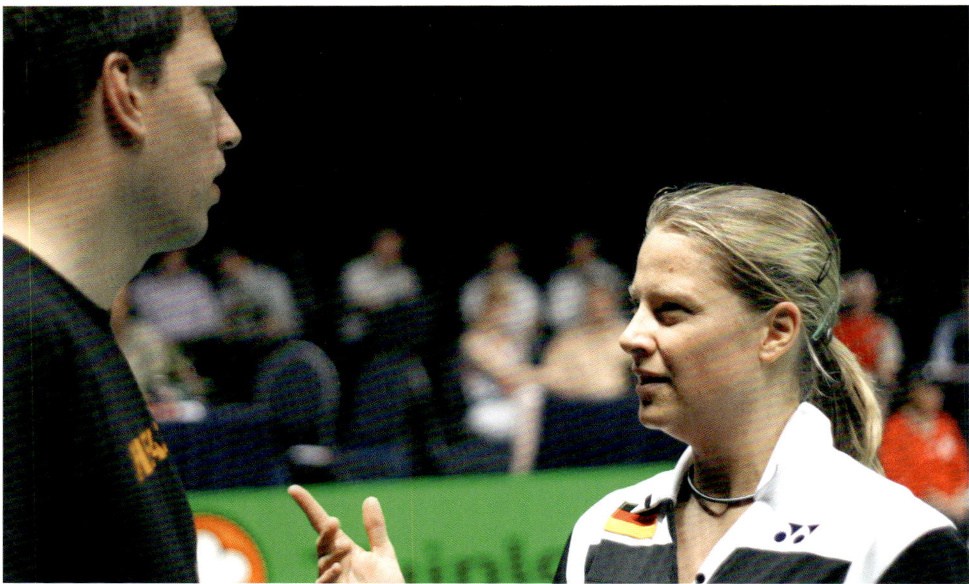

Abb. 92: Juliane Schenk analysiert mit Trainer Jeroen van Dijk ihr taktisches Konzept.

Je nach dem oben beschriebenen Spielertyp sollte die Taktik für das Spiel festgelegt werden. Es sollte das Bestreben eines jeden Spielers sein, ein **Spiel zu diktieren**. Je nach Spielvermögen und Gegenwehr des Gegners kann ein Spiel schnell oder langsam gemacht werden. Um das eigene Spiel optimal aufziehen zu können, sollte als taktische Maßgabe für den **Einzelspieler** im Vordergrund stehen, dass er versucht, mit jedem Ballwechsel **in die zentrale Position** zu gelangen. Von dieser Position, die etwa einen Meter hinter dem T-Kreuz liegt, kann der Spieler etwa gleich gut die vier Ecken des Spielfeldes erreichen. Für nähere Ausführungen zur zentralen Position siehe auch Kapitel 4 „Die Grundstellung".

In den **Doppeldisziplinen** erfordert die Festlegung auf eine Taktik eine **Abstimmung** unter den Partnern. Sie sollten sich gewissermaßen blind vertrauen können und die Laufwege des jeweils anderen kennen. Es sollte klar sein, welcher Spieler in welcher Situation den Ball annimmt. Dies kann durch intensive **Matchpraxis im Training** verinnerlicht werden. Dabei sollte immer sofort **analysiert und besprochen** werden, wenn es dabei einmal zu **Missverständnissen und Uneinigkeiten** kommt.

Für das **Mixed** gelten **die Regeln des Doppels** genauso. Allerdings versuchen viele Mixedspieler, dass die **Frau öfter den vorderen Netzbereich** abdeckt und der **Mann tendenziell öfter hinten spielt**, weil er oft auf Grund seiner Physis mehr Druck in die Angriffsschläge bringen kann.

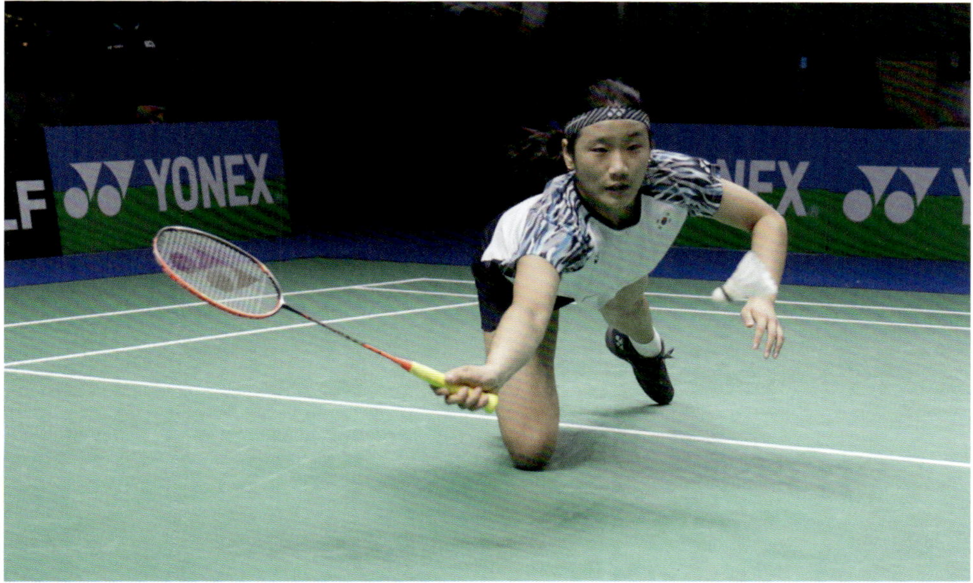

Abb. 93: Um jeden Ball wird gekämpft – die Südkoreanerin An Se Young ist bekannt für ihren Kampfeswillen.

Zu den allgemeinen taktischen Grundregeln gehört, dass ...

- um jeden Ball gekämpft wird, egal, wie der Spielstand ist (nur wer den Gegner bewegt, kann auch Punkte machen);
- der Gegner zum Laufen gebracht wird (dies geht am besten, wenn die vier Ecken des Spielfeldes unregelmäßig angespielt werden);
- Schläge angewandt werden, die der Spieler beherrscht (es sollte kein unnötiges Risiko eingegangen werden);
- Schwächen des Gegners ausgenutzt werden; die Bälle sollten so geschlagen werden, dass sie für den Gegner möglichst unangenehm sind (z. B. große Spieler direkt auf den Körper anspielen);

- das Spiel schnell gemacht wird; der Spieler versucht, den Ball möglichst früh zu erreichen;
- der Spieler sich nicht aus der Ruhe bringen lässt (Fehlentscheidungen des Schiedsrichters, Zuschauerlärm und Provokationen des Gegners sollten ignoriert werden);
- der Spieler konzentriert in die Ballwechsel geht (vor dem Aufschlag kurz innehalten und dann schlagen);
- sich der Spieler auf seine Stärken besinnt (nach verschlagenen Bällen nicht lange ärgern);
- der Spieler dem Gegner keine Gefühlsregungen zeigt (dies könnte ihn unnötig aufbauen);
- der Spieler möglichst in keiner Spielsituation den Rücken zum Netz dreht und den Sichtkontakt zu Ball und Gegner verliert (daher sollte, wenn möglich, auf den Rückhand-Überhand-Schlag verzichtet werden und aus dieser Position mit einem Links-vom-Kopf-Schlag geantwortet werden);
- eine einmal gewählte Taktik nicht zu schnell geändert wird;
- nicht durch die Reichweite des Gegners gespielt wird (diagonale Bälle können vom Gegner oft „gelesen" und entsprechend verwertet werden; daher sollte überwiegend parallel zur Seitenlinie und weniger cross gespielt werden);
- der Ball ständig beobachtet wird (der Spieler lässt sich dann von Körpertäuschungen des Gegners nicht zu stark beeinflussen);
- die Aufschläge variiert werden;
- das Tempo variiert wird (nicht nur bedingungslos angreifen, sondern auch Drop, Swip oder Netzspiel einsetzen);
- Finten eingesetzt werden (der Bewegungsablauf des Körpers und auch die Blickrichtung senden Signale an den Gegner, die ihn über den tatsächlichen Schlag täuschen);
- versucht wird, aus der Abwehr herauszukommen, um selbst das Spiel zu machen;
- der Ball immer an der möglichst höchsten Stelle getroffen wird und der Treffpunkt dabei vor dem Körper liegt.

Rekord – Höchste Smash-Geschwindigkeit
2013 stellte der malaysische Doppelspezialist Tan Boon Heong mit 493 km/h den ersten Guinness-Weltrekord für den schnellsten Smash auf – allerdings nicht im Wettkampf. 2017 schlug der Däne Mads Pieler Kolding in der Premiere League in Indien einen Smash mit 426 km/h. 2023 holte sich der indische Doppelspieler Satwiksairaj Rankireddy mit 565 km/h einen neuen Weltrekord. Gleichzeitig stellte die Malaysierin Pearly Tan Koong Le mit 438 km/h einen offiziellen Weltrekord der Frauen auf.

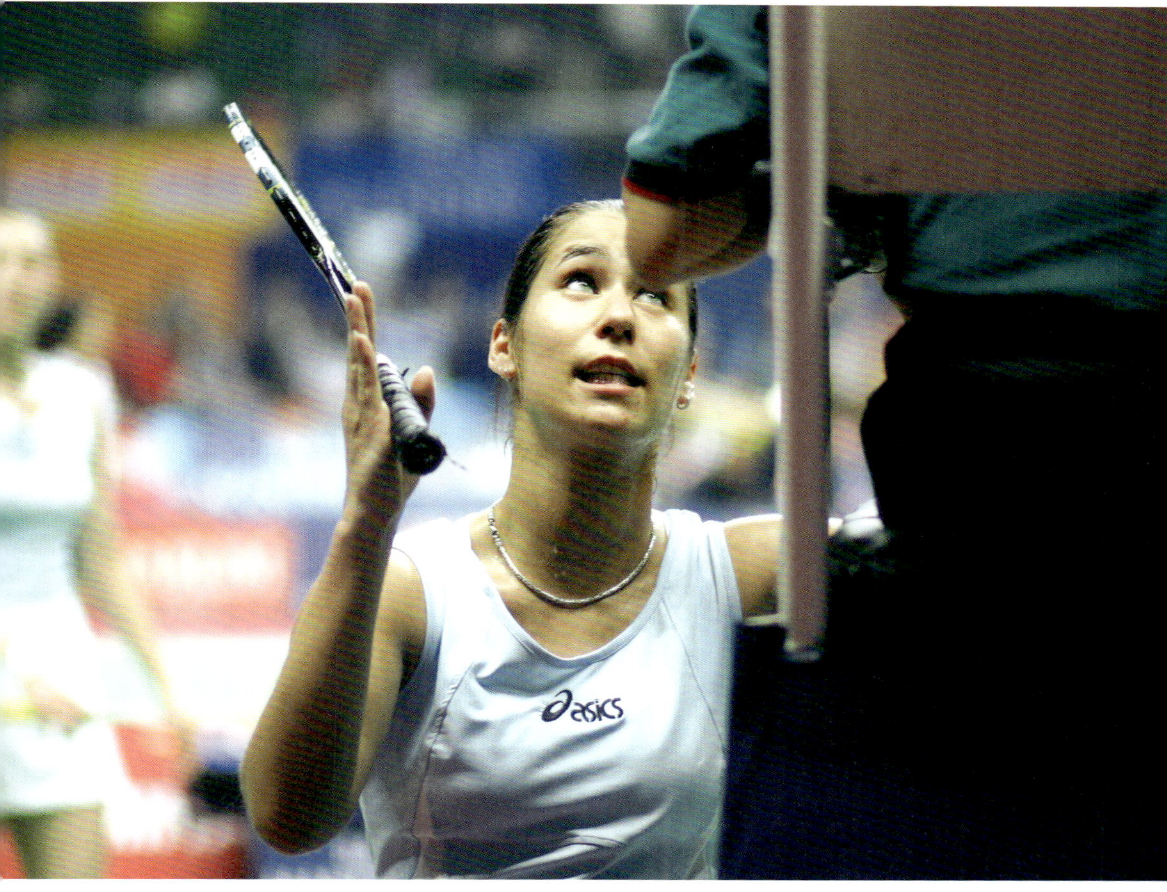

Abb. 94: Spieler sollten sich über Entscheidungen des Schiedsrichters nicht aufregen und aus der Ruhe bringen lassen. Das Temperament geht hier mit der Niederländerin Judith Meulendijks durch.

Tipp: Es sollte das Üben von Finten in das Training integriert werden. Dabei gilt es, den Gegner in puncto Richtung oder Schlaghärte zu täuschen. Es wird zum Beispiel mit dem Schlagablauf ein weicher, gefühlvoller Schlag angedeutet, jedoch im letzten Moment als kräftiger Schlag ausgeführt. Ein hohes Maß an Koordination erfordert es, wenn der Spieler in eine andere Richtung guckt, als der Schlag ausgeführt wird.

Im Folgenden sollen die taktischen Grundlagen je nach Disziplin genauer analysiert und beschrieben werden.

15.2 Taktik im Einzel

Im Einzel sollte es das Bestreben sein, den Gegner **aus der Spielfeldmitte herauszutreiben**. Dies gelingt am besten, wenn sehr gezielt die vier Ecken des Spielfeldes angespielt werden, sodass die Laufwege des Gegners sehr lang sind. Im Einzel versucht der Spieler möglichst nach jedem Schlag, an den **zentralen Punkt** (siehe Kap. 4 „Die Grundstellung") zurückzugelangen. Der Spieler kann so in etwa gleich schnell die vier Ecken des Feldes erreichen. Genau deswegen ist es sinnvoll, den Gegner möglichst daran zu hindern, dass er diesen Punkt schnell erreicht und sich **gut auf den Return einstellen** kann.

Schon **bei der Spieleröffnung** sollte der Spieler die Taktik verfolgen, die **Extrempunkte anzuspielen**. Das heißt beim Aufschlag, dass ein kurzer Aufschlag links oder rechts in die Ecke geht. Der Ball landet knapp hinter der Aufschlaglinie des Gegners. Alternativ werden die beiden Ecken am hinteren Feldrand angespielt, dies geschieht entweder durch einen **hoch-weiten Aufschlag** oder einen **Swipaufschlag**. Da der Swip schnell ausgeführt werden muss, birgt er das höhere Risiko, dass er im Aus landet. Der Aufschlag sollte **möglichst viel variiert** werden, damit sich der Gegner nicht darauf einstellen kann.

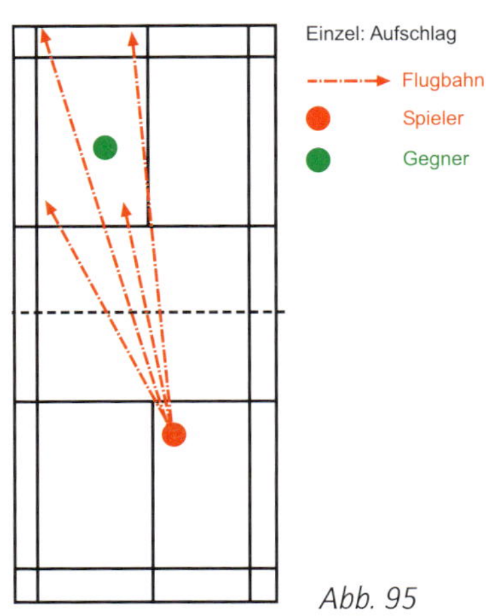

Abb. 95

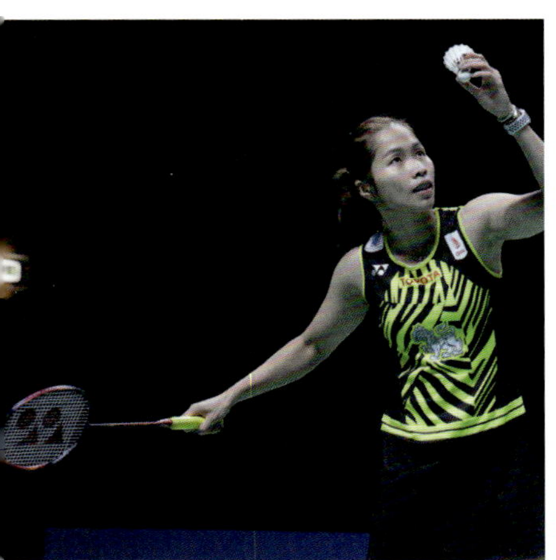

Abb. 96: Die Thailänderin Ratchanok Intanon konzentriert sich auf den Aufschlag.

Im Hochleistungsbadminton sind die Einzelspieler dazu übergegangen, fast **alle Aufschläge mit der Rückhand** auszuführen, da der Gegner durch die kurze **Ausholbewegung** die Variante kurz oder lang nur schwer antizipieren kann. Allerdings sollte der Aufschlag öfter nach hinten an die Grundlinie als vorne an die Aufschlaglinie gespielt werden, da der Gegner damit einerseits einen längeren Laufweg und andererseits eine ungünstigere Schlagposition hat. Er muss den Ball im Zurücklaufen schlagen.

Bei der **Aufschlagannahme** sollte sich der Spieler möglichst **weit zur Mittellinie orientieren**, um so seinen **Rückhandbereich** abzudecken. Der **Schläger** ist **bei der Annahme oben** zu halten, um einen kurzen Ball gegebenenfalls töten zu können. Es gehört ohnehin zum Grundprinzip des Badmintonspiels, dass der Ball möglichst weit oben getroffen wird. Beim Einzel spielen die **individuellen körperlichen, moto-**

rischen und mentalen Voraussetzungen eine große Rolle. Beherrscht der Spieler die Technik besonders gut, ist er konditionsstark oder zeichnet er sich durch einen besonderen Spielwitz aus? Man kann dabei grob in zwei Spielertypen unterscheiden: den **Angriffs- und den Verteidigungsspieler**. Ein Spieler sollte sich darüber im Klaren sein, welchem Spielertyp er am ehesten entspricht. Insbesondere das **Training**, aber auch die jeweilige Marschroute in einem **Wettkampf** kann danach ausgerichtet werden.

Der Angriffsspieler zieht ein druckvolles Spiel auf und er **steht in der Regel sehr gut zum Ball und trifft diesen sehr früh**. Er sollte **hart schlagen** können und ein guter **Techniker** sein. Die **Schnelligkeit** und die **Schnellkraft** zeichnen sein Spiel aus. Auch **Finten** unterstützen diese Spielweise. Das taktische Konzept ist darauf angelegt, dass es **möglichst wenige lange Schlagduelle** gibt, da diese Art zu spielen, **sehr kraftraubend** ist.

Der Verteidigungsspieler muss grundsätzlich über eine **sehr gute Physis** verfügen, er stellt sich auf **viele lange Ballwechsel** ein. Sein Spiel ist darauf ausgelegt, den **Gegner zu zermürben** und sich kaputt laufen zu lassen. Mit dieser Strategie können Spieler, deren Technik nicht so gut ist, dieses Manko kompensieren. Neben der **guten Kondition** sollten sie **mental gut** drauf vorbereitet sein, dass sie ihre Konzentration über **eine lange Zeit hochhalten** müssen. Auch in den jeweiligen Ballwechseln müssen sie die **Nerven behalten** und in langen Duellen auf ihre Chance oder den Fehler der Gegner warten können. Insbesondere die **Smashverteidigung** sollte gut beherrscht werden.

Zur Taktik im Einzel gehört, dass ...

- der Spieler die Bälle des Gegners in der zentralen Position des Spielfeldes erwartet (an der Mittellinie, etwa 1 m hinter der Aufschlaglinie);
- die Bälle so geschlagen werden, dass der Spieler genügend Zeit hat, um in die zentrale Position zurückzukommen;
- der Aufschlag nahe der Mittellinie ausgeführt wird (bei der Vorhandvariante steht der linke Fuß fast an der Aufschlaglinie, bei der Rückhandvariante steht dort der rechte Fuß);
- der lange Aufschlag möglichst dicht an der Mittellinie landet (dadurch ist der Gegner gezwungen, den Ball diagonal und möglicherweise durch die Reichweite des Spielers zu schlagen);
- nicht von der Grundlinie geschmettert wird (der Ball verliert schnell seine Anfangsgeschwindigkeit und kommt relativ langsam beim Gegner an; außerdem muss der Ball aus der Position sehr hoch und kraftaufwendig geschlagen werden, um einen akzeptablen Winkel zum Netz zu bekommen);
- aus aussichtsreicher Situation im Halbfeld geschmettert wird;
- der Spieler richtig zum Ball steht;
- der Spieler bei der Aufschlagannahme nicht direkt vorn an der Aufschlaglinie, sondern leicht zurückversetzt steht (im Gegensatz zum Doppel zählt die Grundlinie als Aufschlaglinie, der Spieler muss nach hinten also ein längeres Feld abdecken);
- auch mal eine Hinhaltestrategie gespielt wird, um den Gegner zu ermüden (es wird weder angegriffen noch abgewehrt; der Ballwechsel wird lang gemacht).

15.3 Taktik im Doppel

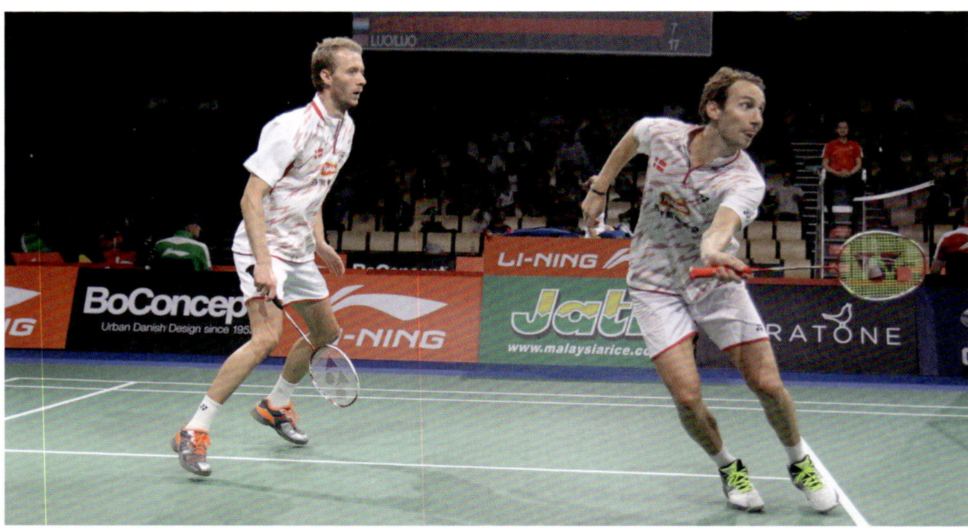

Abb. 97: Ein gegenseitiges Verständnis von den Laufwegen des anderen ist wichtig, wie hier bei Mathias Boe und Carsten Mogensen.

Im Doppel muss jeder Spielpartner lediglich **eine Feldhälfte abdecken**. Im Gegensatz zum Einzel können die Spieler damit **schneller an die Bälle** kommen, was bedeutet, dass die **Ballwechsel auch oft rasanter** sind. Gleichzeitig ist vor allem ein **hohes Reaktionsvermögen** bei den Spielern gefragt. Zudem müssen die Spieler sich aufeinander abstimmen, sodass jeder vom anderen weiß, welchen Bereich dieser abdeckt. Die folgenden Beschreibungen beziehen sich vorrangig auf das Herrendoppel, auf die spezifische Ausprägung im Damendoppel und Mixed wird noch gesondert eingegangen.

Bei der **Spieleröffnung** bieten sich – wie beim Einzel – die **vier Ecken des gegnerischen Aufschlagfeldes** als Zielpunkte für den Aufschlag an. Diese Punkte sind für den Gegner **am schwersten abzudecken** und zwingen ihn zu Defensivschlägen. Allerdings muss beachtet werden, dass die Spielfeldabmessung beim Doppel anders ist als beim Einzel: es ist **zur Seite hin breiter und nach hinten kürzer** (da beim Doppelaufschlag die vordere Aufschlaglinie gilt). Hieraus ergeben sich taktische Konsequenzen, denn die jeweils lange Variation des Aufschlags muss auf Grund des verkürzten Feldes derart kurz gespielt werden, dass der Gegner diesen Ball zu-

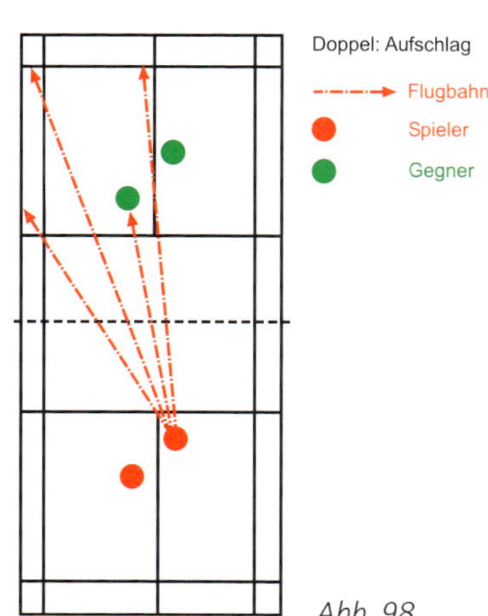

Abb. 98

meist als Angriffsball zurückschlagen kann. Je unpräziser der Aufschlag ausgeführt wird, umso besser wird dies dem Gegner gelingen.

Im Doppel wird daher **überwiegend ein kurzer Aufschlag** gespielt, da dadurch der Gegner besser in die Defensive gebracht werden kann. Jedoch sollte immer wieder ein langer Aufschlag eingestreut werden, um den **Gegner im Unklaren zu lassen**, welcher Aufschlag gespielt wird. Ein eingestreuter **Swipaufschlag** bietet sich an. Der aufschlagende Spieler steht in der vorderen Ecke seines Aufschlagfeldes in der Nähe zum **„T"-Kreuz**, der Partner steht leicht versetzt dahinter. Die Partner stehen somit schon beim Aufschlag in der **Angriffsstellung**, denn der aufschlagende Spieler steht vorn und konzentriert sich darauf, den Netzbereich abzudecken. Der Spielpartner erwartet den Return im hinteren Feldbereich.

Die den Aufschlag annehmende Partei steht ebenfalls **versetzt hintereinander**, sie kann ebenfalls sofort in den Angriff übergehen. Der den Ball annehmende Spieler steht dabei weit vorne am „T"-Kreuz, um mit einem Ausfallschritt nach vorne zu kommen und **einen zu kurz geratenen Aufschlag** zu töten. Das heißt, dass sowohl die aufschlagende als auch die den Aufschlag annehmende Partei **von vornherein auf Angriff programmiert** ist. Dies entspricht dem **Wesen des Doppelspiels** – nach Möglichkeit, so schnell und so oft es geht, in den Angriff übergehen.

Im Doppel ist grob in zwei Situationen zu unterscheiden: Angriff und Verteidigung. Der Übergang verläuft dabei fließend. **Im Doppel changieren die Partner** umeinander herum. Wie die Enden einer Kompassnadel bewegen sie sich um die imaginäre Mitte herum. Dabei stehen die Partner bei der **Abwehr nebeneinander** auf dem Feld, wobei der linke Partner als Rechtshänder die Bälle in der Mitte annimmt. Wenn die Paarung in den Angriff übergeht, stehen sie **hintereinander**. Wobei sie aus taktischen Gründen immer **versetzt zueinander** stehen. Das heißt, wenn der hinten spielende Partner aus der rechten Vorhandecke schmettert, befindet sich der vorne spielende Partner vorne links am Netz. Er deckt somit die am weitesten entfernte Ecke des Partners ab.

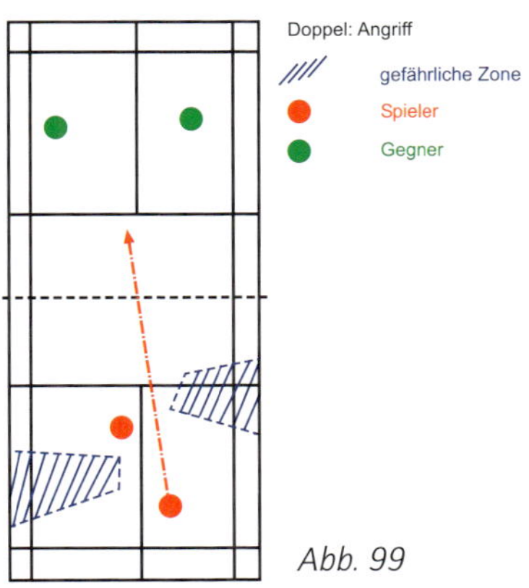

Abb. 99

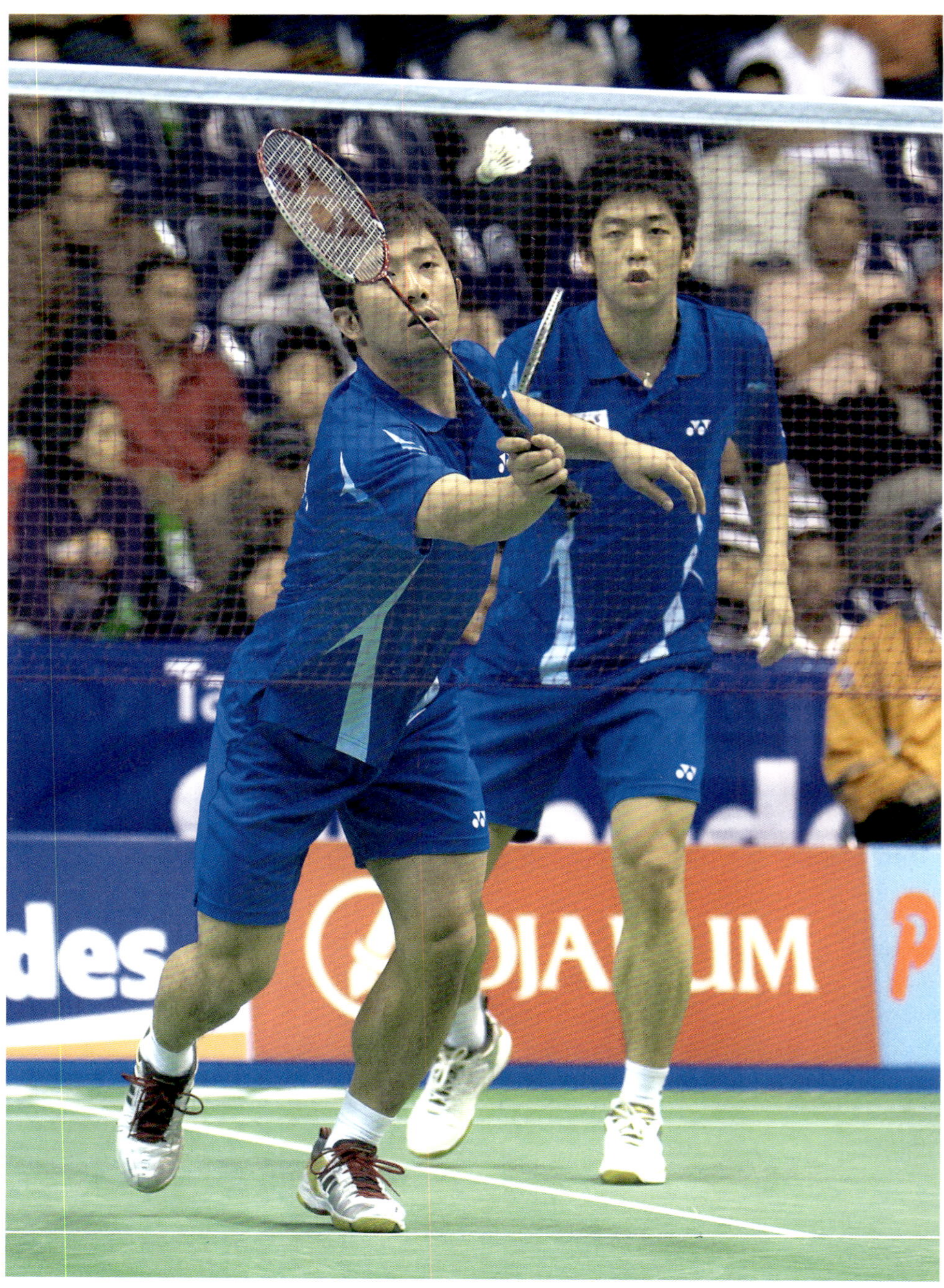

Abb. 100: Der Koreaner Jung Jae-Sung und Lee Young-Dae im Angriff. Einer legt den Ball am Netz ab, der andere deckt das Hinterfeld ab.

Wie bereits erwähnt, stehen die Spielpartner beim Angriff hintereinander. Der hintere Spieler versucht, **mit Schmetterbällen und Drops** die Gegner zu schlechten **Verteidigungsbällen zu zwingen**, sodass diese „getötet" werden können. Der Spielpartner deckt dagegen die vordere Feldhälfte ab und wartet auf die kurzen Verteidigungsreturns der Gegner. Als **Zielbereiche** sollte die angreifende Partei vor allem die Außenlinien sowie den **Bereich um die Mittellinie** anvisieren, da diese für die Gegner am schwersten zu verteidigen sind. Für die angreifende Partei sollte es das Bestreben sein, so viel Druck wie möglich aufzubauen und nicht locker zu lassen, bevor sie den Punkt erzielt haben. Es sollten daher **kein Clears** gespielt werden. Als **gefährliche Zone**, die die angreifenden Spieler am schlechtesten abdecken können, gilt der Bereich **hinter dem Kopf** des vorne spielenden Partners sowie der **Halbfeldbereich an der Seitenlinie**. Dies ist daher der Fall, weil sich dort die **Kompetenzbereiche der Spielpartner überschneiden** und nicht klar ist, wer den Ball zu schlagen hat. Durch gezieltes Training und eine Aussprache darüber können die Partner eine höhere Spielsicherheit erlangen.

Die verteidigenden Partner sollten das Bestreben haben, sich **aus der Defensive zu befreien** und ihrerseits in den Angriff überzugehen. Die Partner stehen mehr oder weniger nebeneinander und **decken jeweils eine Feldhälfte** ab. Dies gelingt am besten mit vielen **flachen Bällen in den Seitenbereich** der Gegner, die Bälle sollten **niemals in die Mitte** gespielt werden. Die Verteidigungsclears sollten bis **an die hintere Auslinie der Gegner** fliegen, um dem Gegner einen Smash so schwer wie möglich zu machen.

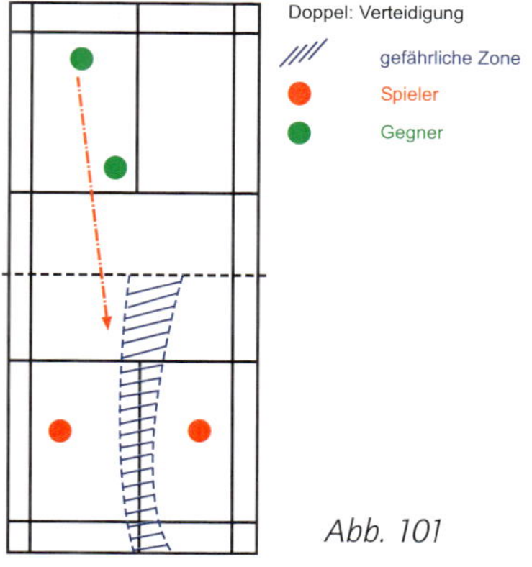

Abb. 101

Dem **Mittelbereich** des eigenen Spielfeldes kommt eine **besondere taktische Aufmerksamkeit** zu. Dieser ist für die Partner **am schwersten zu verteidigen** und wird klugerweise von den Angreifern vorzugsweise anvisiert. Im Bereich der Mittellinie **stoßen die Kompetenzbereiche der Partner aufeinander**, es ist nicht unbedingt klar, wer retourniert. Allerdings gilt das ungeschriebene Gesetz: **„Vorhand hat Vorrecht"**. Das heißt, dass der Spieler, der links steht, überwiegend den Mittelbereich abdeckt, da er mit seiner Vorhand in der Regel härter und präziser zurückschlagen kann. Der vorne stehende Spieler sollte stets **den Schläger hochhalten**, sodass er schnell am Ball ist. Der Spieler sollte genauso aktiv sein wie der hintere Spieler. Mit **leicht angewinkelten Knien** sollte der Spieler vorne hin- und herlaufen. Dabei sollte er mit dem hinten schlagenden **Spieler eine Diagonale** bilden.

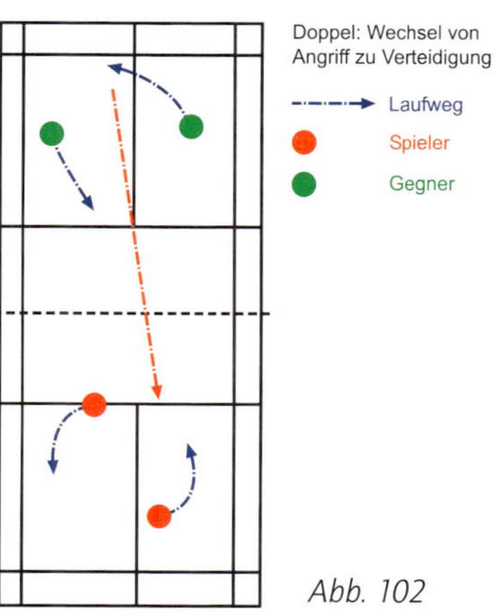

Abb. 102

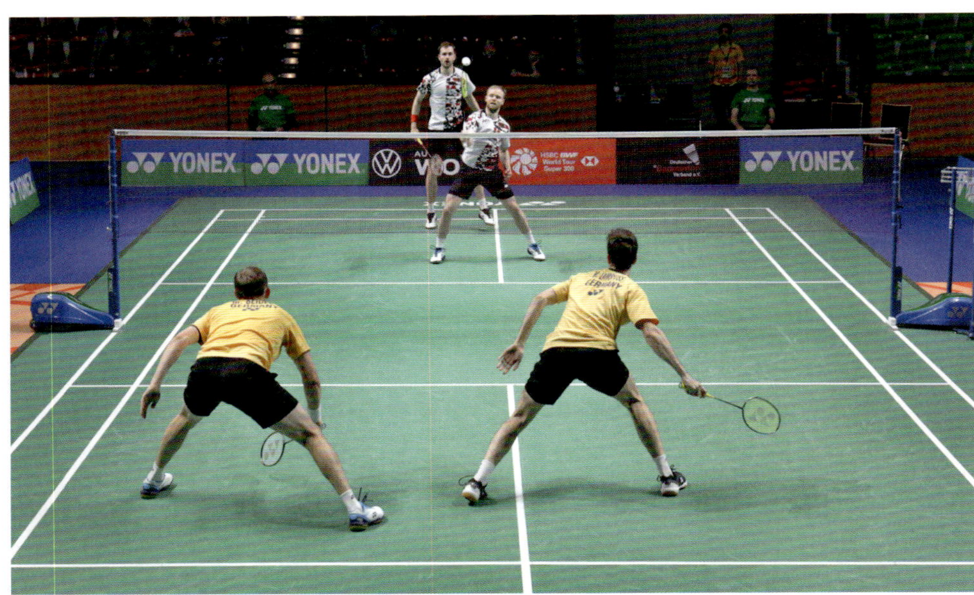

Abb. 103: Mark Lamsfuß und Marvin Seidel erwarten nebeneinander in der Abwehr den Ball.

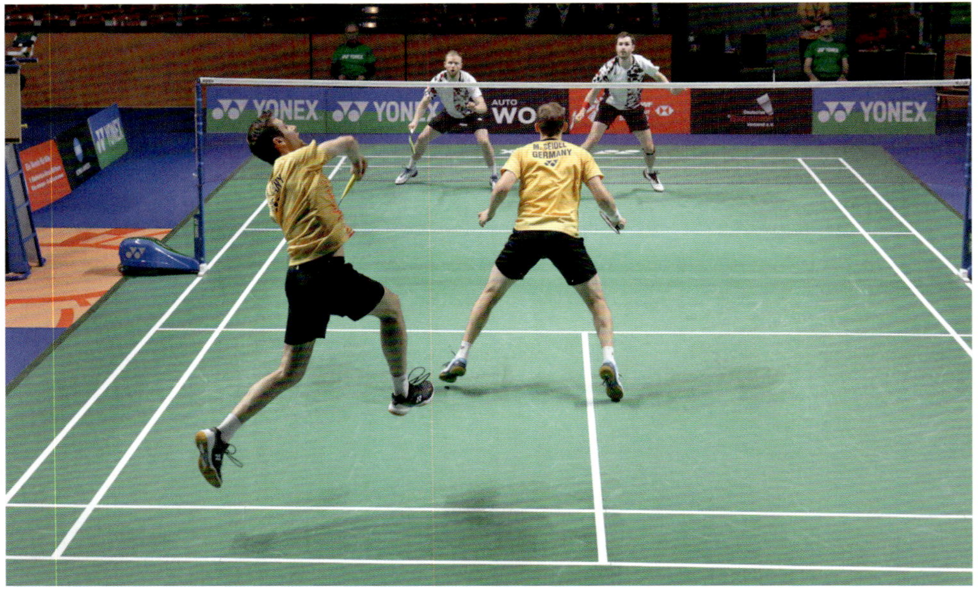

Abb. 104: Mark Lamsfuß und Marvin Seidel sind im Angriff. Sie haben sich hintereinander positioniert.

Der **Wechsel vom Angriff in die Verteidigung** (und umgekehrt) wird **ständig im Spiel vollzogen**. Die Übergänge sind dabei fließend. Wenn den angreifenden Spielern ein Angriff misslingt oder die Gegner ihrerseits mit einem platzierten Schlag zu einem Angriff übergehen können, dann sollten die Spieler möglichst schnell in die Verteidigungsposition wechseln. Dies geschieht dadurch, dass die Spieler die Formation **hintereinander** aufgeben und sich **im Uhrzeigersinn bewegen** und dann nebeneinander auf dem Feld stehen und die **jeweilige Seite abdecken**. Das heißt, dass der bis dato vorne spielende Partner sich auf die linke Feldhälfte begibt und der andere Partner von hinten nach rechts wechselt. Nur in Ausnahmefällen sollten die Spieler andersherum laufen, da sie dadurch einen längeren Laufweg zurücklegen müssen.

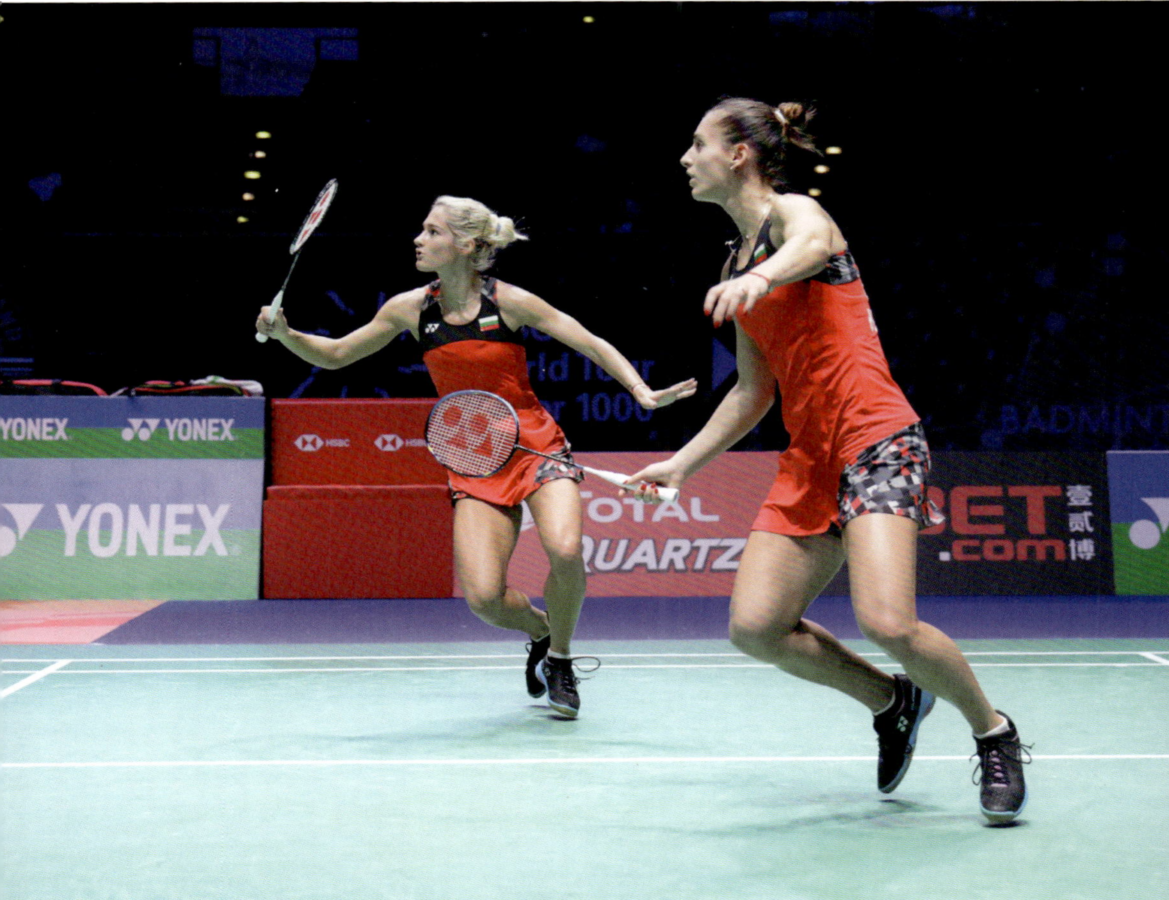

Abb. 105: Stefanie und Gabrielea Stoeva rotieren zwischen den Positionen nebeneinander und hintereinander.

Die für das Doppel angeführten taktischen Regeln gelten sowohl für das Herren- als auch das **Damendoppel**. Allerdings kommt bei den Frauen der **Verteidigung eine besondere Bedeutung** zu, da sie zumeist eine **geringere Schlaghärte und Laufgeschwindigkeit** haben als die Männer. Es kommt daher oft zu langen Ballwechseln, ohne dass diese durch einen harten und platzierten Smash beendet werden können. Die Punkte müssen von den Frauen sehr gut vorbereitet werden. Sie sollten daher darauf fokussiert sein, schwache Returns der Gegnerinnen eiskalt auszunutzen. Viele Punkte werden durch das **Kontern schwacher Schläge** erzielt. Mit Variationen von **Swipaufschlägen, Drops** und **Clears** gilt es, die Kontrahentinnen **zu diesen Fehlern zu zwingen** und sie so auszuspielen.

Zur Taktik im Doppel gehört, dass ...

- schneller und aggressiver gespielt wird als im Einzel (das Spielfeld ist mit zwei Spielern besser abgedeckt, sie kommen schneller an den Ball);
- die Spielpartner voneinander wissen, welchen Spielfeldbereich sie abdecken;
- der aufschlagende Spieler seinem Partner signalisiert, welche Variante er nimmt (dies kann über Absprache oder Zeichensprache geschehen);
- dem Aufschlag und der Aufschlagannahme eine hohe Bedeutung zukommen (viele Ballwechsel werden schon mit dem ersten Return entschieden);
- fast ausschließlich kurze Aufschläge gemacht werden, um die Gegner zu zwingen, hoch heraus zu spielen;
- die aufschlagende Paarung relativ dicht hintereinander steht (der hintere Spieler erwartet den hohen Return und kann angreifen; die Paarung formiert sich schon beim Aufschlag in Angriffsposition);
- die angreifende Paarung leicht versetzt hintereinander steht (der vordere Spieler bewegt sich immer diagonal zum hinteren Spieler und deckt den Netzbereich ab, während der Partner von hinten mit Smash und Drop Druck macht);
- der vordere Spieler einer angreifenden Paarung den Schläger hochhält, um sofort zuschlagen zu können, wenn der Ball in seinen Bereich kommt;
- die verteidigende Paarung nebeneinander steht (die Bälle in der Mitte nimmt der linke Spieler mit seiner Vorhand);
- die abwehrende Paarung versucht, wieder in den Angriff zu kommen (dies gelingt am besten durch eine flache Abwehr in den Seitenlinienbereich).

Rekord – Die meisten Mitspieler an einem Ballwechsel

Bereits seit dem 21. November 2014 wird der Guinness-Buch-Rekord für die meisten Mitspieler an einem einzigen Ballwechsel von der Meath Badminton Association im irischen Navan gehalten. Insgesamt 123 Spielerinnen und Spieler machten mit, ehe der Ball zu Boden ging. Es gab mehrere vergebliche Versuche, den Rekord zu brechen.

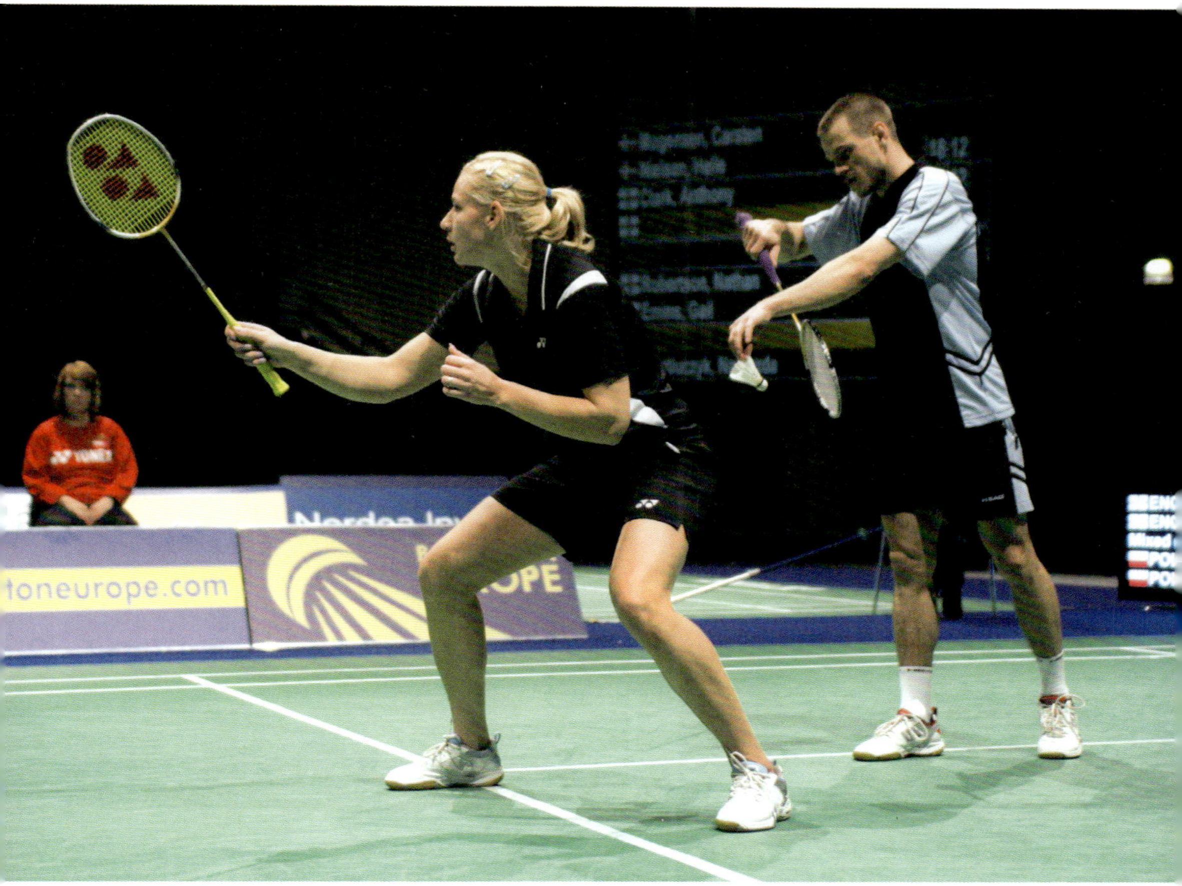

Abb. 106: Im Mixed steht die Frau beim Aufschlag des Mannes immer links von ihm. Die Polen Robert Mateusiak und Nadiezda Kostiuczyk machen es vor.

15.4 Taktik im Mixed

Im Mixed müssen **die unterschiedlichen körperlichen Voraussetzungen von Mann und Frau** berücksichtigt werden. Ein Mann kann in der Regel **härter schlagen** und ist bei der **Umsetzung der Schnellkraft** stärker als die Frau. Dies gilt es, in ein taktisches Konzept des Spiels einzubauen. Der **Mann ist daher tendenziell mehr für das Abdecken des hinteren Bereichs zuständig** und baut in der Angriffssituation mit Smash und Drop den Druck auf den Gegner auf. Die **Frau deckt den vorderen rechten Bereich** des Spielfeldes ab.

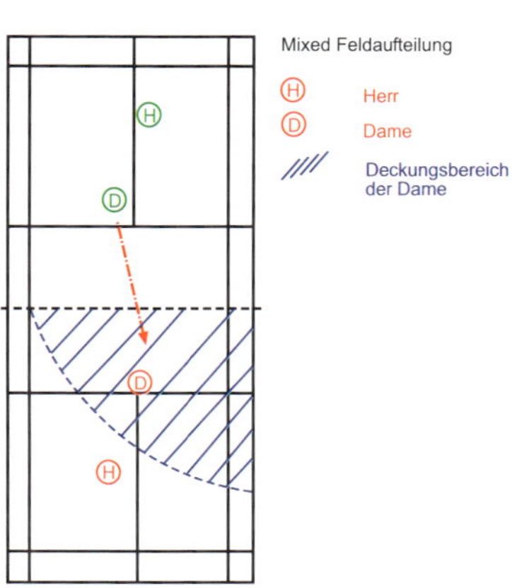

Abb. 107

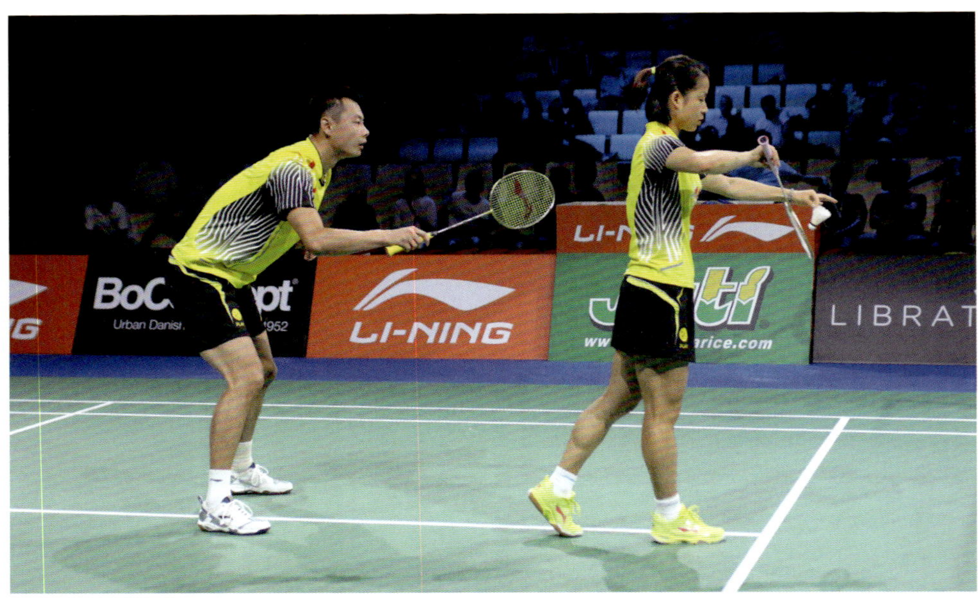

Abb. 108: Ma Jin schlägt auf und Partner Xu Chen steht deutlich hinter ihr, um das Hinterfeld abzudecken.

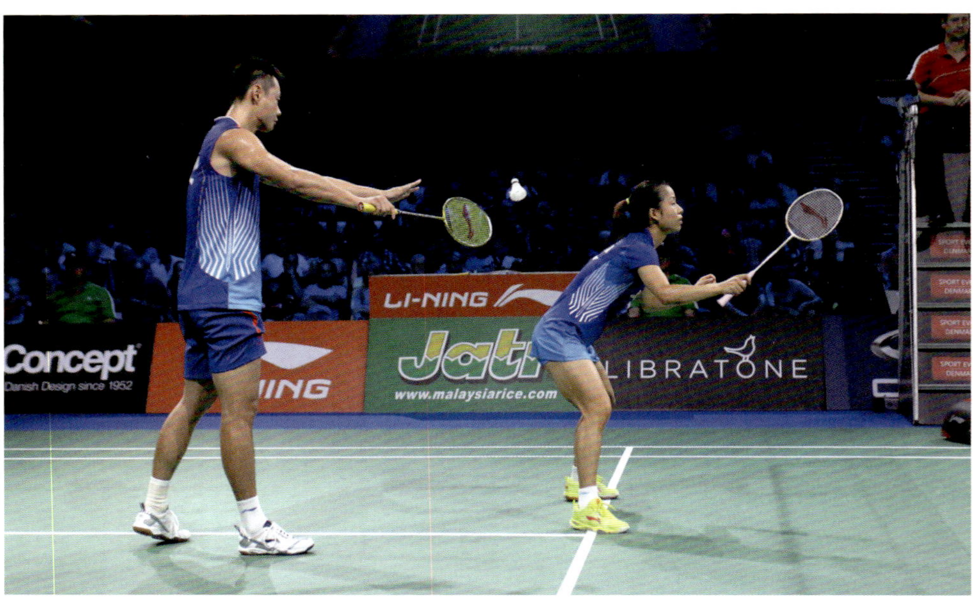

Abb. 109: Xu Chen schlägt auf und steht dabei deutlich hinter seiner Partnerin.

Schon bei der **Spieleröffnung** sollte die Frau sich vorn an der Aufschlaglinie platzieren - egal, ob sie selbst oder ihr Partner aufschlägt. Die **Frau steht damit immer einen Tick vor dem Mann** und kann damit gleich nach dem Aufschlag ans Netz rücken und ihren Bereich abdecken. Für den Zielbereich der Aufschläge gelten dieselben Angaben wie beim oben beschriebenen Herrendoppel. Allerdings darf eine Frau beim Aufschlag nicht davor zurückscheuen, **viele kurze Aufschläge** - auch auf den Mann - zu spielen, der diese potenziell sehr hart „tötet", wenn sie zu hoch geraten. Beim Aufschlag auf eine Frau sollte öfter ein **Swipaufschlag** angewandt werden, da die Frau dadurch gezwungen wird, nach hinten zu laufen. Der Partner ist dann ebenso gezwungen, die Bälle vorn zu nehmen. Beide Partner müssen dann in einer für sie **taktisch ungünstigen Position** spielen. Die Dame sollte in dieser Situation entweder einen Smash oder einen Drop spielen und sich ihrerseits wieder nach vorn ans Netz orientieren, sodass der Partner nach hinten wechseln kann.

Bei annähernd gleich starken Partnern wird im Mixed in der **Abwehrsituation** genauso nebeneinander gespielt, wie dies beim Herrendoppel üblich ist. **Alternativ dazu können die Partner leicht versetzt verteidigen**, indem die Frau sich vorne entlang der Aufschlaglinie bewegt und sich **jeweils diagonal zum angreifenden Mann** auf der gegenüberliegenden Seite platziert. So kann sie **diagonale Smashs oder Drops** mit einem Netzspiel abfangen. Andererseits kann der Partner **im hinteren Feldbereich einen Drive oder einen Clear** erwarten.

Zur Taktik im Mixed gehört, dass ...

- die Taktik für das Doppel analog gilt (insbesondere, wenn Mann und Frau gleich spielstark sind);
- versucht wird, dass der Mann beim Angriff hinten steht (auf Grund der körperlichen Unterschiede kann der Mann zumeist mit höherer Geschwindigkeit und Kraft schlagen);
- die Frau beim Aufschlag des Mannes möglichst weit vorn an der T-Linie steht (die Frau kann sich so schnell ans Netz orientieren und der Mann hinten die Angriffsposition einnehmen);
- vermehrt Swipaufschläge auf die Frau gespielt werden;
- in einer Verteidigungssituation der Mann leicht nach hinten versetzt den Longlinebereich und die Dame den Diagonalbereich abdeckt;
- die Frau beim Aufschlag des Mannes immer links von ihm steht (egal, ob von links oder rechts aufgeschlagen wird).

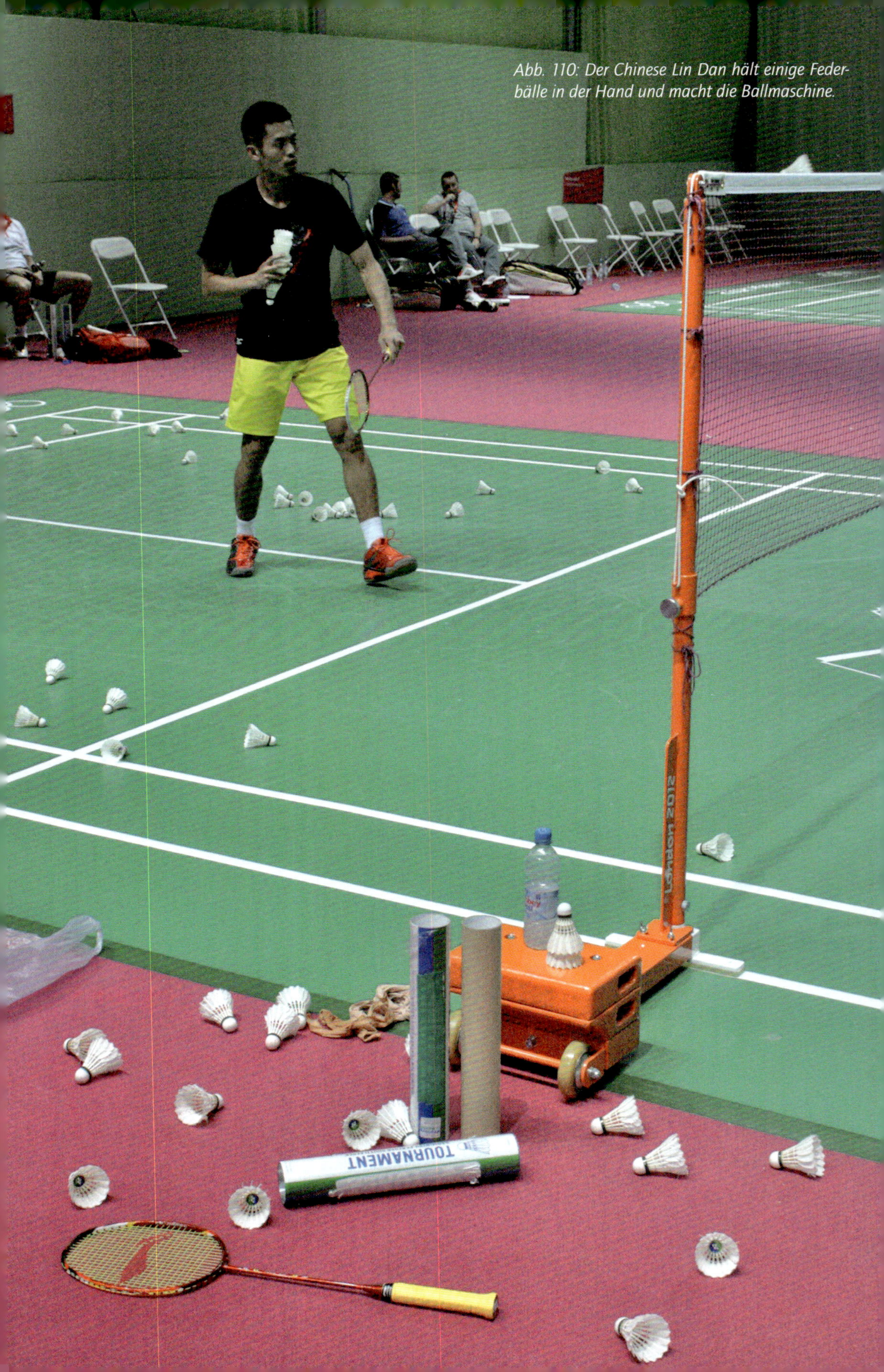

Abb. 110: Der Chinese Lin Dan hält einige Federbälle in der Hand und macht die Ballmaschine.

16 Das Training

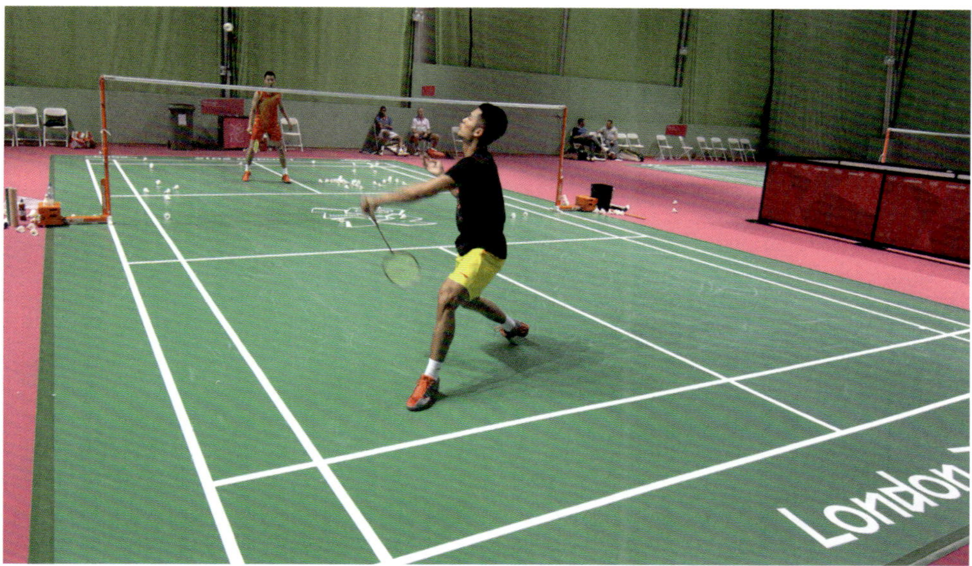

Abb. 111: Lin Dan und Chen Jin trainieren eins zu eins.

Im Training werden die **Grundlagen** für einen erfolgreichen Wettkampf gelegt. Bei einer **sinnvollen Planung** und **regelmäßigen Anwendung** kann die Leistungsfähigkeit des Sportlers gesteigert werden. Durch **Anpassungsmechanismen** des Körpers kann sich der Sportler jeden Alters individuell verbessern. Dem Körper müssen im Training entsprechende **Anreize gesetzt** werden. Es ist sinnvoll, Trainings- und Wettkampfleistungen zu analysieren und zu **dokumentieren**, um so **objektive Kriterien** für eine **Trainingsplanung und Leistungskontrolle** zu haben.

Die **Bestandteile der sportlichen Leistung** setzen sich aus folgenden Bereichen zusammen:

- Technik (Schlag- und Lauftechnik);
- Taktik;
- Kondition (Ausdauer, Kraft, Schnelligkeit, Koordination) und
- Psyche (mentales Training).

In diesem Kapitel soll einerseits auf die **Periodisierung** und den **Aufbau des Trainings** eingegangen und andererseits die Punkte **Kondition** und **Psyche** beschrieben werden. Die **Technik** und **Taktik** kommen an anderer Stelle des Buches vor.

Der Deutsche Badminton Verband (DBV) bietet seit 2024 ein kostenloses Online-Trainings-Tutorial unter Rahmentrainingskonzeption (RTK) im Netz: https://go.badminton.de/rtk.

Einen **Trainingseffekt** erzielt man durch einen optimalen **Wechsel zwischen Belastung und Erholung**. Dies bezieht sich sowohl auf eine einzelne Trainingsstunde als auch auf die Trainingsplanung über das ganze Jahr gesehen. Im Training wird der **Organismus** (Herz-Kreislauf-System, Nervensystem, Muskeln und Drüsen) belastet. Nach einer Trainingseinheit ist der Sportler **müde und schlaff**. Je nach körperlicher Verfassung **regeneriert** er sich jedoch sehr schnell wieder.

Besonders im **konditionellen Bereich** kommt es zu einer sogenannten **Superkompensation**. Das heißt, dass der Spieler nicht nur seine ursprüngliche Leistungsfähigkeit **wiederherstellt**, sondern bei einer Wiederholung der Trainingseinheit leistungsfähiger als vorher ist. Sind die **Erholungsphasen zu kurz**, so ist der Körper irgendwann überlastet und **chronisch erschöpft**. Die Leistungsfähigkeit fällt dann zumeist noch unter das Ausgangsniveau zurück. Auch bei zu langen Pausen zwischen den Trainingseinheiten geht der Effekt der Superkompensation verloren.

Bei der Zusammenstellung der Schlag- und Laufübungen, die im Training durchgeführt werden, kann die Intensität vor allem dadurch gesteigert werden, dass der Übende nur eine reduzierte Zahl von Schlägen anwenden darf bzw. nur eingeschränkte Teile des Spielfeldes anspielen darf.

Generell gilt, dass der Spieler seine **Trainingsziele nicht zu hoch stecken** sollte. Die Ziele müssen erreichbar sein, ansonsten tritt **Frustration** ein und das Selbstvertrauen leidet.

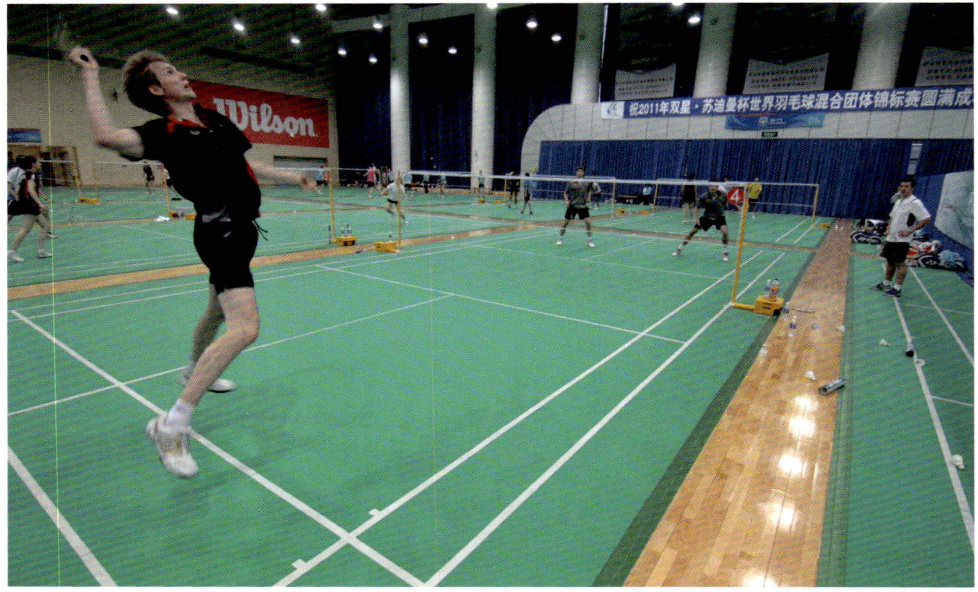

Abb. 112: Doppelspezialist Johannes Schöttler spielt im Training eins gegen zwei.

16.1 Periodisierung

Die Trainingseinheiten sollten einer längerfristigen **Trainingsplanung** unterliegen und dabei auf Leistungshöhepunkte ausgerichtet sein. Das Training wird **periodisiert**, da es sinnvoll ist, den Körper unterschiedlich zu belasten und diesem auch **Regenerationsmöglichkeiten** zu bieten, damit es nicht zu einer chronischen Überlastung und zu einem Leistungsabfall kommt.

Die Periodisierung ist vor allem auf den Zeitpunkt von **Wettkämpfen** ausgelegt. Es sind grob drei Phasen des Trainings zu unterscheiden: die **Vorbereitungsphase** (zumeist in den Sommermonaten vor Beginn der Spielsaison), die **Wettkampfphase** (September bis März) und die **Übergangsphase** (April bis Juli).

In der **Vorbereitungsphase** liegt der Schwerpunkt des Trainings im Bereich **Fitness**. Es werden die körperlichen Grundlagen für die Wettkämpfe und das Training gelegt, die **Kraft**, die **Ausdauer** und die **Schnelligkeit** werden geschult. Der Körper wird in dieser Phase oft **ausgepowert**, die spielerische Leistungsfähigkeit ist „heruntergefahren".

In der **Wettkampfphase** feilt der Spieler im Training an seiner **Technik** und der **Taktik**. Einzelne **Schlagübungen** oder **Matchpraxis** bestimmen den Ablauf. Vor einem Wettkampf (Punktspiel mit der Mannschaft oder Ranglistenturnier) sollte der Spieler eine genügende Regenerationszeit lassen. Nach einem harten Training sollte ein Tag Pause zum Wettkampf sein, ansonsten kann es passieren, dass der Spieler schon mit „müden Beinen" zum Turnier erscheint. Ohnehin sollte das Konditionstraining in dieser Phase nur reduziert betrieben werden, da der Körper durch regelmäßige Wettkämpfe belastet ist – und Ruhepausen braucht.

Die **Übergangsphase** ist als **aktive Erholungsperiode** gedacht, der Körper soll sich von den vorhergehenden Anstrengungen regenerieren. Es ist durchaus sinnvoll, den Badmintonschläger mal für ein paar Wochen ganz zur Seite zu legen und sich **mit anderen Sportarten** (z. B. Jogging, Schwimmen, Radfahren, Basketball) fit zu halten. Es ist kontraproduktiv, zu versuchen, das ganze Jahr über eine gleichbleibend hohe Leistung zu erzielen. Auf Dauer treten **Ermüdungen** und **Überforderungen** ein, die einen starken Leistungsabfall nach sich ziehen. Auch der Körper setzt Grenzen, **Verletzungen** sind die Folge.

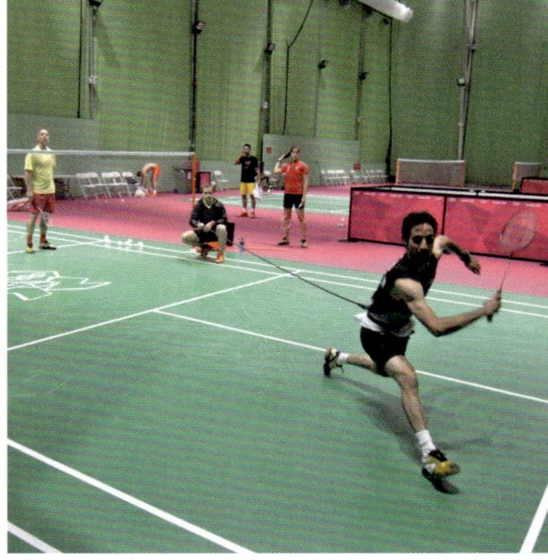

Abb. 113: Der Spanier Pablo Abian trainiert mit einem Stretchband. Im Hintergrund gucken Carolina Marin und Lin Dan zu.

16.2 Aufbau einer Trainingsstunde

Es muss zunächst unterschieden werden in den **zeitlichen Ablauf** sowie in die **Inhalte** einer Trainingsstunde. Eine Trainingseinheit sollte, unabhängig vom Leistungsniveau, stets in **drei unterschiedlich lange Phasen** aufgeteilt werden. Bei einer 90 min dauernden Einheit sieht dies beispielhaft folgendermaßen aus:

a) **Aufwärmen** (10 min): Ohne Schläger und Ball macht sich der Sportler warm; mit Lauf- und Dehnübungen oder wahlweise mit Aufwärmspielen wird der Körper auf Betriebstemperatur gebracht.

b) **Hauptteil** (60 min): Der Abschnitt beginnt mit einem kurzen, lockeren Schlagen von Bällen (sprich: „einschlagen"); es folgen spezifische Übungen zur Verbesserung der Schlag- und Lauftechnik sowie der Taktik; die Intensität ist hoch, es werden nur kurze Pausen eingelegt.

c) **Schlussteil** (20 min): Je nach Zeitpunkt der Saison und Verfassung des Spielers kann hier ein Konditionstraining (Zirkeltraining) erfolgen oder ein Ballspiel (z. B. Basketball) zur Verbesserung der Koordination; in der Regel ist diese Phase jedoch der Matchpraxis vorbehalten, das zuvor Trainierte wird in einem Spiel nach Punkten angewandt. Der Schlussteil sollte mit einem kurzen Abdehnen beendet werden, um so Verletzungsgefahren vorzubeugen; der Körper wird langsam wieder „heruntergefahren".

Grundsätzlich gilt, dass ein Training **abwechslungsreich gestaltet** und mit unterschiedlichen Intensitätsstufen absolviert werden sollte. Dem Sportler sollten **mental und körperlich immer neue Anreize gesetzt werden**, um sich zu verbessern. Durch ein interessant gestaltetes Training soll die **Motivation hochgehalten werden**, um den Belastungen standzuhalten und auch Freude am Training zu haben.

Für den organisatorischen Ablauf des Schlag- und Lauftrainings ist die Größe der Trainingsgruppe entscheidend. Auf einem Spielfeld können in der Regel 1-8 Spieler gleichzeitig von einem Trainer betreut werden, ideal sind allerdings 1-4.

Folgende Trainingsformen bieten sich, je nach Zahl der Teilnehmer, an:

a) **Ein Teilnehmer:** *Ballmaschine*: Der Trainer hat eine große Kiste mit Bällen und schlägt diese in hoher Frequenz an verabredete Stellen des Spielfeldes, der Übende kann so einzelne Schläge und Laufwege trainieren. Polizistenspiel: Der Trainer zeigt mit der Hand oder dem Schläger auf bestimmte Ecken des Feldes und dirigiert den Übenden derart über das Spielfeld.

b) **Zwei Teilnehmer:** Die Übenden trainieren wahlweise zusammen auf dem ganzen oder dem halben Feld, sie spielen z. B. Wechseldrop. Diese Übungsform bietet sich insbesondere dann an, wenn die Trainierenden etwa gleich stark spielen, es können beliebige Schlagkombinationen trainiert werden. Das Spiel 1:1 ist die effektivste Form des Trainings. Alternativ kann der Trainer wie unter a) einen Spieler trainieren, während der andere in der Zwischenzeit Pause macht.

c) **Drei Teilnehmer:** Die Übenden können wie unter b) zu zweit trainieren, während jeweils einer für eine bestimmte Zeit Pause macht. Alternativ bietet sich ein Training 2:1 an, hiermit kann der allein spielende Spieler unter Druck gesetzt werden, da er eine gleich große Spielfeldfläche abdecken muss, wie seine beiden Gegner gegenüber; 2:1 bietet sich an, wenn ein wesentlich besserer Spieler mit zwei schwächeren Partnern trainiert; bei gleich starken Trainingsteilnehmern kann „durchgewechselt" werden, sodass jeder mal alleine spielt; beispielsweise kann verabredet werden, dass mit dem 10. Fehler des Alleinspielers gewechselt wird, so hat es jeder selbst in der Hand, wie lange er intensiv trainieren darf.

d) **Vier Teilnehmer:** Um das Training möglichst intensiv zu gestalten, sollten jeweils zwei Spieler auf einem halben Feld zusammen trainieren; es sollten möglichst gleich starke Partner zusammen trainieren; sollte die Trainingsgruppe aus Doppelspielern bestehen, so können in dieser Konstellation auch Spielsituationen aus dem Doppel trainiert werden (z. B. der Wechsel zwischen Angriffs- und Verteidigungsposition („Kompassnadelbewegung")).

e) **5-8 Teilnehmer:** Eine derart große Gruppe ist für das Training lediglich im Einsteigerbereich sinnvoll, da keine große Intensität in die Übungen gebracht werden kann; einerseits können vier Spieler auf dem Feld üben, wie unter d) beschrieben, während die übrigen Teilnehmer so lange Pause machen und erst nach einer Weile drankommen; andererseits kann *Rundlauf* gespielt werden; dabei teilt sich die Trainingsgruppe in zwei Hälften, wobei jede auf einer Seite des Netzes steht; die Spieler schlagen jetzt nacheinander den Ball und laufen anschließend auf die entgegengesetzte Seite des Feldes und stellen sich in der Schlange der Spieler an; es kann z. B. vereinbart werden, dass ein Teilnehmer mit drei Fehlern aus dem Rundlauf ausscheidet; die Übung wird fortgesetzt, bis nur noch zwei Spieler übrig sind, die das Endspiel auf fünf Punkte austragen.

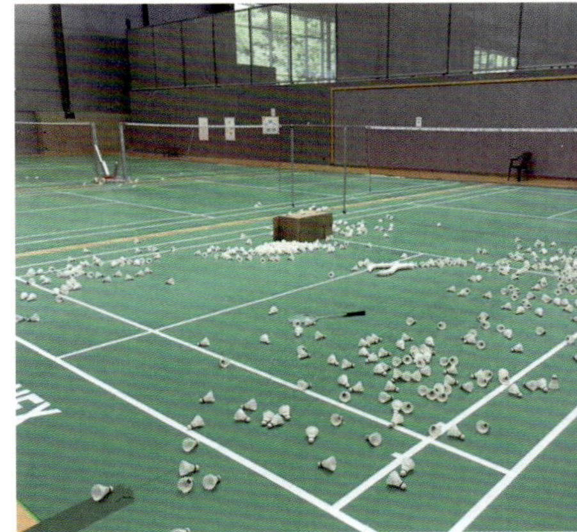

Abb. 114: Trainingshalle am Olympiastützpunkt in Saarbrücken

16.3 Leistungskontrolle

Mit Leistungstests kann der Sportler überprüfen, inwiefern er seine **Trainingsziele** erreicht hat. Die Tests können sich dabei sowohl auf die **Physis** als auch auf die **Badmintontechnik** beziehen. Die Leistungskontrolle sollte das Training nur wenig stören und sollte daher **schnell und effizient** sein. Wichtig ist, dass vergleichbare Werte erhoben werden, um eine **klare Aussage** zu haben.

Die Belastung des Körpers lässt sich an der **Pulsfrequenz** ablesen, die je nach **Alter** und **Geschlecht** anders ist. Auch der **Trainings- und Gesundheitszustand** sowie die **Tageszeit** und die **klimatischen Bedingungen** beeinflussen das Ergebnis.

Der Puls kann am besten mit dem **Zeigefinger an der Innenseite des Handgelenks** oder an der **Halsschlagader** gemessen werden. Es reicht aus, die Pulsschläge 15 Sekunden lang zu messen. Um den gängigen **Richtwert von einer Minute** heranziehen zu können, muss das Ergebnis einfach nur mit 4 multipliziert werden. Spezielle **Uhren**, mit denen der **Puls** oder die **Herzfrequenz** gemessen werden kann, gibt es bereits für 30,- € zu kaufen. Eine solche Uhr kann während des gesamten Trainings getragen werden und der Sportler hat einen schnellen Blick auf seine Werte.

Leistungssportler haben einen Ruhepuls (im Liegen) von etwa 50 Schlägen/min und noch darunter, bei untrainierten Menschen liegt dieser Wert bei 70 Schlägen/min und mehr. Nach hohen Belastungen steigt der Puls bei **durchtrainierten Sportlern auf etwa 150 Schlägen/min** an. Je besser der Trainingszustand ist, desto schneller erholt sich der Sportler von der Belastung – und **der Puls sinkt**. Sollte der Puls nur langsam sinken, ist dies ein Zeichen dafür, dass der Körper überlastet ist. Auch Blässe im Gesicht oder Schwindelgefühle deuten auf eine Überforderung hin.

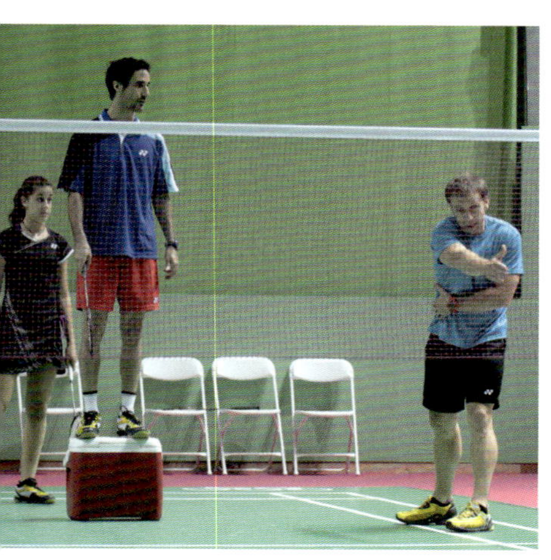

Tipp: Um den Leistungsstand des Sportlers zu messen, sollte der Puls 2 x kurz nacheinander gemessen werden. Das erste Mal unmittelbar nach einer anstrengenden Übung, das zweite Mal etwa drei Minuten später. Der Puls sollte dabei auf mindestens 120 Schlägen/min zurückgegangen sein, um mit der nächsten Übung weitermachen zu können.

Abb. 115: Eine Kiste dient als Trainingsgerät. Das explosive nach vorne Sprinten wird trainiert.

Die **konditionelle Leistung** kann daran gemessen werden, wie viele **Wiederholungen** ein Sportler in einer bestimmten Zeit hinbekommt. Als Beispiele seien hier das für Badminton besonders geeignete Seilspringen oder Liegestütze genannt. Eine Leistungskontrolle kann sehr gut über ein **Zirkeltraining** erfolgen, bei dem unterschiedliche **Übungen zur Schnellkraft, Kraftausdauer und Sprungkraft** eingebaut werden. Die Anzahl der erreichten Wiederholungen sollte in ein Trainingstagebuch eingetragen und bei nochmaligem Training verglichen werden.

Bei der **Dauer der jeweiligen Übungen** eines **Zirkeltrainings oder Leistungstests** sollte darauf geachtet werden, dass sie **nicht länger als zwei Minuten** sind. Dadurch wird die **Belastungsintensität** während eines Badmintonspiels simuliert. Einzelne Ballwechsel dauern nur selten mehr als zwei Minuten.

Schwieriger als die Kontrolle der körperlichen Leistungsfähigkeit ist diejenige der **technischen und läuferischen Fähigkeiten** eines Badmintonspielers. Hierbei ist der Sportler sehr stark auch auf das Urteil eines Trainers angewiesen, der die Leistung von außen beurteilt. Der Sportler sollte alle **Grundschlagvarianten** (Drop, Clear, Smash, Swip, Drive, Aufschlag und Spiel am Netz) immer wieder einzeln im Training berücksichtigen, so werden auch Defizite besser sichtbar. Gerade **asiatische Spieler** führen eine Art Drilltraining der einzelnen Schlagarten schon bei jungen Spielern durch, um die **Schlagsicherheit** zu erhöhen.

Um einen Überblick über den **Trainingsumfang** und die **Intensität** und letztendlich die **Leistung** zu haben, sollte der leistungsorientierte Spieler täglich ein **Trainingstagebuch** führen. Dieses sollte regelmäßig ausgewertet werden (bei täglichem Training 1 x die Woche). Das Ergebnis ist dann entscheidend für Inhalt und Umfang des Trainings der folgenden Woche.

Im Trainingstagebuch sollte verzeichnet sein ...

- der Ruhepuls morgens vor dem Aufstehen,
- das Gewicht (1-2 x pro Woche),
- die Trainingsinhalte (Art, Dauer),
- die begleitenden Maßnahmen (Massage, Gymnastik, Sauna, Schwimmen) und
- die Faktoren, die die Leistung beeinträchtigen (Krankheit, Verletzung, berufliche oder private Probleme).

Mit der Übersicht hat der Spieler eine Kontrolle über **das tatsächlich geleistete Training**, er kann dadurch die Wechselwirkung von **Belastung, Leistungssteigerung, Ermüdung, Regeneration** und möglicher **Überforderung** erkennen. Über **einen langsamen Prozess** wird dem Sportler deutlich, wann und wie er einen **Leistungshöhepunkt** herbeiführen kann. Die längerfristigen Zusammenhänge zwischen der Inten.sität und der Leistung werden sichtbar gemacht.

16.4 Kondition

Die Kondition ist die Grundlage für das **laufintensive Badmintonspiel**. An der Fitness sollte der leistungsorientierte Spieler vor allem in der **Vorbereitungsphase** (siehe Kap. 16.1 „Periodisierung") feilen. Es ist zu berücksichtigen, dass Badminton aus sehr vielen Beschleunigungen und kurzen Pausen besteht. Das Konditionstraining sollte daher **vorwiegend ein Intervalltraining** sein, bei dem ein **Wechsel aus Belastung und Erholung** besteht. Die Kondition kann in die Bereiche **Ausdauer, Kraft, Schnelligkeit und Beweglichkeit** unterteilt werden, die jeweils eigene Übungen zur Verbesserung erfordern.

Bei der Ausdauer wird je nach **der energetischen Versorgung des Körpers** in aerobe und **anaerobe Ausdauer** unterschieden. Bei der aeroben Zufuhr werden **Glukose und Fettsäuren verbrannt**, dieser Vorgang erfolgt über den Sauerstoff, sodass der Grad der Ausdauer von der Leistungsfähigkeit des Herz-Kreislauf-Systems abhängt. Durch **gezieltes Ausdauertraining** kann die aerobe Ausdauer verbessert werden.

Bei der **anaeroben Ausdauer** reicht die über die Verbrennung bereitgestellte Energie des Körpers nicht mehr aus, sie muss über **oxidative Prozesse** geholt werden. Der Körper geht gewissermaßen „ans Eingemachte", es entstehen **Milchsäurerückstände (Laktat)**. Bei einer längeren anaeroben Belastung reagiert der Körper mit einem **rapiden Leistungsabfall**. Da ein Badmintonspiel bis zu anderthalb Stunden andauern kann und dieses aus intensiver Laufarbeit besteht, gelangen selbst die besttrainierten Sportler in den anaeroben Bereich.

Da Badminton aus vielen **schnellen Bewegungen** besteht, liegt ein Hauptaugenmerk beim Training auf der **Schnellkraft** und der **Kraftausdauer** sowie auf der Beweglichkeit. Bei der Schnellkraft geht es darum, bestimmte Bewegungen möglichst schnell zu absolvieren. Bei der Kraftausdauer kommt es dagegen darauf an, die Kraftanstrengung möglichst lang durchzuhalten. Im Gegensatz zu beispielsweise Bodybuildern spielt die **Maximalkraft** beim Badminton kaum eine Rolle, bei der es darum geht, möglichst hohe Gewichte zu stemmen. Beim Training im Kraftraum sollten Badmintonspieler vorrangig geringe Gewichte auflegen und dafür viele Wiederholungen wählen.

Die allgemeine Ausdauer (aerob und anaerob) wird trainiert durch ...

- Dauerlauf (nicht unter 30 min), es sollte eine abwechslungsreiche Strecke gewählt werden, um unterschiedlich schnell zu laufen; nach jeweils 10 min sollte eine Schnellkraft- oder Sprungübung eingelegt werden, um nicht zu sehr die Langausdauer zu trainieren.
- Radfahren im Freien oder auf dem Ergometer (möglichst mit unterschiedlicher Intensität).

Die Kraft (Schnellkraft und Kraftausdauer) wird trainiert durch ...

- Hanteltraining (geringe Gewichte und viele Wiederholungen),
- Seilspringen,
- Zirkeltraining (Übung für Beine, Bauch, Arm, Brust, Schulter und Rücken), z. B. Situps, Klimmzüge, Liegestütze, Würfe mit dem Medizinball,
- Sprungübungen.

Die Schnelligkeit wird trainiert durch ...

- Seilspringen,
- Sprungübungen (Hürden, Streck-, Hock-, Grätschsprünge usw.),
- Sprints (kurze Distanzen bis etwa 20 m) und
- Schattenbadminton (Lauftraining ohne Ball).

Die Koordination und Beweglichkeit wird trainiert durch ...

- Schattenbadminton,
- komplexe Badmintonübungen und
- Jonglieren sowie
- Würfe auf den Basketballkorb.

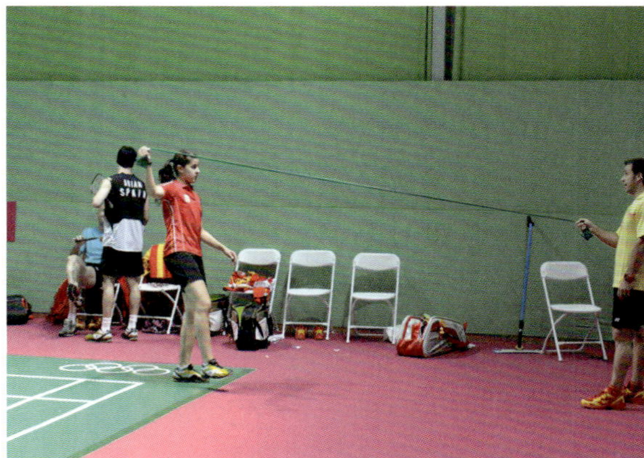

Abb. 116: Carolina Marin trainiert mit einem Stretchband das Gleichgewicht.

Übung 1: Seilspringen (jeweils Doppelsprünge) aus der indonesischen Trainingspraxis: Die Übung dauert etwa 32 min 1. Schritt: 45 s springen, 15 s Pause (20 Wiederholungen), 2. Schritt: 30 s Springen, 15 s Pause (15 Wiederholungen), 3. Schritt: 15 s springen, 15 s Pause (10 Wiederholungen).

Übung 2: Rundlauf: Auf einer 400-m-Bahn läuft der Sportler 15 min lang und zählt seine Runden. Hiermit kann gemessen werden, wie es um die aerobe Ausdauer des Sportlers steht.

Übung 3: Einen Medizinball werfen: Zwei Übende sitzen sich gegenüber und werfen sich einen Medizinball gegenseitig zu. Dabei wird der Ball jeweils hinter den Kopf genommen und mit Schwung geworfen. Nach 15 x wird eine Pause gemacht (Kraftausdauer).

16.5 Mentales Training

Der Begriff des **mentalen Trainings** wurde in der **Sportpsychologie** geprägt und bezieht sich dort auf das wiederholte **Sichvorstellen eines sportlichen Handlungsablaufs**, ohne die Handlung aktiv auszuüben. Die Erkenntnisse und die Methoden stammen aus der **Verhaltenstherapie**, sie wurden an die sportpsychologischen Erfordernisse angepasst.

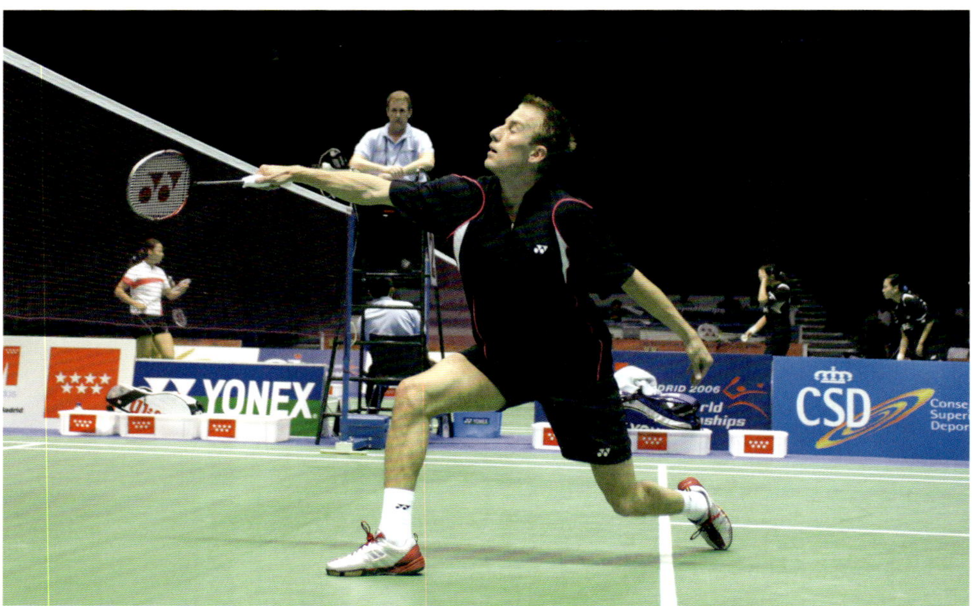

Abb. 117: Hat in seiner Karriere schon öfter „weiche Knie" bekommen: der Däne Peter Gade.

Der Einsatz von Sportpsychologen erfolgt beim Badminton im Hochleistungssport **erst seit einigen Jahren**. Spieler wie der mehrfache dänische Europameister **Peter Gade** bedienten sich nach mentalen Problemen eines Psychologen. Der Däne war bei großen Turnieren immer wieder als Favorit gehandelt worden, scheiterte aber oft an seinem schwachen Nervenkostüm. In spielentscheidenden Situationen bekam er **„weiche Knie"**, konnte sein normales Leistungsniveau nicht mehr abrufen. Er wollte Bälle des Gegners „ins Aus zittern", er brachte den Ball nicht zurück, obwohl er diesen hätte schlagen können. Zu oft fielen sie dann doch ins Feld und die Gegner erspielten sich damit leichte Punktgewinne. Mit mentalem Training versuchte Gade, aus diesen **Negativerlebnissen** herauszukommen.

Eine **Verbesserung des Bewegungsablaufs** in der bewussten **intensiven Vorstellung** soll eine Verbesserung des später tatsächlich ausgeführten Bewegungsablaufs bewirken. Die erzielte Wirkung hängt davon ab, wie lebhaft die Vorstellung gelingt, das heißt, wie gut es gelingt, sich in die Bewegung hineinzuversetzen und die inneren Prozesse nachzuempfinden. Für ein wirksames Training ist ein **Wechseln zwischen mentalem Training und dem wirklichen Training** wichtig, um die Handlung in der Vorstellung immer wieder mit der ausgeführten wirklichen Handlung abzugleichen.

Wesentlich ist, dass in das Training nicht nur der Geist, sondern auch der Körper einbezogen wird. Beide müssen im Einklang sein, damit ihre Kräfte gebündelt und auf das gleiche Ziel gerichtet eingesetzt werden können. Dieser ganzheitliche Ansatz spiegelt sich auch in den Techniken wider, die im Mentaltraining verwendet werden. Welche Techniken zum Einsatz kommen, hängt von verschiedenen Faktoren ab: dem Schwerpunkt des Trainings, den Methodenpräferenzen des Trainers sowie von der Ausgangssituation und dem Ziel des Sportlers. Im Allgemeinen handelt es sich um eine Kombination aus:

- Konzentrations- und Entspannungsübungen,
- autogenem Training,
- Hinführung zu positivem Denken,
- Meditation und einer
- Anleitung zur Visualisierung.

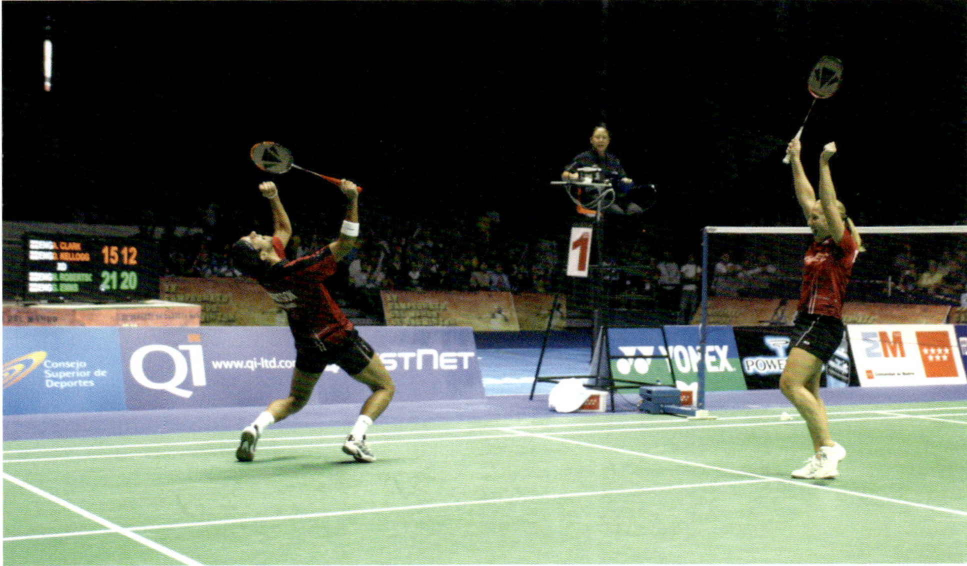

Abb. 118: Ein positives Denken kann am besten durch die Erinnerung an Erfolge gestärkt werden. Hier freuen sich die Engländer Nathan Robertson und Gail Emms über ihren WM-Erfolg 2006.

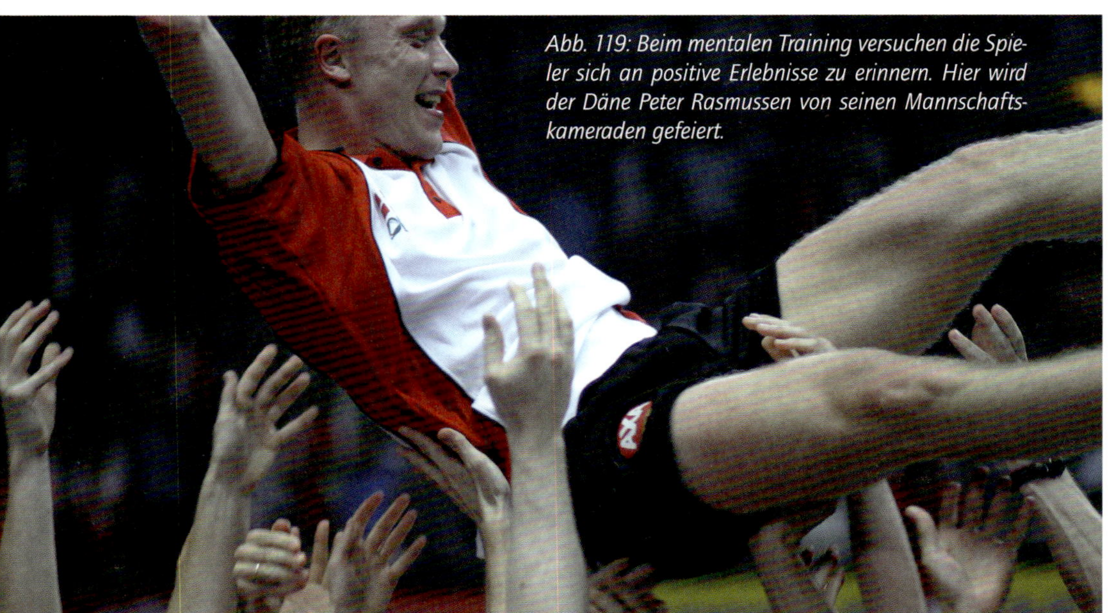

Abb. 119: Beim mentalen Training versuchen die Spieler sich an positive Erlebnisse zu erinnern. Hier wird der Däne Peter Rasmussen von seinen Mannschaftskameraden gefeiert.

Autogenes Training ist eine **Entspannungsmethode**, die auf Autosuggestion basiert und auch für Badmintonspieler sinnvoll ist. Der Berliner Psychiater Johannes Heinrich Schultz hat sie **aus der Hypnose weiterentwickelt** und 1932 erstmals in dem Buch „Das autogene Training" veröffentlicht. Die Voraussetzung ist eine **ruhige Körperhaltung**, in der die **Muskeln völlig entspannen** können. Die aus kurzen, formelhaften Vorstellungen bestehenden Übungen müssen von dem Übenden mehrmals konzentriert im Geiste vorgesagt werden. Die einfache Version des autogenen Trainings besteht aus sieben Übungen, die in der Regel nacheinander durchgeführt werden.

Übung 1: Eine einleitende Funktion hat die Ruheübung. Sie dient zur Beruhigung und soll die Konzentration stärken. Schließen Sie die Augen und stellen Sie sich den Schriftzug: „Ich bin ganz ruhig, nichts kann mich stören", vor.

Übung 2: Die Schwereübung kann nach ausgiebigem Training ein Schweregefühl in den gewünschten Körperteilen auslösen. Sagen Sie sich gedanklich: „Die Arme und Beine sind ganz schwer".

Übung 3: Die Wärmeübung fördert die Durchblutung der Gliedmaßen. Stellen Sie sich: „Die Arme und Beine sind warm", vor.

Übung 4: Die Atemübung steigert die Entspannung durch gezielte Atemtechnik. Sagen Sie sich: „Mein Atem fließt ruhig und gleichmäßig." Hierbei sollten Sie jedoch nicht gezielt länger ein- und ausatmen. Lassen Sie Ihren Atem so fließen, wie es der Rhythmus Ihres Körpers vorgibt und er wird sich ganz von alleine beruhigen.

Übung 5: Die Herzübung besteht aus der Konzentration auf den Herzschlag. Stellen Sie sich den Wortlaut: „Mein Herz schlägt ruhig und regelmäßig", vor. Keinesfalls sollten Sie sich: „Mein Herz schlägt langsam", vorstellen. Dies kann in Ausnahmefällen zu Herzrhythmusstörungen führen.

Übung 6: Die Sonnengeflechtsübung konzentriert sich auf das Zentrum des Bauchs. Sagen Sie sich: „Mein Leib wird strömend warm."

Übung 7: Die Kopfübung hilft beim Wachbleiben und zur Konzentrationsverbesserung. Sagen Sie sich: „Der Kopf ist klar, die Stirn ist kühl."

Zu guter Letzt sagen Sie sich einmal mit Nachdruck: „Arme fest! Tief Luft holen! Augen auf!" Ein Strecken schließt die Übungsphase ab. Die Aufwachphase ist von höchster Priorität, um nicht weiterhin im tranceähnlichen Zustand zu verweilen.

Neben der **Entspannung**, die auch mit Yoga erreicht werden kann, sollte der Badmintonspieler beim mentalen Training sich vor allem auf das **positive Denken** konzentrieren.

Der Proftipp

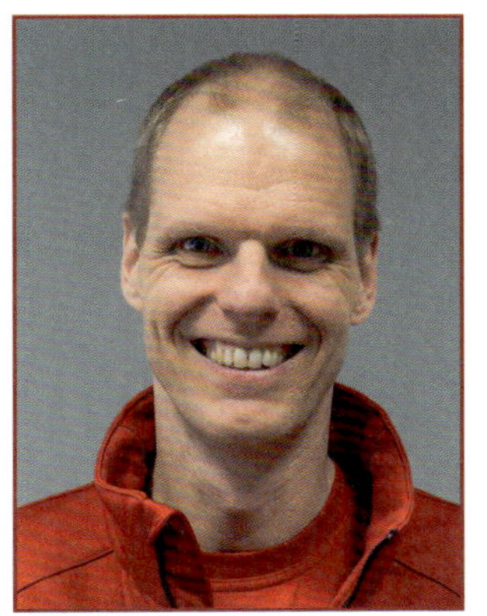

Detlef Poste, *1966

Chef-Bundestrainer 2005-2008 und 2017-2023
Jugend Bundestrainer 1997-2004 und seit 2024
Deutscher Meister im Herreneinzel 1992
DBV-Geschäftsführer 2009-2016

Die mentale Vorbereitung: In der unmittelbaren Erwärmung vor einem Spiel ist es typabhängig, wie der Spieler verfährt. Einige lassen sich Spielzüge noch einmal durch den Kopf gehen, laufen dann auch als Schattenbadminton diese Muster ab. Andere denken nicht mehr so konkret, sondern versuchen zusammen mit der körperlichen Erwärmung ein optimales Spannungsniveau aufzubauen. Musik hören ist dabei auch sehr beliebt, um in die richtige Stimmung zu kommen.

Deshalb gibt es auch kein Rezept, das für alle passt. Man muss eigene Erfahrungen sammeln, ausprobieren und herausfinden, was gut funktioniert. Für mich selbst und viele andere Spieler, mit denen ich gearbeitet habe, war immer wichtig, dass vor dem Fokus auf die Taktik eine Klarheit über die eigenen Basics (Persönlichkeitsebene: volle Einsatzbereitschaft kombiniert mit Ruhe und Geduld, Bewegungsebene: explosiver Start aus ruhiger Ballerwartung, schnelle Landung in der Ecke, lockerer Griff kurz vor dem Treffen des Balls) gegeben war. Diese Muster „hochzuladen" stand dann immer auch im Fokus des Einschlagens auf den Warmup-Courts, die bei internationalen Turnieren üblich sind.

Auf Turnieren ohne Warmup-Courts werden die Basics über Schattenbadminton aktiviert. Denn nur, wenn diese Grundlagen funktionieren, kann auch eine Taktik umgesetzt werden.

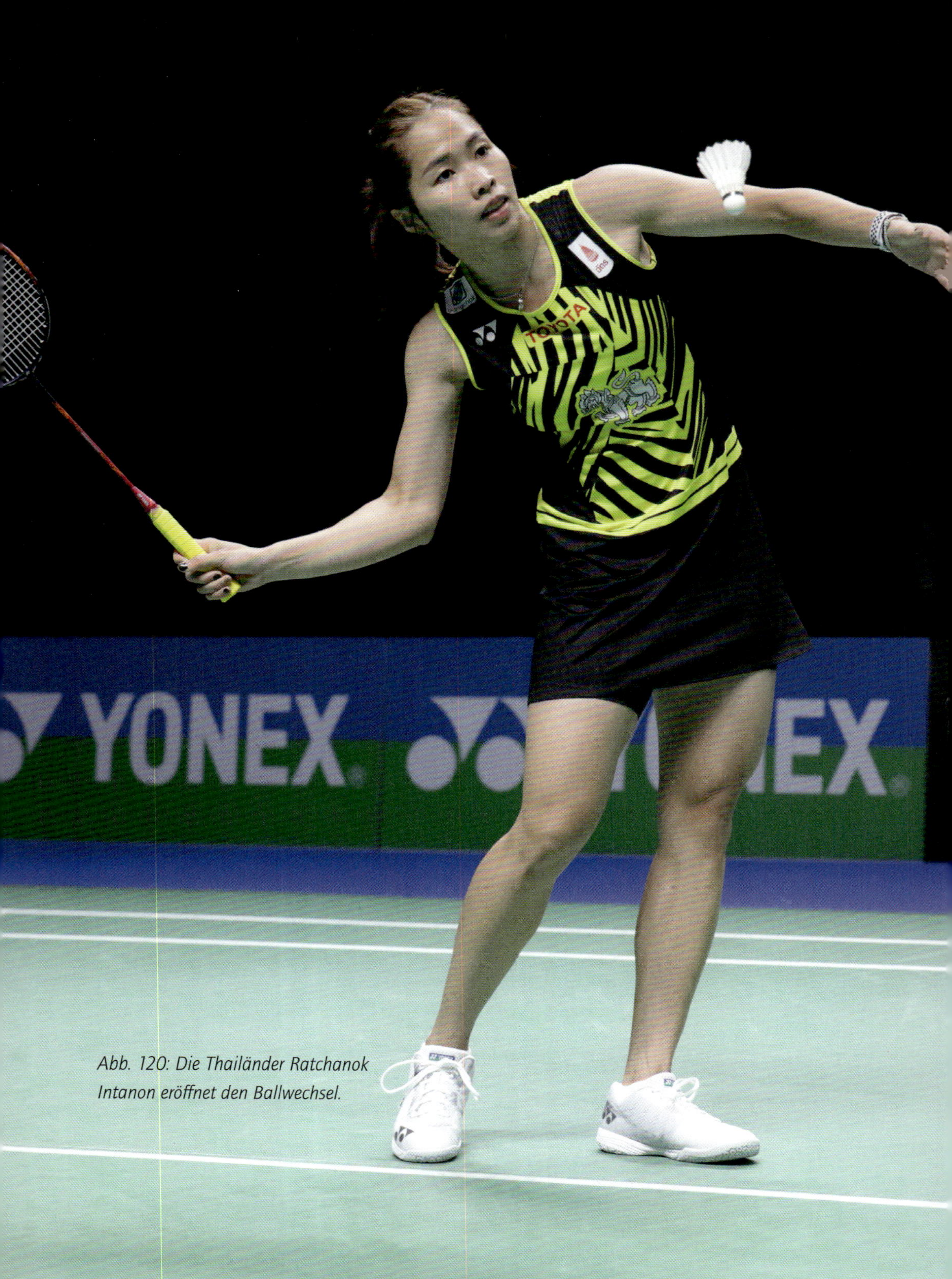

Abb. 120: Die Thailänder Ratchanok Intanon eröffnet den Ballwechsel.

17 Der Wettkampf

17.1 Die Vorbereitung

Dem Wettkampf geht eine gezielte **Vorbereitung** am Wettkampftag voraus. Das Spiel beginnt nicht erst mit dem Betreten des Spielfeldes. Neben den konkreten Spielvorbereitungen müssen auch die Rahmenbedingungen stimmen.

Zu den Rahmenbedingungen des Wettkampfs gehören ...

- ausreichend Schlaf (nicht zu viel und nicht zu wenig);
- eine ausgewogene Ernährung (es sollte am Wettkampftag genügend Wasser vorhanden sein und regelmäßig getrunken werden, zum Essen bieten sich vor allem Bananen an) sowie
- rechtzeitige Anwesenheit in der Halle vor dem Spiel (mindestens 30 min vor Beginn).

Zu den konkreten Spielvorbereitungen gehören ...

- wenn möglich: das Studium des Spiels des Gegners (Analyse der Stärken und Schwächen); bei langen eigenen Wartezeiten während eines Wettkampfs kann diese Analyse auch durch das Studium der Spielweise bei x-beliebigen Spielern geschult werden;
- das Bewusstwerden der eigenen Stärken: Welches taktische Konzept möchte ich umsetzen;
- das Aufwärmen (lockeres Laufen sowie Stretchübungen, insbesondere für Bein- und Armmuskulatur);
- das Einschlagen (mindestens 5 min, zunächst mit Clear beginnen, dann Drop, flaches Spiel und kurze Bälle, zuletzt noch ein paar Aufschläge).

Beim Wettkampf kann es sein, dass man mit unerwarteten Problemen zu tun bekommt. Hierzu gehören die Bedingungen in der Halle (z. B. rutschiger Boden, eng zu Hallenwänden befindliche Spielfelder oder auch zugige Verhältnisse in der Halle). Bei allem ist es wichtig, sich nicht aus dem Konzept bringen zu lassen. Am Ende müssen alle Spielerinnen und Spieler mit den selben Verhältnissen zurecht kommen. Natürlich haben Akteure einen Heimvorteil, wenn sie genau die beschränkten Hallenverhältnisse bereits kennen. Trotzdem empfielt es sich, sich auf seine Stärken zu konzentrieren und die Bedingungen zu akzeptieren. Profis versuchen schon mal, im Training bestimmte erschwerte Rahmenbedingungen zu simulieren. So werden Gebläse aufgestellt, um die Windverhältnisse in großen Veranstaltungshallen zu imitieren.

Der Proftipp

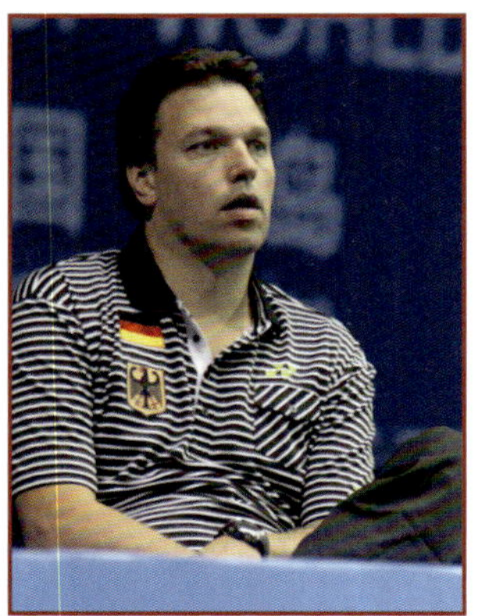

Jeroen van Dijk
*1971

Head Coach Centre of Exellence der Badminton Europe

Ehemaliger Bundestrainer Einzel beim DBV (2005-2012)

Sechsfacher niederländischer Meister im Einzel

Er führte Xu Huaiwen 2 x zum EM-Titel

Die richtige Einstellung auf den Gegner: Ein Spieler muss zunächst wissen, was für ein Spielertyp der Gegner ist: spielt dieser normalerweise auf einem höheren, gleichen oder niedrigeren Nieveau? Bei einem viel stärkeren Gegner kann ein Spieler frei aufspielen. Er sollte sich dabei nicht selbst unter Druck setzen, indem er schwierige Schläge macht, um zum Punktgewinn zu kommen. Bei einem gleich starken Gegner sollte sich ein Spieler klarmachen, dass es sich um den schwerstmöglichen Gegner handelt. Fehler sind dabei unvermeidlich, diese sollten nicht beklagt werden. Vielmehr soll sich der Spieler darauf konzentrieren, um jeden Punkt zu kämpfen. Bei einem Spiel gegen einen schwächeren Gegner ist es wichtig, dass unser Spieler das Spiel diktiert und dem Gegner keine Chance lässt. Für alle drei Fälle gilt: In den letzten 15 Minuten, bevor das Spiel beginnt, sollte sich der Spieler noch einmal seine Taktik bewusst machen. Der Spieler sollte sich gedanklich in eine positive Grundstimmung bringen und so den Kampf mit dem Gegner aufnehmen.

17.2 Turniersysteme

Allgemeine Anmerkungen

Es ist nicht ganz einfach, für ein Turnier einen **gerechten Austragungsmodus** zu finden. Es sind die Bedürfnisse der Teilnehmer aber auch die der Ausrichter zu berücksichtigen. Die Spieler möchten meistens gerne mehr als eine Partie spielen. Außerdem möchten sie, dass ihnen der Spielstärke entsprechende Gegner zugewiesen bzw. zugelost werden (Stichwort „**Setzen**"). Die Ausrichter müssen dagegen zusehen, dass sie das Turnier in einem angemessenen Zeitrahmen organisiert bekommen.

Die **bei Meisterschaften** am häufigsten angewandte Turnierform ist das **einfache K.O.-System**, bei dem ein Spieler bzw. eine Paarung ausgeschieden ist, sobald eine Partie verloren wird. Für einen Ausrichter ist diese Form die einfachste. Dies bedeutet gleichzeitig, dass die Hälfte aller Teilnehmer (bei einem vollen Feld von 16, 32 oder 64 Spielern) bereits nach der 1. Runde ausgeschieden ist.

Gerade für Sportler, die sich **nicht im Hochleistungssport** bewegen, ist dies oft deprimierend. Insbesondere, wenn sie für die Turnierteilnahme eine weite Reise auf sich genommen haben. Auf der unteren und mittleren Leistungsebene werden daher zumeist Turnierformen gewählt, bei der jeder Teilnehmer **mindestens zwei Spiele** bestreiten kann. Allerdings ist dies wiederum eine Herausforderung an jeden Turnierorganisator. Durch die Anzahl der Spielfelder und die zur Verfügung stehende Zeit muss gut geplant werden, um den Beteiligten gerecht zu werden. Einerseits sollen die Wartezeiten zwischen den Spielen nicht zu lang sein, andererseits soll der Turniermodus gerecht sein. Mit Hilfe einer Setzliste kann hier gearbeitet werden.

Um die **zeitliche Dimension** eines Turniers einordnen zu können, gibt es eine **Faustformel**: Anzahl der Spielfelder X 2 (2 Spiele pro Std.) X Turnierdauer (in Std.) = Anzahl der Spiele. Dies bedeutet im Umkehrschluss beispielsweise, dass bei einer Turnierdauer von 8 Stunden (9 bis 17 Uhr) bei sechs Spielfeldern rund 96 Spiele durchgeführt werden können. Es ist dabei darauf zu achten, dass die Spielfelder jeweils nach Spielende einer Partie schnell wieder zu besetzen sind. Die Teilnehmer sollten schon etwas vor ihrem Einsatz aufgerufen werden, so dass sie sich bereits warm machen können. Bei der Zahl der auszutragenden Spiele ist zu berücksichtigen, dass zumeist mehrere Disziplinen parallel gespielt werden (z.B. Herreneinzel und Dameneinzel).

Im Folgenden sind die Turniersysteme „**Einfaches KO**" (32 Spiele), „**Doppeltes KO**" (30 Spiele), „**Gruppen KO**" (40 Spiele) und „**KO Pool**" (40 Spiele) grafisch dargestellt:

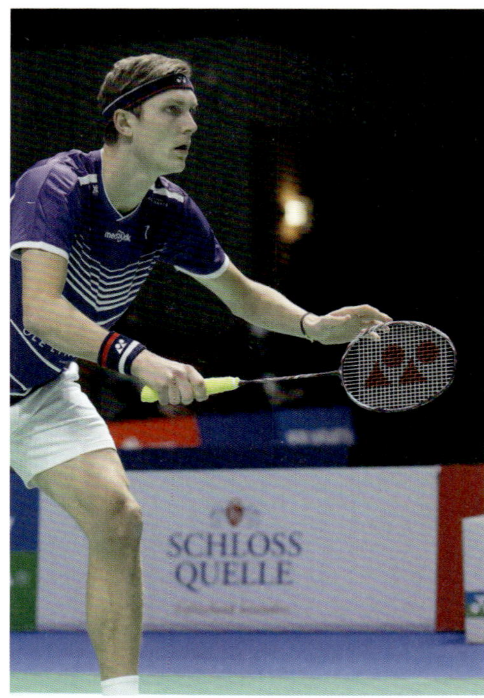

Abb. 121: Olympiasieger Viktor Axelsen erwartet den Aufschlag seines Gegners.

Einfaches K.O.-System (mit Platzierung)

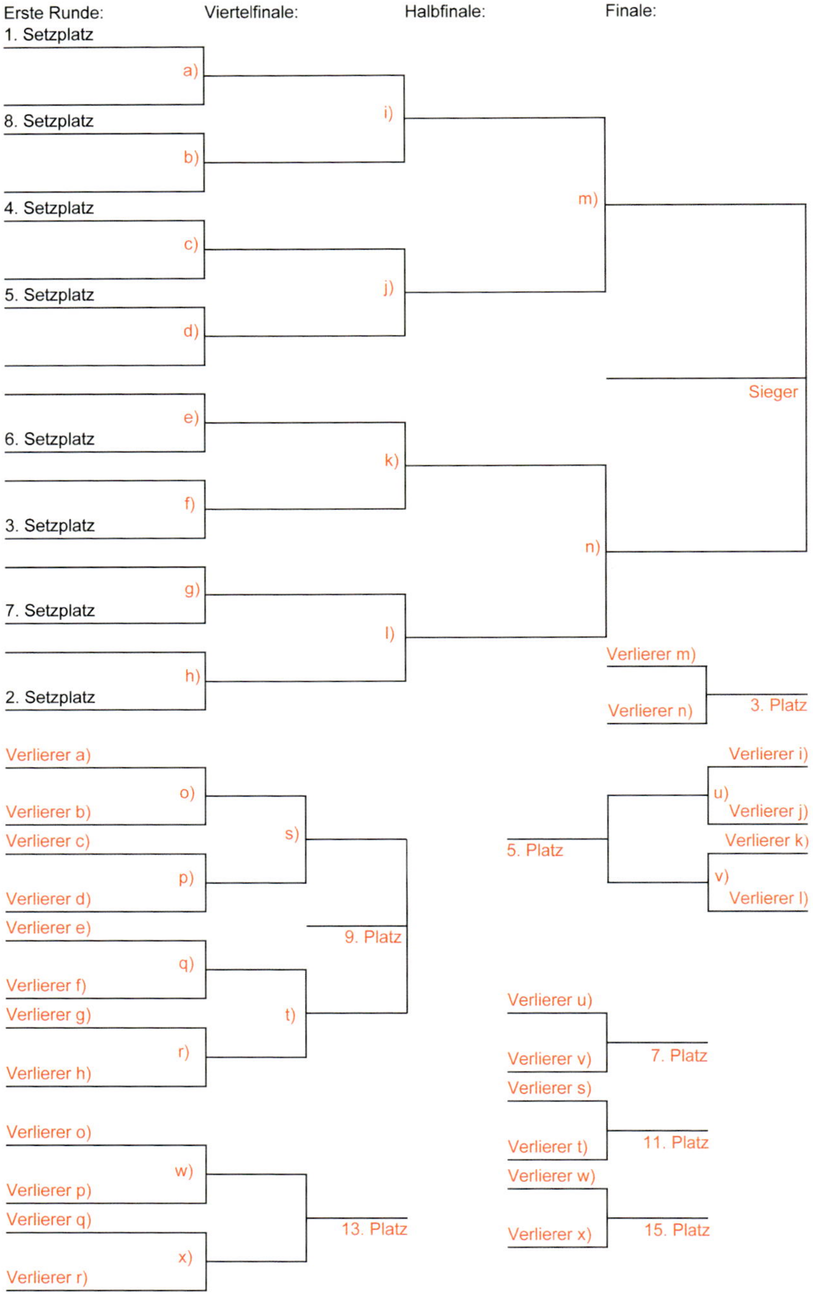

Erste Runde: Viertelfinale: Halbfinale: Finale:

1. Setzplatz
a)
i)
8. Setzplatz
b)
m)
4. Setzplatz
c)
j)
5. Setzplatz
d)
Sieger
e)
6. Setzplatz
k)
f)
3. Setzplatz
n)
g)
7. Setzplatz
l)
h)
2. Setzplatz

Verlierer m)
Verlierer n)
3. Platz

Verlierer a)
o)
Verlierer b)
s)
Verlierer c)
p)
Verlierer d)
Verlierer e)
9. Platz
q)
Verlierer f)
t)
Verlierer g)
r)
Verlierer h)

Verlierer i)
u)
Verlierer j)
5. Platz
Verlierer k)
v)
Verlierer l)

Verlierer u)
Verlierer v)
7. Platz

Verlierer s)
Verlierer t)
11. Platz

Verlierer o)
w)
Verlierer p)
Verlierer q)
13. Platz
x)
Verlierer r)

Verlierer w)
Verlierer x)
15. Platz

Abb. 122

Doppeltes K.O.-System

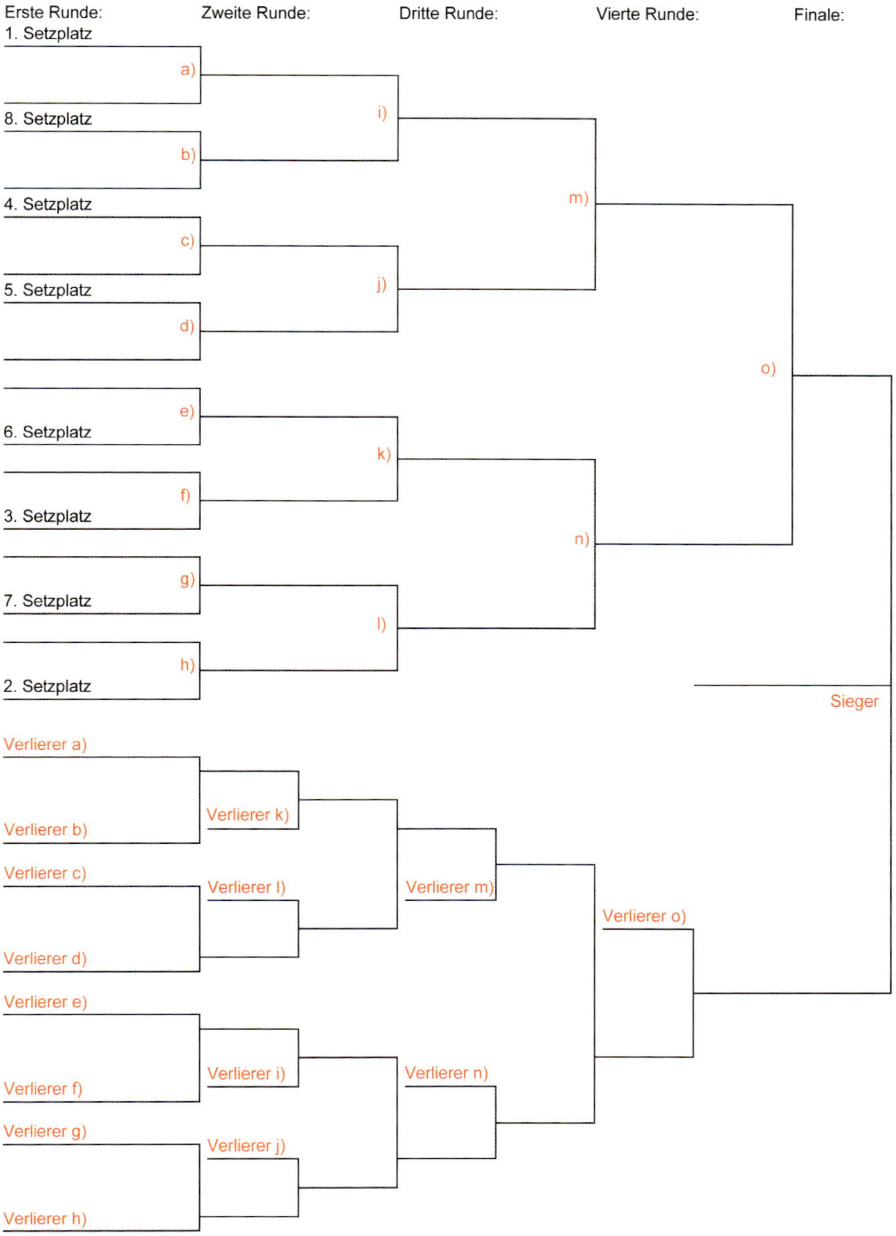

Erste Runde: Zweite Runde: Dritte Runde: Vierte Runde: Finale:

1. Setzplatz
a)
8. Setzplatz
b)
i)
4. Setzplatz
c)
5. Setzplatz
d)
j)
m)
e)
6. Setzplatz
f)
3. Setzplatz
k)
g)
7. Setzplatz
h)
2. Setzplatz
l)
n)
o)
Sieger

Verlierer a)
Verlierer b)
Verlierer k)
Verlierer c)
Verlierer d)
Verlierer l)
Verlierer m)
Verlierer e)
Verlierer f)
Verlierer i)
Verlierer g)
Verlierer h)
Verlierer j)
Verlierer n)
Verlierer o)

Abb. 123

Gruppen-K.O.-System

Gruppe A

	Name	1	2	3	4	Spiele	Sätze	Platz
1	1. Setzplatz							
2	8. Setzplatz							
3								
4								

Gruppe B

	Name	1	2	3	4	Spiele	Sätze	Platz
1	2. Setzplatz							
2	7. Setzplatz							
3								
4								

Gruppe C

	Name	1	2	3	4	Spiele	Sätze	Platz
1	3. Setzplatz							
2	6. Setzplatz							
3								
4								

Gruppe D

	Name	1	2	3	4	Spiele	Sätze	Platz
1	4. Setzplatz							
2	5. Setzplatz							
3								
4								

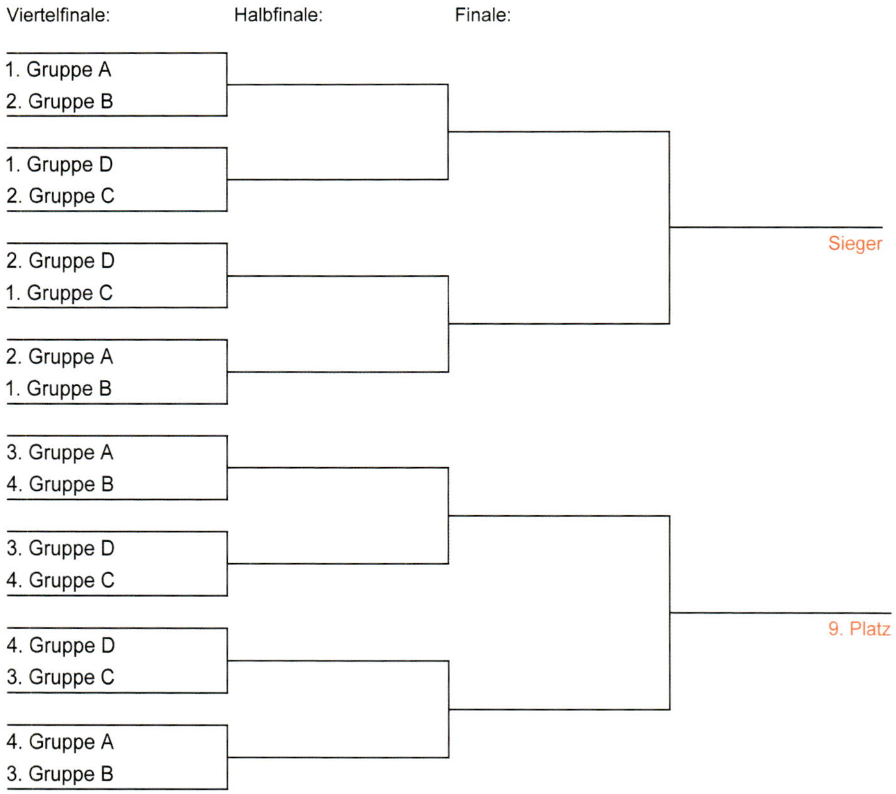

Viertelfinale: Halbfinale: Finale:

1. Gruppe A
2. Gruppe B

1. Gruppe D
2. Gruppe C

2. Gruppe D
1. Gruppe C

2. Gruppe A
1. Gruppe B

Sieger

3. Gruppe A
4. Gruppe B

3. Gruppe D
4. Gruppe C

4. Gruppe D
3. Gruppe C

4. Gruppe A
3. Gruppe B

9. Platz

Abb. 124

K.O.-Poolsystem

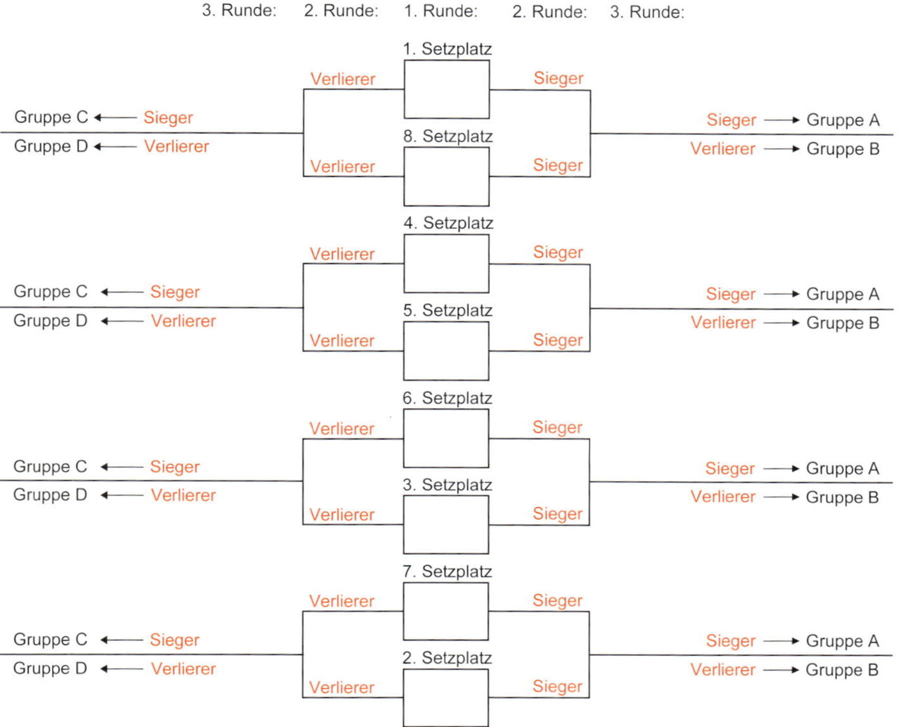

Gruppe A (1.-4. Platz)

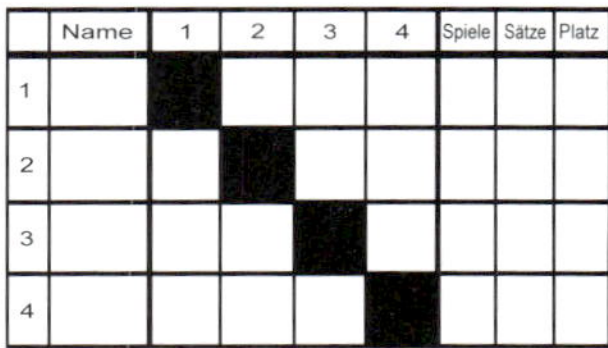

	Name	1	2	3	4	Spiele	Sätze	Platz
1								
2								
3								
4								

Gruppe C (9.-12. Platz)

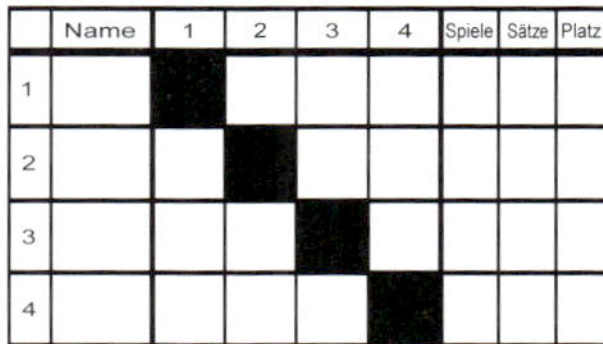

	Name	1	2	3	4	Spiele	Sätze	Platz
1								
2								
3								
4								

Gruppe B (5.-8. Platz)

	Name	1	2	3	4	Spiele	Sätze	Platz
1								
2								
3								
4								

Gruppe D (13.-16. Platz)

	Name	1	2	3	4	Spiele	Sätze	Platz
1								
2								
3								
4								

Abb. 125

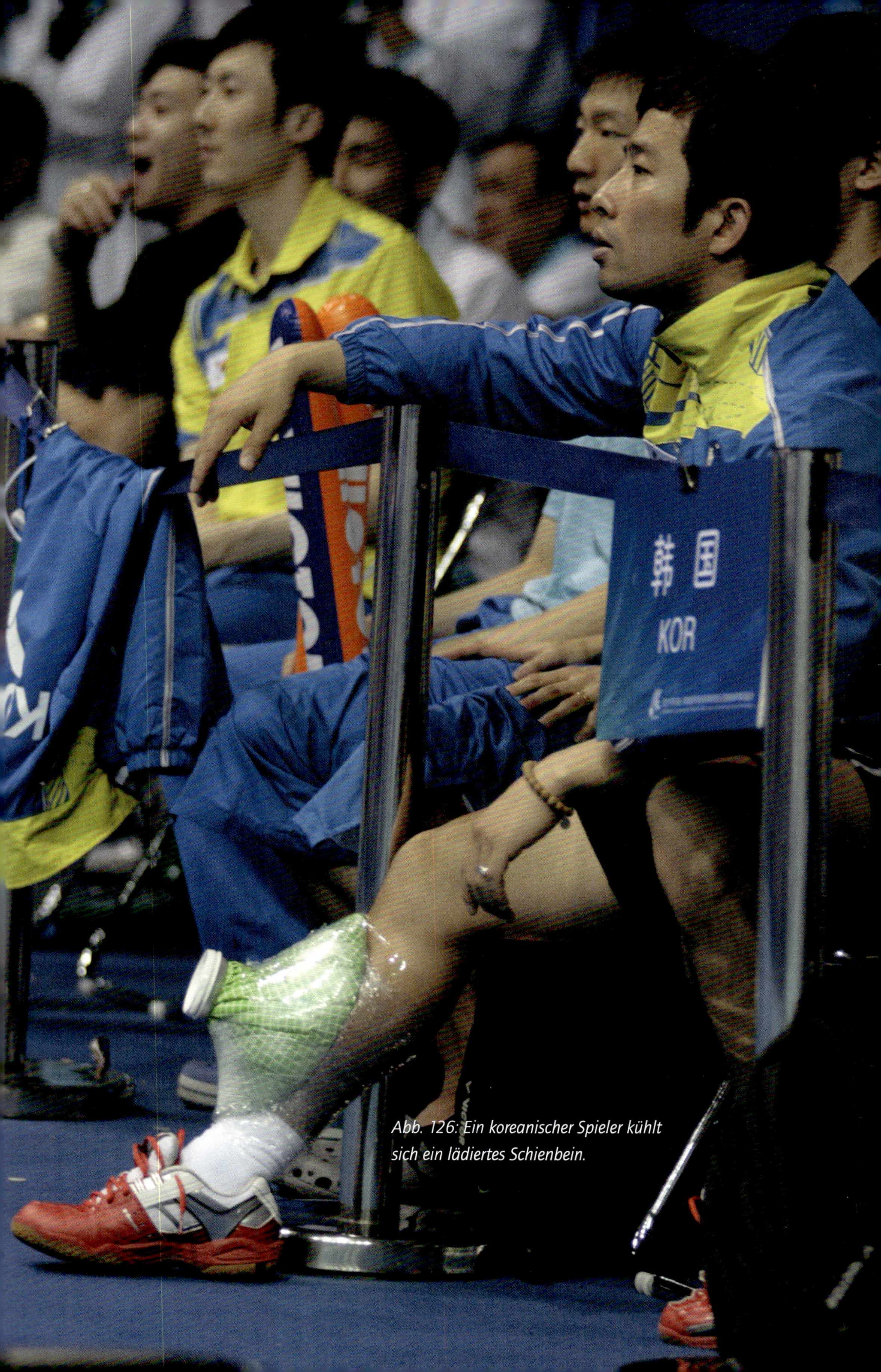

Abb. 126: Ein koreanischer Spieler kühlt sich ein lädiertes Schienbein.

18 Das Verletzungsrisiko/ Prophylaxe (Aufwärmen)

Das Verletzungsrisiko wird im Allgemeinen beim Badminton als **gering** eingestuft. Dies liegt sicherlich auch daran, dass ein **direkter Körperkontakt** zum Gegner nicht vorgesehen ist. Allerdings zeichnet sich Badminton durch **schnelle Schrittfolgen** und **explosive Schläge** und **Reflexe** aus. Dadurch werden die **Bänder** und **Sehnen** stark beansprucht und häufig auch **ruckartig** eingesetzt. Die am häufigsten vorkommenden Verletzungen sind daher die **Bänderdehnung, Muskelfaserzerrung,** die **Verstauchung des Fußgelenks** oder gelegentlich auch ein **Bänderriss**. Besonders gravierend ist der **Achillessehnenriss**, bei dem ein Spieler erst nach Monaten geheilt ist und, bedingt durch eine **lange Trainingspause** und die **mentale Bewältigung** des Unfalls, nur langsam an sein altes Spielniveau anknüpfen kann.

Bei einer **Verstauchung des Fußgelenks**, also der Überdehnung der Gelenkkapsel, muss **schnell gehandelt** werden. Mit einem Druckverband, der innerhalb der **ersten drei Minuten** nach dem Unfall angelegt werden sollte, können die inneren Blutungen gestoppt und damit auch eine längere Genesungszeit verhindert werden. Der Fuß sollte sodann mit **Eisbeuteln** gekühlt und **hochgelegt** werden. Bei einer Verstauchung **schwillt** die betreffende Stelle an und ist vom Bluterguss **blau unterlaufen**, es entstehen Schmerzen. Es sollte auf jeden Fall ein **Arzt aufgesucht** werden – dies gilt auch für leichtere Verletzungen an den Bändern. Eine Aneinanderreihung von leichten Gelenkverletzungen kann auch schon bei jungen Sportlern zu einer **Arthrose** führen.

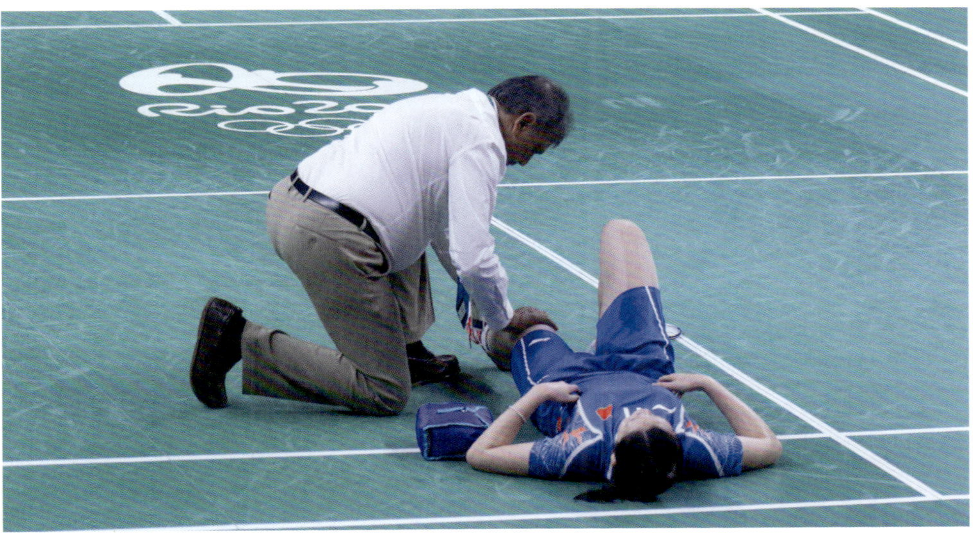

Abb. 127: Die Chinesin Li Xuerui verletzte sich im Halbfinale der Olympischen Spiele schwer am Knie – sie wurde später in München operiert.

Ein **Achillessehnenriss** kündigt sich in der Regel nicht an, die Sehne reißt mit einem **lauten Knall** plötzlich durch. Der Sehnenriss resultiert zumeist aus einer Fehlbelastung und Überbeanspruchung der Sehnen. Die Ursache liegt keinesfalls daran, dass der Spieler sich vor dem Spiel nicht genügend warm gemacht hat (dies betrifft nur die Bänder). Der Spieler verspürt nach dem Riss zumeist **keine Schmerzen** und muss unverzüglich **ins Krankenhaus** gebracht werden. Eine anderweitige Vorortbehandlung noch in der Sporthalle bringt nichts. Die Ruptur kann chirurgisch durch eine Operation oder mit einem festen Verband konservativ behandelt werden. Die geheilte Achillessehne erreicht – wie alle anderen gerissenen Sehnen auch – **nie wieder ihre volle Belastungsfähigkeit**. Sie liegt bei optimalem Verlauf bei etwa 80-90 % der gesunden Sehne. Eine derart schwere Verletzung bedeutete vor 40 Jahren das Aus vom Leistungssport. Beim Badminton haben Spielerinnen wie die Dänin Tine Rasmussen und die deutsche Rekordnationalspielerin Nicole Grether danach noch Weltklasseleistungen gezeigt.

Spieler, die zu einem häufigen Umknicken des Fußes neigen, sollten sich zur Stabilisierung die Gelenke mit **Tapeband** einwickeln. Badmintonspieler sollten zudem flache **Hallenschuhe** tragen, die einem Umknicken entgegenwirken. Zur Behandlung von leichten Zerrungen und Verspannungen setzen einige Spieler neuerdings die in Japan kreierten **Kinesiotapes** ein.

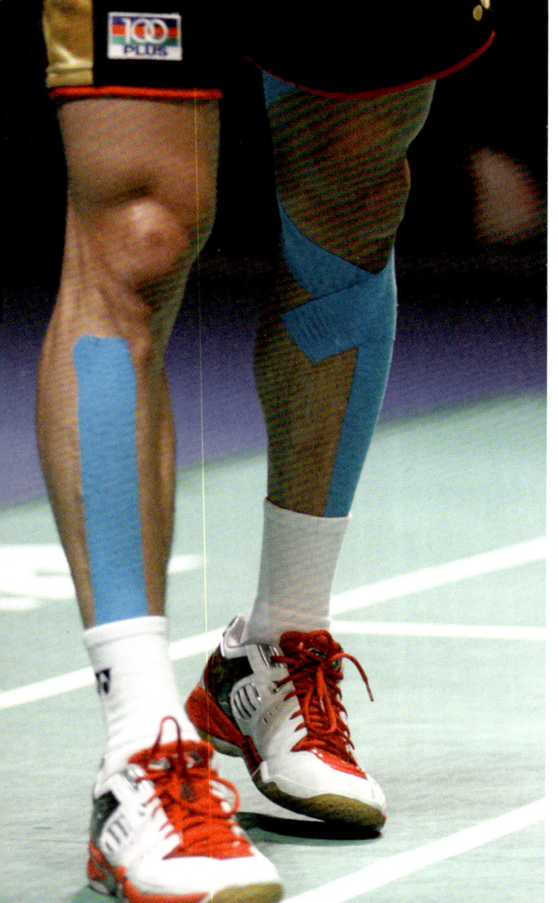

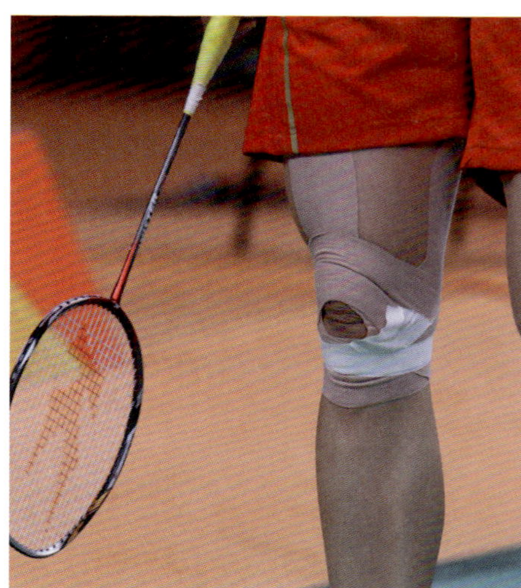

Abb. 128: Zur Stabilisierung eines angeschlagenen Beins wird schon mal getaped.

Abb. 129: Der Malaysier Lee Chong Wei hat seine Beine prophylaktisch mit Kinesiotape versehen.

Kuriose Verletzung: Einem chinesischen Kaderspieler ist einmal beim Badmintontraining eine kleine Schraube ins Auge geflogen, die im Korkfuß des Federballs steckte. Der Korkfuß hatte sich durch einen kräftigen Schlag des Mitspielers aufgelöst.

Zur Vermeidung von Verletzungen sollte der Badmintonspieler sich vor jedem Spiel mehrere Minuten **warm machen**. Mit **Lauf- und Dehnübungen** sollten die **Muskulatur** und die **Bänder** auf Betriebstemperatur gebracht werden. Hierbei sollten insbesondere die beim Badminton besonders beanspruchten **Beine** sowie die **Schultern**, die **Arme** und die **Hände** berücksichtigt werden. In längeren Spielpausen sollte der Spieler sich einen **Trainingsanzug überstreifen**, damit die Muskulatur nicht auskühlt. Dies gilt auch zu Zeiten, in denen es in der Halle sehr warm ist. Der Trainingsanzug sollte während des Trainings auch so lange auf dem Spielfeld getragen werden, bis der Spieler richtig schwitzt.

Für **Dehnübungen** sind besonders **Gymnastikbänder** geeignet, da mit ihnen die **Muskelgruppen gezielt angesprochen** werden können. Das Latexband ist auch unter dem Namen Thera-Band® oder Deuser-Band® bekannt. Letzteres geht auf den Physiotherapeuten der deutschen Fußballnationalmannschaft, Erich Deuser, zurück, der in den 1960er-Jahren die Spieler unter anderem mit **Fahrradschläuchen** trainieren ließ. Der Vorteil der Bänder liegt darin, dass man in **beliebigen Varianten** einen Widerstand **für die Muskulatur** finden kann.

Folgende Dehnübungen sind besonders gut für Badmintonspieler geeignet:

Übung 1: Hüftbeuger: Winkeln Sie das rechte Knie an und nehmen den Fuß nach hinten. Mit der rechten Hand wird der Fuß ans Gesäß gedrückt. Es ist eine Spannung im Oberschenkel zu spüren, während Sie auf einem Bein balancieren. Die Spannung wird einige Zeit gehalten, dann wird die Seite gewechselt und das linke Bein angezogen. Bei Balanceschwierigkeiten sollten Sie einen bestimmten Punkt in der Halle mit den Augen fixieren.

Übung 2: Oberschenkel (hinten): Stellen Sie sich in Schrittstellung auf. Das heißt, Sie führen mit einem Bein eine Schrittbewegung nach vorne aus, bis die Füße etwa drei Fuß weit auseinanderstehen. Dabei achten Sie darauf, dass beide Fußspitzen geradlinig nach vorne zeigen. Die Belastung des Körpergewichts ruht auf Ihrem vorderen, leicht gebeugten Bein. Das hintere Bein bleibt gestreckt und die Ferse fest auf dem Boden. Nun beugen Sie das vordere Bein so weit, dass Sie eine deutliche Dehnung im rückwärtigen Teil des Oberschenkels spüren. Gegebenenfalls erweitern Sie den Abstand Iher Füße etwas, um ein höheres Maß an Dehnung zu erreichen. Mit den Händen können Sie sich auf dem vorderen, leicht gebeugten Bein abstützen, wobei der Rücken gestreckt und auf keinen Fall im Hohlkreuz ist.

Übung 3: Wade: Nehmen Sie wie in Übung 2 die Schrittstellung ein, belasten das hintere, leicht gebeugte Bein. Stellen Sie das vordere gestreckte Bein lediglich mit der Ferse auf und ziehen die Fußspitze in Richtung Körper, bis Sie eine Dehnung in der Wadenmuskulatur spüren.

Übung 4: Wade: Kreuzen Sie die Füße, sodass das linke Schienbein über dem rechten liegt. Stellen Sie dabei die Füße so dicht nebeneinander, wie es geht. Beugen Sie sich jetzt langsam nach vorne, sodass nach Möglichkeit beide Handflächen den Boden berühren. Nach dem Halten der Spannung werden die Füße andersherum gekreuzt und die Übung wiederholt.

Übung 5: Wade: Stützen Sie sich mit beiden Händen an eine Wand und nehmen das linke Bein nach hinten, sodass die Ferse auf dem Boden flach aufliegt. Das rechte Bein befindet sich vorne, beide Fußspitzen zeigen nach vorne. Verlagern Sie langsam das Gewicht auf das linke Bein, sodass die Spannung aufgebaut wird. Anschließend werden die Beinpositionen gewechselt.

Übung 6: Oberschenkel innen (Adduktoren): Nehmen Sie die Füße etwa schulterbreit auseinander und legen die Hände an den Hosenbund. Schieben Sie anschließend die Hüfte nach links und gleichzeitig den Oberkörper nach rechts. Die rechte Hand gleitet langsam am Bein herunter. Wichtig ist, dass der Oberkörper nicht nach vorne, sondern nur seitlich verschoben wird. Anschließend wird die linke Seite gedehnt.

Übung 7: Schulter und Hüfte: Stellen Sie die Füße schulterbreit nebeneinander. Die linke Hand gleitet an der Hosennaht herunter, während der rechte Arm über den Kopf gezogen wird. Wichtig dabei ist, dass Sie den Arm oberhalb des Kopfs haben und nicht davor bewegen, da sonst keine Spannung im Schulterbereich entsteht.

Übung 8: Schulter: Stellen Sie sich vor eine Wand und nehmen den rechten Arm waagerecht nach hinten. Die Handfläche liegt an der Wand auf, während die Schulter einige Zentimeter davon entfernt ist. Drehen Sie nun den Körper nach rechts, sodass die Spannung aufgebaut wird. Anschließend wird der andere Arm gedehnt.

Übung 9: Handgelenk: Drücken Sie vor dem Oberkörper die beiden Handflächen zusammen. Die Fingerspitzen zeigen dabei senkrecht nach oben.

Übung 10: Schulter und Rücken: Legen Sie den rechten Arm hinter den Kopf, sodass Ihre Handfläche sich zwischen den Schulterblättern befindet. Den linken Arm legen Sie von unten hinter den Rücken. Versuchen Sie, dass sich die Fingerspitzen berühren oder sogar einhaken. Nach der Dehnung werden die Armpositionen getauscht.

Übung 11: Schulter und Brust: Machen Sie 10-15 Liegestütze. Diese Übung sollten Sie im Training, auf Grund der Intensität aber nicht vor einem Wettkampf machen.

Übung 12: Bauch: Setzen Sie sich mit angewinkelten Beinen auf den Boden und machen Situps. Sie nehmen dazu beide Hände hinter den Kopf und ziehen den Oberkörper nach vorne. Versuchen Sie, abwechselnd mit dem linken und dem rechten Ellbogen die Knie zu berühren.

Übung 13: Fußgelenke: Balancieren Sie ohne Schuhe auf einem Bein und auf einer labilen Unterlage (z. B. Hochsprungmatte oder Sand). Zur Erhöhung der Intensität werfen Sie sich mit einem Partner einen Fußball zu.

Tipp 1: Keine wilden und ruckartigen Bewegungen beim Warmmachen. Das Dehnen der Muskulatur sollte mit ruhigen Bewegungen und Anspannungen erfolgen. Die jeweilige Spannung wird etwa 10-15 s gehalten.

Tipp 2: Die menschliche Muskulatur hat für jeden Muskel einen Gegenmuskel, die sogenannten *Beuger* und *Strecker*. Um einseitige Belastungen zu vermeiden, sollten beim Dehnen stets beide Muskelgruppen nacheinander berücksichtigt werden.

Tipp 3: Bei den einzelnen Dehnübungen sollte in der ersten Phase ca. 5-7 s angedehnt und anschließend noch einmal forciert weitergedehnt werden.

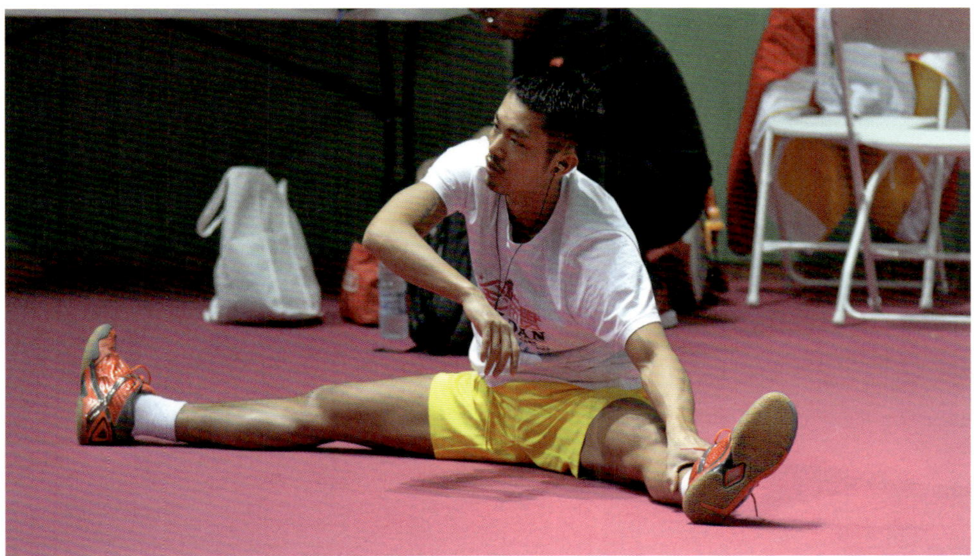

Abb. 130: Auch eine Legende muss sich dehnen: Der Chinese Lin Dan zeigt, wie beweglich er ist.

19 INTERVIEW MIT EUROPAMEISTER MARC LAMSFUSS

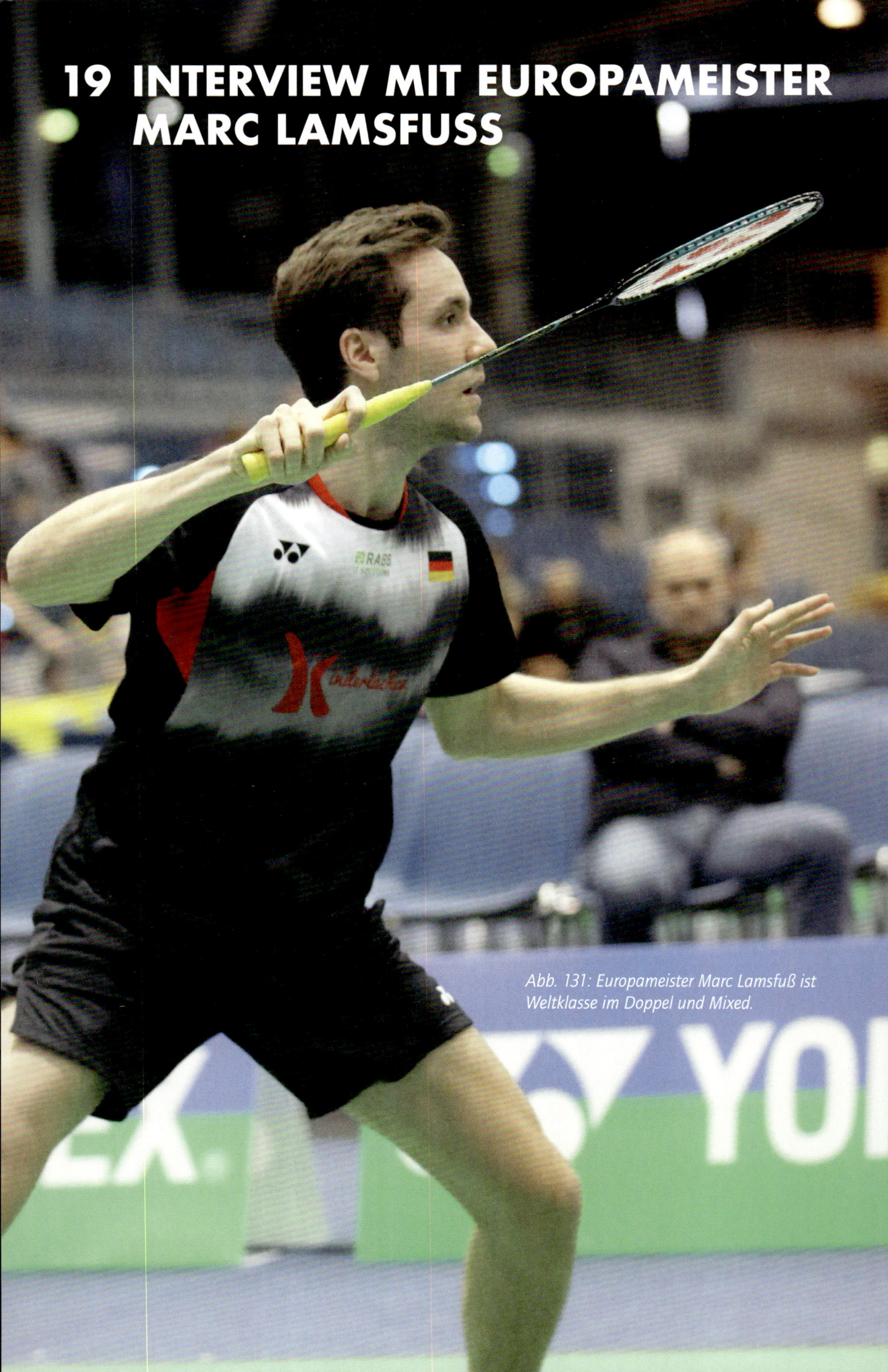

Abb. 131: Europameister Marc Lamsfuß ist Weltklasse im Doppel und Mixed.

„Ich habe meinen Peak noch nicht erreicht"

Mark Lamsfuß über Turnierstress, Ernährung und Geldverdienen

Mit seinen Erfolgen gehört er mittlerweile zu den erfolgreichsten deutschen Badmintonspielern aller Zeiten. Der Doppel- und Mixed-Europameister hat viel an seinem Spiel gearbeitet, aber insbesondere auch am Umfeld, wie er im Interview berichtet.

Mark, der Terminkalender für Badmintonprofis ist pickepacke voll. Da kann man nicht immer die allerbeste Leistung bringen. Wie bekommst Du es hin, das zu dosieren und die Balance zu halten?

„Man weiß, es gibt ein paar Highlights im Jahr, da wollen wir topfit sein. Aber es gibt dann leider auch Turniere, wo es nicht so perfekt läuft, auch weil man sie aus dem Training heraus spielt. Der Turnierkalender im Badminton ist einfach unfassbar umfangreich. Man muss lernen, damit umzugehen. Es ist schwer, man will ja immer wieder Leistung zeigen und macht sich auch Gedanken, warum läuft es hier jetzt nicht. Es ist auch einfach menschlich. Es gibt einfach Phasen."

Und gerade die Olympiaqualifikation ist ja eine Saison unter Volldampf. Das ist nicht so einfach in den Griff zu bekommen, oder?

„Es ist schon gelogen, wenn man sagt, dass man sich ohne Ende darauf freut. Ein Stück weit natürlich schon. Aber es ist zeitweise eben auch purer Stress. Es ist ja auch nicht so, wie in vielen anderen Sportarten, wo eine gute Wertung gesammelt werden muss, eine Zeit erreichen, einen Sprung schaffen. Nein, bei uns beim Badminton muss man zehn richtig gute Wertungen haben. Die Konkurrenz spielt natürlich genauso viele Turniere wie man selbst. Am Ende ist man 30 Wochen unterwegs."

Stress ist bei Dir natürlich auch noch zusätzlich dadurch da, dass Du Doppel und Mixed gleichzeitig spielst. Es gibt ja weltweit nur zwei oder drei Spieler, die das auf hohem Niveau machen.

„Ich muss schon sagen, das ist eine krasse Belastung, vor allem mental. Man hat oft zwei Spiele am Tag, auf die man sich jeweils neu vorbereiten muss. Andere regenerieren schon viel früher, wenn sie nur eine Disziplin spielen. Die Doppelbelastung kann ein kleiner Nachteil sein. Aber ich habe einen sehr, sehr guten Athletiktrainer, mit dem ich genau an dieser Thematik extra gearbeitet habe: Energie aufzubauen, eben auch konditionell. Es geht darum, die Belastung besser wegzustecken. Ich bin körperlich besser aufgestellt, als vor vier Jahren. Natürlich bin ich auch älter geworden."

Du bist 29 Jahre alt. Würdest Du sagen, Du bist im besten Badmintonalter, auch durch die Erfahrung?

„Ich habe das Gefühl, irgendwie geht es immer weiter. Besser. Letztes Jahr bin ich so fit gewesen wie noch nie, obwohl ich immer älter werde. Aber eigentlich ist es ein Superalter im Sport. Und ich denke, gerade mit dem Athletiktrainer und auch den Coaches, die wir beim Badmintontraining jetzt haben, bin ich noch nicht am Limit. Ich bin jemand, der optimistisch ist, vielleicht manchmal sogar auch naiv. Ich glaube, dass es immer weiter nach oben geht. Ich kann auch vom Glück sagen, dass ich bisher noch keine schwere Verletzung hatte."

Und die Erfolge bestätigen dies ja. Du bist Europameister im Doppel und im Mixed geworden. Dazu die Bronzemedaille im Mixed bei der Weltmeisterschaft. Das ist ja kaum zu steigern.

„Ja. Ich habe da viel geändert im letzten Jahr, was Ernährung angeht, was Athletiktraining angeht, dass hat einen Riesenunterschied ausgemacht. Wenn ich überlege, dass ich diese Veränderungen auch noch die nächsten Jahre durchziehe, dann kann ich damit auf jeden Fall das Älterwerden ausgleichen und noch weiter auf sehr hohem Niveau spielen. Ich kann noch einen Peak erreichen, wo ich nicht bin."

Du sagst, Du hast die Ernährung umgestellt, wie muss man sich das vorstellen?

„Das ist ein sehr individuelles Thema. Ich erzähle mal was. Ich hatte ziemliche Probleme mit Entzündungen am Schienbein. Ich konnte jahrelang nicht aus den Füßen heraus springen, ohne beim Absprung oder der Landung Schmerzen zu haben. Sieben bis acht Jahre ging das so. Ich war an einem Punkt, wo ich irgendetwas machen musste. Meine Idee war, bevor ich mich operieren lasse, wollte ich es mit einem Spezialisten für Athletik und Ernährung versuchen. Ich wollte den allerbesten haben, den es gibt. Ich arbeite seitdem mit Manuel Ruep zusammen."

Wie ist er die Sache angegangen?

„Er sagte direkt, das ist ein systemisches Problem. Ich sollte meine Ernährung umstellen. Und nach drei Wochen war ich komplett schmerzfrei. Nach drei Wochen sind die chronischen Schmerzen, wo Ärzte alles Mögliche versucht haben, weggewesen. Es war unglaublich zu sehen, was Ernährung da ausmachen kann."

Wie war das konkret? Was nimmst Du jetzt zu dir?

„Proteine sind wichtig. Vorher habe ich wenig Fette und mehr Kohlenhydrate zu mir genommen, wie es allgemein bekannt ist in Deutschland. Das habe ich umgestellt in Richtung mehr gute Fette, weniger Kohlenhydrate. Und wenn Kohlenhydrate, dann leicht lösliche, also kein Weizen, kein Dinkel, keine Getreide allgemein. Ich esse viel Gemüse, kaum mehr Reis."

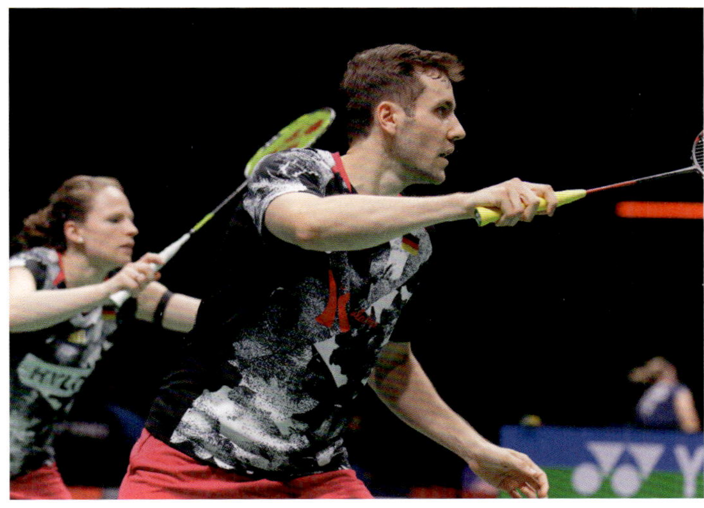

Abb. 132: Mark Lamsfuß gewann 2022 zusammen mit Isabel Lohau die Mixed-Europameisterschaften.

Wie sieht es beim Fleisch aus?

„Ich esse Fleisch, achte aber sehr darauf, dass es gutes Fleisch ist. Ich habe nur ausgewählte Bauernhöfe, wo ich hingehe und ich ganz genau weiß, wie das Tier geschlachtet wird, wie das Tier gehalten wird usw. Kaufe dort auch Eier & Co."

Kannst Du kurz umreißen, wie Dein Trainingsumfang aussieht?

„Generell gesagt, trainiere ich jeden Tag. Zwei Einheiten. Dazu kommt auch Athletiktraining, das muss nicht übertrieben lange sein. Es kann auch eine kleine Einheit sein, dann aber konzentriert. Der Tag ist voll. Man hat noch Physiotherapie, manchmal auch den einen oder anderen Arzttermin. Bei mir gehören auch Atmungstechniken zum Trainingsalltag."

Kann man da eigentlich noch etwas nebenbei macht, auch hinsichtlich beruflicher Perspektiven?

„Ich habe am Anfang meiner Karriere ja auch noch studiert. Ich habe einen Bachelor in Wirtschaftsingenieurwesen. Wenn ich das aber vergleiche mit der Professionalität, die ich jetzt beim Badminton habe, dann ist das ein großer Unterschied. Ich war sehr gestresst. Immer hin- und hergerissen zwischen Training und Studium. Ich hatte gar keine Freizeit mehr. Ich habe den Masters-Studiengang abgebrochen, weil ich mich voll auf Badminton konzentrieren wollte. Ich habe jetzt mehr Kapazitäten. Da kann man auch anderes entspannen, regenerieren."

Da bekommt man den Kopf frei.

„Definitiv. Das unterschätzt man oft. Aber es ist eben nicht so einfach, in einer Randsportart ein zweites Standbein aufzubauen. Ich bin froh, dass ich den Bachelor habe, bin aber auch froh, dass ich mich nun voll und ganz auf meinen Sport konzentrieren kann."

Ärgerst Du Dich eigentlich manchmal, dass die Tennisspieler so wahnsinnig viel Geld verdienen und das beim Badminton noch nicht ganz so sprudelt?

„Wäre gelogen, wenn ich etwas anderes sage. Man ärgert sich schon. Es ist traurig, wenn man beim Badminton ein Turnier gewinnt und dann genauso viel bekommt, wie ein Tennisspieler, der bei den French Open in der ersten Runde rausfliegt. Trotzdem will ich mich nicht beklagen, mir geht es gut. Ich kann jetzt nicht die Millionen zur Seite legen. Ich muss eben gucken, dass ich mit meinem Geld richtig umgehe."

Man kann ja durchaus Entwicklungen nach oben erkennen. Die Preisgelder bei den Topturnieren steigen. Da gibt es ja bereits Turniere mit einem Gesamtpreisgeld von 1,5 Millionen US-Dollar.

„Richtig. Warten wir es einmal ab."

Steckbrief

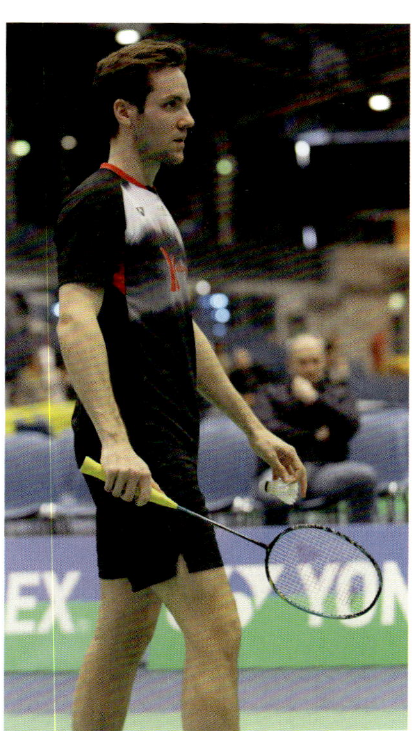

Marc Lamsfuß, *19. April 1994 in Wipperfürth

Verein:
1. BC Wipperfeld
Sponsor: Yonex
Schläger Arcsaber 11 pro
(Bespannungshärte: 14/15,4 kg mit Yonex Exboldt 65)

Größte Erfolge:
HD-Europameister 2022 (mit Marvin Seidel)
Mixed-Europameister 2022 (mit Isabel Lohau)
WM-Bronze im Mixed 2022 (mit Isabel Lohau)
Deutscher Mannschaftsmeister mit dem 1. BC Wipperfeld 2022
Teilnehmer Olympische Spiele 2021
Nationalspieler (46 Länderspiele)

Er spielt seit seiner Kindheit für den 1. BC Wipperfeld. Die ganze Familie ist dort im Verein aktiv, der Bruder, die beiden Schwestern. Der Vater ist Vereinsvorsitzender. In zwölf Jahren ging es für den Club von der Kreisliga bis in die 1. Bundesliga. 2022 wurde der erste Titel als Deutscher Mannschaftsmeister gefeiert.

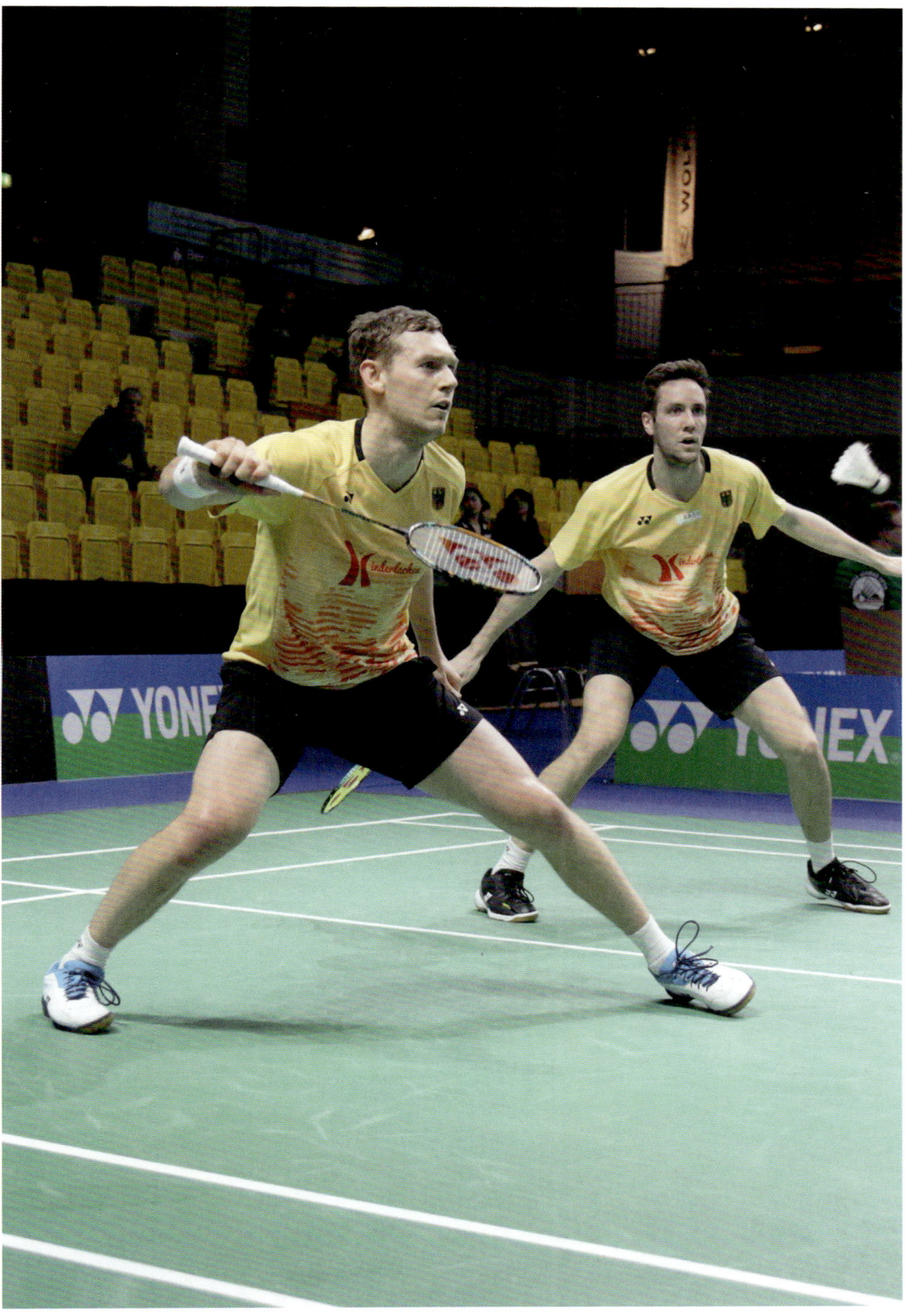

Abb. 133: Mark Lamsfuß mit Marvin Seidel. 2022 wurden sie Europameister.

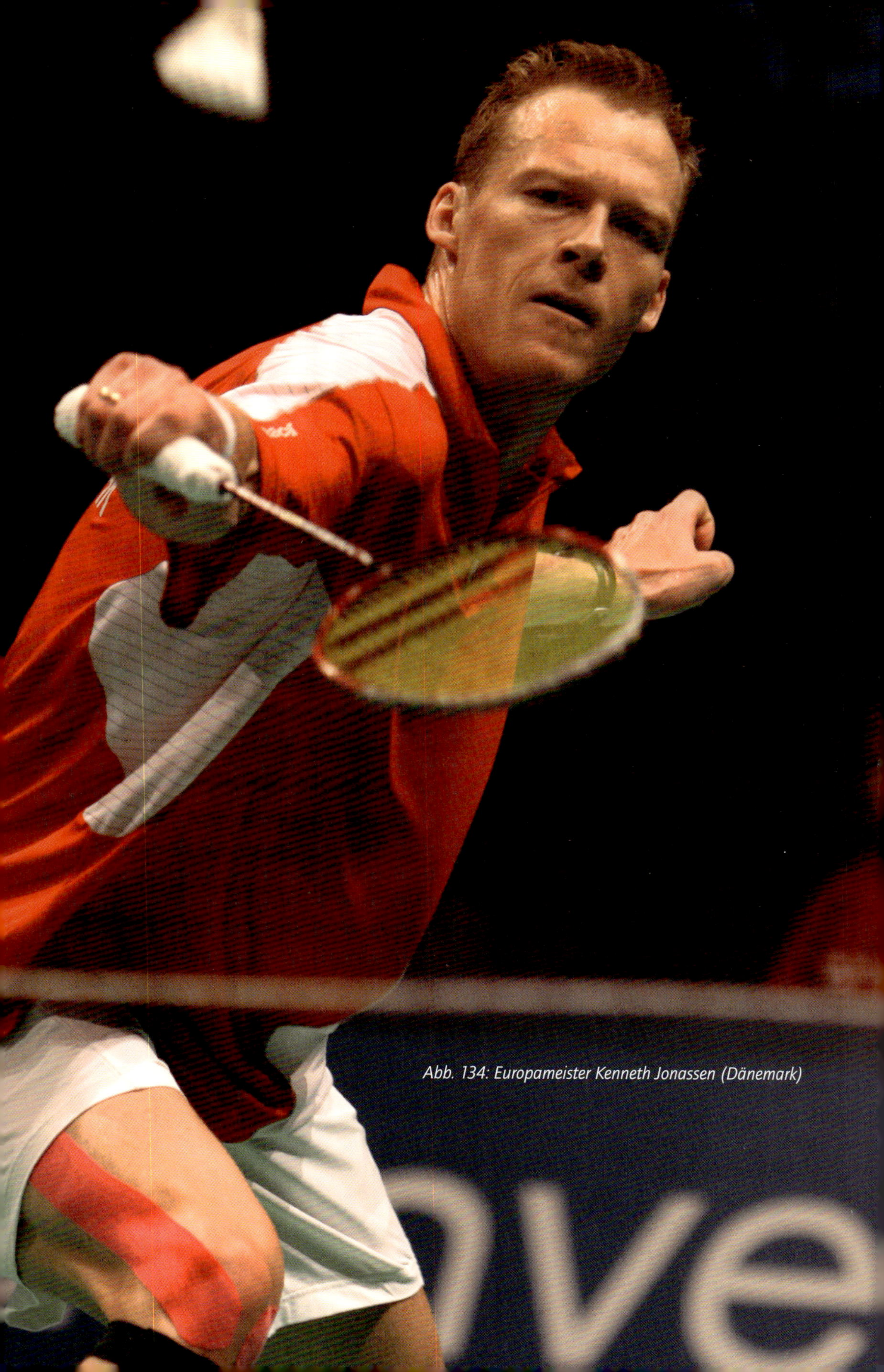

Abb. 134: Europameister Kenneth Jonassen (Dänemark)

20 Fachjargon

Es werden in diesem Kapitel **Fachbegriffe** erklärt. Die Schlagarten (Clear, Smash, Drop, Drive/Swip, kurzes Netzspiel) bleiben ausgespart, da sie sich ausführlich in den vorhergehenden Kapiteln finden. Wie jede andere Sportart auch zeichnet sich Badminton durch viele spezielle Begriffe aus, die wichtig sind, um den Erläuterungen eines Trainers folgen zu können. **Profis** sind diese Formulierungen schon in Fleisch und Blut übergegangen, sodass sie manchmal gar nicht ahnen, dass andere diese gar nicht verstehen.

Tipp: Bei einer Trainerstunde nachfragen, wenn bestimmte Begriffe neu und unverständlich sind. Manchmal weiß der Trainer gar nicht, dass er Fachchinesisch redet, weil es ihm selbstverständlich ist.

Ablegen – nennt man einen direkt hinter das Netz gespielten Ball. Dabei wird der vom Gegner kurz gespielte Ball auf Netzkantenhöhe getroffen; dieser tropft gewissermaßen zum Gegner zurück ins Feld.

Aerobe Ausdauer – liegt vor, wenn eine körperliche Leistung durch die Verbrennung von Glukose und Fettsäure erbracht werden kann. Dieser Vorgang erfolgt über die Zufuhr von Sauerstoff, sodass der Grad der Ausdauer von der Leistungsfähigkeit des Herz-Kreislauf-Systems abhängt. Die Herzfrequenz liegt bei etwa 160-170 Schlägen die Minute, wobei die individuelle Leistungsgrenze erreicht ist. Durch aerobes Ausdauertraining kann diese gezielt verbessert werden.

Anaerobe Ausdauer – liegt vor, wenn der Körper über den aeroben Bereich hinausgeht und die über die Verbrennung bereitgestellte Energie nicht mehr ausreicht. Die Energie holt sich der Körper über nichtoxidative Prozesse, geht also an die Substanz, es entstehen Milchsäurerückstände (Laktat). Die Pulsfrequenz liegt bei dieser Form der Belastung bei mindestens 170 Schlägen in der Minute. Ab einem gewissen Punkt kommt es zu einem rapiden Leistungsabfall, bei untrainierten Sportlern zu Muskelkater.

Antizipation – ist die Vorausahnung, wohin der nächste Ball des Gegners gespielt wird. Je genauer die Kenntnis von Bewegungsabläufen, Geschwindigkeiten und technischen Möglichkeiten ist, desto besser kann man sich auf die gegnerischen Bälle einstellen. Ein guter Spieler antizipiert auch, ob ein Ball ins Aus fliegt oder nicht.

Auftaktsprung – der Sportler hebt in Erwartung des Balles mit beiden Füßen vom Boden ab, er befindet sich in Vorspannung. Der Vorgang passiert eher unbewusst bei der vollen Konzentration auf den gegnerischen Ball.

Auftaktschritt – ist ein Zwischenschritt mit dem linken Fuß, um von der beidbeinigen Grundstellung nach vorne zu kommen. Dem Auftaktschritt mit dem linken Fuß folgt ein (Ausfall-)Schritt mit dem rechten Fuß. Lauftechnik →(Kap. 14).

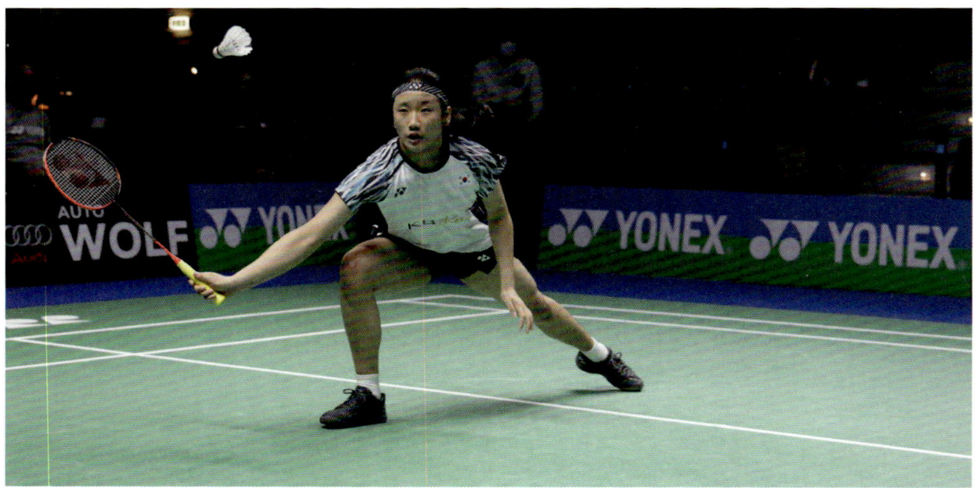

Abb. 135: Die Koreanerin An Se-Jung macht einen Ausfallschritt nach rechts.

Ausfallschritt – ist ein weiter Schritt des rechten Fußes in Richtung des Balls. Durch die Länge des Schritts fällt gewissermaßen ein Schritt aus. Lauftechnik →(Kap. 14).

Ballmaschine – bezeichnet eine Übungsform, bei der ein Partner dem Übenden gezielt Bälle zuspielt oder zuwirft, ohne dass er diese nach dem Schlag retourniert. Mit der Ballmaschine kann eine Übung intensiviert und dosiert werden, indem die Bälle sehr präzise und in hoher Frequenz vorgelegt werden. Auch Anfänger können die Rolle des Zuspielers verlässlich hinbekommen.

Basic-Drehung – auch Unterarmdrehung.

Bratpfannengriff – ist ein häufiger Fehler bei Anfängern. Der Schläger wird dabei so angefasst, dass der Spieler die Schlägerfläche bei ausgestrecktem Arm vor sich sieht. Der Schläger wird gleichsam wie eine Bratpfanne oder Fliegenklatsche angefasst. Richtig ist dagegen eine um 90° versetzte Haltung. In Ausnahmefällen wird der B. von Spitzenspielern zum Töten oder Wischen genutzt. Griffhaltung →(Kap. 3).

China-Sprung – ist eine Lauftechnik →(Kap. 14), bei der der Spieler mit beiden Füßen seitlich abspringt, im Fliegen den Ball schlägt und mit beiden Füßen gleichzeitig wieder landet. Die Technik wurde von chinesischen Spielern entwickelt.

Cross - bezeichnet die Schlagrichtung, bei der der Ball diagonal über das Spielfeld geschlagen wird. Die Variante ist oft effektiv, da sie zumeist gegen die Laufrichtung des Gegners geschlagen wird.

Half-Smash - ist ein Schmetterball mit verminderter Schlagkraft. Er wird als Variation zum voll durchgezogenen Smash eingesetzt, damit der Gegner sich nicht nach einiger Zeit auf den Smash einstellen kann.

Finte - ist ein Überraschungs- oder Täuschschlag. Zumeist wird der Gegner bis zur Schlagausführung im Unklaren über die Schlagvariante gelassen oder sogar getäuscht. Mit einer blitzschnellen Bewegung wird der Ball anders geschlagen, als es nach dem Bewegungsablauf zu vermuten war.

Heben - ist ein mit ausgestrecktem Arm geschlagener Ball, der sich schon weit unter der Netzkantenhöhe befindet und nur noch mit einem Ausfallschritt erreicht werden kann. Da mit dem starren Arm keine richtige Schwungkraft mehr entwickelt werden kann, wird der Ball mehr oder weniger gehoben.

Grundlinie - ist die hintere Begrenzung des Spielfeldes. Lediglich beim Aufschlag im Doppel gilt die Grundlinie nicht als hintere Begrenzungslinie. In diesem Fall ist es die um 76 cm vorgelagerte hintere Aufschlaglinie.

Kinesiotape - ist eine bunte Bandage zur Schmerz- und Lymphtherapie. Seit einiger Zeit setzen einige Badmintonspitzenspieler zur Behandlung von Verspannungen, Zerrungen oder Muskelfaserrissen auf die japanische Heilmethode. Das wasser- und luftundurchlässige Baumwollgewebe, das mit Acrylkleber beschichtet ist, wird ungedehnt auf die gedehnte Haut geklebt.

Kreuzschritt - ist eine Lauftechnik, bei der der Spieler von der Grundstellung aus mit einem Schritt nach links oder rechts tritt. Dies geschieht, in dem die Beine gekreuzt werden. Es ist die Alternative zum Sidestep.

Links vom Kopf - Treffbereich des Balls ist links oberhalb des Kopfs. Es existieren dabei die Schlagvarianten Smash, Drop und Clear →(Kap. 8, 9, 10).

Lift - ist ein im Netzbereich geschlagener Ball, der in den Hinterfeldbereich des Gegners gespielt wird.

Longline - ist eine Schlagrichtung, bei der der Ball entweder entlang der linken oder der rechten Seitenlinie geschlagen wird. Es ist die Altenative zu einem cross geschlagenen Ball.

Nullstellung – bezeichnet die Ausgangsstellung vor einem Schlag, der Spieler befindet sich in der Grundstellung und erwartet den Ball des Gegners. Es folgen die Aushol-, Schlag- und Ausschwungbewegung. Grundstellung →(Kap. 4).

Polizist – ist ein Trainingspartner, der mit der Hand oder dem Schläger anzeigt, in welche Position der Übende beim Trockentraining (auch Schattenbadminton genannt) laufen soll. Lauftechnik →(Kap. 14).

Positionswechsel – ist der Wechsel der Spielpartner während eines Ballwechsels im Doppel und Mixed. In einer Angriffssituation stehen sie im Idealfall diagonal versetzt hintereinander, bei der Abwehr auf gleicher Höhe nebeneinander. Während des Ballwechsels wird rotiert. Taktik →(Kap. 15).

Return – ist ein zurückgeschlagener Ball.

Schattenbadminton – ist ein Spiel ohne Ball. Der Akteur läuft auf dem Spielfeld mit dem Schläger in der Hand bestimmte Spielzüge ab und vollzieht dabei auch die entsprechenden Schläge.

Schleifenbewegung – ist die kreisförmige Ausholbewegung und die anschließende Ausführung des Schlags mit dem abschließenden Ausschwingen des Schlägers. Das Ausholen und Schlagen sollte mit einem flüssigen Bewegungsablauf erfolgen.

Schneiden – ist die Variation zu einem geradlinig ausgeführten Schlag. Der Ball wird mit einer Wischbewegung „angeschnitten", er dreht sich um die Querachse und trudelt. Insbesondere der Drop und das kurze Spiel am Netz bieten sich für geschnittene Schlagausführungen an.

Seithand – Treffbereich des Balls ist unterhalb der Schulter und oberhalb des Hüftbereichs. Schlagbereiche →(Kap. 5).

Sidestep – ist eine Lauftechnik, bei der der Spieler von der Grundstellung einen kurzen Schritt nach links oder rechts macht, ohne dabei die Beine zu kreuzen.

Spin-Aufschlag verboten
Nachdem der dänische Spieler Marcus Rindshøj im März 2023 den Spin-Aufschlag bei den Polish Open anwandte, verbot der Weltverband diesen umgehend.

Spin - ist die Rotation des Balles. Insbesondere beim Spiel am Netz kann ein Ball so angeschnitten werden, so dass dieser trudelt. Auch beim Aufschlag kann dem Ball - der mit Daumen und Mittelfinger angefasst wird - durch Schnippen der Finger ein Spin mitgegeben werden - allerdings ist diese Aufschlagvariante laut Regelwerk unzulässig.

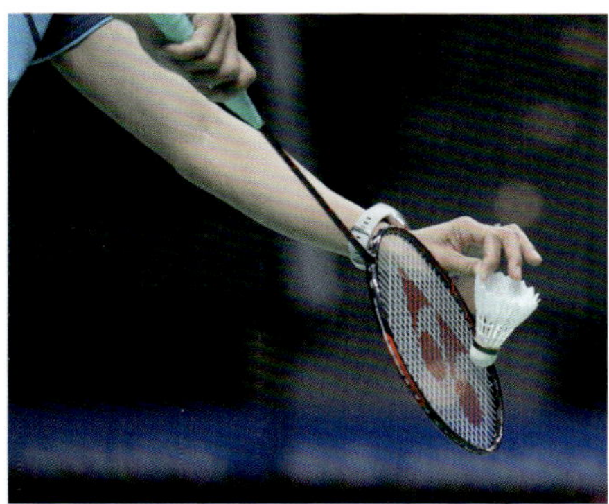

Abb. 136: Dem Ball darf beim Aufschlag kein Spin -- durch Fingerschnippen - mitgegeben werden.

Stechen - ist eine Schlagtechnik am Netz, wobei der Spieler wie ein Fechter blitzschnell den Ball auf Netzkantenhöhe trifft oder sozusagen sticht. Die Schlagfläche ist dabei annähernd waagerecht zum Boden.

Stemmschritt - ist der letzte Schritt mit dem rechten Fuß vor dem Überkopfschlag. Der Spieler holt mit dem leicht angewinkelten Bein den Schwung für den anschließenden Schlag. Er stemmt sich sozusagen in den Schlag hinein. Der Fuß steht dabei annähernd parallel zur Grundlinie. Clear, Smash →(Kap. 8 und 10).

Stick-Smash - ist eine Variante des Schmetterballs. Der Ball wird dabei sehr steil ins Vorderfeld des Gegners geschlagen. Es handelt sich um einen Überkopfball.

Stretching - beinhaltet das Dehnen (engl. stretch) der Muskulatur, bevor das Spiel losgeht. Mit Übungen wird die Muskulatur erwärmt, werden die Gelenke beweglich gemacht, die Bewegung und die Haltung geschult sowie die Konzentration auf den Wettkampf gerichtet.

T-Linie - ist der Bereich, wo die Mittellinie und die vordere Aufschlaglinie aufeinandertreffen. Etwa einen Schritt rückwärts vom T-Punkt Richtung Grundlinie befindet sich die zentrale Position. Grundstellung →(Kap. 4).

Trockenübung - ist ein Training ohne Ball. Hierbei werden Positionen auf dem Spielfeld angelaufen und/oder Schlagbewegungen einstudiert. Der Übende kann sich voll auf die Lauf- und Schlagtechnik konzentrieren, ohne dabei den Stress zu haben, den Ball treffen zu müssen (vgl. Schattenbadminton).

Töten – ist eine Technik im Netzbereich, bei der der Ball oberhalb der Netzkante getroffen und mit Wucht ins gegnerische Feld geschlagen wird. Der kräftige Schlag wird entweder durch eine blitzartige Unterarmdrehung oder ein „Zumachen" des Handgelenks erzeugt.

Überhand – bezeichnet den Treffbereich des Balls rechts oberhalb der Schulter. Schlagbereiche →(Kap. 5).

Überkopf – bezeichnet den Treffbereich des Balls oberhalb des Kopfs. Schlagbereiche →(Kap. 5).

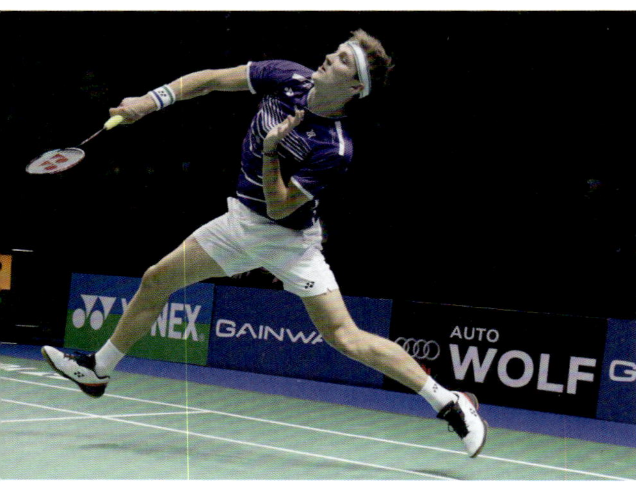

Umsprung – bezeichnet die Lauftechnik →(Kap. 14), bei der der Ball im Rückwärtslaufen getroffen wird. Beide Beine sind beim Schlag in der Luft, abgesprungen wird mit dem rechten Fuß und die Landung erfolgt auf dem linken Fuß, wobei der Körper und der rechte Fuß schon wieder Richtung Netz gehen.

Abb. 137: Der Däne Viktor Axelsen wendet den Umsprung an, um schnell von hinten wieder in die Zentrale Position zu kommen.

Unterarmdrehung – ist die Rotation im Unterarm, die in Kombination mit dem Oberarm eine Beschleunigung des Schlags bewirkt. Die Drehung wird auch als Basic-Drehung bezeichnet, nachdem diese durch eine sportwissenschaftliche Analyse erkannt wurde. Bei einer Drehung des rechten Arms nach links spricht man von Pronation, bei einer Bewegung nach rechts von Supination. Bis Mitte der 80er Jahre galt Badminton fälschlicherweise als eine Sportart, die aus dem Handgelenk heraus gespielt wird.

Unterhand – bezeichnet den Treffbereich des Balls unterhalb der Hüfte. Hierbei ist zu bedenken, dass die Vor- und die Rückhand ineinander übergehen. →(Kap. 5).

Vorhand – bezeichnet den Treffbereich, in dem der Ball mit der Schlägerfläche von vorn, also quasi mit der verlängerten Handfläche, getroffen wird. Dabei ist der größte Vorhandbereich rechts neben dem Körper, kann unter Umständen aber auch frontal oder links vom Körper geschlagen sein. →(Kap. 5).

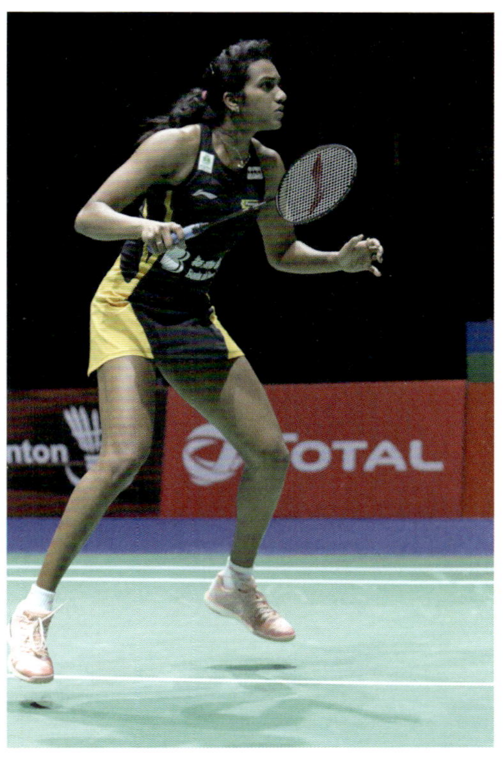

Vorspannung – bedeutet die Anspannung des Muskels, bevor dieser sich zuzieht und die eigentliche Bewegung auslöst. Beim Badminton muss der Schläger zunächst nach hinten bewegt werden, um anschließend mit einer Beschleunigung nach vorn zuschlagen zu können. Durch die Vorspannung ist die Bewegung bis zu 50 % kräftiger und explosiver als ohne diese.

Abb. 138: Die Inderin Pusarla Sindhu erwartet in Vorspannung den gegnerischen Ball.

Wischen – ist eine Schlagtechnik am Netz. Der Schläger wird dabei parallel zum Netz gehalten und wird in der Art eines Scheibenwischers in den Vorhand- oder Rückhandbereich geschoben, der Ball erhält dadurch einen Schnitt. Außerdem vermeidet es der Spieler, das Netz zu berühren, was beim Töten in dieser Position kaum zu vermeiden wäre.

Zentrale Position – die Stellung des Spielers befindet sich in der Mitte des Spielfeldes, etwa einen Schritt Richtung Grundlinie vor der vorderen Aufschlaglinie. Von hier aus kann der Spieler etwa gleichgut in alle Ecken des Spielfeldes gelangen. Das Bestreben eines Spielers sollte es sein, nach jedem Schlag in die zentrale Position zurückzugelangen. Grundstellung →(Kap. 4).

Rekord – Längstes In-der-Luft-Halten von vier Bällen
Der Chinese Yang Zhi sicherte sich am 3. Juli 2019 in Guangzhou (China) seinen Eintrag ins Guinness-Buch der Rekorde, in dem er genau fünf Minuten lang vier Federbälle mit einem Badmintonschläger gleichzeitig in der Luft hielt. Er brach damit seinen eigenen Rekord um 20 Sekunden.

Abb. 139: Der Schiedsrichter hat eine Entscheidung gefällt – Der Spieler hatte es anders gesehen.

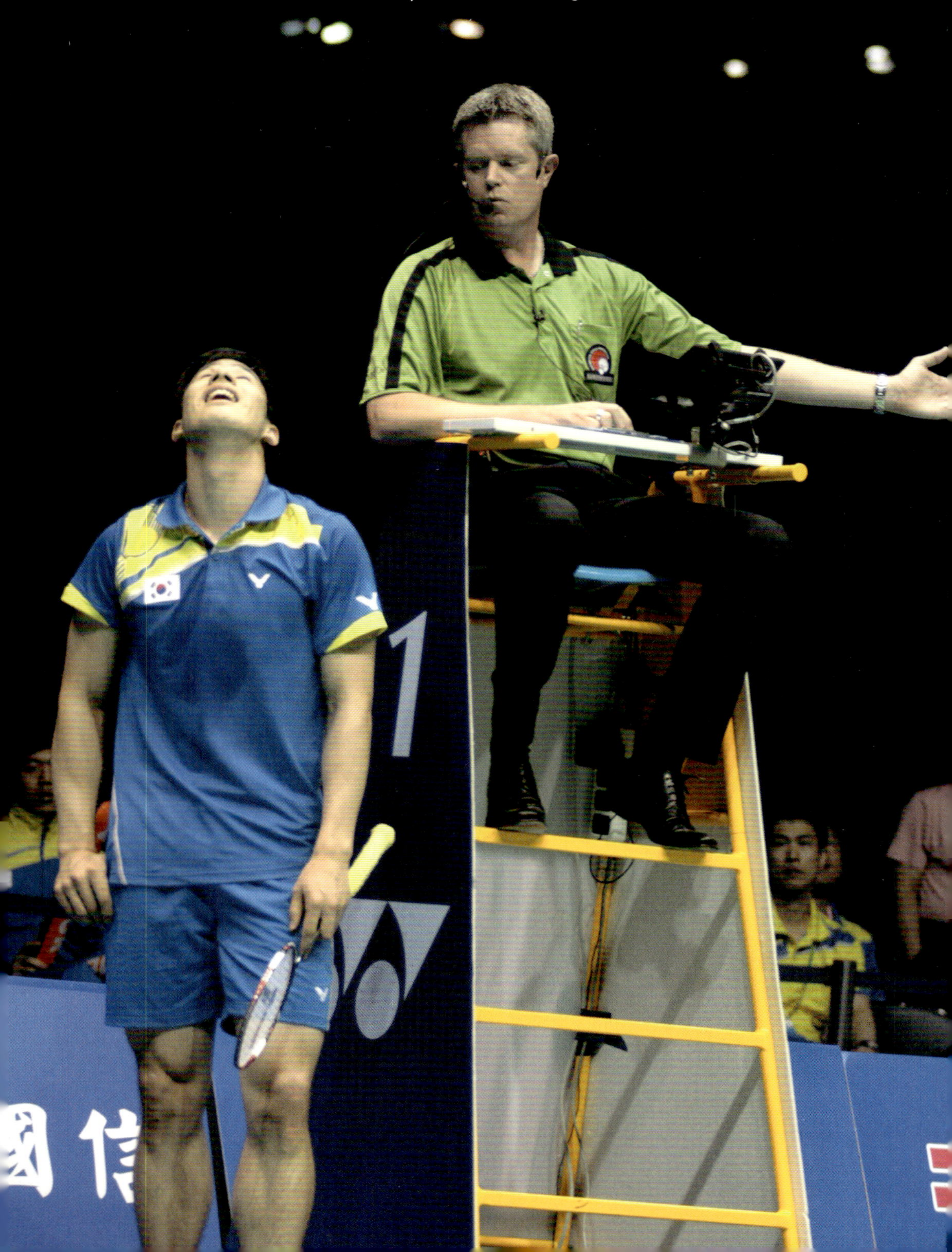

21 Die Regeln in Kürze

Wer schlägt zuerst auf?

Das Los entscheidet, wer anfangen darf. Es kann klassisch eine Münze geworfen werden. Badmintonspieler schießen meistens den Federball senkrecht in die Höhe und schauen, in wessen Richtung der Korkfuß zeigt, wenn der Ball wieder auf dem Boden liegt. Der Losgewinner hat die Wahl:

- Aufschlag,
- Rückschlag oder
- Spielfeldseite.

Der Losverlierer wählt zwischen den verbleibenden Möglichkeiten. Bei Beginn des zweiten oder dritten Satzes schlägt derjenige Spieler auf, der den vorherigen Satz gewonnen hat.

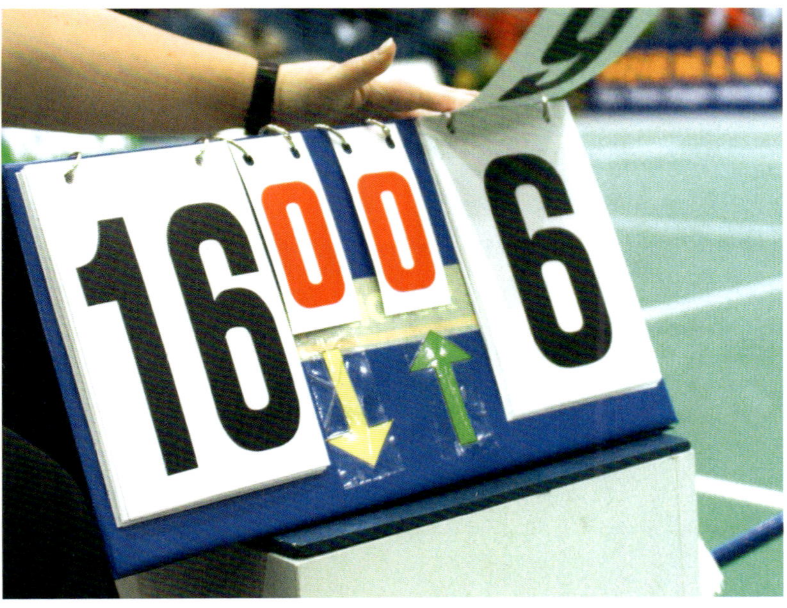

Abb. 140: Zähltafel

Wie wird gezählt?

Bei der Rallypoint-Zählweise, die seit 2006 weltweit gilt, werden zwei Gewinnsätze bis 21 gespielt. Der Gewinner eines jeden Ballwechsels erhält einen Punkt zu seinem bisherigen Punktestand dazu. Im Gegensatz zur früheren Zählweise können sowohl der Auf- als auch der Rückschläger mit jedem Ballwechsel einen Punkt machen.

Wann werden die Spielfeldseiten gewechselt?
Nach jedem Satz werden die Seiten gewechselt. Im dritten Satz wird gewechselt, wenn die erste Partei 11 Punkte erreicht hat.

Kann verlängert werden?
Ein Satz wird über 21 hinaus gespielt, sofern es zu einem 20:20-Zwischenstand kommt. Der Spieler, der dann zwei Punkte in Folge macht, gewinnt den Satz. Sollte es dabei zu einem Zwischenstand von 29:29 kommen, so entscheidet der nächste Ballwechsel über den Satzgewinn.

Wie wird im Einzel aufgeschlagen?
Der Aufschläger steht bei 0 und allen weiteren geraden Punktzahlen seinerseits im rechten Aufschlagfeld und serviert den Ball ins diagonale Aufschlagfeld des Gegners. Bei ungeraden Spielständen seinerseits schlägt er von links auf.

Wie wird im Doppel aufgeschlagen?
Der Aufschlag erfolgt wie beim Einzel jeweils ins diagonal gegenüberliegende Aufschlagfeld. Einer der beiden Doppelpartner beginnt die Partie mit einem Aufschlag von rechts. Mit jedem Punktgewinn wechseln die Partner die Seite. Verliert die aufschlagen. de Partei den Ballwechsel, so wechselt das Aufschlagsrecht zu den Gegnern. Die Positionen bleiben bei den Auf- und Rückschlägen wie beim vorherigen Ballwechsel bestehen. Die Doppelpartner schlagen abwechselnd auf.

Fixierte Aufschlaghöhe
Seit 2018 gilt als offizielle Regel beim Aufschlag eine **fixierte Höhe von 1,15 Metern**. D. h., der Federball muss – vom Boden aus gemessen – unterhalb dieser Marke getroffen werden. Dies gilt für alle internationalen Turniere. Der **Deutsche Badminton Verband (DBV)** hat **eine alternative Variante** beschlossen, sie entspricht der bisher geübten Praxis: Der Ball muss unterhalb der Taille des Aufschlägers (unterste Rippe) getroffen werden, Schlägerkopf und Schaft müssen bei der Ballberührung abwärtsgerichtet sein.

Wie muss ein korrekter Aufschlag ausgeführt werden?
Beim Aufschlag ...

- dürfen weder Aufschläger noch Rückschläger die Ausführung verzögern, sobald beide Parteien zum Aufschlag bereit sind; mit der ersten Ausholbewegung hat der Aufschlag begonnen, jede Unterbrechung ist hiernach unzulässig;
- müssen sich Aufschläger und Rückschläger in den sich diagonal gegenüberliegenden Aufschlagfeldern befinden (beide Füße müssen am Boden sein und dürfen die Linien nicht berühren);
- muss der Schläger zuerst den Fuß des Balls treffen, es darf dem Ball kein zusätzlicher Spin verliehen werden.

- darf sich der Ball bei der Schlägerberührung höchstens 1,15 Meter über dem Boden befinden (bei Aufschlagausführung und Schlägerberührung) → siehe Kasten links;
- muss sich der Schläger flüssig nach vorn bewegen, er darf nicht zwischendurch verlangsamt oder gar abgestoppt werden;
- muss der Ball aufwärts über das Netz fliegen und im Aufschlagfeld des Gegners landen - sofern der Gegner den Ball nicht schon vorher abfängt;
- muss der Ball getroffen werden; Vorbeischlagen zählt als Fehler;
- muss der Aufschläger so lange warten, bis der Gegner erkennbar zur Annahme bereit ist;
- im Doppel können die Spielpartner jede Position einnehmen - vorausgesetzt, sie behindern damit nicht die Sicht des Auf- bzw. des Rückschlägers.

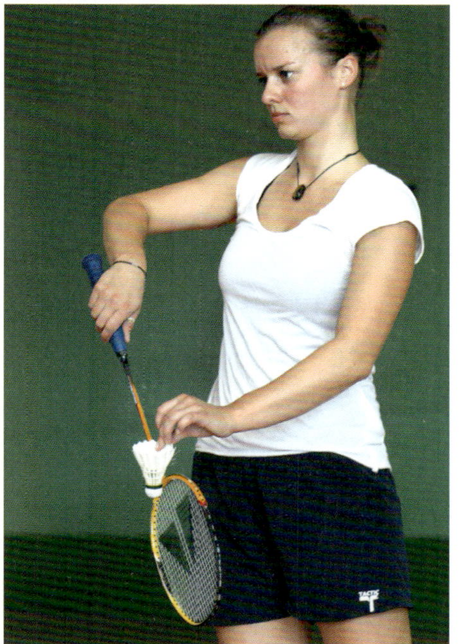

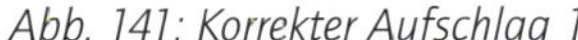

Abb. 141: Korrekter Aufschlag 1

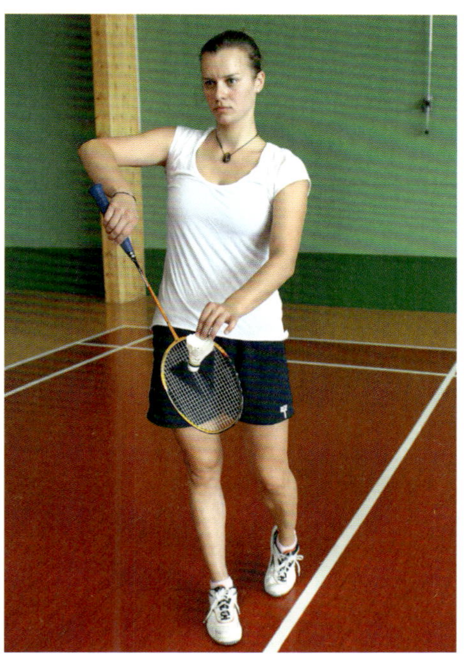

Abb. 142: Korrekter Aufschlag 2

Gibt es Pausen?

In jedem Satz ist eine Pause von einer Minute erlaubt - und zwar dann, wenn der erste Spieler 11 Punkte erreicht hat. Zwischen den Sätzen ist eine Pause von jeweils zwei Minuten zulässig. Grundsätzlich gilt, dass die Spieler nach jedem gespielten Punkt wieder unverzüglich weiterspielen müssen. Es ist unzulässig, zwischen den Ballwechseln längere Pausen zu machen, um sich körperlich zu erholen oder taktische Anweisungen zu erhalten. Außerdem darf das Spielfeld - außer zu den Pausenzeiten - nicht verlassen werden.

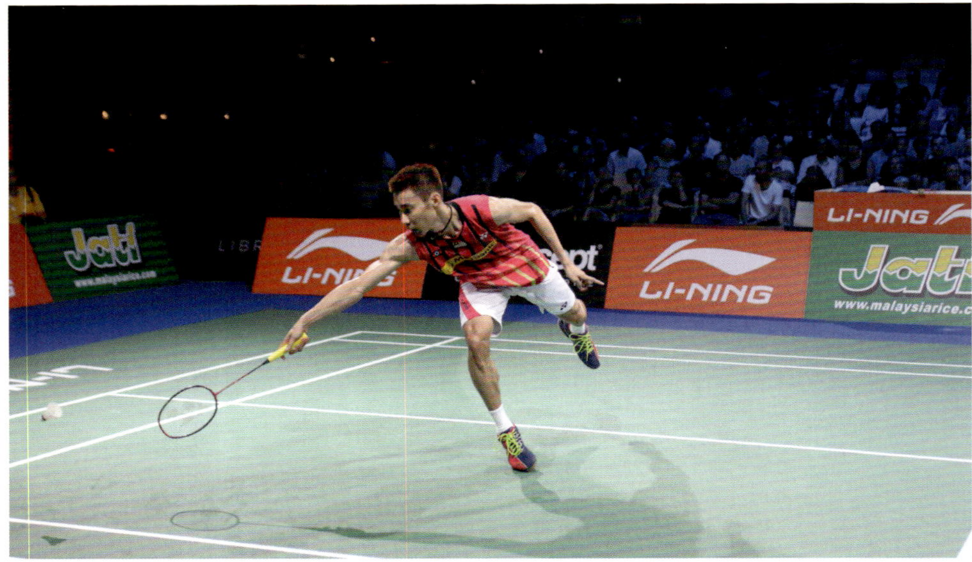

Abb. 143: Der Malaysier Lee Chong Wei guckt dem Ball hinterher, ob dieser wohl im Aus landet.

Darf gecoacht werden?
Ein Spieler darf nur Ratschläge entgegennehmen, wenn der Ball nicht im Spiel ist. In den Pausen kann außerhalb des Feldes gecoacht werden.

Was ist ein Fehler?
Es ist zu unterscheiden in Positions- und sonstige Fehler. Sobald ein Fehler bemerkt wird, muss das Spiel unterbrochen werden. Ein Fehler führt zumeist dazu, dass der Spieler, der ihn begangen hat, den Ballwechsel verloren hat. Eine Ausnahme bildet der Positionsfehler.

Als Positionsfehler gilt ...
- wenn ein Auf- oder ein Rückschläger außerhalb der Reihe (beim Doppel) geschlagen hat;
- wenn von der verkehrten Seite des Aufschlagfeldes aufgeschlagen bzw. zurückgeschlagen wird.

Der Positionsfehler wird korrigiert, sobald dieser bemerkt wird. Der erreichte Punktestand wird jedoch beibehalten.

Als Fehler gilt ...

- wenn der Aufschlag nicht korrekt erfolgt (vgl. Wie muss ein korrekter Aufschlag ausgeführt werden → S. 152);
- wenn der Ball unmittelbar nach dem Aufschlag im Netz hängen bleibt (egal, auf welcher Seite des Netzes);
- wenn der Partner des eigentlichen Rückschlägers den Aufschlag annimmt;
- wenn der Ball beim Aufschlag nicht ins diagonale Aufschlagfeld kommt (es sei denn, der Gegner berührt zuvor den Ball);
- wenn der im Spiel befindliche Ball außerhalb der Begrenzungslinien den Boden berührt;
- wenn der Ball nicht über das Netz fliegt;
- wenn der Ball die Wand oder die Decke berührt (bei einer Deckenhöhe unter 9 m wird der Aufschlag wiederholt, wenn dieser die Decke oder eine Deckenkonstruktion berührt);
- wenn der Ball einen Spieler oder dessen Kleidung berührt;
- wenn der Ball nicht geschlagen, sondern geschleudert wird;
- wenn der Ball vom selben Spieler 2 x hintereinander getroffen wird (hierunter fällt nicht die gleichzeitige Berührung von Schlägerrahmen und Saite);
- wenn der Ball von einem Spieler und danach von seinem Partner geschlagen wird;
- wenn ein Spieler während eines Ballwechsels das Netz mit Schläger, Körper oder Kleidung berührt;
- wenn ein Spieler mit dem Körper oder dem Schläger oberhalb des Netzes ins Spielfeld des Gegners eindringt (unterhalb des Netzes muss dadurch zusätzlich eine Behinderung des Gegners gegeben sein);
- wenn der Gegner durch Handlungen und Gebärden vorsätzlich abgelenkt wird.

Wann gibt es eine Wiederholung?

Eine Wiederholung erfolgt ...

- wenn der Aufschlag ausgeführt wird, bevor der Rückschläger bereit ist;
- wenn Auf- und Rückschläger während des Aufschlags gleichzeitig einen Fehler machen;
- wenn sich der Ball nach Überqueren des Netzes verfängt oder auf der Netzkante hängenbleibt;
- wenn sich der Korkfuß des Balls während eines Ballwechsels vom restlichen Ball löst;
- wenn (nach Meinung des Schiedsrichters) das Spiel gestört wird oder eine Ablenkung durch einen Betreuer vorliegt;
- wenn ein unbeabsichtigtes oder unvorhergesehenes Ereignis eintritt.
- wenn die Hallendecke unter 9 m hoch ist und der Spieler beim Aufschlag die Decke oder eine Deckenkonstruktion trifft. Im Spiel gilt die Berührung als Fehler.

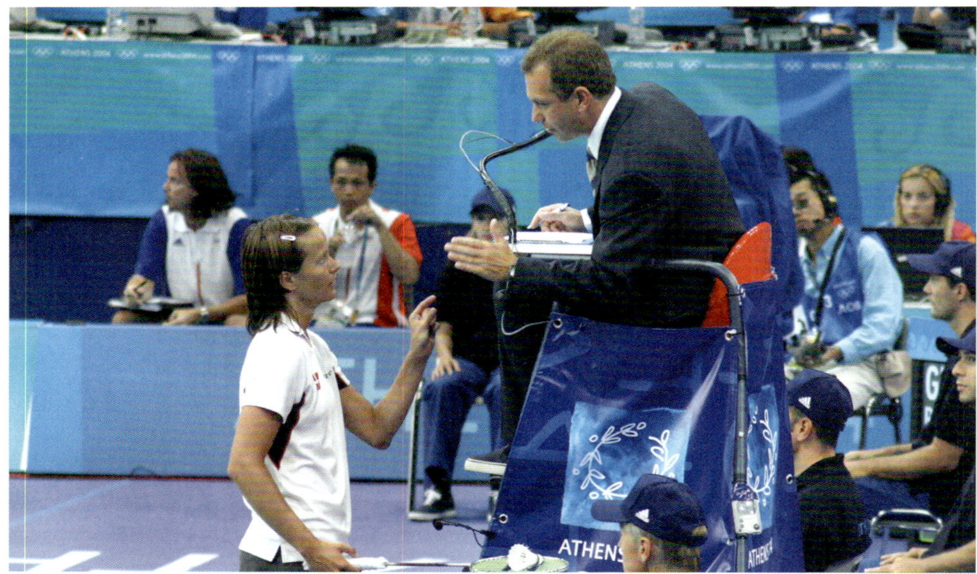

Abb. 144: Rikke Olsen aus Dänemark diskutiert mit dem Stuhlschiedsrichter.

Was ist unsportlich?

Als unsportlich gilt ...

- das Spiel zu verzögern oder zu unterbrechen;
- ohne Erlaubnis den Ball zu modifizieren oder zu beschädigen, um die Geschwindigkeit oder Flugeigenschaft zu verändern;
- verbales oder obszönes Fehlverhalten gegenüber Gegner oder Schiedsrichter.

Unsportlichkeit ahndet der Schiedsrichter mit einer *Gelben Karte* (Verwarnung) und bei wiederholtem Vergehen mit einer *Roten Karte* (Fehlerverwarnung) sowie bei grobem oder fortdauerndem Vergehen mit einer *Schwarzen Karte* (Fehlerverwarnung oder Disqualifikation).

Welche Maße hat das Feld?

Die Abmessungen sind der Grafik zu entnehmen. Die Linien haben eine Breite von 4 cm. Die Linien zählen zum Feld dazu.

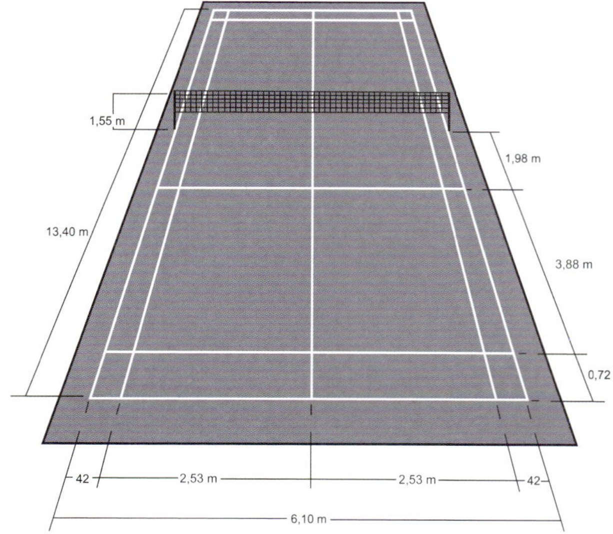

Abb. 145: Die Spielfeldmaße

Wie muss der Ball beschaffen sein?

Der Ball kann aus natürlichen oder synthetischen Materialien gefertigt sein, er ist an der Basis (zumeist aus Kork) mit einer dünnen Lederschicht überzogen.

- Federbälle haben 16 (Gänse-)Federn, die in einheitlicher Länge zwischen 62 und 70 mm angeordnet sind. Die Spitzen der Federn müssen einen Kreis bilden und einen Durchmesser von 58 bis 68 mm aufweisen.
- Die Federn müssen mit einem Zwirn miteinander befestigt sein und dürfen nur zwischen 4,74 und 5,5 g wiegen. Die Basis muss einen Durchmesser von 25 bis 28 mm aufweisen.
- Kunststoffbälle sollen die gleichen Flugeigenschaften wie Federbälle haben, bei Gewicht und Flugeigenschaften ist eine 10 %ige Abweichung gestattet.
- Ein Ball hat die korrekte Geschwindigkeit, wenn er von der Grundlinie des Feldes mit vollem Unterhandschlag geschlagen wird und dabei in einem Bereich von 53 bis 99 cm von der gegnerischen Grundlinie entfernt im Feld landet.

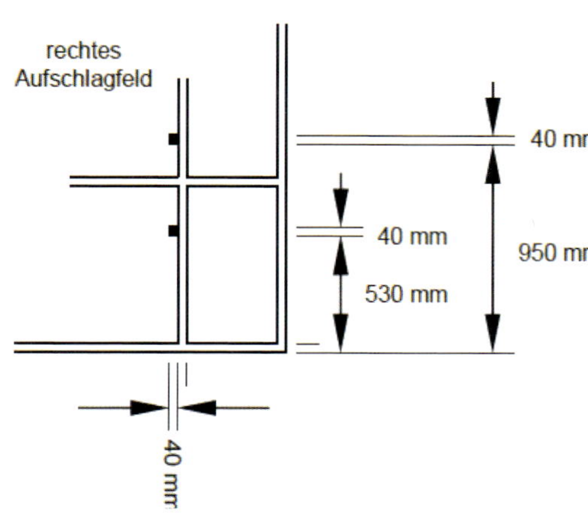

Abb. 146: Testmarkierungen Doppelfeld

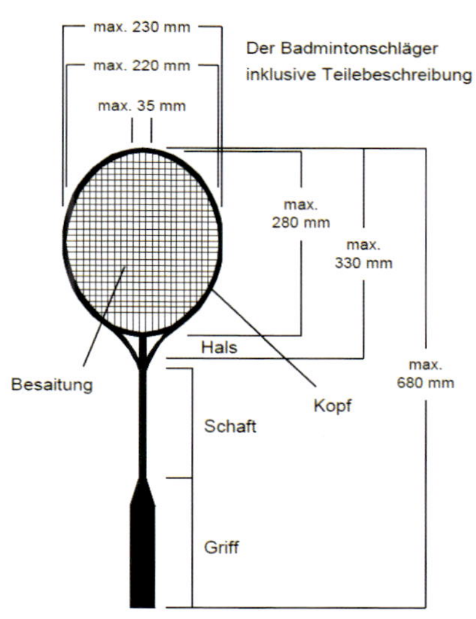

Abb. 147: Die Maße des Schlägers

Wie muss der Schläger beschaffen sein?

Der Schlägerrahmen darf 68 cm in der gesamten Länge und 23 cm in der Breite nicht überschreiten. Dabei ist zu berücksichtigen, dass die Besaitung grundsätzlich nicht länger als 28 cm und nicht breiter als 22 cm sein darf (es gilt eine Ausnahme für besondere Rahmenkonstruktionen). Eine Beschränkung hinsichtlich des Gewichts gibt es nicht, jedoch darf der Schläger außer Griff, Schaft und Schlägerkopf keine weiteren Vorrichtungen jedweder Art haben.

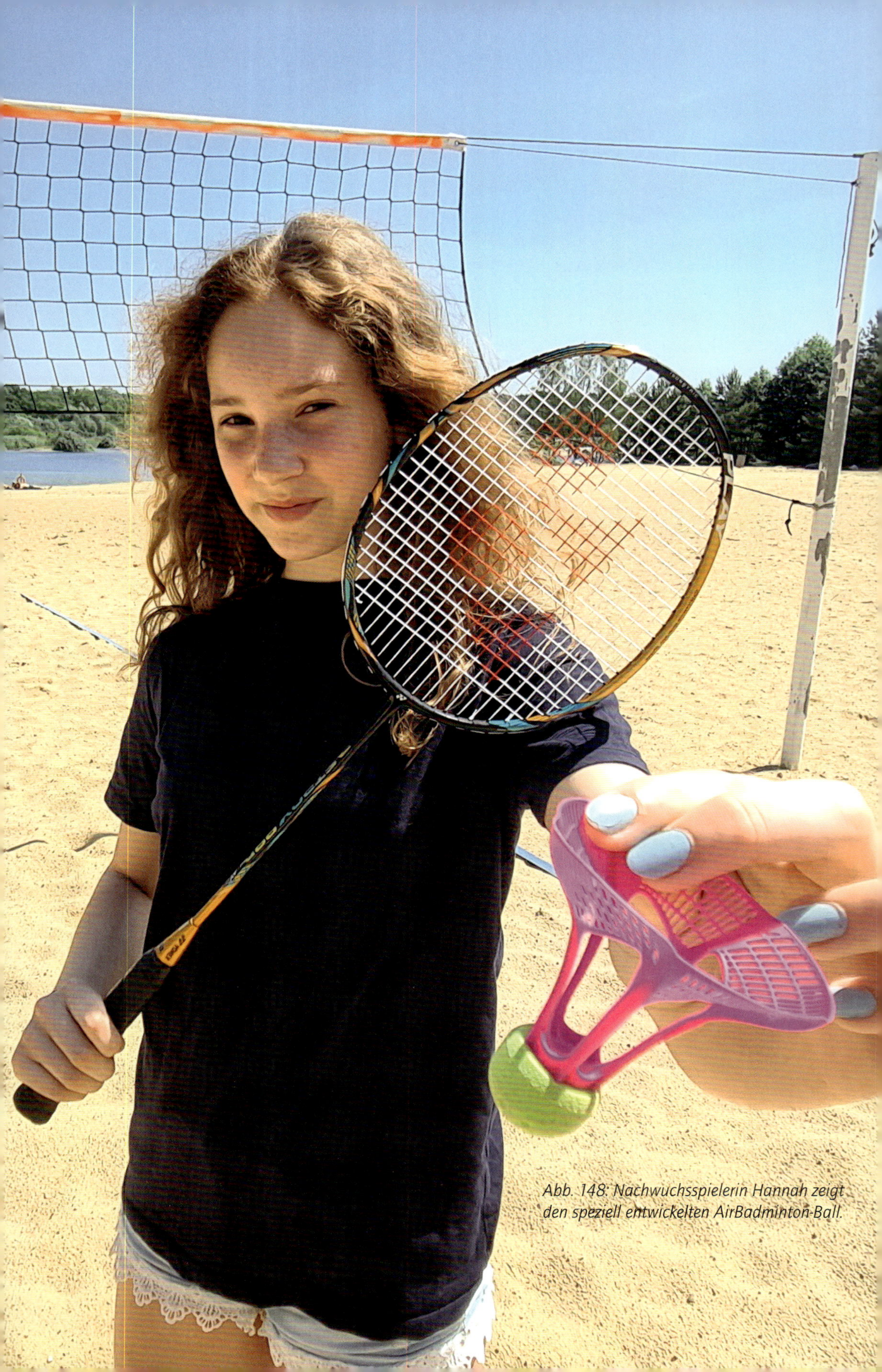

Abb. 148: Nachwuchsspielerin Hannah zeigt den speziell entwickelten AirBadminton-Ball.

22 AirBadminton

AirBadminton ist der Hallenvariante des Badmintonspiels sehr ähnlich, hat jedoch einige **Besonderheiten in Spielfeldmaßen, Zählung und Teilnehmerzahl** (Triple möglich) - und damit auch in taktischer Ausrichtung. Der große Unterschied zum Badminton ist der Spielball. Dieser wurde eigens für die **Outdoor-Variante** entwickelt. Der Ball ist weniger windanfällig gegenüber herkömmlichen Federbällen. Er hat eine **hohe Beschleunigung**, bremst dann aber stark ab.

Es gibt bisher keine offiziellen Spielregeln, dafür aber **empfohlene Regeln** der Badminton World Federation (BWF), auf denen die weiteren Ausführungen beruhen. Zum Spielen können **die gängigen Badmintonschläger** verwendet werden. Hier sollte allerdings jeder individuell testen, ob er mit einer harten oder eher weichen Bespannung zurechtkommt. Die Flugeigenschaften sind - allen Beteuerungen der BWF zum Trotz - sehr speziell. Es ist ein **ganz eigenes Spiel**.

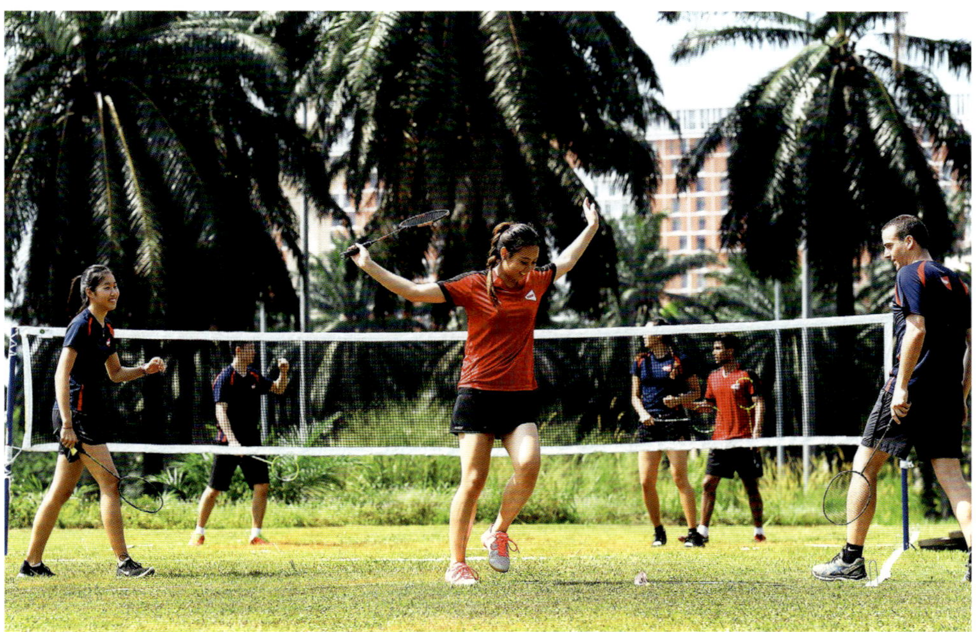

Abb. 149: AirBadminton auf Gras im Triple gespielt

2019 wurde AirBadminton von der BWF **offiziell vorgestellt**. Es soll sich vom gemächlichen Federballspiel auf der Wiese abheben. Der Weltverband möchte den Sport als **Wettkampfvariante** - ähnlich wie beim Beachvolleyball - etablieren. Die vorgeschlagenen Regeln werden hier erläutert.

Ziel des Spiels

Es wird um Punkte gespielt, die wie folgt erzielt werden:

- der AirShuttle landet im gegnerischen Feld;
- der Gegner kann den AirShuttle nur noch ins Aus schlagen; hierzu zählt auch die sogenannte Todeszone (2-Meter-Zone am Netz)
- der Gegner kann den AirShuttle nur noch ins Netz schlagen;
- der Gegner wird vom AirShuttle am Körper getroffen.

Empfohlene Zählweise

Für AirBadminton ist das von der BWF empfohlene Punktesystem *best of five zu elf* Punkten, d.h., wer zuerst drei Sätze gewonnen hat, gewinnt das Spiel. Es können jedoch auch andere Systeme verwendet werden, um den örtlichen Gegebenheiten Rechnung zu tragen.

Wichtige Regeln:

- Bei einem Gleichstand von 10:10 gewinnt die Mannschaft, die zuerst zwei Punkte Vorsprung hat.
- Wenn der Punktestand 12:12 beträgt, hat die Mannschaft, die den 13. Punkt erzielt, den Satz gewonnen. Die siegreiche Seite wird im nächsten Satz als erste aufschlagen.
- Die Spieler wechseln die Seiten während jedes Satzes, wenn der Führende sechs Punkte erreicht, sowie am Ende jedes Satzes.
- Die Pausen zwischen den Sätzen sollten bis zu 120 Sekunden betragen und bis zu 60 Sekunden während jedes Satzes, wenn der Führende sechs Punkte erreicht.

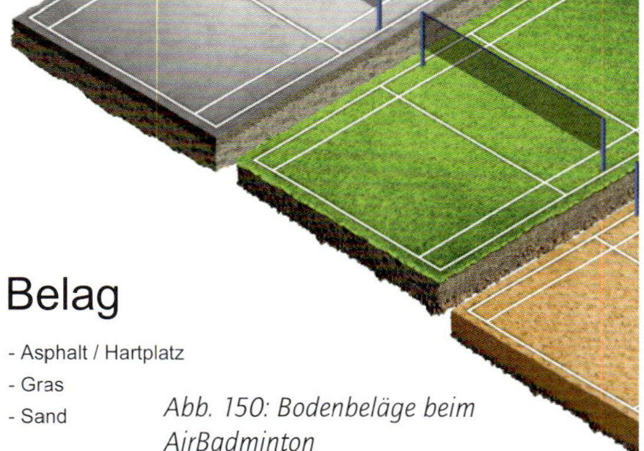

Abb. 150: Bodenbeläge beim AirBadminton

Spielfeld

AirBadminton ist so konzipiert, dass auf verschiedenen Belägen (Hartplatz, Gras oder Sand) in Parks, Gärten, auf Straßen, Spielplätzen oder an Stränden gespielt werden kann. Es ist wichtig, dass alle Spielflächen möglichst eben und einheitlich sind, frei von Steinen, Löchern und allem anderen, was ein Verletzungsrisiko für die Spieler darstellen kann. Synthetische Bodenbeläge können auch als Alternative zu Beton und Asphalt verwendet werden.

Die Spielfeldfläche misst 6 x 16 Meter – und ist damit um 2,6 Meter länger als ein herkömmliches Badmintonfeld (siehe Abb. 151).

Die Linien
Es gibt keine Mittellinie, die das Spielfeld wie beim herkömmlichen Badminton in linke und rechte Aufschlaghälfte einteilt. Im Einzel ist das Feld 5,10 Meter breit (siehe Abb. 151) und im Doppel / Triple 6,10 Meter (siehe Abb. 152). Die Linien sollten zwischen vier und fünf Zentimeter breit sein. Mittlerweile sind komplette Sets für AirBadminton-Felder aus Spannbändern im Handel erhältlich. Bei Sand- und Naturplätzen sollten die Bänder aus widerstandsfähigem Material sein, ideal sind elastische Gummibänder. Die Spanngurte sollten an den vier Ecken mit einem Pflock oder einem Bodenanker befestigt werden und straff gespannt sein. Die vordere Annahmelinie ist zwei Meter vom Netz entfernt. Der Bereich zum Netz hin darf während eines Ballwechsels nicht betreten werden – es ist die Todeszone. Auf Hartplätzen können die Felder auch mit Farbe markiert oder mit Kreide gemalt werden.

Einzelspiel - Aufschlag

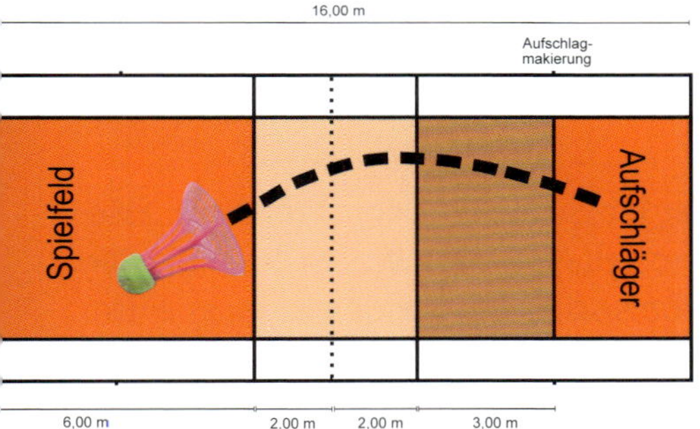

Doppel-/Triplespiel - Aufschlag

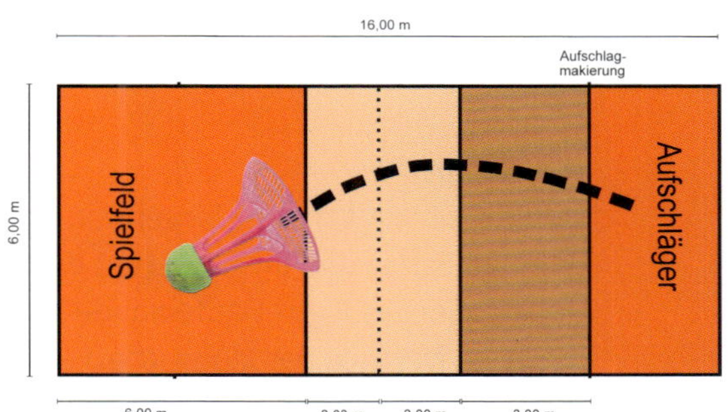

Einzelspiel - Spiel

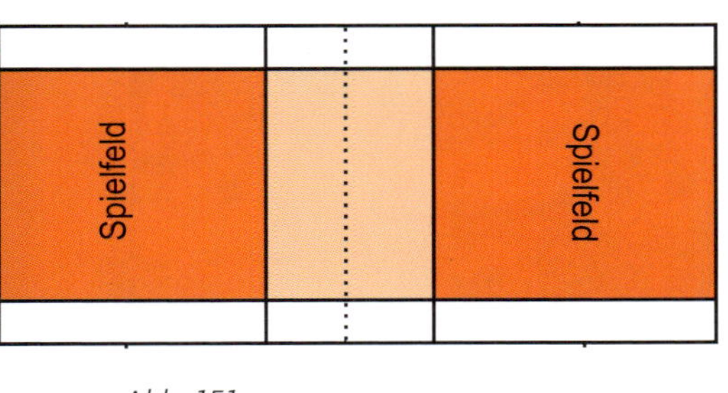

Doppel-/Triplespiel - Spiel

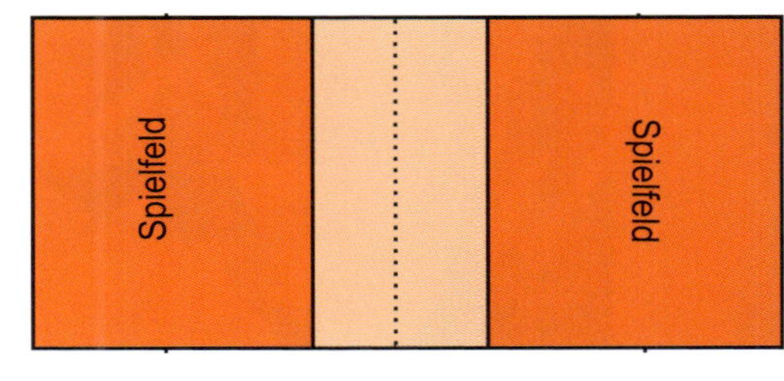

Abb. 151

Abb. 152

Die Todeszone
Es hat sich herausgestellt, dass Ballwechsel mit Netzberührung („Netzschüsse") durch die Eigenschaften des AirShuttle sehr schwer zu kontrollieren sind. Daher wurde der Netzbereich um eine zwei Meter breite Todeszone erweitert, so dass Schläge weg vom Netz herausgefordert und Ballwechsel erleichtert werden (siehe Abb. 153).

Todeszone

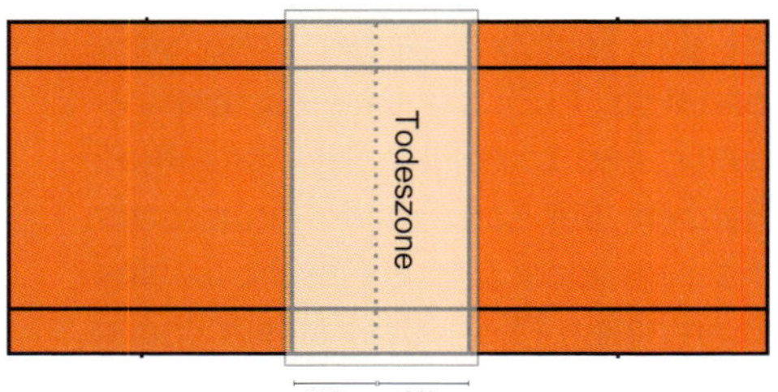

Abb. 153: Die Todeszone

Der Spieler darf sich beim Spielen des Air-Shuttles nicht in der Todeszone befinden. Nachdem der AirShuttle gespielt wurde, kann der Spieler in die Todeszone treten oder in ihr landen, was bei Hechtsprüngen im Sand oder auf Gras sicherlich durchaus vorkommen kann.

Das Netz

Das Netz sollte eine Größe von etwa sechs Meter mal einen Meter haben. Die Maschenweite sollte zwischen anderthalb und zwei Zentimeter betragen, so dass der Ball nicht einfach hindurch fliegt. Die obere Netzkante sollte an den Pfosten bei 1,55 Meter aufgehängt werden. Ideal hängt das Netz, wenn es in der Mitte immer noch 1,45 Meter hoch hängt. Die Pfosten sollten an der Linie stehen bzw. sich höchstens einen Meter vom Feldrand befinden.

Teilnehmer

AirBadminton kann im Einzel (mit einem Spieler pro Seite), im Doppel (mit zwei Spielern pro Seite) und im Triple (mit drei Spielern pro Seite) gespielt werden. Im Triple dürfen Spieler nicht zwei aufeinanderfolgende Returns schlagen. Der Spieler muss einem anderen Mitglied der Mannschaft ermöglichen, den nächsten Return zu schlagen. Diese Regel schafft mehr Bewegung und erhöht das strategische Element des Spiels.

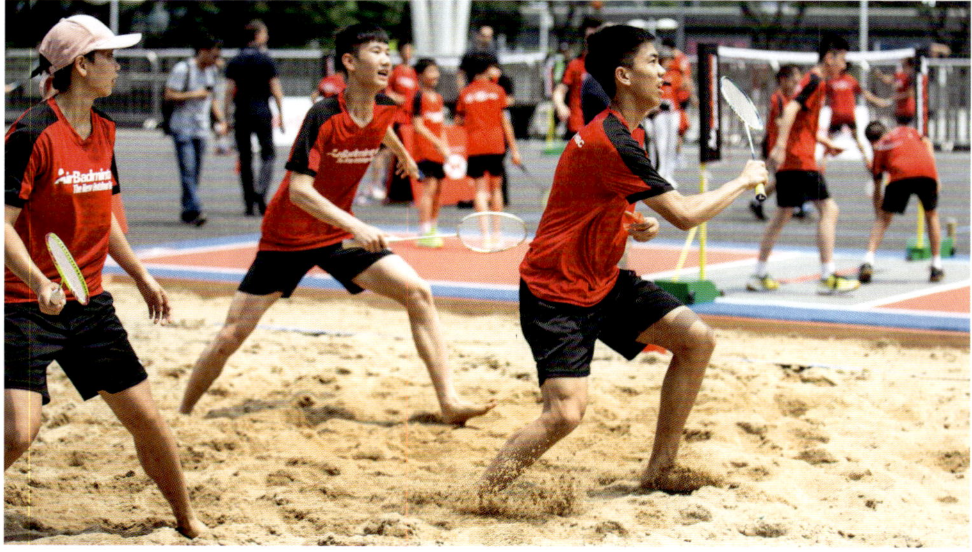

Abb. 154: AirBadminton kann als Dreier-Team gespielt werden - Männer und Frauen zusammen

Aufschlag

Auf der Seitenlinie ist eine Drei-Meter-Markierung (Abb. 151 u. Abb. 152) deutlich sichtbar. Der Spieler muss seinen Aufschlag innerhalb des Spielfelds von jedem beliebigen Punkt hinter dieser Markierung aus ausführen, wobei beide Füße stillstehen müssen. Der gesamte AirShuttle sollte sich beim Aufschlag unterhalb der Netzhöhe befinden. Damit muss die Flugbahn des AirShuttles vom Schläger des Aufschlägers nach oben gerichtet erfolgen. Der Aufschläger darf den AirShuttle überall in den Spielbereich des Gegners jenseits der Zwei-Meter-Linie spielen. Anders als beim traditionellen Badminton gibt es keine Mittellinie, die den Platz in gleichberechtigte linke und rechte Spielfeldseiten unterteilt. Nach dem Aufschlag werden auf der gesamten Spielfläche Doppelrallyes gespielt.

Kombinierte Badminton-Plätze

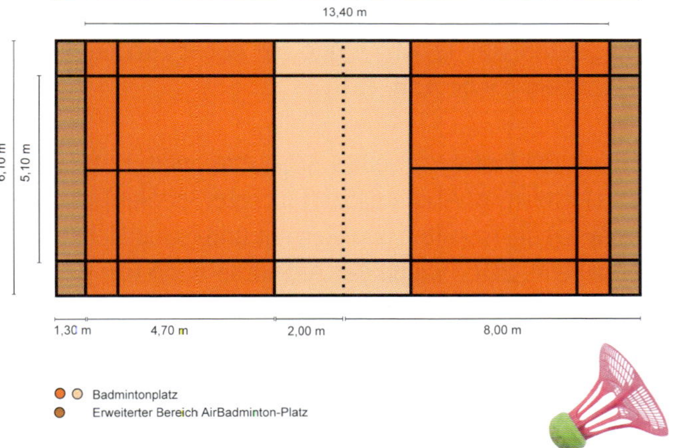

Umwandlung Beachvolleyballfeld

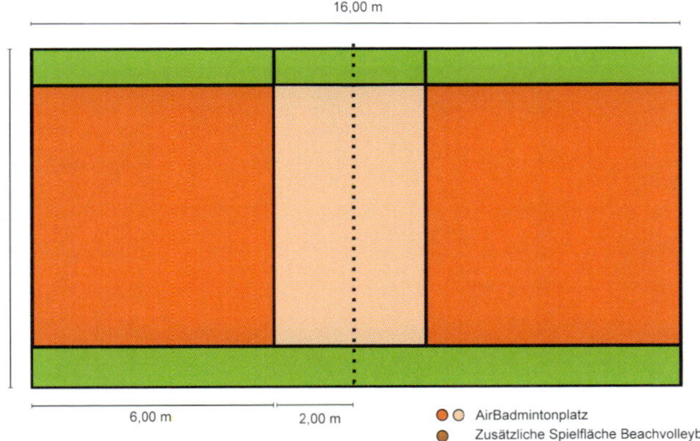

Abb. 155: Kombinierte Spielfelder

Kombinierte Spielfelder

AirBadminton kann auf bereits bestehenden Badmintonfeldern im Freien gespielt werden, es muss lediglich ein herkömmliches Feld an den Stirnseiten jeweils um 1,3 Meter verlängert werden. Dies erfordert nur geringe Umbauarbeiten (siehe Abb. 155).

Ähnlich unkompliziert ist die Nutzung eines Beach-Volleyballfeldes. Dieses entspricht mit seinen acht Meter genau der Länge des AirBadminton-Feldes. Allerdings wird beim Beach-Volleyball auf einer Breite von 8 Metern gespielt. Dieses Maß ist zu beiden Seiten um jeweils einen Meter zu reduzieren, so dass die Grundlinie sechs Meter beträgt. Im vorderen Bereich müssen allerdings noch die beiden Linien eingezogen werden, mit denen die Todeszone markiert wird.

Die Entwicklung des Spielballs

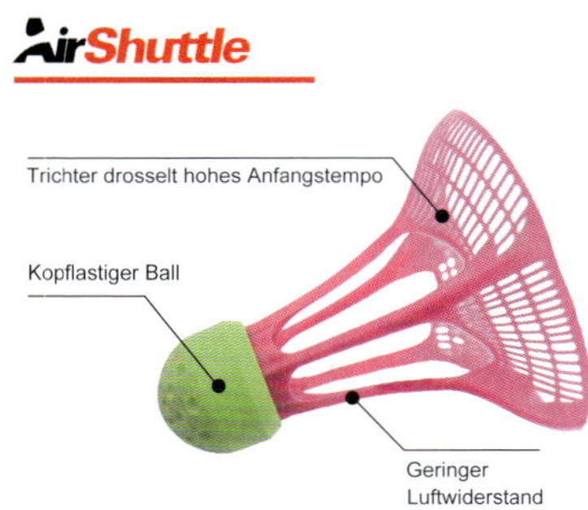

Abb. 156: Der AirShuttle

Die Entwicklung des AirShuttle war ein fünfjähriges Projekt der Badminton World Federation (BWF) zusammen mit dem Institut for Sports Research (ISR) der Nanyang Technological University in Singapur. Ausgangspunkt war die Idee zur Entwicklung eines Outdoor-Balles zum Badmintonspielen. Es sollten dadurch mehr Menschen für den Sport begeistert werden.

Als Voraussetzung für die Entwicklung war gesetzt, dass beim AirBadminton mit den herkömmlichen Badmintonschlägern gespielt werden kann und der Ball gute Flugeigenschaften, Drehbewegungen und Ausdauer haben sollte. Die besondere Herausforderung war, einen weniger windanfälligen Ball zu entwickeln als herkömmliche Feder- und Plastikbälle. Auch bei Windgeschwindigkeiten von 12 km/h und bei hoher Luftfeuchtigkeit soll ein vernünftiges Spiel möglich sein (siehe Abb. 156).

Zwischen 2015 und 2018 wurden mehr als 30 Prototypen eines AirShuttle entwickelt. In einem weiteren Projekt wurden durch die University of Alicante (San Vincente, Spanien) und Universiti of Malaya (Kuala Lumpur, Malaysia) die Favoriten getestet, mit unterschiedlichen Spielern vom Anfänger bis zur Olympiasiegerin. 2019 wurde der AirShuttle dann von der BWF offiziell vorgestellt. Für das Grunddesign hat der Weltverband ein Patent eintragen lassen. Marktreife Bälle gibt es seit 2020 zu kaufen. Verschiedene Hersteller produzieren diesen. Mittlerweile gibt es auch Sets mit Gummibändern für die Spielfeldmarkierung.

Mittlerweile werden internationale Wettkämpfe ausgetragen. 2023 gehörte AirBadminton zum Programm der ANOC World Beach Games auf Bali (Indonesien). 14 Sportarten gehören dazu, unter anderem Beach Soccer, Beach Handball, Beach Tennis und Beach Volleyball.

Fun-Fact

Beach Volleyball entwickelte sich innerhalb kürzester Zeit zu einem Topsport – und ist zumindest bei Olympischen Spielen populärer als die Hallenvariante. 1996, als BWF-Präsident Poul-Erik Hoyer seine Goldmedaille im Badminton gewann, da war Beach-Volleyball erstmals bei Olympischen Spielen überhaupt vertreten, 1997 gab es erstmals Weltmeisterschaften. Sowohl 2012 als auch 2016 war Beach-Volleyball bei den Olympischen Spielen im deutschen Fernsehen der Quotenhit. In Rio sahen 8,55 Millionen Menschen das Halbfinale von Laura Ludwig und Kira Walkenhorst, die später die Goldmedaille gewannen. In London waren es die Gold-Jungs Jonas Reckermann und Julius Brink, die bei ihrem Finale 8,05 Millionen Menschen vor den Fernseher brachten.

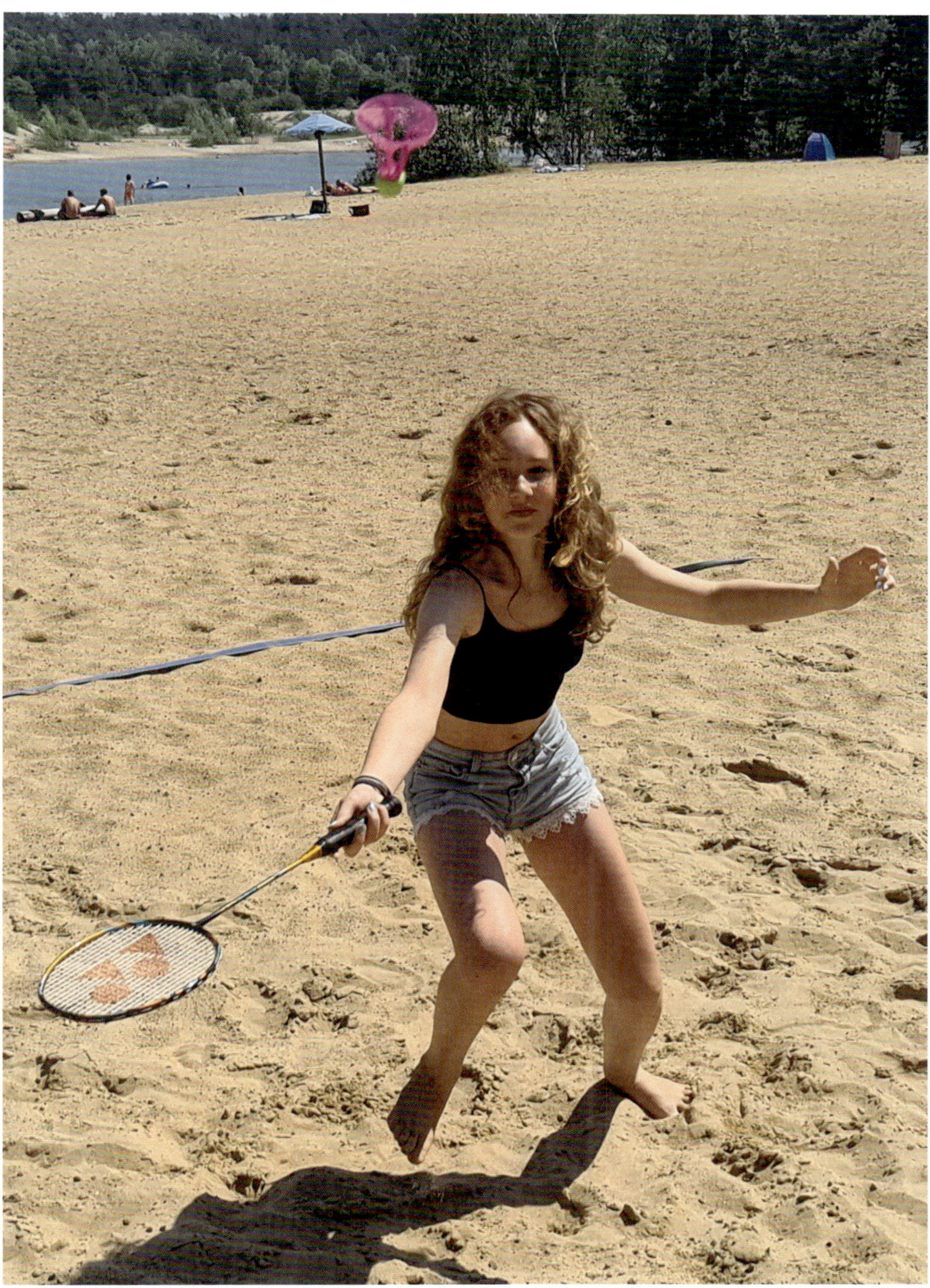

Abb. 157: Insbesondere die Beachvariante des AirBadminton bietet sich für draußen an. Beim Volleyball hat die Beachversion das ursprüngliche Volleyball an Popularität schon eingeholt.

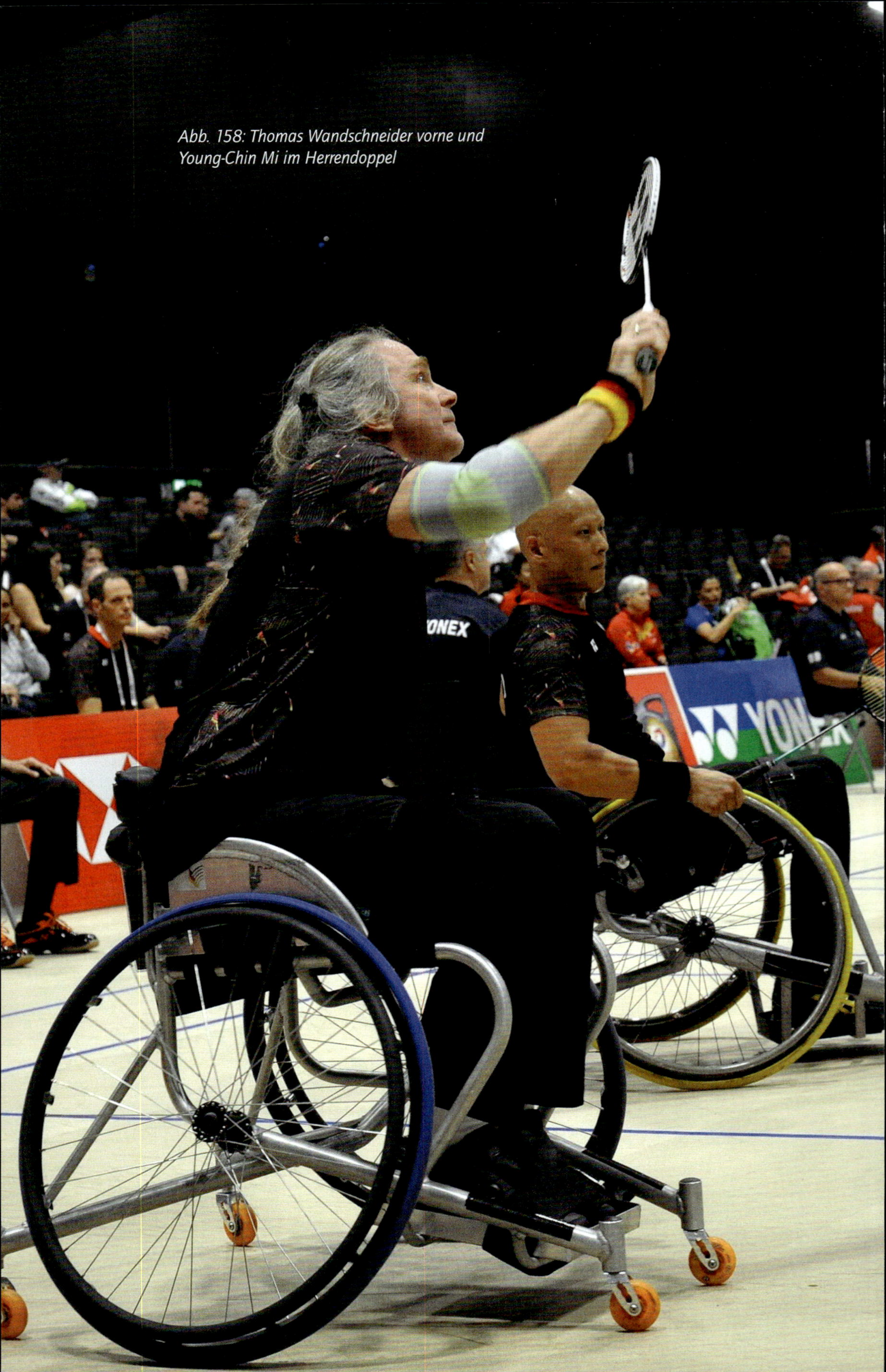

Abb. 158: Thomas Wandschneider vorne und Young-Chin Mi im Herrendoppel

23 Para Badminton

Badminton ist ein **inklusiver Sport**. Hierzu wurden in den vergangenen Jahren die Voraussetzungen geschaffen. Es gibt immer mehr Vereine, die dies anbieten. Außerdem gibt es auch auf internationaler Ebene **bessere Wettkampfstrukturen**. Dies gipfelte 2021 in der Tatsache, dass Para Badminton bei den Olympischen Spielen in Tokio erstmals vertreten war.

Es wird Menschen mit Beeinträchtigungen die Teilnahme am Sport ermöglicht. Dabei gelten im Badminton **weitgehend die regulären Spielregeln**. Sowohl im offiziellen Regelwerk der Badminton World Federation (BWF) als auch des Deutschen Badminton Verbandes (DBV) sind lediglich **ein paar wenige Abweichungen** für Para Badminton vermerkt. Dies gilt insbesondere für **verkleinerte Badminton-Felder** in einigen Wettkampfdisziplinen.

Entsprechend der Einschränkungen gibt es Klasseneinteilungen, um so einen fairen Wettkampf unter den Sportlern zu gewährleisten. Es gibt sechs Klassen und man kann grob unterscheiden in **Rollstuhlfahrer, Fußgänger mit Behinderung und kleinwüchsige Sportler**. Die genaue Klassifikation kann anhand der Abb. 159 für die sechs Kategorien im Para Badminton entnommen werden.

Klassifikation (6)

WH 1 Rollstuhl 1 Wheelchair 1	Die Athleten/-innen benötigen einen Rollstuhl und haben in der Regel eine Beeinträchtigung der Beine und des Rumpfes. Rumpstabilität: schwach bis schlecht.
WH 2 Rollstuhl 2 Wheelchair 2	Die Athleten/-innen spielen im Rollstuhl. Sie haben eine Beeinträchtigung an einem oder beiden Beinen und eine minimale oder keine Beeinträchtigung des Rumpfes. Rumpstabilität: normal.
SL 3 Stehend unten 3 Standing lower 3	Die Athleten/-innen spielen stehend. Sie haben eine Beeinträchtigung an einem oder beiden Beinen und ein schlechtes Gleichgewicht beim Gehen/Laufen.
SL 4 Stehend unten 4 Standing lower 4	Die Athleten/-innen haben eine geringere Beeinträchtigung im Vergleich zur Sportklasse SL 3. Sie haben eine Beeinträchtigung an einem oder beiden Beinen und sind minimal beim Gehen/Laufen eingeschränkt.
SU 5 Stehend oben 5 Standing upper 5	Die Athleten/-innen spielen stehend und haben vorwiegend Einschränkungen in den oberen Extremitäten.
SH 6 Kleinwüchsig 6 Short Stature 6	Die Athleten/-innen sind kleinwüchsig aufgrund einer genetischen Veranlagung.

Abb. 159: Die sechs Kategorien im Para Badminton

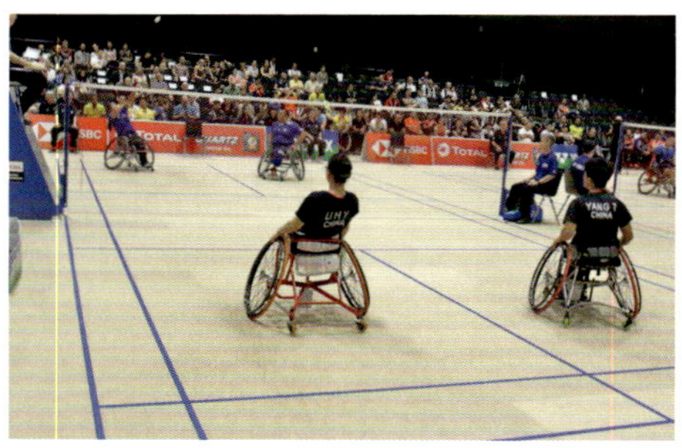

Abb. 160: Die Rolli-Fahrer nutzen das reguläre Badmintonfeld.

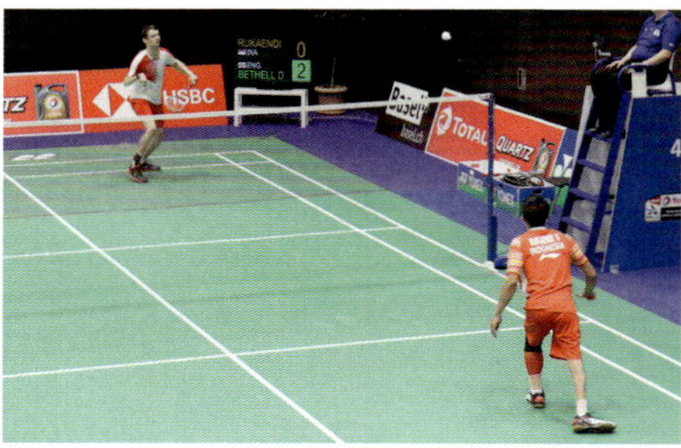

Abb. 161: Spiel auf dem halben Feld in der Klasse SL3 – hier bei den Weltmeisterschaften 2019 in Basel

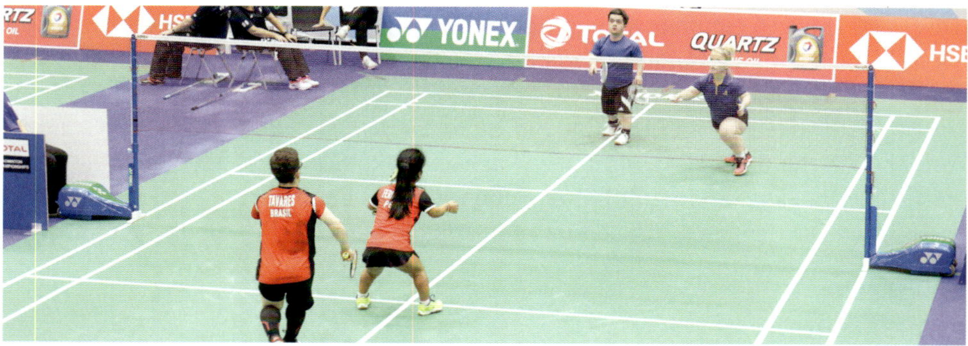

Abb. 162: In der Klasse der Kleinwüchsigen wird auf dem regulären Spielfeld agiert.

Die Klassifikationen wurden speziell für Badminton entwickelt, **in anderen Sportarten gelten andere Vorgaben**. Dies liegt auch daran, dass für einzelne Sportarten unterschiedliche Anforderungen bestehen und somit körperliche Beeinträchtigungen sich auch sehr unterschiedlich leistungsmindernd auswirken können.

Es kann verallgemeinert gesagt werden, dass es beim Para Badminton Rollstuhl-Athleten sowie Fußgänger mit körperlichen Einschränkungen gibt. Dazu kommt noch die Klasse der kleinwüchsigen Sportlerinnen und Sportler. Mittlerweile wurde sich **auf sechs Wettkampfklassen geeignet**. Bis 2011 hatte es international zwölf Klassen gegeben, was zwar vordergründig eine größere Differenzierung – und damit **größere Gerechtigkeit** – ergab, sich aber in der Praxis oft ins Gegenteil wendete. Da es in einigen Klassen oft nur sehr wenige Teilnehmer gab, wurden diese anderen Klassen zugeschlagen. Dies führte dann ebenfalls zu bisweilen ungerechten Konstellationen.

Entsprechend der unterschiedlichen Klassen beim Para Badminton sind **unterschiedliche taktische und technische Fähigkeiten erforderlich**, um sich zu steigern. Bei den Rollstuhlfahrern ist es das Zusammenspiel zwischen dem geschickten Manövrieren mit dem Rolli und dem Agieren mit dem Racket, was das Spiel ausmacht. Es gibt dabei **höchst unterschiedliche Sportrollstühle**. Die Sportler selbst wissen am besten, mit welchem Rolli sie zurechtkommen. **Vorgaben vom Regelwerk gibt es da nicht.** Dort ist lediglich geregelt, dass die Füße an der Fußraste des Rollstuhls befestigt sein müssen. Der Körper kann mit elastischem Band am Rolli fixiert werden. Das Gefährt kann mit Zusatzrädern ausgerüstet werden, die über die Haupträder hinausragen.

Stehende Klasse - Einzel SL 3

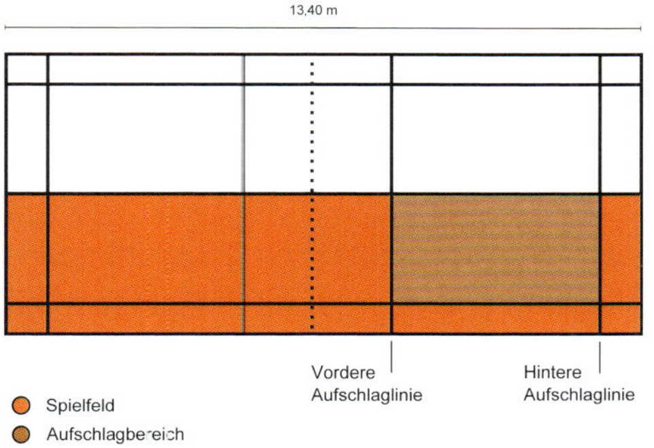

Abb. 163: Maße Einzelfeld für die stehende Klasse

Für Rollstuhlfahrer gilt, dass sie mit keinem Körperteil den Boden berühren dürfen. Beim Aufschlag muss der Rolli sowohl beim Aufschläger als auch dem Gegenspieler stillstehen. Der Ball muss beim Aufschlag **unterhalb der Achsel getroffen** werden. Das Spielfeld ist insofern kleiner, als dass der Netzbereich bis zur Aufschlaglinie nicht zum Feld gehört (siehe Abb. 164). Im Einzel wird dabei auf dem halben Feld gespielt.

Bei den Fußgängern gibt es nur bei der Klasse SL 3 eine Abweichung vom regulären Spielfeld. Es wird **auf dem halben Feld** gespielt, wobei als Außenlinie die Linie des Doppelfeldes gilt (siehe Abb. 163). Als Hilfsmittel ist eine Krücke zulässig.

Rollstuhl Einzel - Feld und Aufschlag

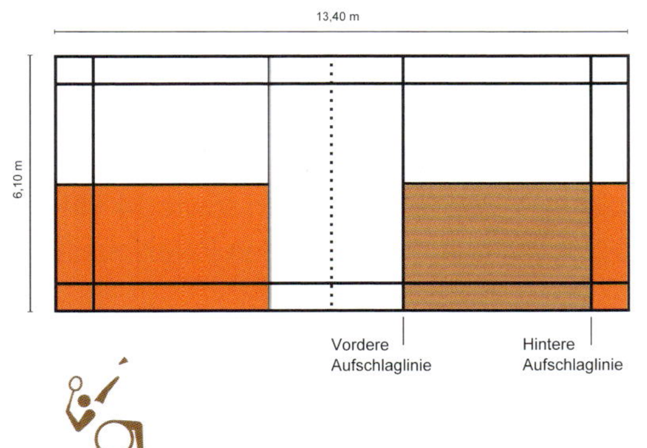

Rollstuhl Doppel - Feld und Aufschlag

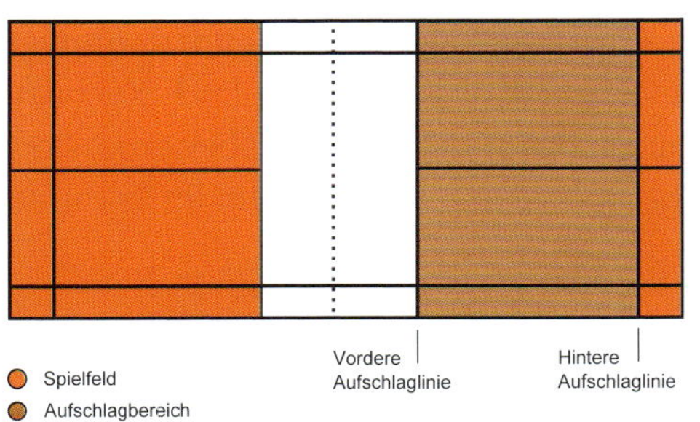

Nicht selten sieht man **bei den großen Wettkämpfen**, dass die Rollifahrer beim Clear oder Smash sehr weit nach hinten ausholen und dann mit viel Effet den Ball schlagen können. Es ist also sehr **großes technisches und koordinatives Talent erforderlich**, um es zu großen Leistungen zu bringen. Bei den Fußgängern spielt taktisches Vermögen eine große Rolle, es geht stark um die schnellen Vorwärts- und Rückwärtsbewegungen auf dem Feld und wie man dabei den Gegner ausspielt.

Abb. 164: Maße Rollstuhlfeld für Einzel und Doppel

Spielerinnen und Spieler, die an internationalen Wettkämpfen teilnehmen möchten, müssen über den Weltverband eine Klassifizierung beantragen. Hierzu gibt es Formulare auf der Website der BWF (https://corporate.bwfbadminton.com/para-badminton/classification/). Es sind **eine ärztliche Bescheinigung sowie eine Evaluation der sportspezifischen Fähigkeiten erforderlich**. Letzteres erfolgt beim ersten Wettkampf durch das Klassifizierungsteam. Es gibt entsprechende Klassifizierungsregeln, die angewandt werden. Die Sportler haben die **Möglichkeit zum Protest gegen eine Einteilung**. In einem solchen Fall muss eine schnelle Entscheidung (innerhalb von 45 Minuten) erfolgen. Die Daten der Athleten werden innerhalb des Verbandes vertraulich behandelt und stehen ausschließlich der Klassifizierungskommission zur Verfügung.

Para Badminton wird in Deutschland gemeinsam **über den Deutschen Rollstuhl-Sportverband sowie den Deutschen Badminton Verband (DBV)** organisiert. International wurde die International Badminton Association for Disabled (IBAD) 2009 in die Badminton World Federation (BWF) integriert. Es gibt dort eine Arbeitsgruppe aus elf Personen, die sich in verschiedenen Funktionen um die Belange kümmert.

Seit 1998 wurden mittlerweile 13 Weltmeisterschaften ausgetragen. Bereits seit 1995 gibt es Europameisterschaften. Mittlerweile hat sich **Para Badminton weltweit etabliert** und gehört auch zur Paraolympischen Bewegung. Nach Tokio wird der Sport auch 2024 in Paris und 2028 in Los Angeles bei den Paralympics vertreten sein. Dazu kommen immer mehr internationale und nationale Wettkämpfe. Auch eine Weltrangliste wird geführt.

Auch deutsche Spielerinnen und Spieler starten bei den Wettkämpfen. Einer der **Vorreiter ist Thomas Wandschneider** (*1963) vom VfL Grasdorf in Niedersachsen, er ist Pionier des Para Badminton und hat die Entwicklung mehr als 20 Jahre miterlebt. Als Rollstuhl-Sportler hat er **fünf WM-Titel im Einzel und Doppel** gewonnen sowie 14 EM-Titel. Im Alter von 57 Jahren konnte er sich 2021 noch den Traum von den Paralympics erfüllen.

Neben dem Para Badminton gibt es **weitere Varianten für Menschen mit Beeinträchtigungen**. So haben sich gehörlose Sportlerinnen und Sportler gefunden, die auch schon einige Male Deutsche Meisterschaften ausgetragen haben. Die **Special Olympics** sind für Menschen mit geistiger oder mehrfacher Behinderung. Badminton ist bei den Special Olympic World Games, die seit 1968 ausgetragen werden, seit 1995 vertreten. Die Special Olympics Bewegung geht auf **die Amerikanerin Eunece Kennedy-Shriver** (1921-2009) zurück, eine Schwester des ehemaligen US-Präsidenten John F. Kennedy (1917-1963). Das Besondere der **Special Olympics sind die Unified-Wettbewerbe**. Dort treten Menschen mit und solche ohne geistige Behinderung gemeinsam im Team an und leben so eine Form von Inklusion.

Bei der Special Olympics Bewegung werden die Spieler beim Wettkampf klassifiziert und so ähnlich starken Teilnehmern zugeordnet. Als Wettbewerbsform wird in den Klassen dann das **Schweizer System („Kaiserspiel")** praktiziert. Es wird auf sechs Feldern nebeneinander gespielt. Das ganz linke Feld ist das **„Kaiserfeld"**, das ganz rechte das **„Looser-Feld"**. Zu Beginn verteilen sich die Sportler auf die Felder, es wird dann pro Runde jeweils fünf Minuten lang gespielt. Der Sieger rückt ein Feld nach links, der Verlierer nach rechts (Gewinner Kaiserfeld und Verlierer Looser-Feld behalten die Position). Es gilt: Nach dem 5 Minuten-Signal wird der Punkt noch zu Ende gespielt. Bei Gleichstand muss ein weiterer Punkt ausgespielt werden. Es werden **sechs Runde gespielt**, dann steht die Rangliste fest.

Profitipp

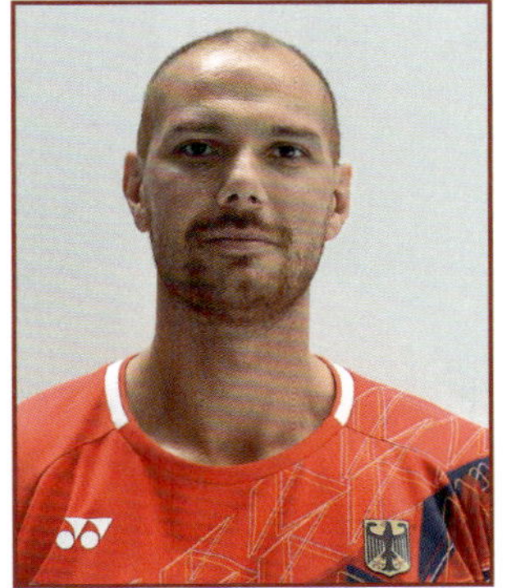

Christopher Skrzeba
*1986

Chef-Bundestrainer Para Badminton

Trainer A-Lizenz

M.Sc. Traingswissenschaft

Der Mensch steht im Fokus

Je nach Behinderung sieht der Einstieg etwas anders aus. Im Fokus steht dabei jedoch immer der Mensch und nicht die Behinderung. Bei Menschen mit einer Einschränkung an den Beinen können diese, angepasst an ihre Einschränkung, nahezu alles mitmachen, was auch nicht-behinderte Menschen tun: Koordinationsleiter, Footwork, Schattenbadminton etc. Bei Rollstuhlfahrenden ist hier erst einmal die Barrierefreiheit der Halle eine Grundvoraussetzung. Sofern dies gegeben ist, kann es im Prinzip auch direkt losgehen. Hier ist der einzige Unterschied, dass das Bewegen mit dem Rollstuhl statt mit den Beinen geschieht. Dennoch ist auch Schattenbadminton möglich und sollte nicht nur zur Feldgewöhnung regelmäßig in das Training eingebaut werden. Die Schlagtechniken und -ausführungen sind im Rollstuhl nahezu identisch zum Fußgänger-Badminton. So können Rollstuhlfahrende und Menschen mit Einschränkung an den Beinen als auch nicht-behinderte Menschen miteinander verschiedenste Übungen durchführen. Manchmal ist dabei etwas Kreativität gefragt, aber möglich ist sehr viel.

Lese-Tipp

Der gebürtige Inder Meva Singh Dhesi verlor nach einem Autounfall in London mit 25 Jahren sein linkes Bein. In seinem Buch *Reach for the Racquet* (Meyer & Meyer, 2023) beschreibt er (in Englisch) sein Schicksal und seine Liebe zum Badmintonsport. Er war Teilnehmer an zahlreichen internationalen Para Badminton Events.

24 Auf den Spuren einer Sportart

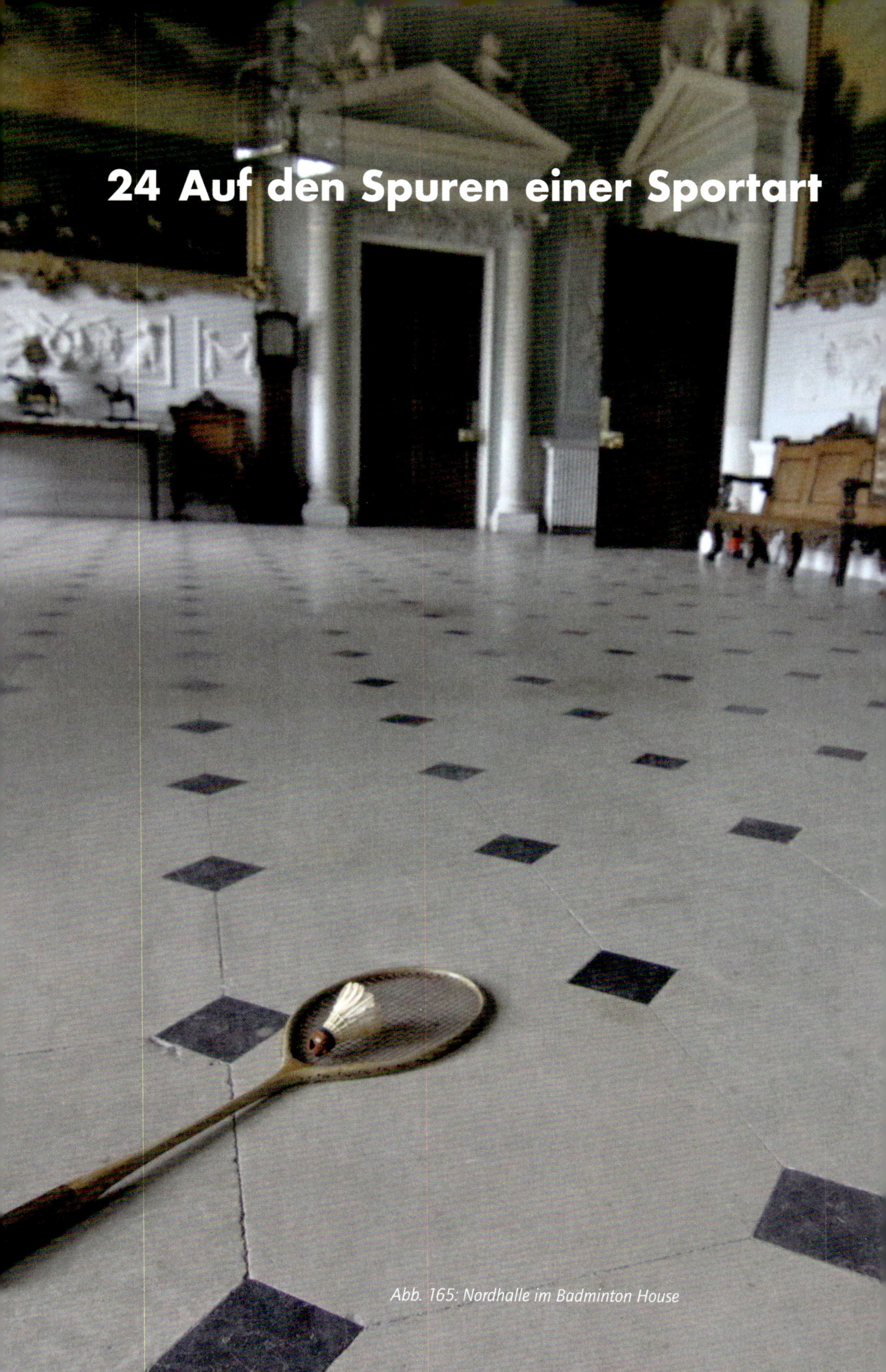

Abb. 165: Nordhalle im Badminton House

Besuch in Badminton House im englischen Glocestershire

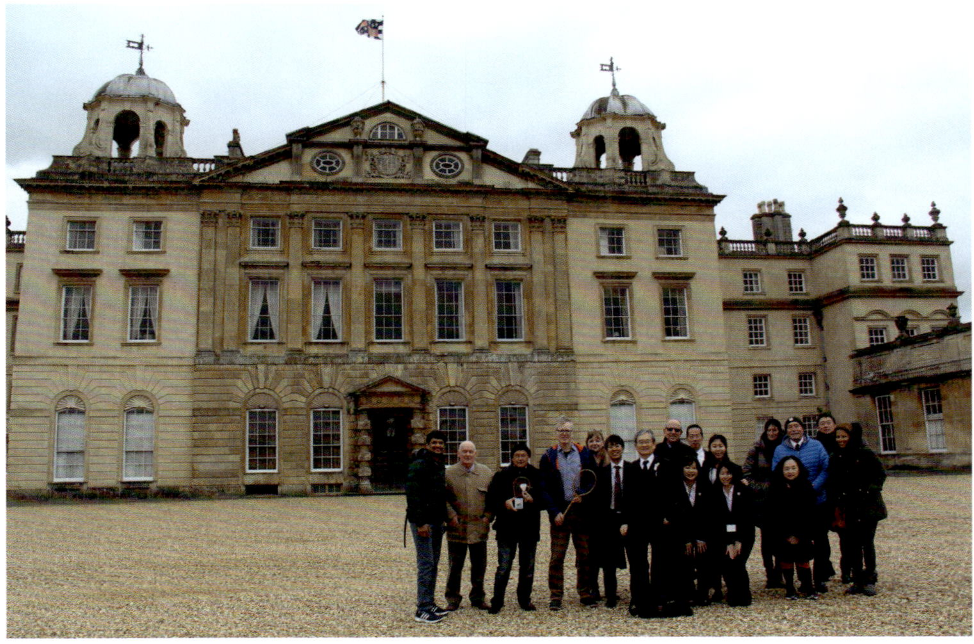

Abb. 166: Eine internationale Reisegruppe vom Badminton-Experten zu Besuch in Badminton House

Die große Fronthalle des englischen Landsitzes in Badminton wirkt unspektakulär. Nicht viel erinnert daran, dass an diesem Ort Sportgeschichte geschrieben wurde. Dominiert wird der rund 5,5 Meter hohe Raum durch vier große Türen sowie fünf übergroße Gemälde. Vier zeigen Jagdszenen und drücken die große Verbundenheit der Familie Somerset aus, die hier seit dem 16. Jahrhundert seit nunmehr 13 Generationen lebt. Der Fußboden ist mit einem unauffälligen Muster gefliest.

In vielen Räumen sind Porträts von Familienmitgliedern scheinbar wahllos durcheinander zu entdecken. „Es gibt eine enorme Sammlung an Familienporträts. Lassen sie mich nicht alle vorstellen - dann kommen Sie durcheinander und ich werde verrückt", sagt der Historiker Matthew Butler, der in der Nachbarschaft wohnt und gelegentlich Besucher durch den herrschaftlichen Sitz führt. Gäste sind eher die Ausnahme, der aktuelle Herzog, der 12. Duke of Beaufort, lebt noch dort. Briefpost an ihn liegt auf einem Schrank, Familienfotos sind im Haus auf einigen Tischen und in Regalen verteilt.

In der großen eingangs beschriebenen Nordhalle steht ein kleiner Holztisch, dort sind unter einer Glasscheibe die letzten verbliebenen Relikte der Familie zu entdecken, die mit der Badminton-Sporthistorie zu tun haben: vier alte Federbälle sowie drei Battledore-Schläger – also Vorgängermodelle der heutigen Badmintonschläger. Statt Saiten hat der Schläger einen Pergamentüberzug.

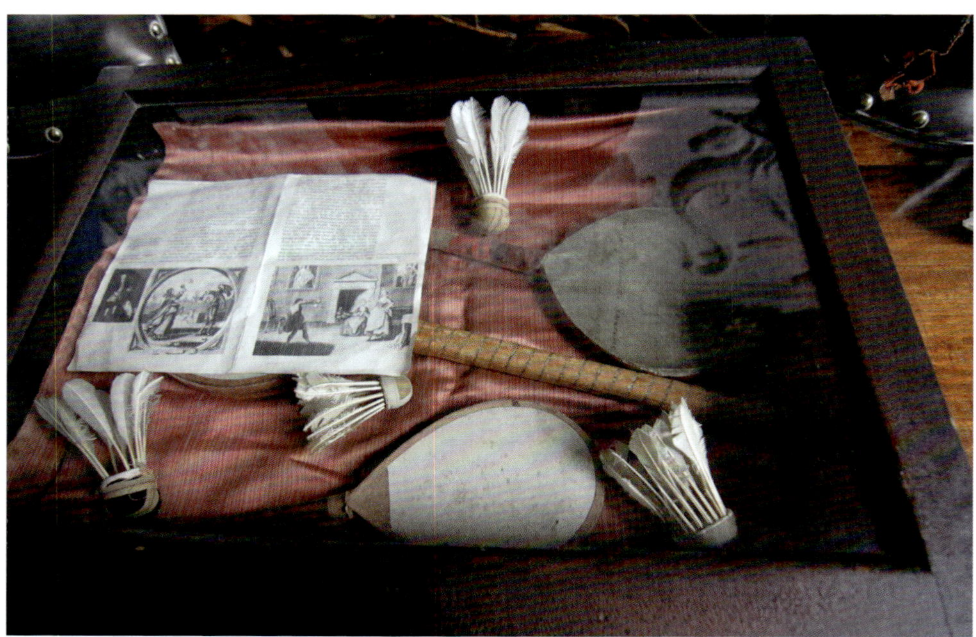

Abb. 167: Vitrine mit alten Bällen und Battledore-Schlägern

Zwei Schläger wurden auf einer Seite mit Tinte beschriftetet. Auf dem älteren Modell steht geschrieben: „Kept up with Lady Somerset on Saturday January 12th 1830 to 2117 with ... (unleserlich)". Die Bedeutung dahinter ist sehr interessant. Im Januar 1830 hatte „Lady Somerset" gewissermaßen einen Familienrekord aufgestellt und mit einer unbekannten Person – sie ist bei der Inschrift nicht lesbar – den Federball 2117-mal hin- und hergeschlagen.

15 Jahre später erfolgte dann das, was auf dem zweiten Schläger zu lesen ist, nämlich: „The Lady Henrietta Somerset in February 1845 kept up with Beth Mitchell 2018." Henrietta Louisa Priscilla Somerset (21. Mai 1831-20. Juni 1863) brachte es also auf 2018 Schläge und verpasste den Rekord einigermaßen knapp. Vermutlich waren sie und ihre Bekannte Beth Mitchell frustriert, immerhin werden sie mindestens rund 45 Minuten den Ball in der Luft gehalten haben, ehe dieser zu Boden fiel. Zumindest haben sie ihre Leistung für derart gut befunden, dass sie diese ebenfalls auf einem Battlerdore-Schläger verewigt haben.

Ganz offensichtlich war 1845 das Federballspiel noch davon geprägt, den Ball alleine oder zu zweit möglichst lange und geschickt in der Luft zu halten. Spiele dieser Art sind in vielen Teilen der Welt belegt - durch Zeichnungen und Gemälde. Es gibt Abwandlungen, bei denen der Ball mit dem Fuß oder der Hand bewegt wird. So existieren Kunstwerke aus Japan, China, Indien, Frankreich und auch England. Auch auf den berühmten Delfter Kacheln, die jede ein Unikat sind, gibt es zahlreiche Zeichnungen aus dem 17. und 18. Jahrhundert, auf denen Federball spielende Menschen abgebildet sind.

Doch wie kam es dann dazu, dass aus dem Spiel zum Zeitvertreib der Wettkampfsport Badminton wurde? Und was hat der Landsitz in Glocestershire damit zu tun? Es gibt keine eindeutige Antwort darauf. Klar ist allerdings, dass in Badminton House irgendwann in der großen Halle ein Seil gespannt und fortan mehr gegeneinander gespielt wurde, statt miteinander den Ball hoch zu halten.

Das Seil wurde in der Raummitte einerseits über dem Kamin und auf der anderen Seite an einer Außentür befestigt. Gästeführer Matthew Butler lenkt den Blick der Besucher bei seiner Führung auf das Gemälde oberhalb des Kamins. Dort ist der Arabische Hengst „Grey Barb" zu erkennen, den der Maler John Wootton (1686-1764) im Jahre 1734 für den 3. Duke gemalt hatte. Der Hengst ist fast in Lebensgröße abgebildet. Am Hals des Pferdes ist ein heller Punkt zu erkennen, der ganz offensichtlich nicht vom Maler stammte. „Ich gehe davon aus, da ist ein Federball dagegen geflogen", sagt Buttler mit einem verschmitzten Lächeln und einer Portion britischem Humor. Er selbst gibt zu, von Badminton nicht viel zu verstehen. „Hockey ist mein Sport", sagt der Historiker. Wo die berühmte „Badminton Library of Sports and Pastimes" in den weitverwinkelten

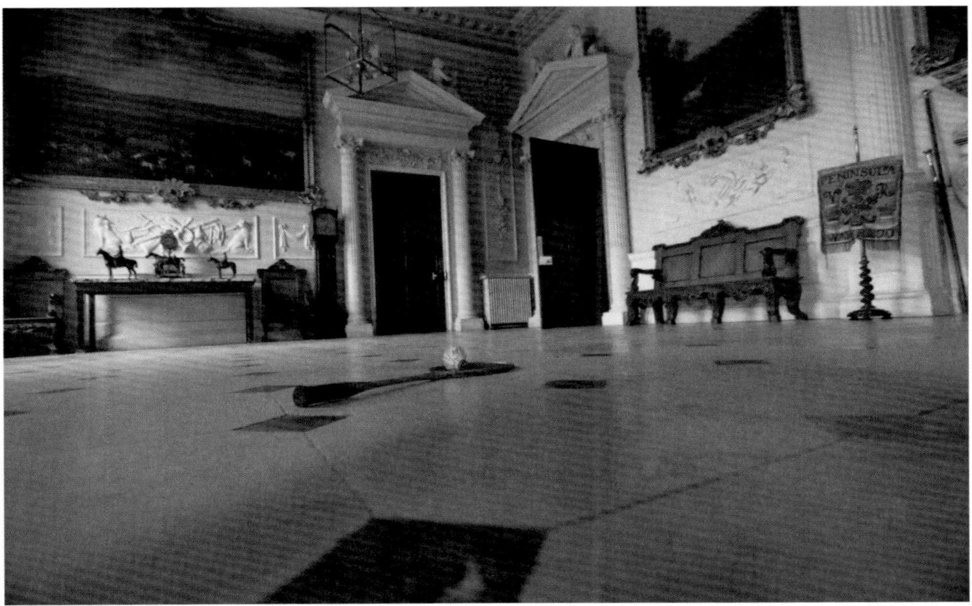

Abb. 168: Nordhalle in Badminton House

Räumen des Hauses steht, weiß er nicht. In den 33 Bänden wurden zwischen 1885 und 1920 rund 50 Sportarten dargestellt, von Tigerjagd über Tanzen, Bogenschießen und Schwimmen bis hin zu Billard, Fußball und Cricket. Der Badmintonsport ist indes kurioserweise nicht vertreten. Lediglich im Band 14 („Lawn Tennis, Rackets & Fives", 1890) wird der Sport am Rande erwähnt.

Matthew Butler merkt selbst einen sehr interessanten Fakt an. Er frage sich, wie in der großen Halle mit seinen Lampen unter der Decke und einem großen Sarkophag überhaupt Federball habe gespielt werden können. Der massive antike Sarkophag habe im Raum gestanden, die Abrücke der Füße sind noch zu erkennen. Das wertvolle Kunstobjekt, das etwa 1728 von Rom aus in den Besitz der Somerset-Familie gelangte und sich bis 1953 im Haus befand, ist heute in New York im Metropolitian Museum of Art zu sehen.

Der aktuelle Regent in Badminton House ist Henry John Fitz Roy Somerset. Er ist ein Cousin 7. Grades der verstorbenen Königin Elizabeth II. Er ist der 12. Duke of Beaufort und hat das Haus nach dem Tod seines Vaters 2017 übernommen. Sein Vermögen wird mit dem 52.000 Morgen (etwa 60,7 Quadratkilometer) großen Besitz in Badminton auf rund 315 Millionen Pfund geschätzt. Harry „Bunter" Beaufort ist in England eine schillernde Figur.

„Das Haus hat einen royalen Glanz", sagt Matthew Buttler beim Rundgang. Viele Könige und Königinnen seien bereits dort gewesen. Prinzessin Margaret, die Schwester der 2022 verstorbenen Königin, hatte zum Ende des 2. Weltkriegs in Badminton House gelebt. Auch Elizabeth II. war öfter dort, insbesondere wenn im Mai jedes Jahres die berühmten Badminton Horse Trials ausgerichtet werden, ein Reit-Turnier, das seit 1947 stattfindet.

Zurück zur Badminton-Historie: Einige schreiben es Henrietta Somerset zu, dass aus Badminton ein Wettkampfsport geworden ist. Schließlich gehörte die Tochter des 7. Duke dazu, als in der Halle ein Seil gespant wurde und der Federball dort flog. Sicherlich haben auch einige ihrer zehn Geschwister und auch sonstige Gäste des Hauses sich an dem Freizeitvergnügen beteiligt. „Auch in anderen Herrschaftshäusern der Zeit wurde dieser Sport betrieben", sagt Geoff Hinder vom National Badminton Museum im englischen Milton Keynes. Er sei vor einiger Zeit erst auf einen sehr interessanten Zeitungsartikel aus dem Jahre 1863 gestoßen. Dort sei das Leben in Country-Häusern beschrieben und ausdrücklich „Badminton" als Sport erwähnt worden. Das Spiel sei insbesondere draußen als Partyspiel betrieben worden. Auch Henrietta Somerset soll es erst ins Haus gezogen haben, als es draußen wieder einmal regnete.

Älteste Fotos, die ein Federballspiel mit Netz zeigen, stammen allerdings aus Indien und kommen aus der Zeit der 1860er- und 1870er-Jahre. „Auf den Bildern sind ausschließlich Europäer zu sehen", sagt Geoff Hinder. Er und auch andere Badminton-Historiker vermuten, dass britische Soldaten das Federballspiel in Indien für sich „entdeckten"

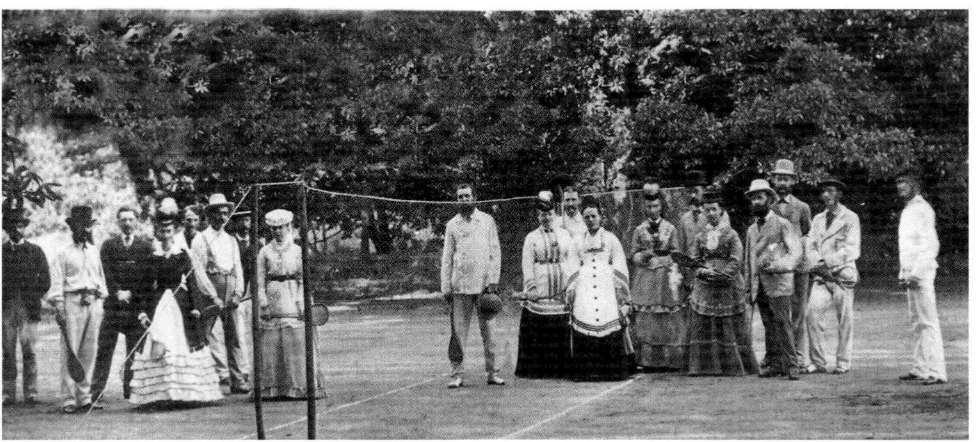

Abb. 169: Badminton wurde zuerst in Indien nach Regeln gespielt – hier eines der ältesten Fotodokumente aus Shimala im Himalaya-Gebirge.

und weiterentwickelten. Möglicherweise in einer Art Wechselwirkung machte der Sport auch in England einen Sprung. So ist klar, dass John Loraine Baldwin (1809-1896) in Badminton House ein und aus ging. Ihm wird zugeschrieben, dass er 1868 die ersten Spielregeln für Badminton – aber auch für andere Sportarten – aufgeschrieben hat.

Ein interessanter Beleg dafür, dass Federball zunächst von britischen Militärs betrieben wurde, findet sich in dem Büchlein „ABC of Badminton" aus dem Jahre 1928. Der Autor C. Pette Triscot schreibt: „Alle Spieler wissen vermutlich, dass die Sportart ursprünglich in Indien gestartet und dort für mehrere Jahre betrieben wurde, ehe diese ihren Weg nach England fand." Er selbst habe das Spiel durch General Harrison und General Mignon kennengelernt, sagt der Autor. Er habe noch mit Bällen gespielt, die mit Gummi beschwert worden seien, so wie sie im südindischen Madras (heute: Chennai) gespielt wurden. Das Spiel habe sich extrem geändert. Das indische Spiel sei ein schnelles „Geschiebe" gewesen, bei dem es keinen Smash gab. Heutzutage sei das Spiel dagegen sehr dynamisch, schreibt der Autor 1928.

Auch in Badminton House waren indische Offiziere zu Gast. Warum der Name des Landsitzes dann tatsächlich als Name für die Sportart diente, bleibt im Ungewissen. Jedenfalls kristallisierte sich die Bezeichnung um 1863 sowohl in England als auch in Indien heraus. Erste Regeln wurden 1873 in der Zeitung „The Field" veröffentlicht. Dort wird beschrieben, dass sich aus dem Zeitvertreib „Battledore" das Spiel Badminton entwickelt habe. Erste Regeln, die mit Feldmaßen und Zählweisen bis heute kaum variiert wurden, wurden den Lesern dargeboten – im Übrigen noch etwas früher als Regeln für Tennis, die erst 1874 publiziert wurden. Als 1893 im südenglischen Pourtsmouth die Badminton Association of England von 14 Clubs gegründet wurde, war der Anfang zu einer organisierten modernen Sportart vollzogen.

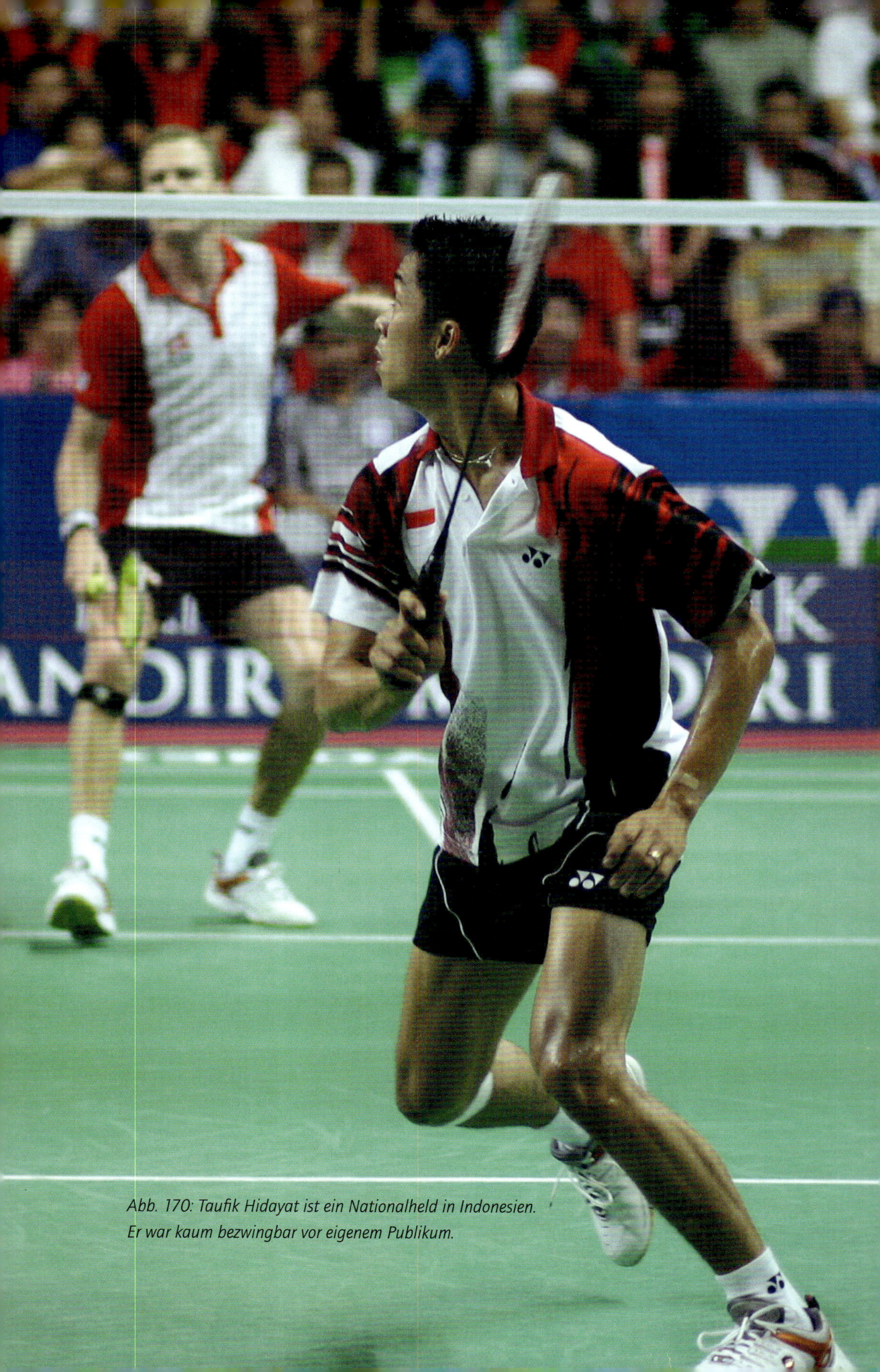

Abb. 170: Taufik Hidayat ist ein Nationalheld in Indonesien. Er war kaum bezwingbar vor eigenem Publikum.

25 Auf den Hinterhöfen Jakartas – Reportage über Badminton in Indonesien

Badminton ist in Indonesien mehr als nur eine Sportart

Es ist heiß und schwül - so wie dies im Sommer nach der Regenzeit in Jakarta der Fall ist. Das Hemd klebt am Körper, auch ohne dass man sich großartig bewegt. In einer kleinen Sporthalle dreschen knapp zwei Dutzend Mädchen im Alter zwischen 13 und 21 Jahren auf die Federbälle ein. Nach einer Weile ruft die Trainerin Minarni die jungen Sportlerinnen zusammen. Sie weist den Mädchen neue Spielpartnerinnen zu. Kurze Zeit später ist der Boden der Rudy-Hartono-Halle übersät mit Federbällen. „Die trainieren hier 2 x am Tag", sagt Minarni, die 1968 die All England Open im Doppel gewonnen hat. Der Verein Jaya Raya ist einer von über hundert Klubs, die verteilt in der indonesischen Hauptstadt zu finden sind. Im Zentrum gibt es 18, während die restlichen auf die vier Himmelsrichtungen entfallen (Nord-Jakarta 22, Ost 23, Süd 19, West 20). Gleichwohl gehört Jaya Raya zu den besseren Trainingsorten der talentierten Jugendlichen. Bereits Rudy Hartono, der zwischen 1968 und 1979 8 x die All England Open gewann, trainierte dort. „Nicht alle werden Profis", sagt Minarni.

21 Medaillen bei Olympischen Spielen

Mit dem Badmintonsport - oder Bulutangkis, wie die Indonesier sagen - war immer auch das nationale Bewusstsein und Selbstverständnis verbunden. Keinen anderen Sport haben die Südostasiaten derart für sich vereinnahmt wie Badminton. Während andere asiatische Nationen - allen voran China - auch noch in anderen Sportarten Erfolge feiern können, ist das in Indonesien anders. Obwohl das Land mit seinen etwa 15.000 Inseln und 275 Millionen Einwohnern zu den fünf bevölkerungsreichsten Ländern zählt, konnten Sportler aus Indonesien bis 1992 lediglich eine einzige olympische Medaille gewinnen. Mit der Aufnahme von Badminton ins olympische Programm änderte sich diese Bilanz schlagartig. 21 Medaillen - davon acht goldene - haben die indonesischen Badmintonspieler bei den zurückliegenden acht Spielen gewonnen.

Die Olympischen Spiele hatten in Indonesien eine Schubwirkung. 1992 wurde das neue National Training Center in Cipayung gebaut und vom damaligen Staatsoberhaupt Suharto eingeweiht. In völliger Abgeschiedenheit trainieren und leben dort die etwa 30 besten Athleten. Das Trainingslager ähnelt einer Kaserne. An den Wänden sieht man die Porträts der Verbandspräsidenten. In früheren Suharto-Zeiten hatten auch schon

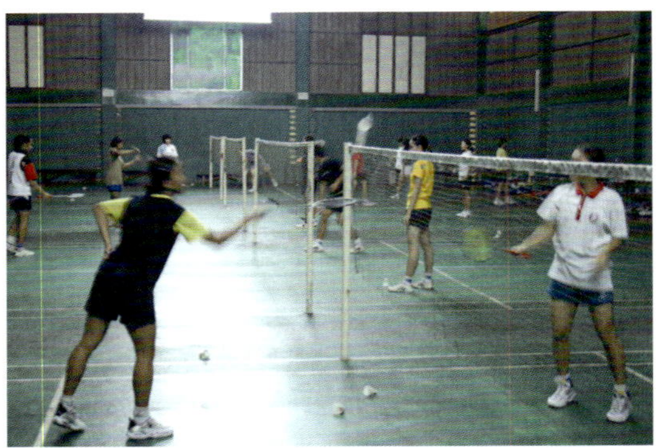

Abb. 171: Im Club Jaya Raya trainieren talentierte Jugendliche.

einmal Generäle des Militärs die Spitze des Verbandes besetzt. Die weitläufige Anlage befindet sich in Cipayung im Süden Jakartas. Lediglich mit dem Auto gelangt man zum Trainingscenter. Der Taxifahrer muss einige Male aussteigen, um nach dem Weg zu fragen. Verwinkelte Straßen in einer einfachen Wohngegend. Erst kurz vor dem Ziel findet sich ein kleines Hinweisschild. Am Eingang der Anlage kommt jemand vom Sicherheitspersonal aus dem Wachhäuschen. Gegen ein paar Rupiah ist er bereit, mich hineinzulassen. Die Halle hat 15 Badmintonfelder.

Badminton ist in Indonesien nicht nur Leistungssport. In jedem Dorf und in jeder Nachbarschaft gibt es Badmintonplätze. Sie sind in völlig unterschiedlichem Zustand und reichen von Asphaltanlagen mit aufgemalten Linien, Flutlichtanlage, Schiedsrichterstuhl und Zuschauerbänken bis hin zu einfachen Netzen mit Linien, die aus Bambusstöcken gelegt wurden.

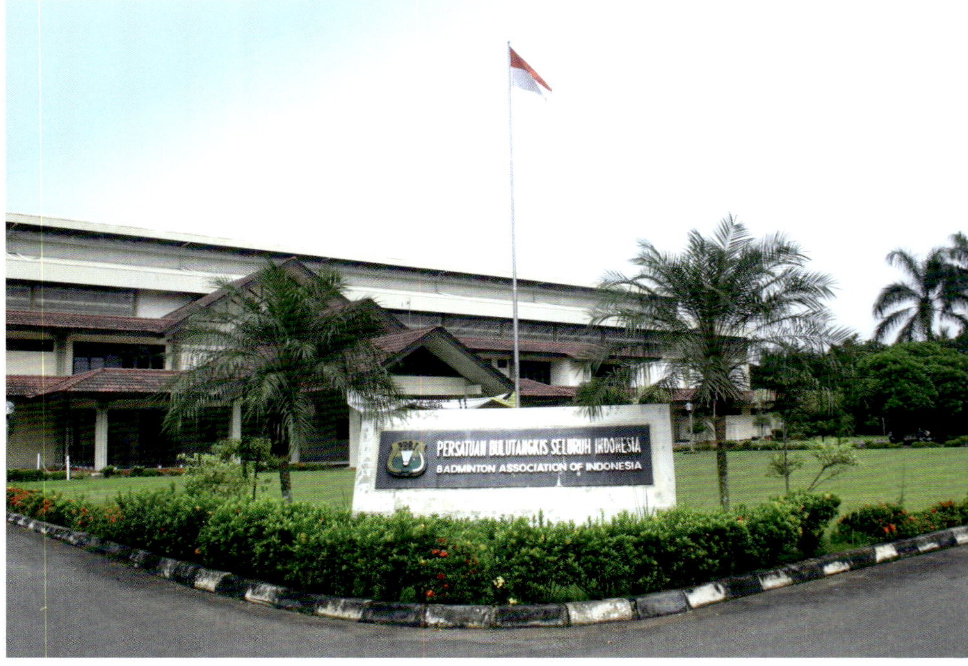

Abb. 172: Das National Training Center in Cipayung

Bis spät in die Nacht wird gespielt

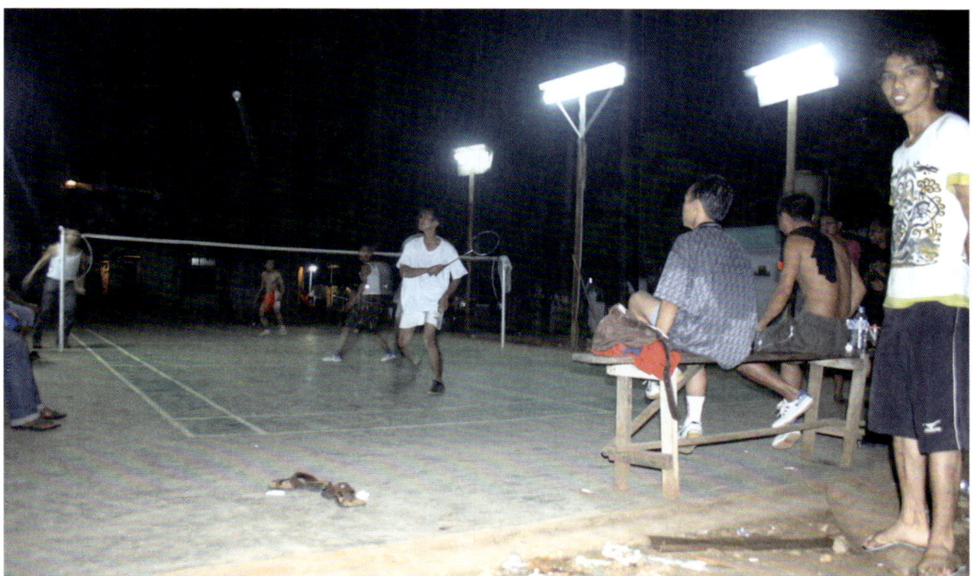

Abb. 173: Bis tief in die Nacht wird in Jakarta auf der Straße „Bulutangkis" gespielt.

„Wir spielen jeden Abend, wenn die Hitze weg ist", sagt Sayfrin. Es ist dunkel, ein Fremder würde den Hinterhofplatz im Osten Jakartas nie finden. Und selbst wenn, dann nur mit einem eher mulmigen Gefühl betreten. Es ist eine Art Dorfplatz, rundherum befinden sich die Wohnhütten. Alle Häuser sind flach. Das einzige Licht kommt von der Flutlichtanlage des Badmintonplatzes. Es wird viel geredet, Kinder tollen barfuß herum. Trotz der einfachen Lebensweise sind dies nicht die ärmsten Menschen in der Millionenmetropole. Sayfrin erzählt, dass er in einer Behörde arbeitet. Sie zählen sich selbst zur Mittelschicht. Sayfrin teilt nicht nur die Paarungen für das abendliche Bulutangkis-Spiel ein, er ist auch Bürgermeister des Viertels Kober/Cakung.

Inklusive Flutlichtanlage hätten die Nachbarn für das Badmintonfeld etwa sieben Millionen Rupiah - umgerechnet etwa 700,- € - zusammengebracht. Safrin ist nassgeschwitzt, während er das erzählt. Eben noch hat er auf dem Platz gestanden. Jetzt sitzen wir im „Café", das sich gleich neben dem Badmintonfeld befindet. Frauen bringen etwas zu trinken heran, einige Männer gruppieren sich um den Tisch. Sayfrin spricht kein Englisch. Seine Worte werden mir übersetzt. Die Kinder, die eben noch draußen herumrannten, drängen sich jetzt alle im Türrahmen, um etwas von den Vorgängen im Haus und von dem exotischen Gast mitzubekommen. Sie würden häufig bis nachts um zwei oder drei Uhr spielen, sagt Sayfrin. Der Badmintonplatz ist der Kommunikationsort für die Männer - Frauen sind nicht anwesend. Während vier Spieler auf dem Platz mit mehr oder minder geschickten Schlägen beschäftigt sind und teilweise in langer Jeans und bloßem Oberkörper spielen, überwacht ein Schiedsrichter das Spielgeschehen. Er zählt die Punkte und flachst gelegentlich mit den Männern, die links und rechts von ihm auf den einfachen Holzbänken sitzen. Es wird mit richtigen Bällen – „cocks" – gespielt. Auch für die Schläger haben sie bis zu 400.000 Rupiah investiert, wie Sayfrin sagt.

„Yeah"-Rufe und Pfiffe bei Länderspielen

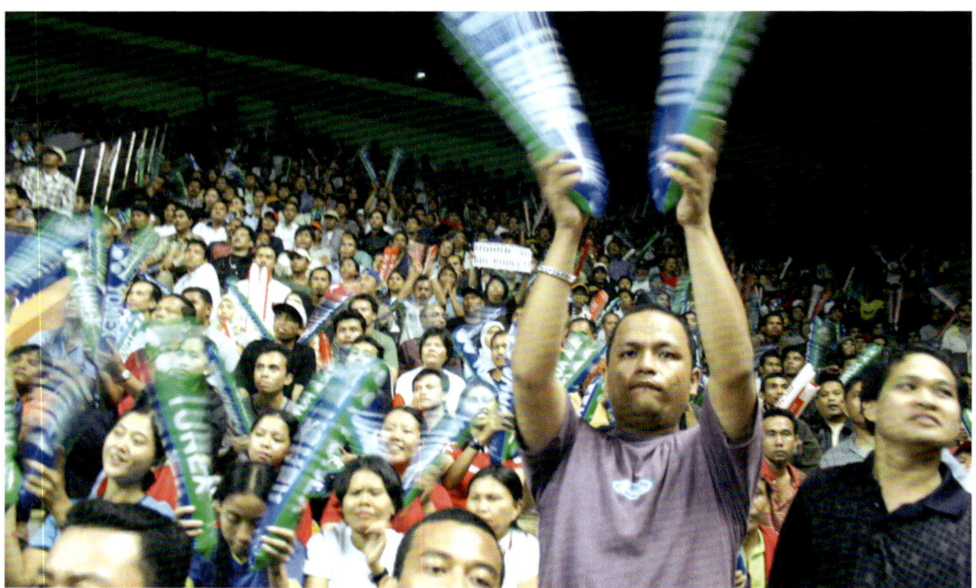

Abb. 174: Beim Thomas- und Uber Cup ist die Halle „Istora" in Jakarta gefüllt mit tobenden Fans.

Bei den Thomas-Cup-Spielen der indonesischen Nationalmannschaft ist die Halle „Istora" im Zentrum Jakartas mit 10.000 Zuschauern bis auf den letzten Platz gefüllt. Es herrscht eine Stimmung wie im Fußballstadion. Es werden Gesänge angestimmt, die Welle macht die Runde und die Gegner werden ausgepfiffen. Die Zuschauer begleiten die Schmetterbälle der indonesischen Spieler mit einem lauten „Yeah". Krach wird auch mit aufblasbaren Plastikstöcken gemacht, früher dienten dazu leere Federballrollen. Als „Tag der Schande" ist der 10. Juni 1967 in die Badmintongeschichte eingegangen. Auch an diesem Tag wurde ein Endspiel des Thomas-Cups im „Istora" gegen Malaysia ausgetragen. Die Zuschauer lärmten so laut und verhielten sich derart unfair, dass der britische Schiedsrichter Herbert Scheele die Begegnung abbrach.

Eine Fortsetzung des Endspiels im neutralen Neuseeland lehnten die Indonesier ab, Malaysia wurde am grünen Tisch zum Sieger erklärt. „Ich nehme es nicht mehr übel, dass das Spiel abgebrochen wurde", sagt Rudy Hartono heute. Er hatte seinerzeit gerade seine glanzvolle Karriere gestartet, bei dem spektakulären Spielabbruch war er gerade einmal 17 Jahre alt. „Die Europäer kannten die Atmosphäre hier nicht, darum haben sie so reagiert", sagt Hartono. Heute schätze man diese Stimmung auch bei der BWF. Allerdings haben sich auch in anderer Hinsicht die Zeiten geändert. Der ganz große Heimvorteil ist mit der Installierung der Klimaanlagen 1994 dahin. Zeiten, in denen die Halle völlig verqualmt war und den Spielern bereits nach einigen Ballwechseln das Hemd am Leib triefend nass klebte, sind vorbei. Enthusiastisch sind die Indonesier aber immer noch, wenn es um ihren Volkssport geht.

Einer der großen Helden ist Taufik Hidayat. Er gewann 2004 in Athen die Goldmedaille im Herreneinzel - und das durchaus überraschend. Der damals 24-Jährige war ungesetzt ins Turnier gegangen. Nach dem Matchball sank er auf die Knie und fing hemmlungslos zu weinen an. Vom nationalen Sportverband erhielt er eine Milliarde Rupiah (damals umgerechnet etwa 111.000 US-Dollar), auch der Indonesische Badminton Verband ließ sich nicht lumpen und legte noch einmal zwei Milliarden Rupiah drauf. Taufik Hidayat war einige Jahre zuvor in Ungnade gefallen und war aus dem nationalen Trainingszentrum in Cipayoung rausgeflogen, kurz vor seinem goldenen Auftritt in Athen. „Er ist eine Diva", sagt die Sportjournalistin Eva Komandjaja von der „The Jakarta Post". Heute sind alle diese Mätzchen vergessen. Wenn man Glück hat, kann man den Gold-Helden in Jakarta in seinem eigenen Badminton-Center antreffen. 2012 hat er im Süden der Stadt seine „Taufik Hidayat Arena" gebaut, vielversprechende Talente trainieren dort.

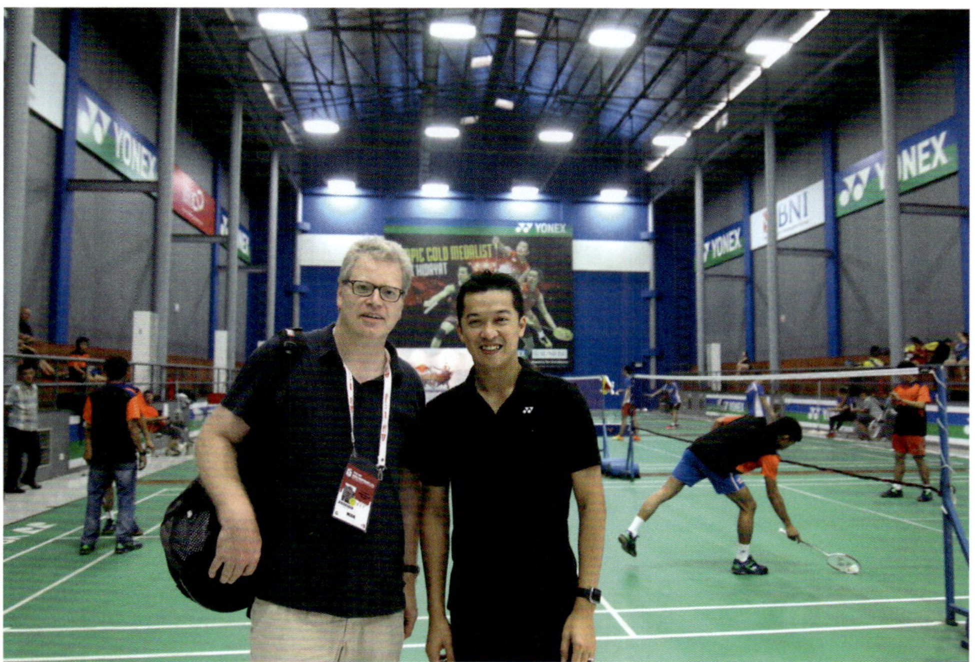

Abb. 175: Bernd-Volker Brahms mit Taufik Hidayat in Jakarta in dessen Badmintonhalle

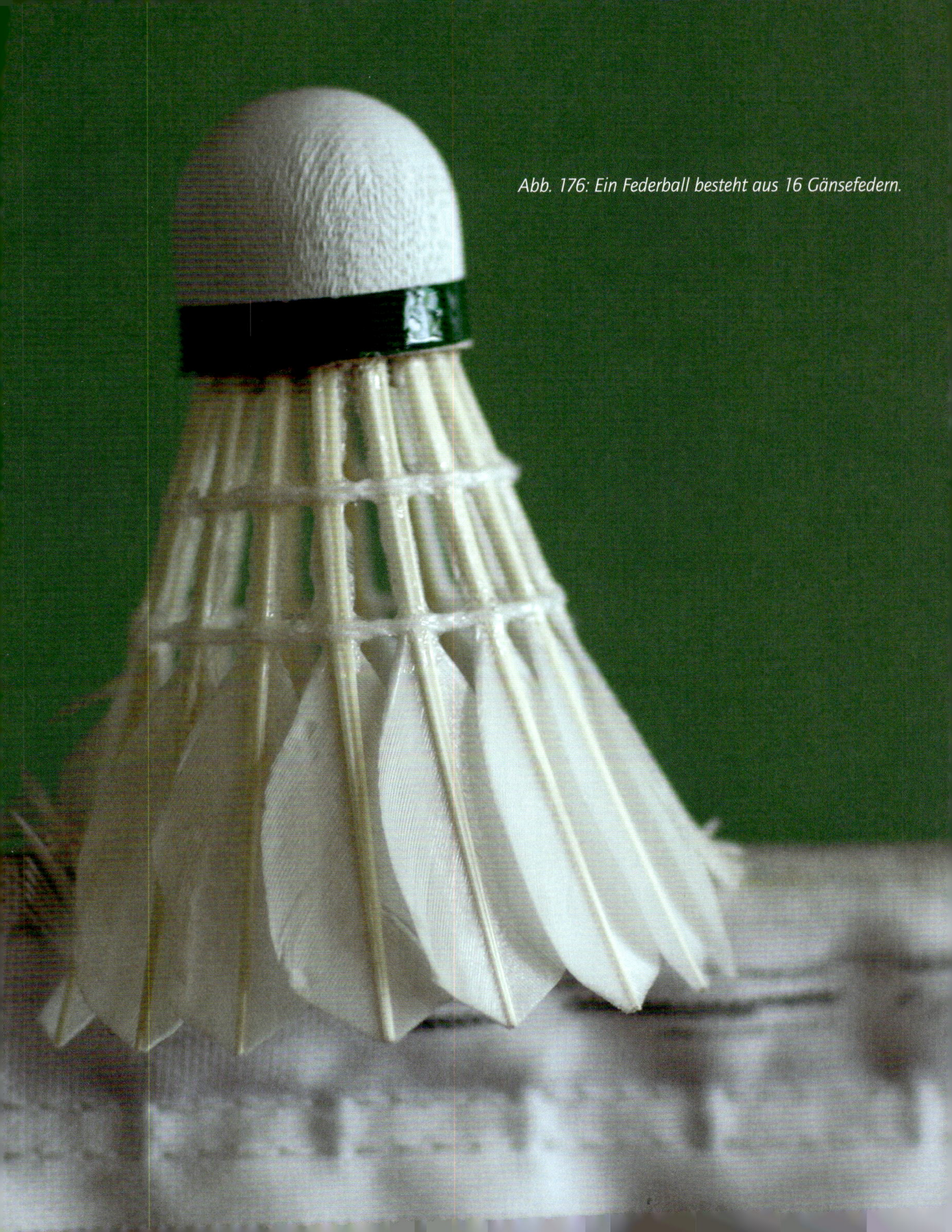

Abb. 176: Ein Federball besteht aus 16 Gänsefedern.

26 Badminton-Lexikon

AGM, engl. Annual General Meeting, jährliche Mitgliederversammlung des Weltverbands BWF →. Wichtige Entscheidungen bis hin zu Regeländerungen werden von der AGM getroffen. Die 198 Mitgliedsverbände haben zwischen einer und fünf Stimmen bei der Versammlung, je nach Mitgliedergröße und Erfolgen des Verbandes. Deutschland hat fünf Stimmen.

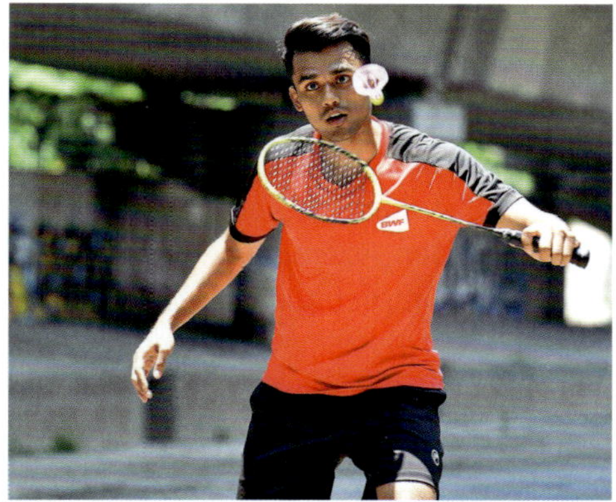

Abb. 177: Freiluftbadminton

Airbadminton, Outdoor-Varianten des Badmintonsportes, für Gras-, Asphalt- und Sanduntergrund, im Jahr 2019 durch die BWF → vorgestellt; seit 2013 wurde auf Initiative des Weltverbandes an dem Projekt gearbeitet; umgesetzt durch die Nanyan Technological University Singapore und der University Alicante; zwischen 2015 und 2018 wurden 30 Prototypen des Balles entwickelt; seit 2019 gibt es Plastikbälle für A. im Handel zu kaufen. Die Bälle haben eigene Flugeigenschaften und sollen weniger windanfällig sein als herkömmliche Federbälle →. Die Spielregeln sind etwas variiert zum Badminton.

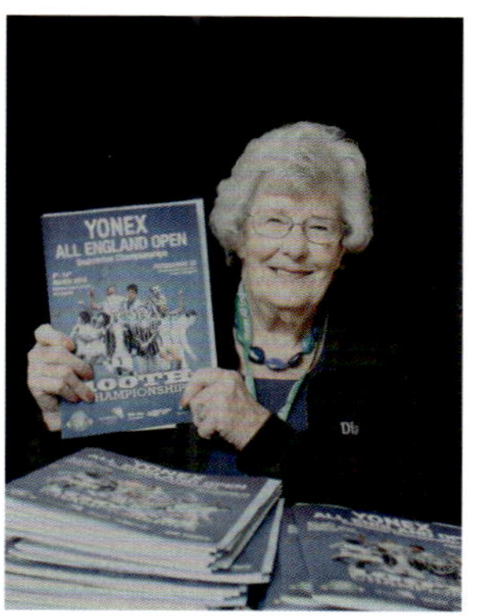

Abb. 178: Programmhefte

All England, ausgetragen seit 1899, galten bis 1977 mit der Einführung einer offiziellen WM → als prestigeträchtigstes Turnier weltweit. Die All England gehören seit Einführung der Grand-Prix-Serie → 1983 zur obersten Turnierliga, ab 2007 Bestandteil der Super Series → und ab 2011 ein Turnier der Premier Series →, seit 2018 BWF World Tour → Kategorie Super 1000. Das Turnier fand bis 1993 in London statt, seither in Birmingham. Von 1989 bis 2006 jeweils mit einem Preisgeld → von 125.000 US-Dollar dotiert, bis 2010 200.000 US-Dollar, ab 2011 350.000 US-Dollar. 2023 liegt das Preisgeld bei 1,25 Millionen US-Dollar. In der Open-Ära → ist Lin Dan → mit sechs Titeln im Einzel der erfolgreichste Spieler. Je vier Einzeltitel gewannen Susi Susanti →, Morten Frost →, Lee Chong Wei → und Tai Tzu Ying. Drei Titel schafften Ye Zhaoying und Xie Xingfang →. Im Doppel und Mixed gewann Gao Ling → 11 Titel. Erfolgreichster Akteur ist Sir George Thomas → mit 21 Titeln (4 Einzel, 9 Doppel, 8 Mixed). Im DE schafften Ethel B.

→ Begriff ist im Lexikon enthalten

Thomsen (zwischen 1900-1910) und Judy Hashman → (1954-1967) je 10 Titel. Rekordhalter im HE ist Rudy Hartono → mit 8 Titeln (1968-1976).

Alterklassen, Einteilung der Spielklasse bei Meisterschaften nach dem Alter. Neben der Allgemeinen Klasse (auch „Seniorenklasse" genannt) gibt es Unterscheidungen im Jugendbereich nach U 11 (unter elf Jahre), U13, U15, U17, U19 und U22 (Junioren) sowie bei der Altersklasse nach O35 (oberhalb 35 Jahre), O40, O45, O50, O55, O60, O65, O70, O75. Die Einteilung wurde mehrfach geändert, so galten bis 1998 in der Jugend die Klassen U16 und U18.

Anti-Match-Fixing, Programm der BWF → zum Sportwetten-Verbot → und Verbot von manipulierten Spielen; Spielern, Offiziellen und Turnierorganisatoren ist das Wetten auf Badminton-Wettkämpfe untersagt.

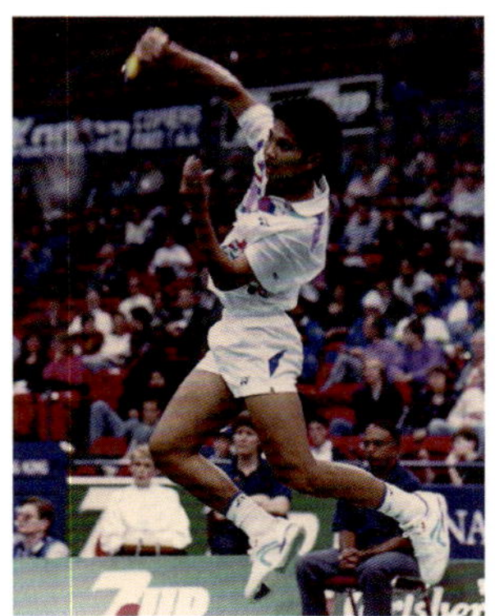

Abb. 179: Heryanto Arbi

Arbi, Heryanto, Indonesier, *1972, war in der Nachfolge seines Landsmannes Liem Swie King → einer der spektakulärsten Angriffsspieler, seine Spezialität war der Jump-Smash. Gewann 1993 die WM → und war 2 x bei den All England → (´93, ´94) erfolgreich. Karrierepreisgeld: 133.648 US-Dollar.

Asienmeisterschaften, kontinentaler Wettkampf, wird seit 1962 ausgetragen. Fand bis 1991 unregelmäßig und teilweise auch als Mannschaftswettbewerb unter den asiatischen Nationen statt. Seit 1991 wird das Turnier jährlich ausgetragen. Es ist das Pendant zu den Europameisterschaften →, den Ozeanien-Meisterschaften, den Afrika-Meisterschaften sowie den Pan-Amerikanischen Meisterschaften.

Asienspiele, Multisport-Veranstaltung, erstmals 1951 ausgetragen, seit 1954 alle vier Jahre. Badminton ist seit 1962 mit Mannschafts- und Individualwettbewerb vertreten. Nachfolger der seit 1913 ausgetragenen Fernostspiele. Bedeutendste Sportveranstaltung in Asien nach den OS →. Neben den Asienspielen gibt es noch die jährlich ausgetragenen Asienmeisterschaften → als reine Badminton-Veranstaltung.

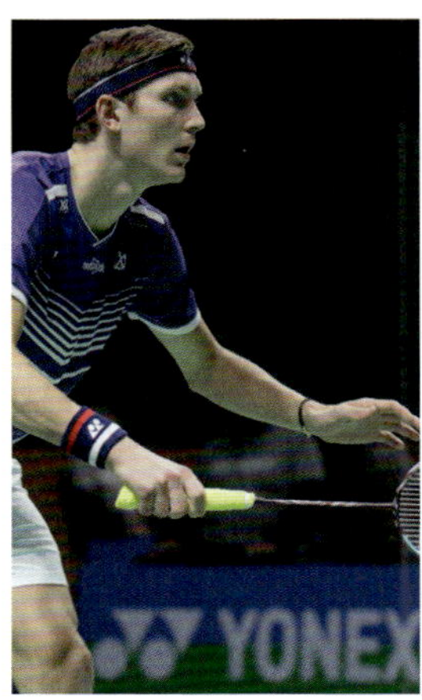

Abb. 180: Viktor Axelsen

Axelsen, Viktor, Däne, *1994, erfolgreichster europäischer Spieler aller Zeiten, gewann im HE bei den OS → Gold (´20) und Bronze (´16), 2 x Sieger HE WM → (´17, ´22), gewann 3 x im HE die EM → (´16, ´18, ´22), holte Gold bei den European Games → (´23), Sieger mit Dänemark im Thomas Cup → (´16), 5 x Gold Mixed Team-EM (´15, ´17, ´19, ´21, ´23) sowie 5 x Herren

Team-EM (´12, ´14, ´16, ´18, ´20). Sieger HE Junioren-WM (´10). Er gewann 2 x die Super Series Finals →(´16, ´17) und 3 x die BWF World Tour Finals → (´21, ´22, ´23). Er gewann zwei Turniere der Super Series → und 20 Turniere der BWF World Tour →. Er gewann 2 x die All England → (´20, ´22). Karrierepreisgeld: 2,26 Millionen US-Dollar (Stand: 12/2023).

Badminton, Name des Herrschaftssitzes des Herzogs von Beaufort in der englischen Grafschaft Gloucestershire, auch genannt Badminton House →. Der Name der Sportart leitet sich von diesem Landsitz ab. In einigen Ländern hat Badminton als Sportart allerdings eine andere Bezeichnung: Bulutangkis (Indonesien), Pluimbal (Südafrika), Sulkapallo (Finnland), Tollaslabda (Ungarn), Federball (ehemalige DDR). Frühformen des Badmintons hießen „Poona" (Indien), „Battledore", „Shuttlecock", „Coquantin" und „Jeu de volant" (Europa 17. und 18. Jahrhundert). Ältere Spiele mit einem Federball sind auch aus Südamerika bekannt. Die ersten Regeln wurden 1873 in der Zeitschrift „The Field" in mehreren Teilen publiziert und diskutiert. Veröffentlichte Regeln gibt es damit knapp eher als beim Lawn Tennis.

Badminton Association, erster Nationalverband →, wurde am 13. September 1893 in Southsea (England) von 14 Clubs gegründet; erste Versammlung in der Waverley Grove No. 6, der Privatwohnung von Seymour Sackville Carew Dolby →, der zum ersten Präsidenten gewählt wurde; später umbenannt in Badminton Association of England (BAofE). Ab 1903 trat als erster nicht britischer Club der Homburger Badminton Club → bei.

Badminton Asia Confederation, Dachverband der asiatischen Nationalverbände →mit Sitz in Malé (Malediven). Wurde am 30. Juli 1959 gegründet und ist der älteste Kontinentalverband. Hieß ursprünglich Asia Badminton Confederation und wurde 2006 umbenannt. Dem Verband gehören 44 Länder an und er veranstaltet die Asienmeisterschaften →. Im Internet unter: www.badmintonasia.org.

Badminton Confederation of Africa, Dachverband von 46 afrikanischen Nationalverbänden →. Wurde 1977 als African Badminton Federation gegründet und später umbenannt. Der Sitz ist in Centurion (Südafrika). Die Gründungsnationen sind Ghana, Mauritius, Mozambique, Kenya, Nigerien und Tansanien. Im Internet unter: www.badmintonafrica.com.

Badminton Europe (BE), Kontinentalverband, gegründet 1967 von elf europäischen Verbänden (u.a. dem DBV →), zunächst unter dem Namen European Badminton Union (EBU →), 2006 Umbenennung in Badminton Europe, hat 54 Mitgliedsverbände, Sitz in Kopenhagen (Dänemark). Seit 1968 Veranstalter der EM → in den fünf Individual-Disziplinen, seit 1972 der Mannschafts-EM. Seit 1968 Jugend-EM (seit 1975 Mannschafts-EM). 1988 Einführung des BE-Circuit mit internationalen Meisterschaften in Europa (Preisgeld unterhalb der Grand-Prix-Serie →). Seit 1978 jährliche Austragung des Europapokals für Vereinsmannschaften. Seit 1995 EM → in den Altersklassen → (O35 bis O75). Im Internet unter: www.badmintoneurope.com.

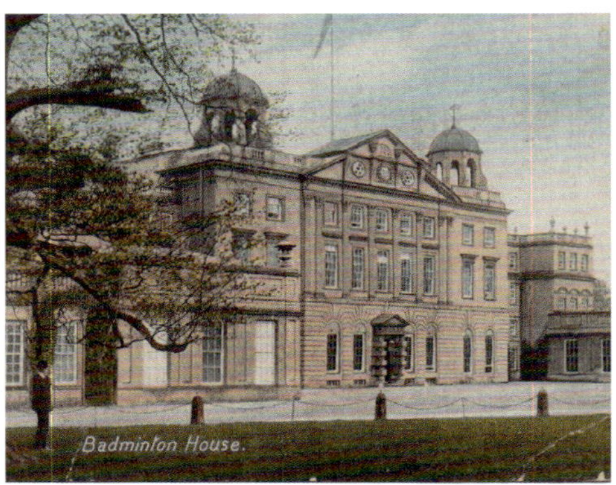

Abb. 181: Badminton House

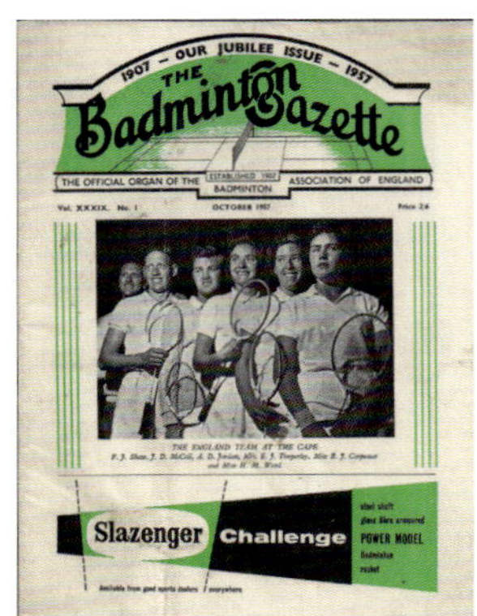

Abb. 182: Fachblatt

Badminton House, Herrschaftssitz in der englischen Grafschaft Gloucestershire, seit dem 17. Jahrhundert Sitz der Familie Somerset, bewohnt vom Herzog von Beaufort. Derzeit wird das Haus angeführt von Henry John FitzRoy Somerset (*1952), dem 12. Duke of Beaufort. Ab 1850 soll in der großen Eingangshalle des englischen Landsitzes Badminton erfunden worden sein. Britische Militärs brachten eine Art Federballspiel (Poona) aus dem kolonialisierten Indien mit. Im Park von Badminton House wird jährlich seit 1949 eines der weltweit bedeutendsten Springturniere für Reitsportler ausgerichtet. Zwischen 1885 und 1920 wurde die 33-bändige Badminton Bibliothek veröffentlicht, sie enthält Beschreibungen zu verschiedenen Sportarten, Badminton ist nicht dabei.

Im Haus befand sich lange das sogenannte Badminton Carbinet. Der Barrockschrank wurde 2004 für die Rekordsumme von 19,045250 Millionen britische Pfund versteigert – das teuerste Möbelstück der Welt. Es war im 18. Jahrhundert in Florenz hergestellt worden.

Badminton Gazette, war das offizielle Mitteilungsblatt des englischen Nationalverbandes →. Die Zeitschrift wurde 1907 gegründet und bestand 75 Jahre lang bis 1982. Zu den Herausgebern zählten einige Berühmtheiten des Sportes: George Thomas → (1907-1915), Herbert Scheele → (1946-1977) und Pat Davis (1970-79). Die B. war lange auch international das einzige Veröffentlichungsorgan. Ab 1972 kam „World Badminton" dazu, das bis 1999 existierte, und von der IBF → herausgegeben wurde. Seit Ende der 90er Jahren werden die Informationen zu internationalen Veranstaltungen über das Internet verbreitet; die BWF →bringt vierteljährlich die Shuttle World als pdf-Ausgabe heraus.

Badminton Oceania, kontinentaler Dachverband, wurde 1987 als Oceania Badminton Confederation gegründet. Dem Verband gehören 17 Länder an, der Sitz ist in Auckland (Neuseeland). Im Internet unter: www.badmintonoceania.org.

Badminton Pan Am, kontinentaler Dachverband, wurde 1976 gegründet. Der Verband hat 37 Mitgliedsländer und der Hauptsitz ist Lima (Peru). Ursprünglich hieß der Verband Pan American Badminton Confederation. Im Internet unter: www.badmintonpanam.org.

Badminton Sport, Fachzeitschrift, seit 1953 bundesweit erscheinendes Verbandsorgan des DBV →, erscheint 10x im Jahr. Berichte über das nationale und internationale Badmintongeschehen sowie Turnierausschreibungen. Zahlreiche Landesverbände haben eigene Verbandsorgane. In der DDR gab es das Verbandsheft „Federball", 1989 umbenannt in „Badminton live". Auf internationaler Ebene gab es die „Badminton Gazette" →(1907-1982) und „World Badminton" (1972-1999). Auf internationaler Ebene werden die Informationen der BWF → seit den 90er Jahren auf der Website www.bwfbadminton.com publiziert, sowie bei BE → unter www.badmintoneurope.com und beim DBV → unter www.badminton.de.

Badminton World Federation (BWF), internationaler Dachverband, 1934 in London gegründet von den Verbänden aus England, Irland, Schottland, Wales, Dänemark, Frankreich, Niederlande, Neuseeland und Kanada. Bis 2006 hieß der Verband International Badminton Federation (IBF). Die BWF →hat 198 Mitglieder in den fünf Kontinentalverbänden Europa (54), Asien (44), Afrika (46), Panamerika (37) und Ozeanien (17). Sitz der BWF →ist Kuala Lumpur (Malaysia). Geführt wird der Verband vom Präsidenten, dem gewählten Council (Vorstand) und der jährlichen Mitgliederversammlung AGM →. Zwischen 1978 und 1981 bestand kurzzeitig ein konkurrierender Weltverband World Badminton Federation (WBF) →, der sich aufgrund der China-Taiwan-Problematik gegründet hatte. Die BWF →ist Veranstalter von WM →, Thomas- und Uber Cup →, Sudirman Cup →, der BWF World Tour →und der Grand-Prix-Serie →. Im Internet unter: www.bwfbadminton.com.

Ballhaus, Bezeichnung für ein Gebäude an den fürstlichen Höfen Europas während des ausgehenden Mittelalters und der frühen Neuzeit. Dort wurde das Spiel Jeu de Paume (Vorläufer des Tennis) und auch Jeu de Volant (Vorläufer des Badminton) gespielt. Das B. in Versailles, nach dem der berühmte Ballhausschwur während der Französischen Revolution 1789 bekannt ist, wurde 1686 gebaut worden.

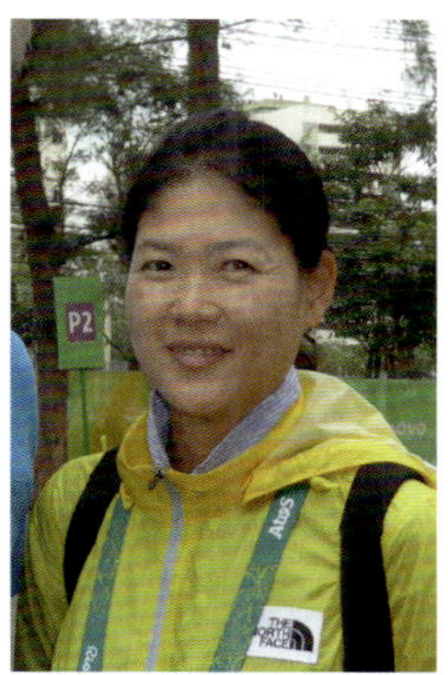

Abb. 183: Bang Soo-Hyun

Bang, Soo-Hyun, Koreanerin, 1972, Mitglied der Hall of Fame →der BWF →. War die größte Rivalin der legendären Indonesierin Susi Susanti →und musste sich oft mit zweiten Plätzen begnügen. Ihr größter Erfolg war Gold bei den OS → (´96) sowie bei den All England →(´96). Gewann mit Korea 2 x den Sudirman Cup → (´91, ´93). Wurde in den Vorstand der BWF →gewählt (2005-2009). Karrierepreisgeld: 106.618 US-Dollar.

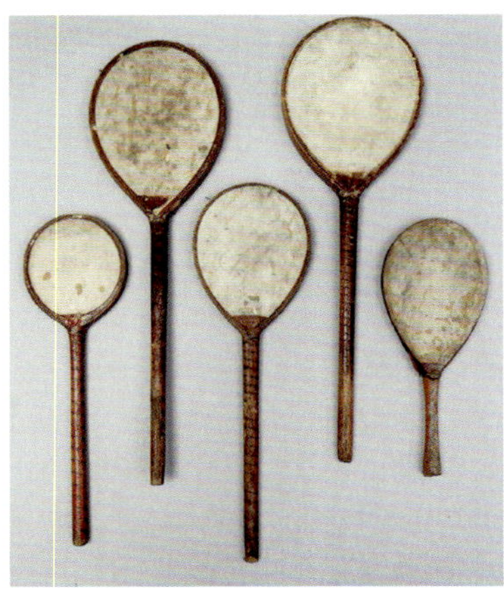

Abb. 184: Battledore

Battledore, Vorläufervariante des Spiels mit einem Federball, populär im 19. Jahrhundert vor allem in England; wurde zunächst im Freien ohne festgelegte Regeln gespielt. Es ging darum, sich den Federball → möglichst oft zuzuspielen oder allein in der Luft zu halten. Die Schläger hatten kleine Bespannung, vielmehr bestand die Schlagfläche aus Pergament. Mit vergleichbaren Schlägern wurde auch Tischtennis gespielt.

Beachminton, Strandvariante des Badmintonsports, 1998 von den Erfindern erstmals auf der ISPO in München präsentiert. Das Feld ist mit 3,80 mal 12,30 Metern kleiner als das Badmintonspielfeld. Die Linien werden mit Stoff- oder Gummibändern im Sand abgesteckt. Der Ball ist weniger windanfällig wie ein Federball, das Netz hängt etwas höher. Beachminton kann in der Halle und im Freien gespielt werden. Spielvariante wurde ab 2020 von Airbadminton → überholt.

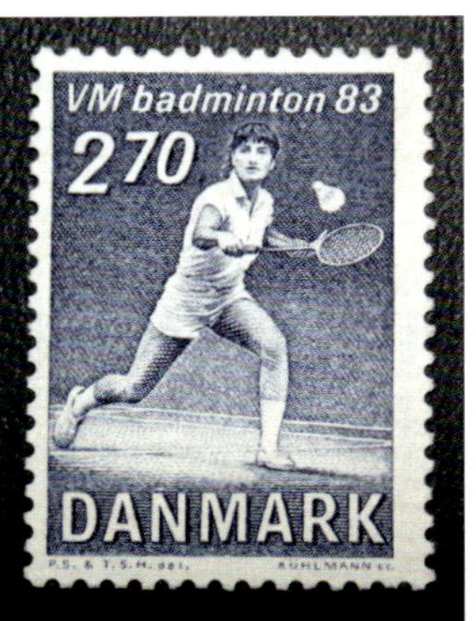

Abb. 185: Briefmarke

Briefmarke, Postwertzeichen mit Badminton-Motiv. Die weltweit meisten Badminton-Briefmarken kommen aus Indonesien, 1958 gab es anlässlich des erstmaligen Gewinns des Thomas Cups → die erste Serie bestehend aus drei Marken. Japan, Dänemark und Schweden folgten. Seitdem Badminton olympisch ist, folgten auch Länder wie Spanien, Grenada, Macau, Ungarn, Mauritius und Surinam.

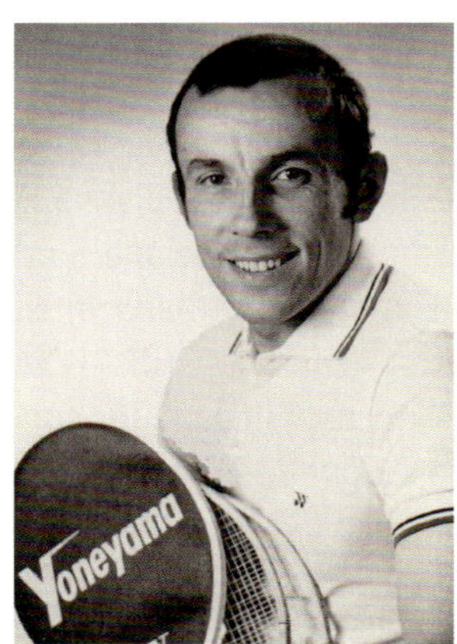

Abb. 186: Wolfgang Bochow

Bochow, Wolfgang, 1944-2017, war der erste Deutsche, der im HE die EM → (´72) gewann. Finale der All England → im MX (´70, mit Irmgard Latz →). War lange Rekordsieger (8 x) bei der DM → im HE (´63, ´64, ´66-´68, ´70, ´72, ´75), ehe er von

Marc Zwiebler → (9 x) abgelöst wurde. Bochow promovierte über Badminton und war Dozent an der Sporthochschule Köln.

Bundesliga, oberste Spielklasse, 1972 eingeführt mit 10 Mannschaften (zwischen 1995 und 2011 acht Mannschaften). Seit 1991 ermitteln die vier besten Mannschaften im Play-off die DM →. Zwischen 1957 und 1971 ermittelten die besten Teams der vier Oberligen in einem Turnier den Meister um den von Hans Riegel → gestifteten Pokal. Rekordtitelträger ist der 1. BV Mülheim (13 x). Pro Partie wurden bis 2010 3 HE, 2 HD, 1 DE, 1 DD und 1 MX ausgetragen. Mit der Saison 2011/12 wurden das 3. HE und das 2. HD gestrichen. Unterhalb der Bundesliga staffelt sich die 2. Liga (Nord, Süd), die Regionalligen sowie je nach Landesverband weitere Klassen bis hin zur Kreisklasse. In der Bundesliga wird nach Rallypoint → gespielt, jedoch mit verkürzten Sätzen (3 Gewinnsätze bis 11 Punkte).

Bundestrainer, oberste Trainerinstanz im DBV →. Der Bundestrainer bestimmt im Verband die Leitlinie im Leistungssport, legt die Kader → fest und nominiert für Länderspiele →. Seit Ende der 1990er-Jahre gibt es beim DBV → auch den Jugend-Bundestrainer. Die bisherigen Bundestrainer waren: Soekartono (1974-76, Indonesien), Olich Solihin (1976-78, Indonesien), Thomas Gottschalk (1978-79), Martin Knupp (´80), Lars Sologub (1980-83, Schweden), Hans-Werner Niesner (1983-89), Xu Quanheng (1989-92, China), Flemming Wiberg (1993-98, Dänemark), Asger Madsen (1999-04, Dänemark), Detlef Poste (2005-08 und 2017-2023), Jakob Hoi (2010-2012), Holger Hasse (2013-16). Seit 2008 gibt es jeweils Bundestrainer für die fünf Disziplinen, seit 2010 zusätzlich einen Chef-Bundestrainer.

Bundeswehr, Förderer des Leistungssportes, auf Beschluss des Bundestags von 1968 dem Spitzensport verpflichtet. Momentan gibt es 938 Förderstellen → (Stand: 07/2022) in 15 Sportfördergruppen. Kandidaten werden für elf Monate als Wehrdienstleistende eingestellt, danach können sie als Zeitsoldaten als Sportsoldaten → tätig werden. Der DBV → hat 13 Stellen für Spitzensportler als Sportsoldat sowie eine Trainerstelle über die Bundeswehr.

BWF World Tour, oberste Turnierserie des Weltverbandes BWF →, löste ab 2018 die Turnierserie Super Series → ab. Titelsponsor ist die Bank HSBC; 30 Turniere weltweit; verschiedene Kategorien je nach Preisgeld → Super 1000 (mind. 1,25 Millionen US-Dollar), Super 750 (mind. 850.000 US-Dollar), Super 500 (mind. 429.000 US-Dollar) und Super 300 (mind. 210.00 US-Dollar). Das Jahresendturnier BWF World Tour Final → ist mit zwei Millionen US-Dollar dotiert. Auch die German Open → und die Hylo Open in Saarbücken gehören zum Turnierkalender. Unterhalb der BWF World Tour gibt es noch Turniere der Kategorie International Challenge (mind. 15.000 US-Dollar), International Series (mind. 5000 US-Dollar) und Future Series (weniger als 5000 US-Dollar).

BWF World Tour Finals, Jahresabschlussturnier, dotiert mit zwei Millionen US-Dollar. In allen fünf Disziplinen qualifizieren sich die jeweils acht besten Spieler/Paarungen für das Turnier. Hierfür wird die gesondert geführt Rangliste der BWF World Tour → herangezogen. Pro Disziplin sind nur zwei Spieler/Paarungen einer Nation zulässig. Der Austragungsort wechselt. Es ist das Nachfolgeturnier des Super Series Finals → sowie Grand-Prix Finals →.

Cai, Yun, Chinese, *1980, Mitglied Hall of Fame, bildete zusammen mit Fu Haifeng → ein kongeniales Doppel, einer der erfolgreichsten Doppelspieler aller Zeiten. Gewann bei OS → im HD Gold (´12) und Silber ´(´08), siegte 4x im HD bei der WM → (´06, ´09, ´10, ´11), gewann die Asienspiele → (´06), die Asienmeisterschaften → (´11), den World Cup → (´05) und mit der chinesischen Mannschaft 5x den Thomas Cup → (´04, ´06, ´08, ´10, ´12), 6x den Sudirman Cup (´05, ´07, ´09, ´11, ´13, ´15) sowie 2x die Asienspiele (´06, ´10). Karrierepreisgeld: 311.030 US-Dollar.

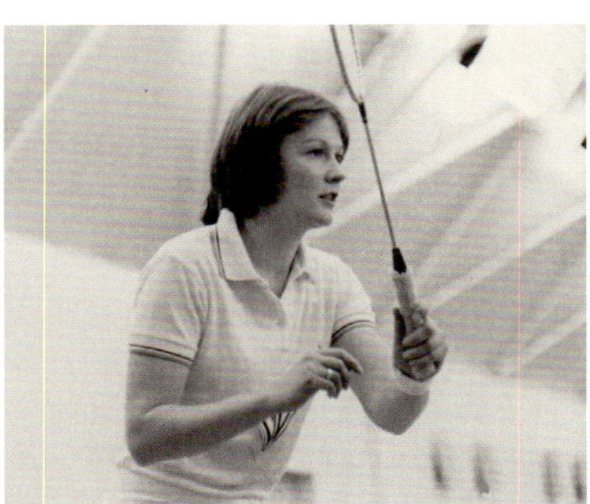

Abb. 187: Monika Cassens

Cassens, Monika, *1953, geb. Thiere, ist die erfolgreichste Spielerin der ehemaligen DDR, spielte für die BSG Aktivist Tröbitz (Brandenburg) und die HSG Lok Dresden, gewann 41 nationale und 87 internationale Meistertitel. Zwischen 1970 und 1988 17 x DDR-Meisterin im DE. 1971 im Halbfinale der EM der U18. C. gewann 29 Titel beim Internationalen Werner-Seelenbinder-Turnier →.

Center-Badminton, Spiel in kommerziellen Hallen, ohne Bindung zum Vereinssport. Seit den 80er Jahren verbreitet. Eines der ersten Center entstand 1985 durch den mehrfachen deutschen Meister Uwe Scherpen in Köln. 1988 wurde in Bonn auch die Hans-Riegel-Halle → zu einer kommerziellen Halle umgebaut. Vielfach wurde ein Tennisfeld zu vier Badminton-Courts umfunktioniert. Mitte der 90er Jahre fand unter der Federführung des DBV → eine Centerliga statt. Die Centerspieler werden bei der Statistik des DOSB nicht als Badmintonspieler berücksichtigt, Schätzungen gehen von mehreren hunderttausend Aktiven in den Centern aus.

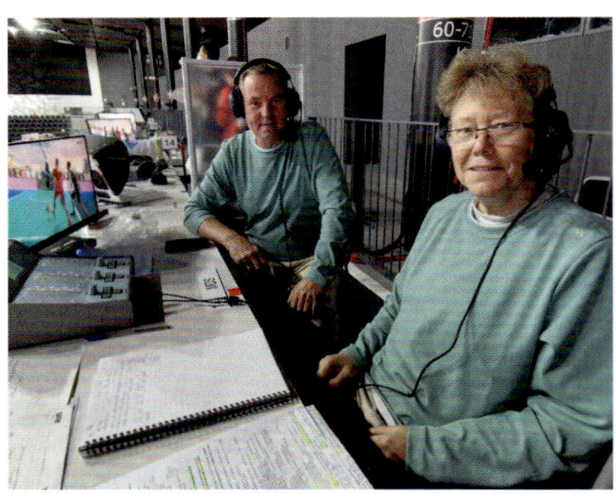

Abb. 188: Morten Frost und Gillian Clark

Clark, Gillian, Engländerin, * 1961, Spielerin und TV-Kommentatorin, gewann die EM → im DD (´82, ´84, ´86) sowie im MX (´88) und mit der englischen Mannschaft (´82). Gilt als profilierte Kennerin des Sportes und kommentiert mit Akribie und Temperament („Fabulous Rally. I don´t believe it"), zeitweise zusammen mit Morten Frost →.

Commonwealth Games, alle vier Jahre ausgetragene Multi-Sportveranstaltung aller Länder, die den britischen König als Staatsoberhaupt anerkennen, 56 Mitgliedsstaaten. Badminton ist bei den seit 1930 ausgetragenen Wettbewerben seit 1966 im Programm. Der Badminton-Wettkampf wird von den Engländern und Malaysiern dominiert.

Challenge, Infragestellung einer Linienrichterentscheidung mit Hilfe des Videobeweis →. 2013 von der BWF → bei den großen internationalen Turnieren eingeführt. Spieler/Paarungen können pro Satz 2 x eine Challenge beantragen, also die Überprüfung einer Linienrichterentscheidung. Dies muss sofort passieren. Durch Bildaufnahme wird geprüft, ob der Federball → „in" oder „out" war. Wenn eine Challenge erfolgreich ist, also die Linienrichterentscheidung korrigiert werden muss, dann zählt sie für den Spieler/die Paarung als nicht angewandte Challenge, es verbleiben also zwei oder ein Versuch.

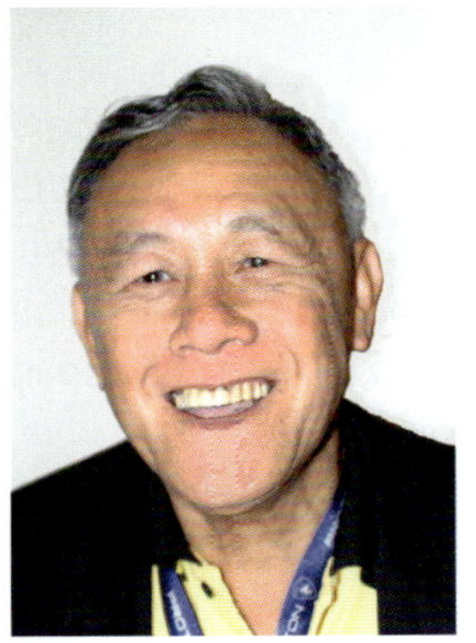

Abb. 189: Eddy Chong

Choong, Eddy, Malaysier, 1930-2013, Mitglied Hall of Fame →, beherrschte in den 50er Jahren mit Bruder David die internationale Szene und leitete die bis heute andauernde Dominanz der Asiaten ein. Acht Siege bei den All England → (´51-´57), davon 4 x im HE. Gewann sechs Titel bei den German Open → (´55-´57) im HE, HD und MX. Seit 2008 wird der Eddy Chhong-Award für den vielversprechendsten Spieler/Spielerin des Jahres („Most promising player of the year") von der BWF → vergeben.

Day of Shame, Spielabbruch des Endspiels um den Thomas Cup → am 10. Juni 1967, ging als „Tag der Schande" in die Geschichte des Sportes ein. Im Stadion Istora Senayan in Jakarta spielte Gastgeber Indonesien vor 12.000 Zuschauern gegen den Herausforderer Malaysia. Beim Spielstand von 3:3 wollte der Schiedsrichter Herbert Scheele → das Spiel aufgrund von unfairen Zuschauern unter Ausschluss der Öffentlichkeit fortsetzen. Da die Indonesier dies und auch eine Verlegung ins neutrale Neuseeland ablehnten, wurde Malaysia am grünen Tisch mit 6:3 zum Sieger erklärt.

Deutscher Badminton Verband (DBV), Dachverband, gegründet am 18. Januar 1953 in Wiesbaden von 14 Vereinen, trat im selben Jahr der IBF → bei. 1967 Gründungsmitglied von Badminton Europe →. Der DBV → ist gegliedert in 16 Landesverbände und hat etwa 166.069 Mitglieder in 3224 Vereinen (Stand: 2022). Gehört zu den 20 größten Sportverbänden im DOSB. Wird geleitet vom ehrenamtlichen Präsidium und dem hauptamtlichen Geschäftsführer der Geschäftsstelle in Mülheim/Ruhr. Gründungspräsident ist Dr. Hans Riegel → (Bonn).

Deutscher Federball Verband der DDR (DFV), Dachverband, gegründet am 11. Januar 1958 in Berlin, trat im selben Jahr als erstes sozialistisches Land der IBF → bei. Federball gehörte in der DDR wegen des fehlenden Olympiastatus zu den „nicht förderungswürdigen Sportarten". Der Verband organisierte einen nationalen Spielbetrieb. Seit 1960 spielten die Betriebssportgruppen eine DDR-Meisterschaft aus. Ab 1971 gab es zusätzlich den FDGB-Pokal. Individualmeisterschaften fanden ab 1961 statt. Die dominierenden Sportler kamen von der BSG Aktivist Tröbitz und Einheit Greifswald. Länderspiele fanden zumeist mit Sportlern aus Ostblockländern statt, Kontakte bestanden auch zu Dänemark, Österreich und Indonesien. Das größte Turnier war seit 1973 das Internationale Werner-Seelenbinder-Gedenkturnier →. Der kurz nach der Wende umbenannte Badminton Sport Verband der DDR (BSV) vereinigte sich am 18. November 1990 zum gesamtdeutschen Verband mit Namen DBV →.

Deutsche Meisterschaften (DM), erstmals 1953 in Wiesbaden ausgetragen, seither verschiedene DM-Titel in verschiedenen Altersklassen → in den Individualdisziplinen HE, DE, HD, DD und MX sowie mit der Mannschaft. Seit 1962 tragen die Studenten die Hochschulmeisterschaften aus, seit 1999 spielen auch die Menschen mit Behinderung in unterschiedlichen Schadensklassen (Stehend-, Sitz- und Rolli-Badminton) um Titelehren. Zwischen 1961 und 1990 wurden auch in der DDR vom DFV → nationale Titelkämpfe ausgetragen.

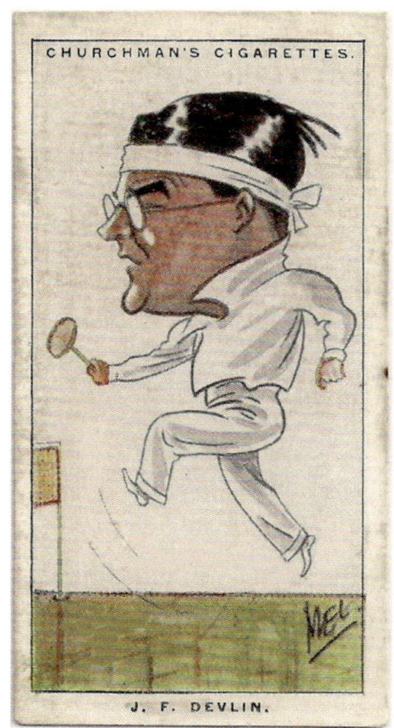

Abb. 190: Zigaretten-Bild

Devlin, Joseph Francis „Frank", Ire, 1900-1988, Mitglied Hall of Fame, gilt als Pionier des Sportes und erster Badminton-Profi, engagierte sich für die Ausbreitung über England hinaus; ist nach Sir George Thomas → bei den All England → mit 18 Titeln (6 x HE, 7 x HD, 5x MX) der zweiterfolgreichste Spieler aller Zeiten. Reiste 1925 und 1930 mit einem britischen Team auf Show-Kampf-Tour durch Kanada und die USA, 1937 reiste er auf Promotion-Tour nach Neuseeland, Australien und Malaysia. Siedelte 1931 nach Winnipeg (Kanada) und später Baltimore (USA) über, arbeitete Vollzeit als Trainer. Seine beiden Töchter Judy Hashman → und Sue Peard wurden international erfolgreiche Spielerinnen, gewannen für die USA den Uber Cup →. Zeitweise Herausgeber der Badminton Gazette →.

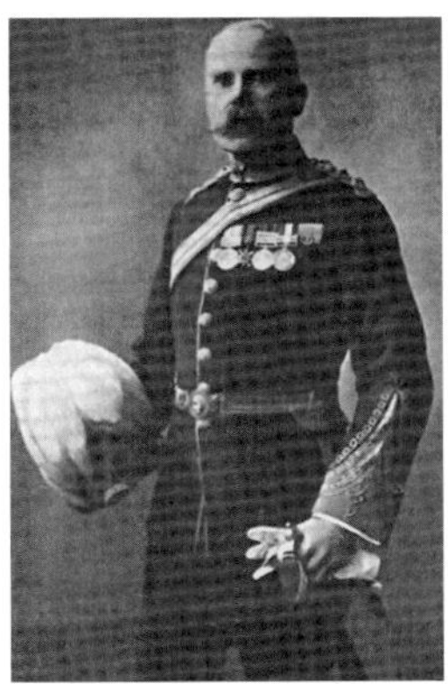

Abb. 191: Dolby

Dolby, Seymour Sackville Carew, Engländer, 1851-1921, Offizier und Funktionär, in seinem Privathaus in Southsea wurde am 13. September 1893 die Badminton Association → gegründet, der erste Badmintonverband weltweit. D. gehört zu den vier Gründungsmitgliedern der Hall of Fame → der BWF → .

Doping, unerlaubte Leistungsförderung, nach Expertenangaben beim Badminton aufgrund der Komplexität des Sportes wenig sinnvoll. Laut BWF → werden jährlich rund 1000 Tests bei den Topathleten und den vielversprechenden Athleten beim Wettkampf und auch im Training genommen. Bei Spielern des deutschen Kaders → gibt es ständig Kontrollen im Training und bei nationalen und internationalen Wettkämpfen. 1998 gab es den ersten spektakulären Dopingfall durch den Indonesier Budiarto Sigit →, der der Einnahme des anabolen Steroids Nandrolon überführt wurde. Die BWF → sperrte ihn für zwei Jahre. 2014 wurde der Malaysier Lee Chong Wei → positiv auf das Mittel Dexamethason getestet, ihm wurde die Silbermedaille der WM → 2014 aberkannt, er wurde acht Monate gesperrt.

EBU, ursprünglicher Name von Badminton Europe →.

Europameisterschaften (EM), erstmals 1968 ausgetragen, Wettbewerbe der Mannschaften finden alle zwei Jahre statt, bis 2016 auch das Individualturnier, seither jährlich. In Jahren der European Games →entfällt die Individual-EM. Seit 1969 auch in der Jugendaltersklasse, seit 1996 auch in der Altersklasse. Veranstalter ist die BE →. Dominiert von dänischen und englischen Spielern. Auch in den anderen vier Kontinentalverbänden → Asien, Afrika, Ozeanien und Panamerika werden Meisterschaften ausgetragen.

European Games, Multi-Sport-Event in olympischer Tradition, wird alle vier Jahre vom Europäischen Olympischen Komitee (EOC) ausgetragen, erstmals 2015 (Baku, Aserbaidschan), dann 2019 (Minsk, Belarus) und 2023 (Warschau, Polen); 26 Sportarten vertreten, Badminton ist von Anfang an dabei. Das Badminton-Event gilt als Europameisterschaften →.

Federbälle, Spielgerät, besteht aus 16 Gänsefedern und wiegt den Regeln entsprechend zwischen 4,74 und 5,5 Gramm. Die Federn müssen eine einheitliche Länge zwischen 62 mm und 70 mm aufweisen. Die Spitzen der Federn bilden einen Kreis und haben einem Durchmesser zwischen 58 mm und 68 mm. Die Federn stecken in einem Korkfuß. In unteren Spielklassen werden auch Bälle aus synthetischem Material mit vergleichbaren Flugeigenschaften verwendet.

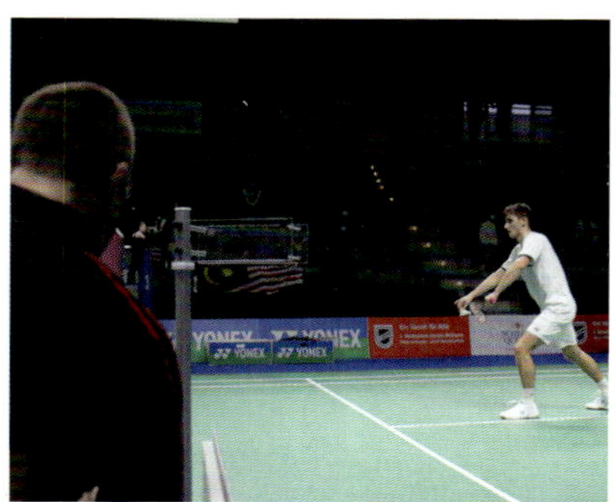

Abb. 192: Aufschlagkontrolle

Fixierte Aufschlaghöhe, ab 2018 von der BWF → eingeführt, der Ball muss unterhalb einer Höhe von 1,15 Metern getroffen werden. Bei großen Turnieren haben Aufschlagrichter eine Plexiglasvorrichtung, um die exakte Höhe kontrollieren zu können. Die Regel, dass der Schlägerkopf deutlich nach unten zeigen und unterhalb der Taille des Aufschlägers erfolgen muss, entfällt. Spitzenspieler hatten in der Vergangenheit gerne weite Shirts getragen, so dass die Taille kaum identifizierbar war. Die fixierte Aufschlaghöhe ist demgegenüber jetzt insbesondere im Amateurbereich schwer kontrollierbar.

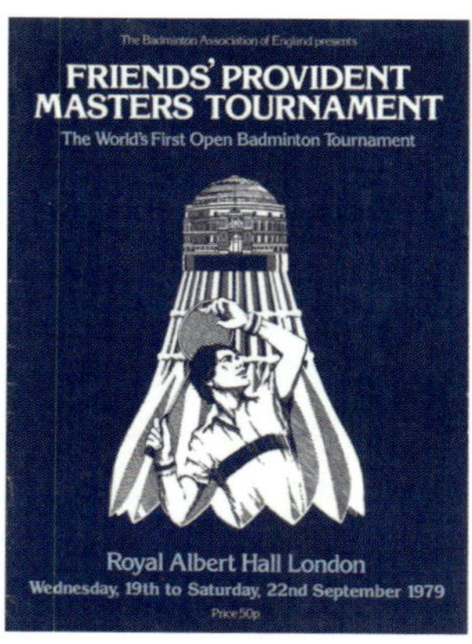

Abb. 193: Programmheft

Friends Provident Masters, erstes Profi-Turnier beim Badminton, 1979 in London in der Royal Albert Hall ausgetragen. Erstmals konnten Spielerinnen und Spieler ein Preisgeld → kassieren, allerdings waren die Sieger Prakash Padukone → (Indien) und Lene Køppen → noch keine lizensierten Profispieler, so dass die Siegespremiere von jeweils 3000 britischen Pfund trotzdem an den Verband ging. Insgesamt wurden 20.000 britische Pfund ausgeschüttet. 1980, 1981 und 1983 gab es weitere Austragungen des Turniers.

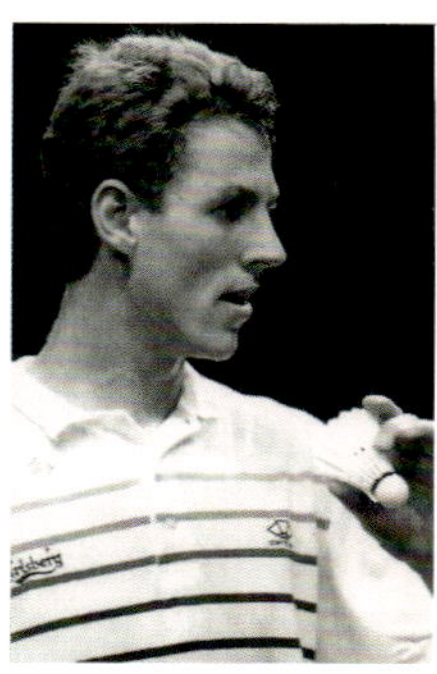

Abb. 194: Morten Frost

Frost, Morten, Däne, *1958, Mitglied Hall of Fame →, beherrschte in den 80er-Jahren die Szene, erreichte achtmal in Folge im HE das Endspiel der All England →, siegte viermal (´82, ´84, ´86, ´87), Sieger der EM → (´84, ´86). Scheiterte 2 x im WM-Endspiel (´85, ´87), dabei unterlag er beim ersten Mal gegen Han Jian → auf tragische Weise. Bis zum Seitenwechsel im dritten Satz führte F. mit 8:3 und hatte danach nicht einmal mehr einen Aufschlag. Erster Badminton-Millionär, arbeitete später als Trainer in Dänemark, Malaysia, Südafrika und England sowie als TV-Kommentator.

Fu, Haifeng, Chinese, *1983, Mitglied Hall of Fame, der wohl erfolgreichste HD-Spieler aller Zeiten, bildete mit Cai Yun → ein kongeniales Doppel. Gewann bei OS → im HD 2 x Gold mit Cai Yun → (´12) und Zhang Nan (´16) sowie Silber (´08) mit Cai Yun. Siegte 4 x im HD bei der WM → (´06, ´09, ´10, ´11), gewann die Asienspiele → (´06, ´10), die Asienmeisterschaften (´11), den World Cup → (´05) und mit der chinesischen Mannschaft 5 x den Thomas Cup → (´04, ´06, ´08, ´10, ´12), 6 x den Sudirman Cup → (´05, ´07, ´09, ´11, ´13, ´15). Er stellte 2005 mit einem Smash von 332 km/h einen Geschwindigkeitsrekord im Wettkampf auf. Karrierepreisgeld: 410.855 US-Dollar.

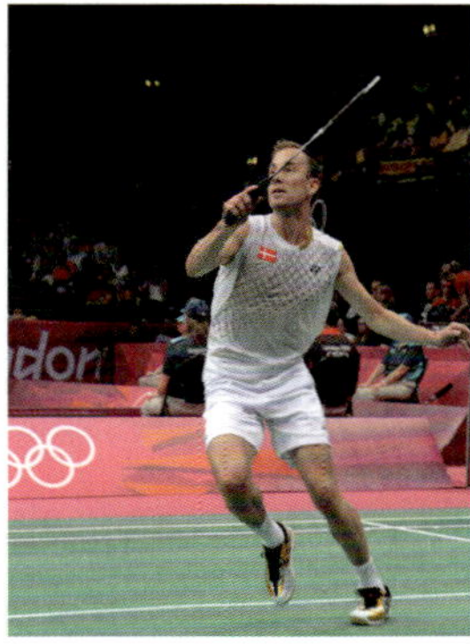

Abb. 195: Peter Gade

Gade, Peter, Däne, *1976, führte drei Jahre lang die Weltrangliste an (´98-´01). Gewann 5 x die EM → im HE (´98, ´00, ´04, ´06, ´10) und blieb bis 2012 bei dem Turnier ungeschlagen. Siegte einmal bei den All England → (´99). Scheiterte bei großen Turnieren oft an seiner übergroßen Nervosität, vergab beispielsweise bei der Heim-WM 1999 im HF einen Matchball. Erreichte 2001 das WM-Endspiel und 4 x das WM-HF (´99, ´05, ´10,´11), gewann 16 Titel bei der Grand-Prix-Serie → sowie vier bei der Super Series →. Zeitweise liiert mit Camilla Martin →. Karrierepreisgeld: 494.937 US-Dollar.

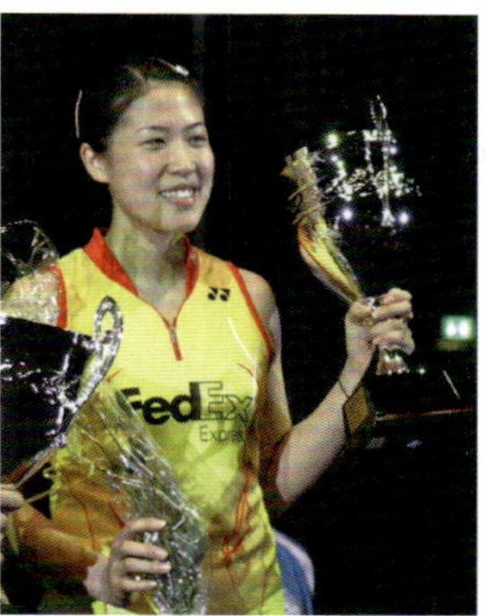

Abb. 196: Gao Ling

Gao, Ling, Chinesin, *1979, Mitglied der Hall of Fame →. Ist mit vier Medaillen bei OS → und vier Titeln bei der WM → eine der erfolgreichsten Spielerin aller Zeiten. Sie gewann bei den OS → 2000 und 2004 Gold im MX und holte im DD Silber (`04) und Bronze (´00). Bei der WM → gewann sie dreimal im DD (´01, ´03, ´06) und einmal im MX (´01). Dazu kommen elf Titel bei den All England →. Karrierepreisgeld: 310.518 US-Dollar.

German Open, bedeutendstes deutsches Turnier, wird seit 1955 ausgetragen. Heimatort der Veranstaltung war zunächst die Hans-Riegel-Halle → in Bonn, ehe ab 1963 andere Orte folgten. Die Internationalen deutschen Meisterschaften gehörten seit 1984 zur weltweiten Grand-Prix-Serie →. Seit 2023 werden 210.000 US-Dollar Preisgeld → ausgeschüttet. Im HE ist der Däne Erland Kops → mit sechs Titeln erfolgreichster Akteur, im DE ist die Schwedin Eva Twedberg mit fünf Titeln Rekordhalterin. Mit neun Titeln in verschiedenen Disziplinen sind Erland Kops →, Gillian Gilks → und Thomas Lund → die Spitzenreiter. Erfolgreichster deutscher Spieler ist Wolfgang Bochow →, der im HD (´67) sowie im MX (´72, ´75) gewann. Im DE konnten Irmgard Latz → (´66) sowie Gisela Ellermann (´58) gewinnen, im HE gab es bisher keinen deutschen Sieger.

Geschwindigkeit, Badminton gehört zu den schnellsten Sportarten der Welt. Bei dem chinesischen Doppelspieler Fu Haifeng → wurden 2005 beim Sudirman Cup → 332 km/h Anfangsgeschwindigkeit bei einem Smash gemessen. Die japanische Firma Yonex → hat im September 2009 bei einem Test mit dem malaysischen Spieler Tan Boon Heong eine Geschwindigkeit von 421 km/h gemessen und sich einen Eintrag ins Guinness-Buch gesichert. Dies wurde 2017 durch den Dänen Mads Pieler Kolding bei einem Wettbewerb in Indien mit 426 km/h übertroffen. Zum Vergleich: Squash 270 km/h (Weltrekord John White), Tennis 249,4 km/h (Weltrekord Andy Roddick). Lediglich Golf kann mit etwa 300 km/h (beim Abschlag) mit der Geschwindigkeit beim Badminton mithalten. Neben der G. verzeichnet das Guinness Book weitere Rekorde → aus dem Badmintonbereich.

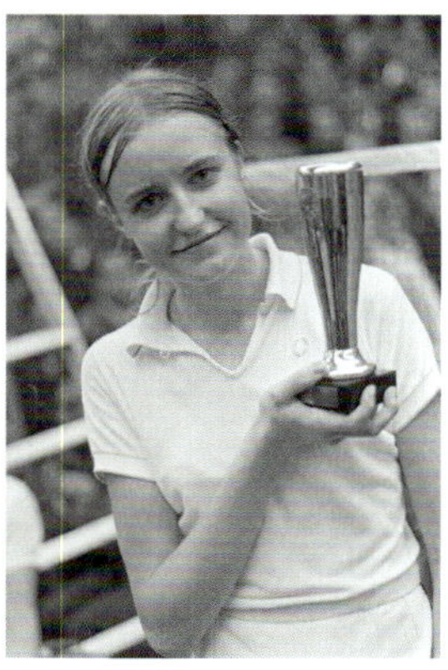

Abb. 197: Gillian Gilks

Gilks, Gillian, Engländerin, *1950, Mitglied Hall of Fame →, gewann als bisher letzte Spielerin 1976 bei den All England → im DE, DD und MX, gewann 23 Titel bei der Grand-Prix-Serie →, obwohl diese erst 1983 eingeführt wurde, als G. bereits 33 Jahre alt war. Vize-Weltmeisterin im DE (´77). Gilt mit etwa 600 Siegen als eine der erfolgreichsten Titelsammlerinnen aller Zeiten. Allein bei der EM → ist sie mit 12 Titeln Rekordhalterin. Über sie erschien eine Biografie „A Life of Badminton“ (1981).

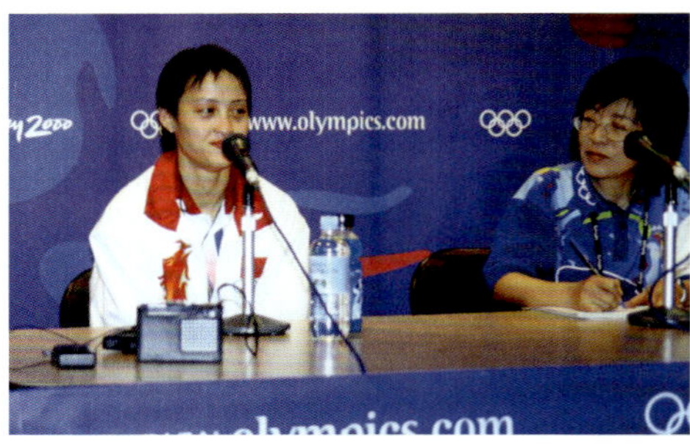

Abb. 198: Gong Ruina

Gong, Ruina, Chinesin, *1981, gewann als erste Spielerin nach der Jugend-WM (´98) auch die WM → bei der Erwachsenen (´01). Gewann die All England → (´04) sowie 5 weitere Grand-Prix-Turniere →. Sie verlor bei den OS → im Jahre 2004 das Spiel um die Bronzemedaille gegen ihre Landsfrau Zhou Mi. Beendete kurz darauf mit 25 Jahren ihre Karriere. Gewann mit China den Uber Cup → (´02, ´04). Karrierepreisgeld: 117.179 US-Dollar.

Gong, Zhichao, Chinesin, *1977, Mitglied Hall of Fame, gewann 2000 bei den OS →die Goldmedaille, besiegte im Finale die Dänin Camilla Martin →. Sie holte sich zwei Einzeltitel bei den All England → (´00, ´01). Holte sich mit China 2 x den Uber Cup → (´98, ´00). Karrierepreisgeld: 138.756 US-Dollar.

Grand-Prix-Serie, zwischen 1983 und 2006 ausgetragen. Die IBF → fasste weltweit die internationalen Meisterschaften mit einem Mindestpreisgeld zur G. zusammen. Die Serie umfasste zwischen sieben und 20 Turnieren. Das durchschnittliche Preisgeld pro Turnier stieg von knapp 28.000 US-Dollar (´84) bis auf 150.000 US-Dollar (´06). Immer mit dabei waren die All England →, die Japan Open, die Indonesia Open und die Malaysia Open. Die German Open → sind seit 1984 vertreten. 2007 löste die Super Series → die Grand-Prix-Serie als Spitzenserie ab. Sie bestand weiter bis 2017 als Serie der 2. Kategorie. Die besten Spieler der Grand-Prix-Serie qualifizierten sich bis 2000 für das Grand-Prix-Finale →. Neben dem Preisgeld → gab es je nach Kategorie und Abschneiden der Spieler auch Punkte für die Weltrangliste →.

Grand-Prix-Finale, Jahresabschlussturnier, von 1983 bis 2000 spielten die besten Spieler zum Jahresende ihre Besten aus. Die Teilnehmer des Turniers wurden mittels der Grand-Prix-Rangliste → und später der Weltrangliste → ermittelt. 1997 gab es beim G. das bis dahin höchste Preisgeld → in Höhe von 380.000 US-Dollar. 2008 wurden erstmals die Super Series Finals → mit 500.000 US-Dollar Preisgeld ausgespielt. Zwischen 2001 und 2007 gab es kein Jahresendturnier, dafür 2005 und 2006 einen World Cup →.

Grand-Prix-Rangliste, Aufstellung des Rankings der besten Spieler bei der Grand-Prix-Serie →, von 1983 bis 1996 von der IBF → veröffentlicht. Zum Jahresende qualifizierten sich die besten Spieler jeder Disziplin für das Grand-Prix-Finale →. Die besten 25 Spieler/Paarungen erhielten zudem aus einem Bonuspool eine Prämie. Mit der Einführung der Weltrangliste → 1990 führte die zusätzliche geführte G. zu Verwirrungen und wurde abgeschafft.

Grether, Nicole, *1974, Rekordnationalspielerin (106 Berufungen). Nahm an OS → (´00, ´04) teil. Sie gewann bei der EM → im DD mit Juliane Schenk → die Silbermedaille (´06). Erreichte im Uber Cup → mit der deutschen Mannschaft das HF (´06). Siegerin der DM → im DE (´97, ´01), im DD (´93, ´99, ´01, 02, ´04-´07), mit der Mannschaft 1996 (Heiligenwald) und 1998, 2002, 2003 (Bayer Uerdingen). Karrierepreisgeld: 61.537 US-Dollar.

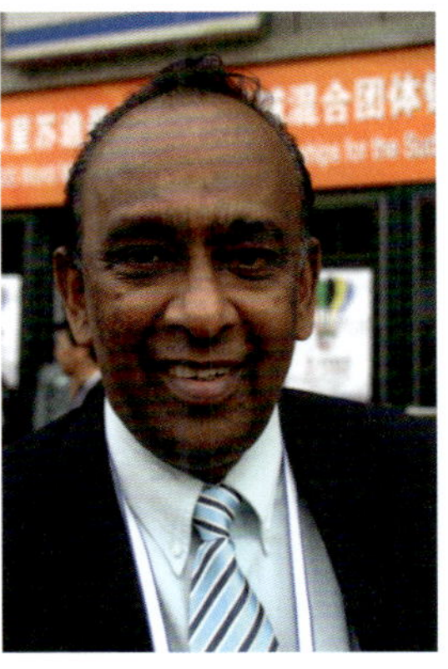

Abb. 199: Punch Gunalan

Gunalan, Punch, Malaysier, 1944-2012, Spieler und Funktionär der IBF → und der BWF →, gewann die All England → im HD (´71) und stand im Finale des HE (´74), gewann die Asienspiele → im HE und HD (´70). Später war G. Trainer und Manager in Malaysia, ab 1997 Vizepräsident der IBF → und von 2005 bis 2008 Generalsekretär des Verbandes, holte die Geschäftsstelle nach Kuala Lumpur und arbeitete an der Internationalisierung →

des Sportes. Unterlag in einem verbandsinternen Machtkampf dem BWF-Präsidenten Kang Young-Joong (Korea) und trat 2008 zurück.

Gunawan, Tony, Indonesier, *1975, gewann mit verschiedenen Partnern 35 internationale Titel im HD und MX. Mit Candra Wijaya holte er bei den OS → die Goldmedaille (´00) und siegte 2 x im HD bei der WM → mit Halim Haryanto (´01) sowie mit dem Amerikaner Howard Bach (´05). G. siedelte 2002 von Indonesien in die USA über und trat auch für seine neue Heimat bei Turnieren an.

Gleichberechtigung, wesentliches Element im Badminton, eine von wenigen Sportarten, bei der Männer und Frauen in Mannschaften gemeinsam antreten. Turniere werden stets in allen fünf Disziplinen (HE, DE, HD, DD, MX) ausgetragen. Die IBF → verhinderte nach 1992 eine Spaltung in Damen- und Herren-Turniere, nachdem das IOC das Mixed (wie beim Tennis und Tischtennis) zunächst aus dem Programm der OS → heraushielt und erst 1996 ergänzte. Seit 2008 erhalten Frauen und Männer bei internationalen Wettkämpfen das gleiche Preisgeld →. Die BWF → und auch Badminton Europe → haben eine eigene Kommission für G. Auch schon 1979 beim ersten Profi-Turnier (Friends Provident Masters →) der Open-Ära → erhielten die Sieger im HE und DE ein Preisgeld → in gleicher Höhe.

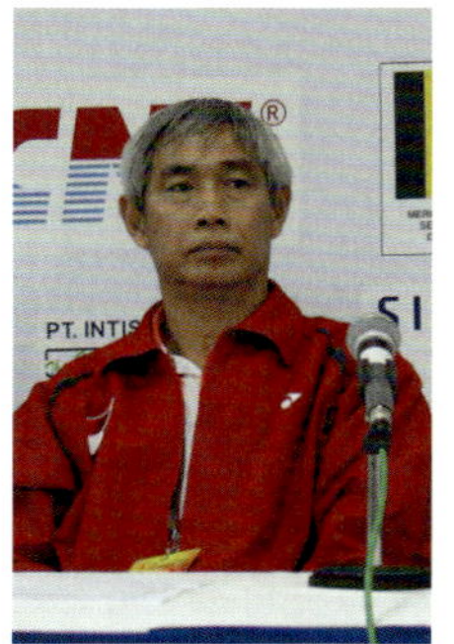

Abb. 200: Christian Hadinata

Hadinata, Christian, Indonesier, *1949, Mitglied Hall of Fame →, hat eine brillante Bilanz im Thomas Cup →, wo er zwischen 1973 und 1986 bei sechs Veranstaltungen lediglich ein Match verlor und mit Indonesien viermal (´73, ´76, ´79, ´84) den Titel gewann. Hadinata begann seine Karriere als Einzelspieler (Finale All England → ´73), feierte seinen größten Erfolg bei der WM → 1980 (Sieger im HD und MX). Er war später Trainer der indonesischen Nationalmannschaft im Doppel.

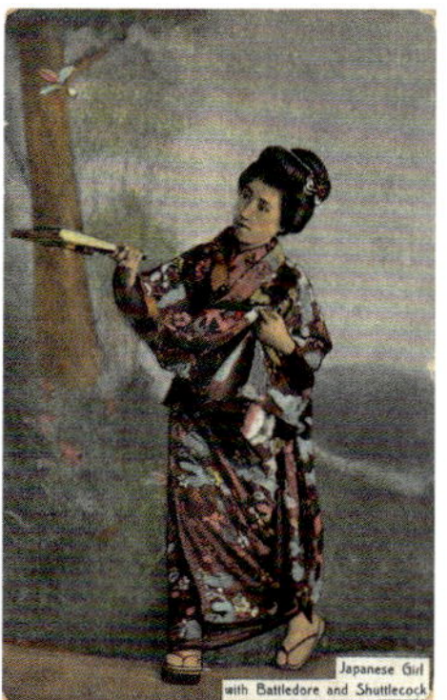

Abb. 201: Hagoita

Hagoita, uraltes japanisches Spiel mit einem Federball seit dem 12. Jahrhundert, hat bis heute Tradition und wird vor allem von Mädchen am Neujahrstag gespielt, steht in der Nachfolge des Spiels Hanetsuki. Japaner glauben, damit den Teufel vertreiben zu können. Die viereckigen

Holzschläger sind oft kunstvoll bemalt mit Charakteren, Schauspielern, Sportlern und Anime-Figuren. In Tokio gibt es einen jährlichen Hagoita-Markt.

Hall of Fame, Ehrentafel des Badmintonsportes, wurde 1996 auf Initiative des damaligen BWF-Vizepräsidenten Roy Ward (Australien) gegründet und zunächst mit den vier Gründungsmitgliedern Colonel Seymour Sackville Carew Dolby →, Sir George Thomas →, Betty Uber → und Herbert Scheele → ausgestattet. Mittlerweile umfasst die Ehrenhalle 66 Namen von Spielern und Funktionären. Eine Tafel mit den Namen der Mitglieder ist in Kuala Lumpur (Malaysia) in der Geschäftsstelle der BWF → zu sehen. (siehe komplette Liste auf Seiten 250 f.).

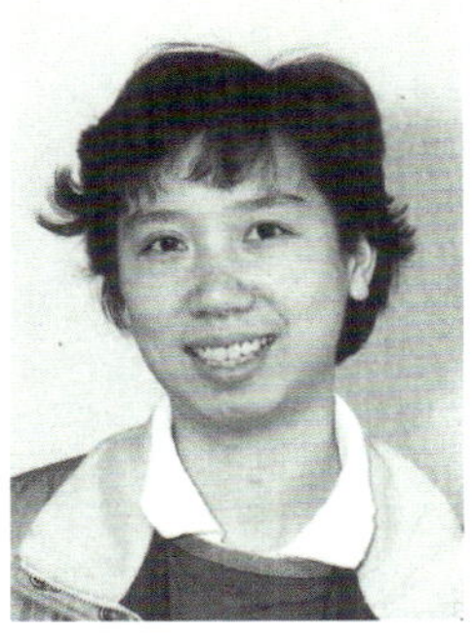

Abb. 202: Han Aiping

Han, Aiping, Chinesin, 1962-2019, Mitglied Hall of Fame →, verteidigte als erste Spielerin bei einer WM → im DE den Titel (´85, ´87), gewann die WM → auch im DD (´85). Erste chinesische Weltklassespielerin, nachdem China 1981 der IBF → beitrat, beherrschte zusammen mit Li Lingwei → den Sport in den die 80er Jahren. Bereits 1979 hatte sie mit 17 Jahren die WM → im DE beim Konkurrenz-Weltverband World Badminton Federation → gewonnen. Gewann den World Cup → im DE (´83, ´88) sowie im DD (´83, ´86, ´87), die Asienspiele → im DE (´86) sowie mit der Mannschaft (´86) und auch den Uber Cup → (´84, ´86, ´88).

Han, Jian, Chinese, *1956, Mitglied Hall of Fame →, gewann 1985 mit 29 Jahren die WM → im HE gegen Morten Frost →. Er war Matchwinner beim Sieg im Thomas Cup → (´82), nachdem China erst 1981 der BWF → beigetreten war. Er besiegte bei der Veranstaltung den legendären Indonesier Liem Swie King → 17:14 im dritten Satz.

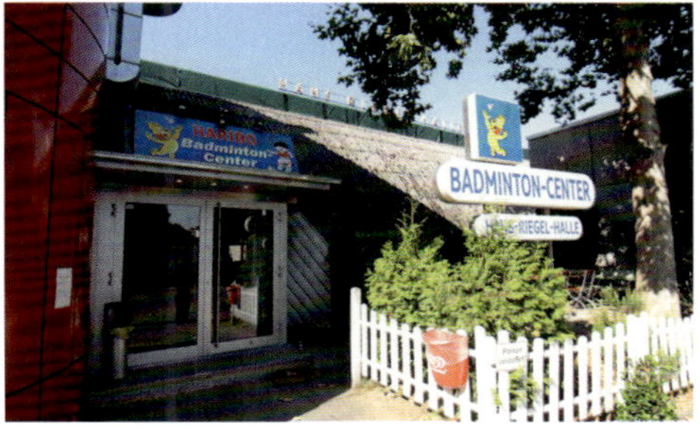

Abb. 203: Riegel-Halle

Hans-Riegel-Halle, erste und einzige reine Badmintonhalle in Deutschland, wurde 2014 abgerissen. Der Bonner Unternehmer Hans Riegel → („Haribo") baute die Halle 1953 nach dänischem Vorbild auf sein Betriebsgelände, die runde Dachkonstruktion orientiert sich an der Flugbahn eines Federballs. In der Halle fanden Spiele der Bundesliga →, Länderspiele → und die German Open → statt, ab 1988 diente sie als kommerzielles Badminton-Center. In der Anfangszeit hatte die Halle ein sehr exklusives Umfeld mit angeschlossener Minigolfanlage und Clubrestaurant.

Hans-Riegel-Pokal, Trophäe für den Deutschen Mannschaftsmeister, gestiftet 1957 durch den Haribo-Fabrikanten Hans Riegel →. Wird seit 1972 durch die Bundesliga → ausgespielt. Rekordsieger ist der 1. BV Mülheim (13 x).

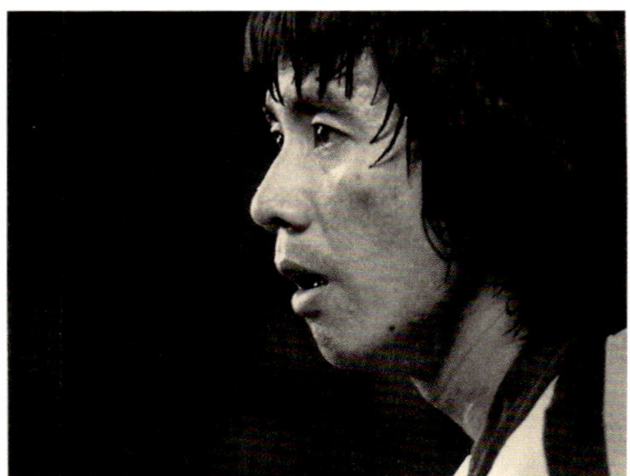

Abb. 204: Rudy Hartono

Hartono, Rudy, Indonesier, *1949, Mitglied Hall of Fame →, Rekordhalter mit acht Titeln im HE bei den All England → (´68-´78). Sieger der WM → im HE (´80), gewann 4x den Thomas Cup → (´70, ´73, ´76, ´79). Später Geschäftsmann (Badmintonartikel) und Funktionär der IBF →. Das amerikanische Magazin „Time" kürte ihn 2006 in einer Auflistung zu einem „Helden Asiens" der vergangenen 60 Jahre.

Hashman, Judy, Amerikanerin, *1936, geb. Devlin, Mitglied Hall of Fame →, ist mit zehn Titeln Rekordhalterin im DE bei den All England → (´54, ´57, ´58, ´60-´64, ´66, ´67), dazu kommen sieben Titel im DD (davon sechs mit ihrer Schwester Sue Peard). Ihr Vater ist Badminton-Pionier Frank Devlin → (Irland). H. verlor im Uber Cup → in 14 Jahren lediglich ein Spiel, gewann dabei mit den USA drei Titel (´57, ´60, ´63).

Helvetia Cup, war ein europäisches Mannschafts-Turnier, es wurde 1962 erstmals in Zürich (Schweiz) ausgetragen und erhielt daher seinen Namen. Von 1996 bis 2007 war es das B-Turnier der Mannschafts-EM, die drei besten Teams qualifizierten sich für die EM → der 16 besten europäischen Länder. Deutschland ist mit 12 Siegen Rekordhalter des Turniers.

Herbert-Scheele-Trophy, benannt nach legendärem englischen Funktionär Herbert Scheele →; der Vorstand der BWF → ehrt mit der Trophäe seit 1986 Persönlichkeiten für herausragende Verdienste. Zu den bisher 18 Preisträgern gehören Rudy Hartono → (1986), Erland Kops → (1989), Craig Reedie → (1990), Eddy Chong → (1994), Judy Hashman → (1995) und Susi Susanti → (2002).

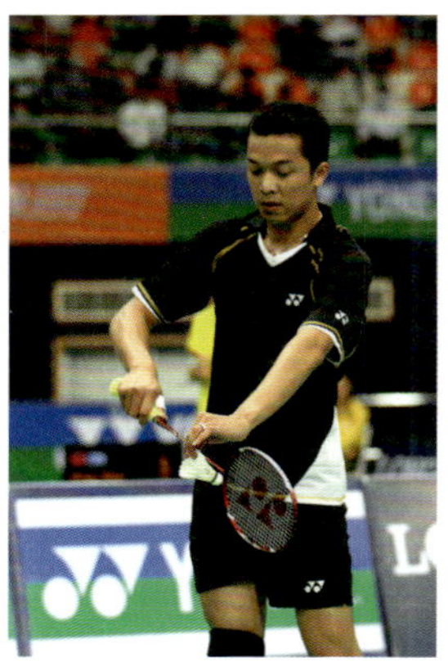

Abb. 205: Taufik Hidayat

Hidayat, Taufik, Indonesier, *1981, gewann als erster Spieler im HE sowohl bei OS → (´04) als auch bei der WM → (´05). Gilt als Entfant terrible, kassierte 2006 von der BWF → eine Strafe von 2500 US-Dollar, weil er aus Protest gegen eine Linienrichterentscheidung das Feld verließ. Sieger des Thomas Cup → (´00, ´02). 2003 erschien in Indonesien eine Biografie über ihn. 2012 eröffnete er im Süden Jakartas seine Badminton-Halle Taufik Hidayat Arena. Karrierepreisgeld: 359.142 US-Dollar.

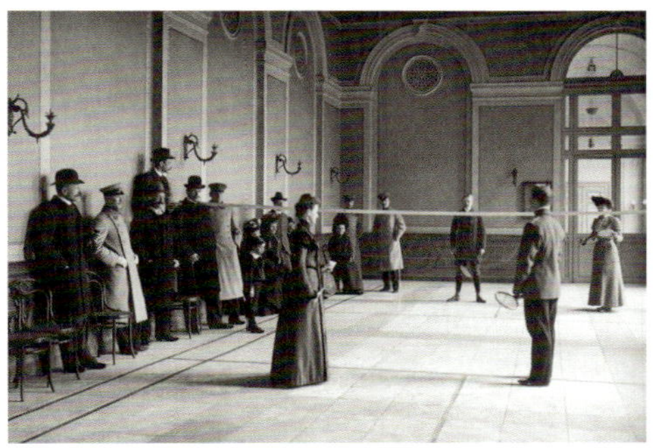

Abb. 206: Kurhaus Homburg

Homburger Badminton Club, wurde 1902 gegründet, war erster Badminton-Club auf europäischem Festland. Englische Kurgäste hatten den Sport mit nach Homburg auf der Höhe gebracht. Trat 1902 der Badminton Association → als erster nicht britischer Club bei. Der Club bestand nur wenige Jahre. Erst nach dem Zweiten Weltkrieg etablierte sich Badminton in Deutschland, Keimzelle war Bonn. Am 14. September 1951 gründete sich der 1. Deutsche Badminton Club Bonn.

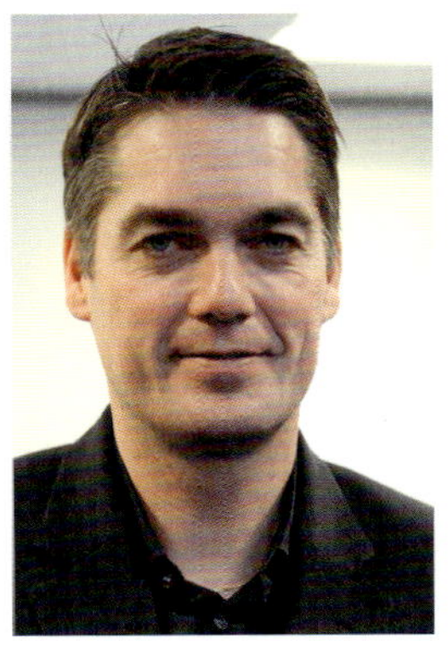

Abb. 207: Poul-Erik Høyer

Høyer, Poul-Erik, Däne, *1965, gewann als erster nichtasiatischer Spieler eine olympische Goldmedaille (´96). Er war bei seinem überraschenden Triumpf bereits 30 Jahre alt. Zwei Siege im HE bei den All-England → (´95, ´96), dreimal Sieger der EM → (´92, ´94, ´96). 2010-13 Präsident der Badminton Europe →, ab 2013 Präsident der BWF →. Seit 2014 Mitglied des IOC →. Machte 2020 bekannt, dass er seit Jahren an Parkinson leidet. Karrierepreisgeld: 172.607 US-Dollar.

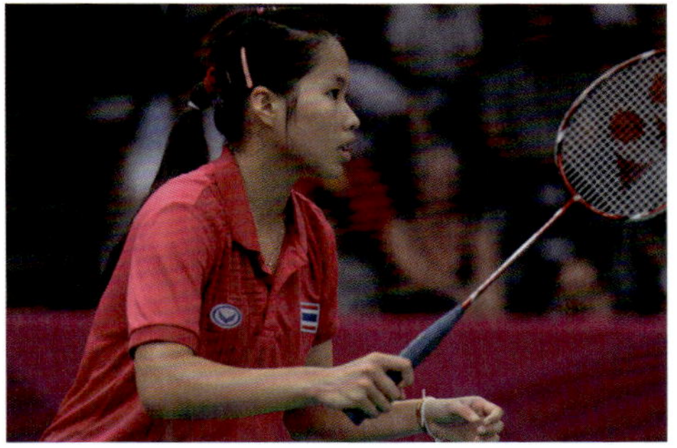

Abb. 208: Ratchanok Intanon

Intanon, Ratchanok, Thailänderin, *1995, gewann als jüngste Spielerin mit 18 Jahren im DE die WM → (´13); sie hatte zuvor die WM → in der Altersklasse → U19 3 x gewonnen (´09, ´10, ´11). 2010 war sie zu jung für die Olympischen Jugendspiele →. Spielte wenig in Europa, gewann dort keinen Titel, erreichte bei den German Open → (´19) das Endspiel, wo sie nach Vergabe eines Matchballs mit 23:25 im dritten Satz gegen Akane Yamaguchi → verlor.

Internationale Badminton Federation (IBF), ursprünglicher Name der Badminton World Federation (BWF) →, wurde 1934 von neun Ländern in London gegründet. Erster Präsident war Sir. George Thomas →.

Internationalisierung, Bemühung des Weltverbandes um eine Ausbreitung und Professionalisierung → des Badmintonsportes. Die BWF → richtete ab 2005 internationale Trainingscenter in Saarbrücken, Sofia (Bulgarien) und Guangzhou (China) ein, wo insbesondere Spieler aus bisher bei Turnieren unterrepräsentierten Nationen ihr Spiel verbessern konnten. Bei den OS → in Peking (´08) konnten sich durch die Förderung Spieler aus 50 Nationen für das Turnier qualifizieren. Der Weltverband bietet zudem eine internationale Trainerausbildung an und erhöhte die Startfelder beim Finale des Thomas- und Uber Cup → ab 2004 von acht auf jeweils zwölf Länder. Dem Weltverband BWF → gehören 198 Länder an, 1990 waren es erst 69 Mitgliedsstaaten.

International Olympic Committee (IOC), Organisator der Olympischen Spiele →. Seit 1992 gehört Badminton offiziell zum Programm der olympischen Sommerspiele, zuvor 1972 auf Wunsch der Veranstalter in München als Demonstrationssportart dabei, 1988 in Seoul als Exhibition-Event dabei. Einige Akteure aus dem Badmintonbereich wurden persönliches Mitglied des IOC →, dazu gehören BWF-Präsident Poul-Erik Høyer (Mitglied 2014-2022), Craig Reedie → (1994-), Li Lingwei → (2012-) und Lu Shengrong → (1996-2001).

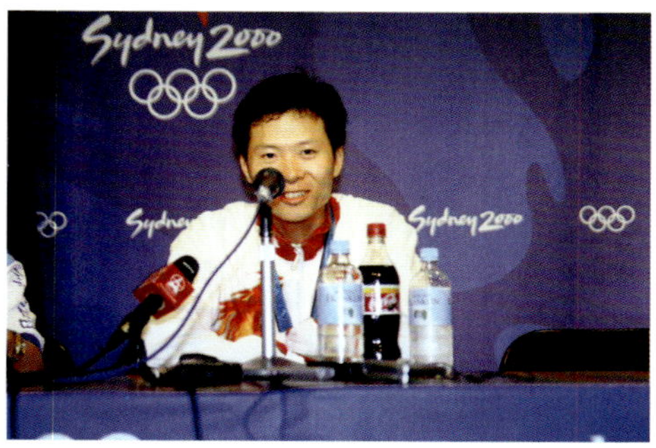

Abb. 209: Ji Xinpeng

Ji, Xinpeng, Chinese, *1977, gewann bei den OS → (´00) überraschend die Goldmedaille, eigentlich war sein Landsmann Xia Xuanze → stärker eingeschätzt worden. Der 22-Jährige hatte im selben Jahr die Japan Open gewonnen, beide Turniererfolge blieben die einzigen seiner Karriere, die er bald beendete. Er arbeitete später als Coach im nationalen Trainingscamp in Peking. Karrierepreisgeld: 35.568 US-Dollar,

Kader, Einstufung der geförderten Leistungssportler im DBV →, Abstufung in Olympiakader (OK, Perspektivkader (PK), Ergänzungskader (EK) und Nachwuchskader (NK1 + NK2). Nach den Vorgaben des Deutschen Olympischen Sportbundes (DOSB) legt das Kadergremium des Verbandes jedes halbe Jahr die Zugehörigkeit der Sportler zu den Kadern fest. Verbunden sind damit Unterstützungen bezüglich Finanzen (Sporthilfe) und Training. Einige Sportler des DBV → erhalten einen Platz als Sportsoldat → in der Sportförderkompanie der Bundeswehr.

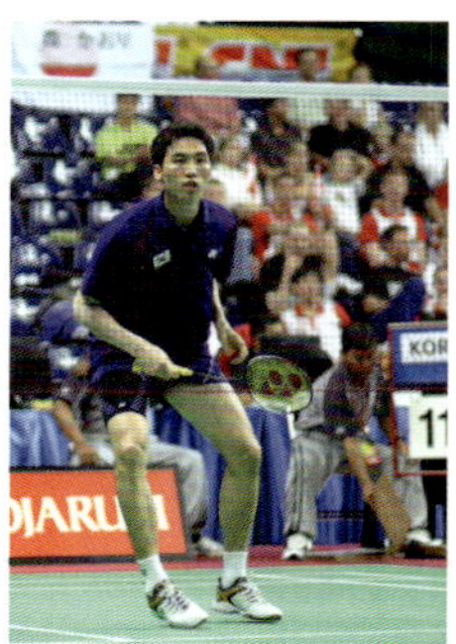

Abb. 210: Kim Dong-Moon

Kim, Dong-Moon, Koreaner, * 1975, Mitglied Hall of Fame →, ist der einzige Spieler, der bei OS → im HD (´04) und im MX (´96) erfolgreich war. Gewann die WM → im HD (´99) und MX (´99, ´03) sowie fünf Titel bei All England →. K. gewann in der Saison 2003 mit Ra Kyung-Min (die er 2005 heiratete) im MX zehn Grand-Prix-Turniere → in Folge, sie blieben 70 Spiele ungeschlagen. Karrierepreisgeld: 234.066 US-Dollar.

Kobberø, Finn, Däne, 1936 - 2009, Mitglied Hall of Fame →, war in den 50er und 60er Jahren ein Weltklassespieler in allen drei Disziplinen. Er gewann bei den All England → 7x im HD und 8x im MX, dazu stand er 3x im HE im Finale. Im Thomas Cup → gewann er 55 seiner 64 Matches, er erreichte mit Dänemark 2x das Endspiel (´55, ´64). Dazu holte er noch 22 nationale dänische Titel.

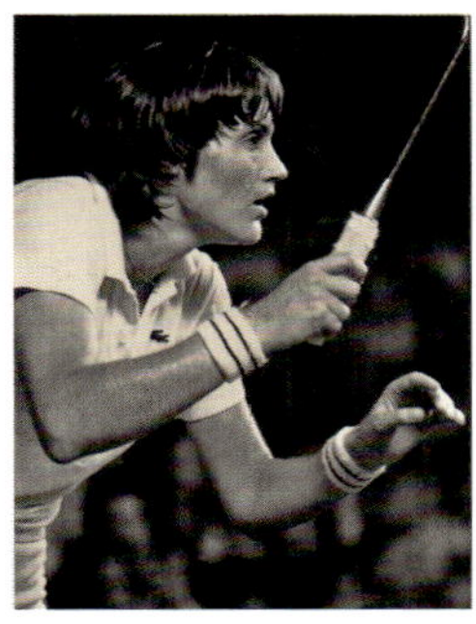

Abb. 211: Lene Køppen

Køppen, Lene, Dänin, *1953, Mitglied Hall of Fame →, gewann als erste Europäerin 1977 die WM → im DE, die dänische Post feierte den Erfolg bei der Heim-WM 1983 mit der Herausgabe einer Briefmarke → im Wert von 2,70 Dk. K. gewann im DE 2x die All England → (´79, ´80). 1979 Siegerin des ersten Turniers mit Preisgeld → (Friends Provident Masters →).

Kops, Erland, Däne, *1937, Mitglied Hall of Fame →, jagte Ende der 50er Jahre den Engländern die europäische Vormachtstellung ab. Gewann elf Titel bei den All England →, davon sieben im HE (´58, ´60, ´61, ´62, ´63, ´65, 67) und vier im HD (´58, ´67, ´68, ´69). Verlor 1964 mit Dänemark das Finale im Thomas Cup → (4:5 gegen Indonesien).

Kroos, Toni, *1990, Fußball-Weltmeister 2014, einer der erfolgreichsten deutschen Fußballer aller Zeiten, gewann 5x die Champions League. Bevor er Fußballer wurde, spielten er und sein Bruder Felix (*1991) in Greifswald Badminton und wurde dort von seinem Onkel Uwe Kämmer trainiert. Seine Mutter Birgit Kämmer (*1962) gewann 1986 im Einzel und Doppel die DDR-Meisterschaften sowie 8 x mit Einheit Greifswald die DDR-Mannschaftsmeisterschaft. In seinem Potcast „Einfach mal luppen" in der Folge „Der Elefant im Raum" vom 26. November 2020 erzählt er von seinen Badminton-Erfahrungen.

Kusuma, Alan Budi, Indonesier, *1968, erster Goldmedaillengewinner im HE bei OS → (´92). Bildete zusammen mit Susi Susanti → ein goldenes Traumpaar. K. gewann acht Turniere der Grand-Prix-Serie →. Gewann den World Cup → (´93) und den Thomas Cup → (´96). Er verlor bei der WM → 1991 das Endspiel gegen Zhao Jianhua →.

Latz, Irmgard, (verh. Gerlatzka), * 1939, gewann als erste Deutsche bei der EM → im DE (´68), erst Xu Huaiwen → konnte es ihr 2006 gleichtun. Latz gewann die German Open → im DE (´66) und im DD (´67), Rekordsiegerin (9x) bei der DM → im DE (´61-´66, ´68, ´71, ´73). Stand 1970 mit Wolfgang Bochow → im MX im Endspiel der All England →.

Länderspiele, internationaler Vergleichswettkampf, zwischen zwei Nationen, vom DBV → erstmals am 10. Januar 1954 in Bonn gegen die Niederlande (9:2) ausgetragen, die DDR am 26. November 1967 in Moskau gegen die UdSSR (9:2). Neben Freundschaftsspielen als Wettkampf bei WM →, EM →, Sudirman

Cup → sowie Thomas und Uber Cup →. 709 Länderspiele des DBV zwischen 1954 und 2023 (Stand: Juni 2023). Rekordgegner sind die Niederlande (73), gefolgt von Dänemark (62) und England (61). Rekordberufungen: Nicole Grether → (106). Die einzige Begegnung mit der DDR fand am 29. Januar 1990 in Berlin (5:2) statt. Das erste Länderspiel der Badminton-Historie wurde am 31. Januar 1903 zwischen Irland und England (2:5) ausgetragen, bis 1972 spielten beide Länder jährlich gegeneinander. Der erste Länderwettkampf um den Thomas Cup → wurde am 2. November 1948 zwischen Dänemark und Irland (9:0) in Kopenhagen in der 1. Runde der Europazone ausgespielt. Der erste Vergleichskampf bei den Frauen im Uber Cup → wurde am 30. August 1956 zwischen Hongkong und Malaya (1:6) ausgetragen.

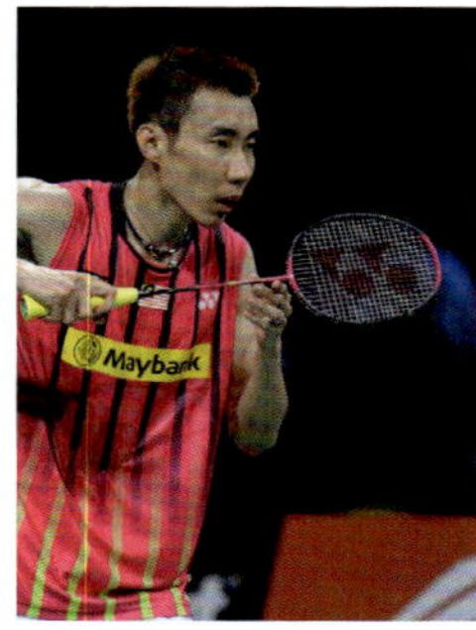

Abb. 212: Lee Chong Wei

Lee, Chong Wei, Malaysier, *1982, Mitglied Hall of Fame, großer Rivale des Chinesen Lin Dan →, gewann 3 x Silber im HE bei OS → (´08, ´12, ´16), erreichte 4 x das Endspiel der WM → (´11, ´13, ´14, ´15), wobei die Silbermedaille 2014 aufgrund von Doping → (Dexamethason) aberkannt wurde, L. wurde für acht Monate gesperrt; war 301 Wochen lang in seiner Karriere die Nummer eins der Weltrangliste; gewann 47 Turniere der Kategorie Super Series → und World Tour →, darunter 4 x die All England (´10. ´11, ´14, ´17), 4 x Super Series Finals → (´08, ´09, ´10, ´13), 12 x Malaysia Open sowie Commonwealth Games im HE 3 x (´06, ´10, ´18) sowie mit dem malaysischen Team (´06, ´10), Asienmeisterschaften (´06, ´16). Musste seine Karriere aufgrund einer Nasenkrebs-Diagnose 2019 beenden. Karrierepreisgeld: 1,814 US-Dollar.

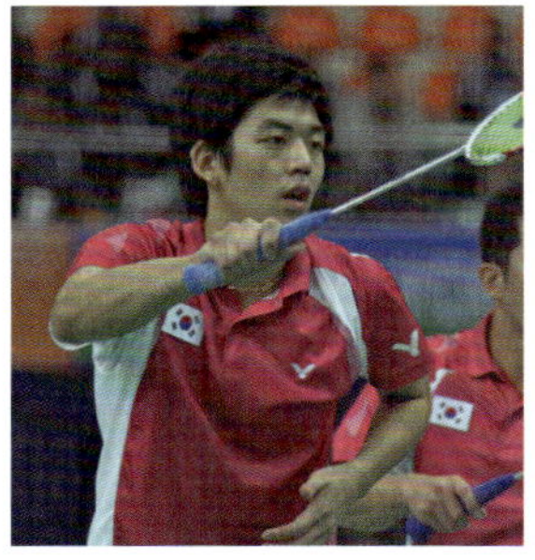

Abb. 213: Lee Yong-Dae

Lee, Yong-Dae, Koreaner, *1988, jüngster Goldmedaillengewinner der OS → (´08). Bei seinem Triumpf im MX mit Lee Hyo-Jung war er gerade 19 Jahre alt. Er holte sich 2006 bei den German Open → mit 17 Jahren seinen ersten Titel im HD bei einem Grand-Prix-Turnier →. Im selben Jahr gewann er im HD die WM → der Altersklasse → U19. Mit Partner Jung Jae-Sung verlor er 2 x im HD das Finale der WM (´07, 09), beim zweiten Mal erst mit 26:28 im dritten Satz. Er setzt die koreanische Tradition als Doppel- und Mixedspezialist nach Park Joo-Bong → und Kim Dong-Moon → fort. Karrierepreisgeld: 1 Million US-Dollar.

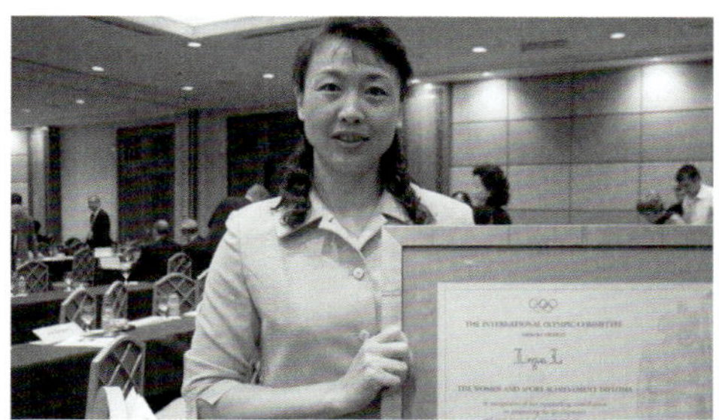

Abb. 214: Li Lingwei

Li, Lingwei, Chinesin, *1964, Mitglied Hall of Fame →, gehörte zur ersten Generation der Chinesen, die mit dem Beitritt zur IBF → (´81) für Furore sorgten. Gewann die WM → im DE (´83, ´89), im DD (´85), beherrschte die Szene in den 80er Jahren mit Han Aiping →. Gewinnerin des Uber Cup → (´84, ´86, ´88). Sie gewann 21 Grand-Prix-Turniere → im DE, zweimal bei den All England → (´84, ´89). Später Trainerin und Funktionärin. 2002 Wahl in den Vorstand der IBF →. Sie wurde 2003 Mitglied des Nationalen Volkskongress in China. 2012 Wahl ins IOC →.

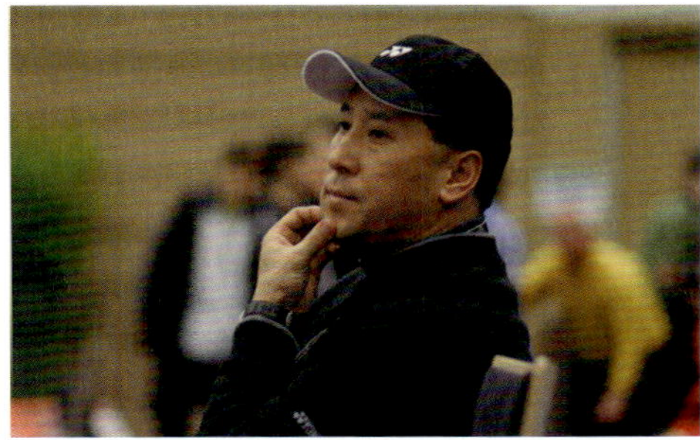

Abb. 215: Li Yongbo

Li, Yongbo, Chinese, *1962, Mitglied Hall of Fame →, bildet zusammen mit Doppelpartner Tian Bingyi ab Mitte der 80er Jahre eines der stärksten Doppel der Welt, ihre großen Rivalen waren die Koreaner Park Joo-Bong → und Kim Moon-Soo. L. gewann die WM → im HD 2 x (´87, ´89) und die All England → (´87, ´88, ´91) sowie den Thomas Cup → (´86, ´88, ´90). 1992 gewann er die Bronzemedaille bei den OS →. Er war Cheftrainer der chinesischen Nationalmannschaft. War 2012 als Trainer am Olympia-Skandal → beteiligt.

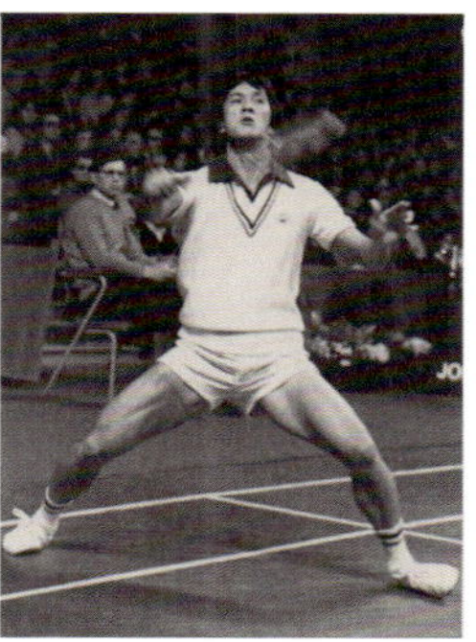

Abb. 216: Liem Swie King

Liem, Swie King, Indonesier, *1956, Mitglied Hall of Fame →, berühmt für seinen hochgesprungenen Smash. L. stand 6x von 1976 bis 1981 im HE im Endspiel der All England →, gewann 3x (´78, ´79 und ´81). Legendär ist seine Endspielniederlage bei der WM → 1985, als er nach einer Stunde und 40 Minuten seinem Landsmann Icuk Sugiarto mit 16:17 im dritten Satz unterlag. 2009 wurde das Leben von L. in Indonesien verfilmt.

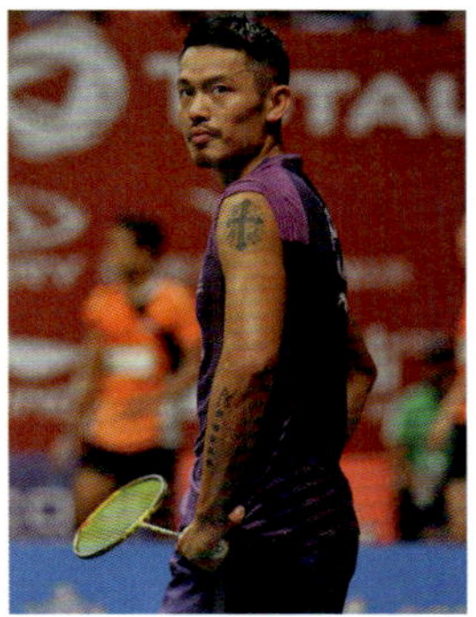

Abb. 217: Lin Dan

Lin, Dan, Chinese, *1983, Mitglied Hall of Fame →, erfolgreichster Spieler aller Zeiten, 2 x Goldmedaille bei den OS → (´08, ´12) und 5x Gewinner der WM → (´06, ´07, ´09, ´11, ´13). 2x Asienspiele (´10, ´14), 4x Asienmeisterschaften (´10, ´11, ´14, ´15). Sechs Siege bei den All England → (´04, ´06, ´07, ´09, ´12, ´16), 1x Sieger Super Series Final → (´11), insgesamt 19 Siege bei der Super Series → und 27x bei der Grand-Prix-Serie →, davon 6x die German Open →. Dazu Sieger des Thomas Cup → (´04, ´06, ´08, ´10, ´12), Sudirman Cup → (´05, ´07, ´09, ´11, ´15). Ist mit der zweifachen Weltmeisterin Xie Xingfang → (China) verheiratet, hat einen Sohn (*2016). Karrierepreisgeld: 1 Million US-Dollar.

Lu, Shengrong, Chinesin, * 1940, Mitglied Hall of Fame →, von 1993 bis 2001 Präsidentin der IBF →, von 1996 bis 2001 als zweite Vertreterin des Badmintonsportes neben Craig Reedie → (Schottland) im IOC vertreten. Lu war die erste Frau an der Spitze eines internationalen Sportverbandes. Sie setzt sich insbesondere für die Gleichberechtigung → von Frauen im Sport ein, erhielt 2011 den erstmals verliehenen BWF-Award für Geschlechtergerechtigkeit und Diversität.

Linienrichter, gehören neben den Schiedsrichtern → zu den Technischen Offiziellen; bei großen Turnieren sitzen bis zu 10 Linienrichter am Feldrand; sie entscheiden an ihrer jeweiligen Linie über „In" und „out", sie können vom Stuhlschiedsrichter überstimmt werden bzw. durch eine Challenge → der Athleten, dies geschieht über den Video-Beweis →. Ein L. fungiert in der Regel als Netzrichter, er sitzt dem Stuhlschiedsrichter gegenüber und hat die Aufschlaglinie im Blick, kontrolliert das Netz sowie die fixierte Aufschlaghöhe →. L. müssen je nach Veranstaltung entsprechende Schiedsrichter-Lizenzen vorweisen.

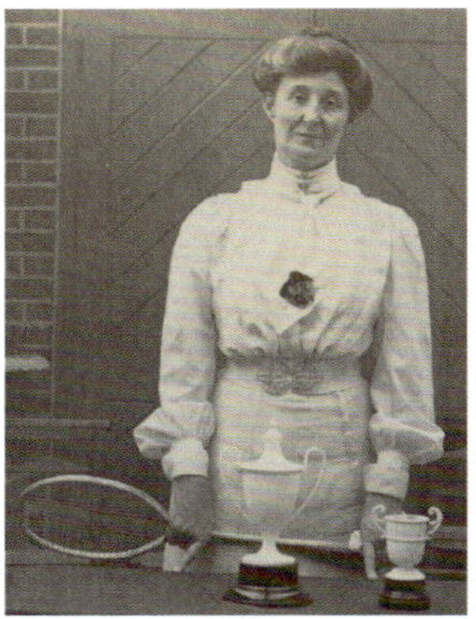

Abb. 218: Muriel Lucas

Lucas, Muriel, Engländerin, 1877-1962, Mitglied Hall of →, Pionierin des Badmintonsportes, war bei den ersten All England → 1899 dabei, gewann das DD, holte dort bis 1910 insgesamt 17 Titel im DE (5), DD (9) und MX (1); spielte im Teignmouth Badminton Club, dieser gehörte 1892 zu den Gründungsmitgliedern der Badminton Association →. L. schrieb einige Zeitungsartikel über Badminton.

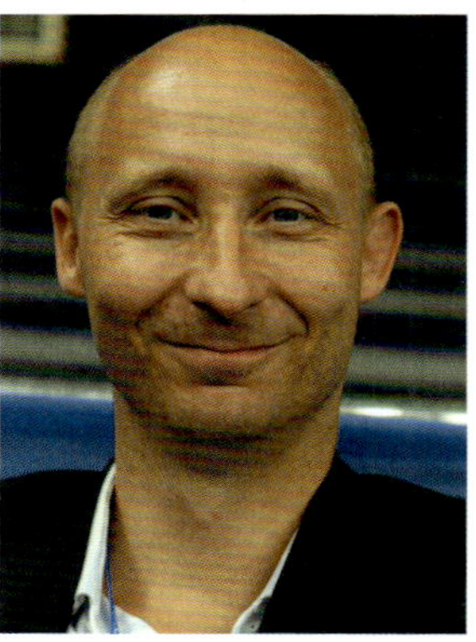

Abb. 219: Thomas Lund

Lund, Thomas, Däne, *1968, Mitglied Hall of Fame →, Spezialist im HD und

MX, ist mit 51 Titeln der Rekordgewinner der Grand-Prix-Serie →, gewann zweimal die WM → im MX (´93, ´95) sowie drei Titel bei den All England →, 1x im HD (´93), 2x im MX (´92, ´95). Siegte fünfmal in Folge beim Grand-Prix-Finale → (´90-´94). War Sportdirektor im dänischen Badminton Verband und ist seit 2009 Geschäftsführer der BWF → in Kuala Lumpur. Karrierepreisgeld: 137.751 US-Dollar.

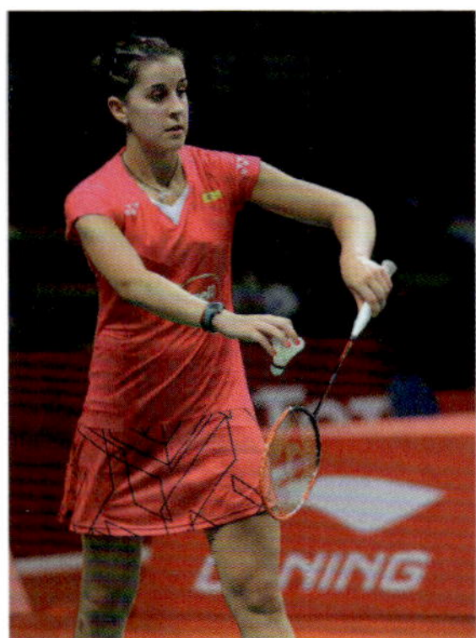

Abb. 220: Carolina Marin

Marin, Carolina, Spanierin, *1993, ist die erfolgreichste europäische Spielerin aller Zeiten; sie gewann im DE Gold bei OS → (´16), 3x die WM → (´14, ´15, ´18) sowie 6x die EM → (´14, ´16, ´17, ´18, ´21, ´22), holte Gold bei den European Games → (´23). Sie wurde durch zwei schwere Knieverletzung zurückgeworfen und kam jeweils spektakulär zurück. Feuert sich oft lautstrak selbst an, bekam dadurch am Anfang der Karriere öfter Ärger mit Schiedsrichtern. In ihrem Geburtsort Huelva gibt es eine nach ihr benannte Sporthalle. 2018 fand dort die EM → und 2021 die WM → statt. Karrierepreisgeld: 1,128 Millionen US-Dollar (Stand: 6/2023).

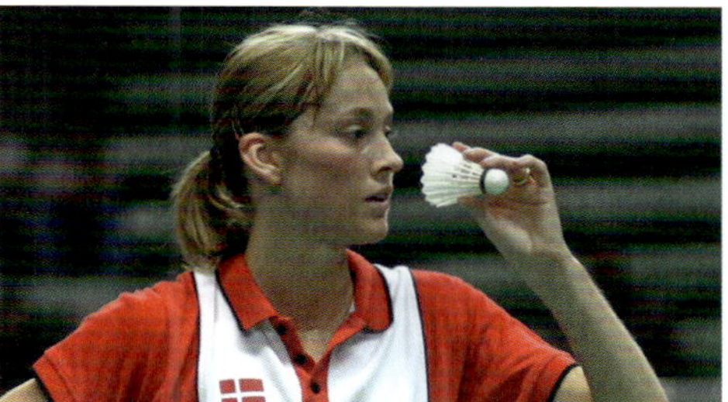

Abb. 221: Camilla Martin

Martin, Camilla, Dänin, *1974, gewann 1999 als zweite Europäerin nach Lene Køppen → die WM → im DE. Silbermedaille bei OS → (´00), dreifache Europameisterin (´96, ´98, ´00). Gewinnerin der All England → (´02). Zeitweise liiert mit Peter Gade →. Vater Bent Martin war zeitweise Torwart bei Celtic Glasgow. Karrierepreisgeld: 244.240 US-Dollar

Michalowsky-Zwillinge, Edgar und Erfried, *1950, Zwillinge, die erfolgreichsten Spieler in der ehemaligen DDR. Mit der BSG Einheit Greifswald gewannen sie 19 Mannschaftstitel. Edgar, der aufgrund eines Fehlers des Standesbeamten bis zur Wende Michalowski mit „i" hieß, gewann bei der DDR-Meisterschaft zehnmal im HE. Zusammen gewannen die Zwillinge 15 x im HD. Da auch die Frauen der Familie (Angela, Ilona und Petra) erfolgreich waren, taucht der Name M. 85 x in der DDR-Siegerliste zwischen 1961 und 1990 auf. Edgars Tochter Katja (*1974) gewann nach der Wende zweimal die DM → im DE (´98, ´00), sie war die erste Nationalspielerin der ehemaligen DDR.

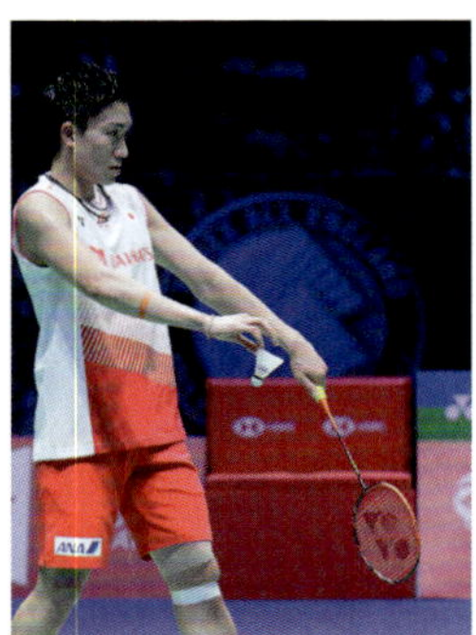

Abb. 222: Kento Momota

Momota, Kento, Japaner, *1994, gewann 2x in herausragender Form im HE die WM → (´18, ´19), hatte bereits die WM → der Junioren gewonnen (´12); siegte bei den Asienmeisterschaften → im HE (´18, ´19); gehörte zum historischen japanischen Gewinner-Team im Thomas Cup → (´14); gewann 19 Turniere der Kategorien BWF World Tour → und Super Series →, gewann in der Saison 2019 neun Top-Turniere. War im Januar 2020 am Ende des Malaysia Masters in Kuala Lumpur in einen Unfall verwickelt, bei dem der Fahrer starb. M. verletzte sich im Gesicht, fand nie wieder zu seiner Form zurück. Verlor als Topgesetzter bei den OS → 2021 in Tokio in der Vorrunde. Schon 2016 war er bei den OS → topgesetzt, wurde aber kurz zuvor von seinem japanischen Verband ein Jahr gesperrt. Er hatte für einen Skandal → gesorgt, war beim illegalen Glücksspiel erwischt worden. Karrierepreisgeld: 1,3 Millionen US-Dollar (Stand: 6/2023).

Nationalverbände, Organisationen der einzelnen Länder zur Organisation des Badmintonsportes. England war das erste Land, das am 12. September 1893 in Southsea einen Nationalverband gründete. 14 Clubs waren bei der Entstehung der Badminton Asscociation dabei. Der erste Präsident war Colonal S.S.C. Dolby →, der auch zur Hall of Fame → gehört. Seit 1934 waren die Nationalverbände unter dem Dach der IBF → versammelt. Der DBV → gründete sich am 18. Januar 1953 in Wiesbaden.

Olympia-Skandal, Disqualifikation bei den OS → in London 2012, acht Damendoppelspielerinnen aus China, Korea und Indonesien vom Wettbewerb suspendiert; um eine bessere Ausgangsposition in der K.o.-Runde zu erlangen, wollten die Spielerinnen offensichtlich absichtlich verlieren. Seither werden K.o.-Runde beim Badminton grundsätzlich erst nach Abschluss von Gruppenspielen ausgelost. Die am Skandal → beteiligte Indonesierin Greysia Polii → gewann bei den OS → 2021 in Tokio Gold im DD.

Olympische Jugendspiele, ausgerichtet vom IOC →, initiiert durch den ehemaligen IOC-Präsidenten Jacques Rogge, seit 2010 ausgetragen, Badminton gehört von Anfang an zum Programm der Sommerspiele (28 Sportarten), vorgesehen für die Altersklasse → von 15 und 18 Jahren. Rund 3500 Teilnehmerinnen und Teilnehmer.

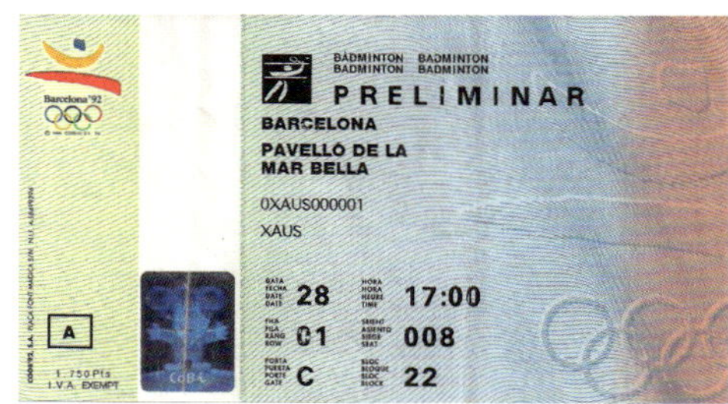

Abb. 223: Eintrittskarte Barcelona

Olympische Spiele (OS), Badminton ist seit 1992 im Programm vertreten, zunächst ohne das Mixed (erst ab 1996 ergänzt). 1972 in München war Badminton für einen Tag Demonstrationssportart, 1988 Show-event auf Wunsch der südkoreanischen Ausrichter. Erst dreimal gingen Goldmedaillen an europäische Spieler: Im HE an die Dänen Poul-Erik Høyer → (´96) und Viktor Axelsen (´21) sowie im DE an Carolina Marin → (´16). Die BWF → reformierte auf Druck des IOC → seit 2004 den Sport bezüglich der fernsehgerechten Präsentation, hierzu gehört auch die Änderung der Zählweise → sowie die Internationalisierung →. Seit 2010 gibt es die Olympischen Jugendspiele →, bei denen Badminton von Anfang an vertreten ist. Ab 2021 wurde auch Para-Badminton → ins Programm der Paralympics aufgenommen.

Olympioniken, deutsche Teilnehmer bei den OS →, 1992 Barcelona (4 deutsche Spieler), Atlanta (6), Sydney (6), Athen (6), Peking (5), London (6), Rio de Janeiro (7) und Tokio (6). Den Akteuren des DBV → gelang es nur 2016, bei den OS → gleichzeitig in allen fünf Disziplinen vertreten zu sein. Größter Erfolg ist das VF im DE von Xu Huaiwen → (´08) sowie im Mixed mit Michael Fuchs und Birgit Michels (´12).

Open-Ära, Zeitalter der Preisgeldturniere, 1979 eingeführt von der IBF →. Der Hinweis „Open" bei Turnieren bedeutet eine Freigabe für Profispieler und Amateure. Das erste Turnier der Open-Ära war das Friends´ Provident Masters →, das 1979 in der Londoner Royal Alber Hall ausgetragen wurde und mit einem Preisgeld → von 21.000 Pfund dotiert war. Da das IOC bis Anfang der 80er Jahre am Amateurstatus festhielt, reagierten viele Spieler beim Badminton verhalten auf die neuen Möglichkeiten des Geldverdienens bei den Preisgeldturnieren. Mit der Einführung der Grand-Prix-Serie → 1983 und der Abschaffung des Amateurstatuts beim IOC war die Professionalisierung → nicht mehr aufzuhalten. Das Preisgeld → steigt bei den Topveranstaltungen stetig. Im Zuge der Gleichberechtigung → erhalten Männer und Frauen seit 2008 Preisgeld → in gleicher Höhe.

Overrulen, Korrektur einer Linienrichterentscheidung durch den Schiedsrichter →. Bis 2006 galt die Linienrichterentscheidung als unverrückbare Tatsachenentscheidung.

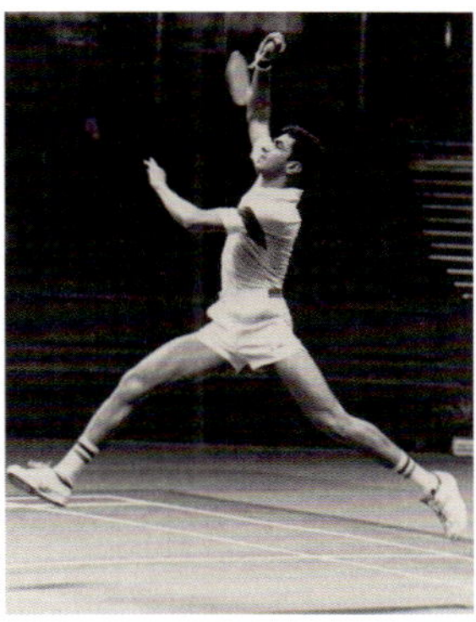

Abb. 224: Prakash Padukone

Padukone, Prakash, Inder, *1955, gewann als erster Inder im HE die All England → (´80), war Nummer eins der Weltrangliste und Sieger des Friends Provident Masters → (´79), dem ersten Turnier in der Open-Ära →, bei dem ein Preisgeld → ausgeschüttet wurde. Sieger HE der Commonwealth Games → (´78) und beim World Cup → (´81). P. gründete 1994 in Banglaore die Prakash Padukone Badminton Academy (16 Felder), aus der auch der spätere All-England-Sieger Puella Gopichand hervorging. P. verbrachte während seiner Karriere die meiste Zeit in Dänemark, wo auch eine seiner beiden Töchter, die sehr bekannte Bollywood-Schauspielerin Deepika Padukone geboren wurde.

Para Badminton, Spielvariante für Menschen mit körperlichen Beeinträchtigungen, Einteilung in sechs Wettkampfklassen je nach Beeinträchtigung der Sportler (zwei Rollstuhlvarianten WH1, WH2, drei Stehendklassen SL3, SL4, SU5 sowie Klasse für Kleinwüchsige SH6). Es gilt das gängige Regelwerk, jedoch gibt es je nach Wettkampfklasse Varianten bei der Spielfeldgröße und Spielfeldaufteilung. P. gehört seit 2021 zum Programm der Paralympischen Spiele. Die Organisation erfolgte ab 1994 über die Para Badminton World Federation →, diese wurde 2011 in die BWF → integriert. In Deutschland über den Deutschen Rollstuhlsportverband und den DBV →.

Para Badminton World Federation (PBWF), 1994 gegründet, der Verband wurde 2011 in die BWF → intergiert und damit aufgelöst. Die BWF ist mittlerweile auch Mitglied des Paralympic Committee. Para Badminton gehörte 2021 erstmals zu den Paralympics. Dies ist auch 2024 in Paris und 2028 in Los Angeles der Fall. Noch die P. richtete 1998 die erste Weltmeisterschaft aus. Das WM-Turnier findet alle zwei Jahre statt. Europameisterschaften gibt es seit 1995.

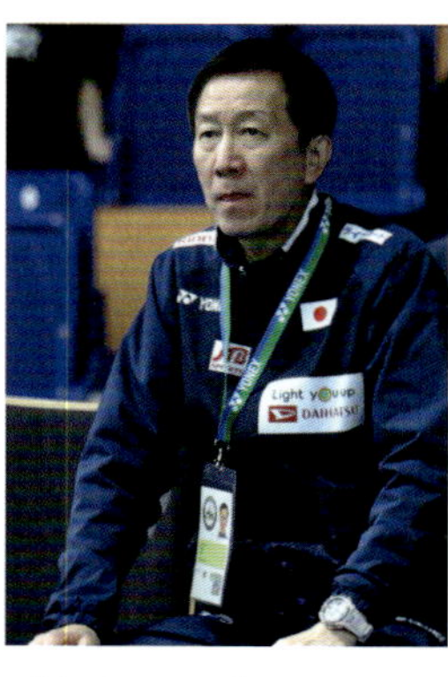

Abb. 225: Park Joo-Bong

Park, Joo-Bong, Koreaner, * 1964, Mitglied Hall of Fame →, von Mitte der 80er bis Mitte der 90er Jahre der weltweit beste Spieler im HD und MX. Gold bei den OS → im HD (´92), Silber im MX (´96), Sieger der WM → im HD (´85, ´91) und im MX (´85, ´89, ´91), Gewinner des Sudirman Cup → (´91, ´93). Ist nach Thomas Lund → mit 47 Titeln bei der Grand-Prix-Serie → der erfolgreichste Spieler, neun Titel bei den All England →. P. arbeitete später als Trainer in England, Malaysia und Japan. Karrierepreisgeld: 126.360 US-Dollar.

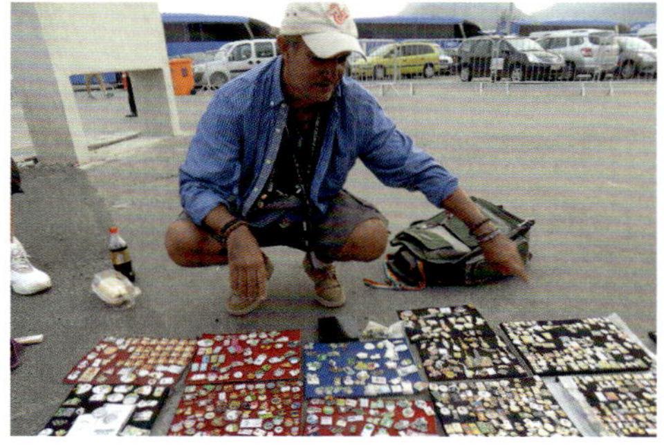

Abb. 226: Pin-Verkäufer

Pins, Sammelobjekte, gerne ausgetauschte Anstecknadeln, insbesondere bei den OS →. Viele Verbände und Sponsoren bringen immer wieder P. mit Bezug zum Badminton heraus, häufig mit Federball oder Schläger als Motiv; einzelne Anstecker werden zu hohen zweistelligen Preisen gehandelt. Bei Veranstaltungen werden sie gerne am Umhängeband einer Akkreditierung oder an einer Schirmmütze befestigt. P. wurden Ende des 19. Jahrhundert in den USA zur Markenentwicklung erfunden.

Plastikbälle, alternative zu Federbällen, seit den 1940er Jahren werden Plastikbälle für das Badmintonspiel entwickelt; die Firma Carlton brachte 1950 den ersten Ball auf den Markt, sicherte sich das Patent und war Marktführer. Es sollte eine kostengünstigere und langlebigere Alternative sein. Es wurde mit der Ballgestaltung versucht, die Flugeigenschaften des Federballs nachzuahmen. In den Badminton-Regeln wurde ab 1953 zugelassen, mit „modifizierten Bällen" zu spielen. Die BWF → kündigte 2020 an, dass in absehbarere Zeit möglichst auch bei großen Turnieren mit P. gespielt werden soll; die Firma Yonex → entwickelt einen Plastikball mit Einzelfedern aus Schaustoff; 2018 kam ein P. für AirBadminton → auf den Markt, der möglichst wenig windanfällig sein sollte.

Polii, Greysia, Indonesierin, *1987, hob sich ihren größten Triumpf für ihr letztes Spiel der Karriere auf, sie gewann mit 33 Jahren bei den OS → Gold (´21) im DD zusammen mit der zehn Jahre jüngeren Apriyani Rahayu. Sie war 2012 in den Olympia-Skandal → verwickelt, als acht Spielerinnen wegen „Nicht gewinnen Wollens" mit einer Schwarzen Karte → disqualifiziert wurden. Sie gewann im DD 14 Turniere der Kategorie Grand-Prix-Serie →, Super Series → und World Tour →, das Gold bei den Asienspielen → zusammen mit Nitya Krishinda Maheswari (´14). Sie ist seit 2021 Vorsitzende der Athletenkommission und sitzt damit im Vorstand der BWF →. Karrierepreisgeld: 504.068 US-Dollar.

Preisgeld, nach Verteilerschlüssel ausgeschüttete Geldsumme bei internationalen Turnieren, ausgezahlt zumeist in US-Dollar. Erstes Turnier der Open-Ära → war im September 1979 das mit 21.000 Pfund dotierte Einladungsturnier Friends´ Provident Masters in London. Die Sieger Lene Køppen → und Prakash Padukone → mussten das Preisgeld an ihren nationalen Verband abführen, da sie noch nicht als Profis registriert waren. Bei der Super Series → wurden 2009 bei zwölf Veranstaltungen zusammen 2,7 Millionen US-Dollar ausgeschüttet. Das höchste Preisgeld → bei einem Turnier gibt es seit 2023 bei den World Tour Finals → mit 2,5 Millionen US-Dollar. Das höchste Karrierepreisgeld hat bisher Tai Tzu Ying → eingenommen, 1,95 Millionen US-Dollar (Stand: Juli 2023).

Premier Super Series, zwischen 2011 und 2017 die herausragenden fünf Topturniere der BWF →, sie gehörten zu den 12 Super Series. Ähnlich wie beim Tennis die Grand Slam-Turniere wurden die Premier Super Series geschaffen. Dazu gehörten die All England → sowie die internationalen Meisterschaften von Korea, Indonesien, Dänemark und China. Es wurde ein Preisgeld → von jeweils mindestens 350.000 US-Dollar ausgeschüttet. In Korea waren es seit 2011 sogar 1,2 Millionen Euro. Die Topturniere wurden ab 2018 von der BWF World Tour → Kategorie Super 1000 abgelöst.

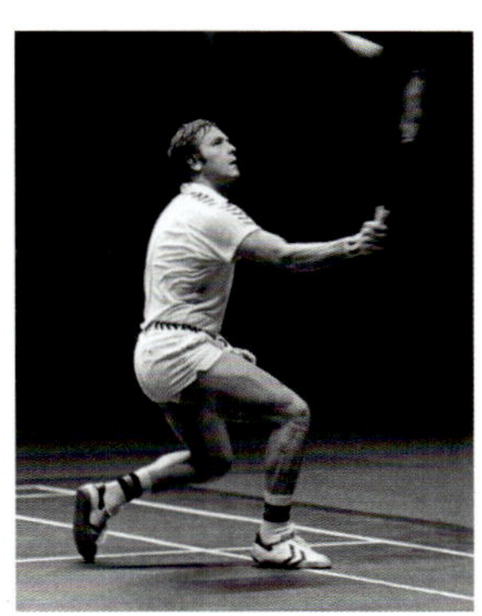

Abb. 227: Svend Pri

Pri, Svend, Däne, 1945 – 1983, war zwischen 1966 und 1975 achtmal dänischer Meister und war Nachfolger seines Landsmannes Erland Kops →. P. beendete mit dem Sieg bei den All England → 1975 die Siegesserie des Indonesiers Rudy Hartono →, der 7 x hintereinander gewonnen hatte. Der Däne war ein Allroundspieler und gewann bei den

All England → 3 x im Mixed (´67, ´71, ´72) und stand im HD und im HE jeweils 2 x im Finale. P. galt als Showman auf dem Court, machte schon mal Trickschläge. Er nahm sich mit 38 Jahren das Leben.

Professionalisierung, Rahmenbedingungen zur vollen Konzentration der Spieler auf ihren Sport. Insbesondere durch die Open-Ära → und der Möglichkeit zum Verdienst von Preisgeld → und Sponsorengeld wurde die Professionalisierung im Badminton eingeleitet. Erstes Profiturnier waren 1979 die Friends Provident Masters →. Die erste lizenzierte Profispielerin war 1979 Joanna Flockhart (Schottland). Die BWF → förderte die Internationalisierung → und damit die Professionalisierung des Sportes durch Trainerausbildung, u.a. gibt es für Lehrer das Programm „Shuttle Time", es besteht aus 22 Lehrplänen und 92 Video-Clips. Es wurde in 24 Sprachen übersetzt.

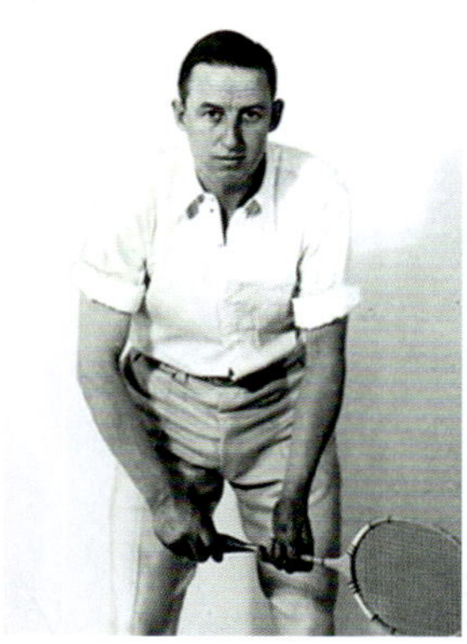

Abb. 228: Jack Purcell

Purcell, Jack, Kanadier, 1903-1991, Spieler und Vermarkter, erreichte 1931 im HE das Halbfinale der All England →. P. wurde 1931 wegen eines bezahlten Zeitungsbeitrags der Amateurstatus aberkannt, blieb bis 1945 ununterbrochen Profi-Weltmeister. Er kreierte 1935 den „Jack Purcell"-Turnschuh, dieser wird bis heute produziert und gilt als Kult. Auch Badmintonschläger und Federbälle wurden unter seinem Namen hergestellt.

Rallypoint, 2006 vom Weltverband eingeführte Zählweise →. In allen fünf Disziplinen werden weltweit bei Wettkämpfen seither zwei Gewinnsätze bis 21 gespielt. Jeder Ballwechsel bringt für den Gewinner einen Punkt. Zum Gewinn des Satzes ist ein Mindestvorsprung von zwei Punkten erforderlich. Bei 29 beide entscheidet der nächste Punkt. Die Spiele sind durchschnittlich um etwa 30 Prozent kürzer als nach der bis dahin gültigen Zählweise →. Versuche der BWF →, die Zählweise zu drei Gewinnsätzen bis elf Punkte durchzusetzen, scheiterten 2018 und 2021 bei der AGM →.

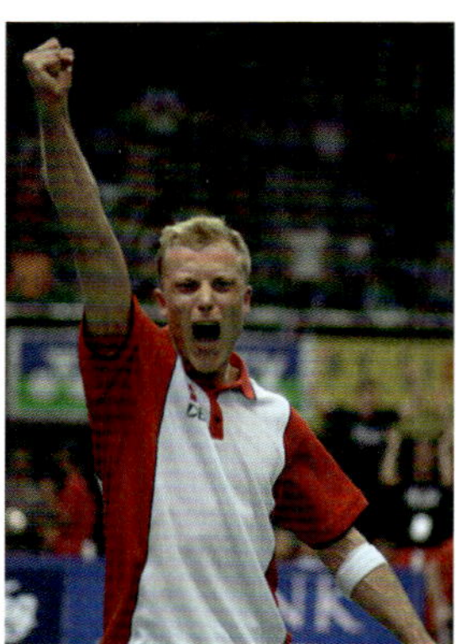

Abb. 229: Peter Rasmussen

Rasmussen, Peter, Däne, *1974, der erste europäische Spieler, der im HE sowohl die WM → (1997) als auch die EM → (´02) gewann. Rasmussen verpasste stets die Qualifikation für OS →. Ein Klassiker ist sein WM-Endspiel 1997 gegen Sun Jun → (China). Es dauerte zwei Stunden (198 Ballwechsel) und Sun war zum Ende des dritten Satzes von Krämpfen geplagt, spielte aber zu Ende. R. stand mit Dänemark im

Endspiel des Thomas Cup → (´04). Karrierepreisgeld: 40.392 US-Dollar.

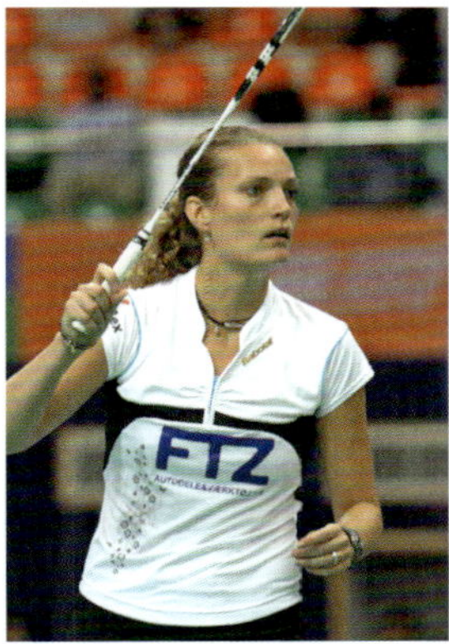

Abb. 230: Tine Rasmussen

Rasmussen, Tine, Dänin, *1979, verh. Baun, mauserte sich mit Ende 20 zu einer Weltklassespielerin, gewann 3 x im DE die All England → (´08, ´10, ´13), Siegerin der EM → (´10, ´12). Erlitt 2005 einen Achillessehnenriss und kam zurück. Sie kam bei OS → und WM → nie über das VF hinaus; gewann mit Dänemark Silber beim Sudirman Cup → (´11); gewann die Mannschafts-EM der Frauen (´10, ´12). Karrierepreisgeld: 276.648 US-Dollar,

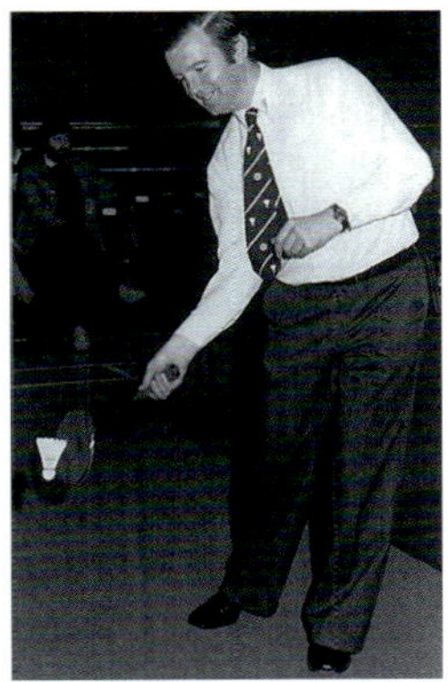

Abb. 231: Craig Reedie

Reedie, Craig, Schotte, *1941, Mitglied Hall of Fame, war von 1981-84 Präsident der IBF →. 1994 wurde er Mitglied des IOC → und ab 2009 Mitglied im Executive Board des IOC; er hatte entscheidenden Anteil daran, das Badminton 1992 ins Programm der OS → aufgenommen wurde; er war Motor für die OS in London im Jahre 2012. Ab 2014 war er Chef der Welt-Anti-Doping-Agentur (Wada).

Referee, Oberschiedsrichter, ist die höchste Instanz der Technischen Offiziellen, wird in Zweifelsfällen gerufen, spricht im Ernstfall auch Disqualifikationen aus, wenn durch Verwarnkarten → ein Akteur dies angezeigt bekommen hat. Die R. leiten nicht selbst einzelne Spiele, agiert im Hintergrund. Die BWF → hat seit 2018 halb-professionelle Referees, seit 2021 gibt es auch halb-professionelle Schiedsrichter →. Zu den ersten halb-professionellen R. gehört auch der Deutsche Carsten Koch, er war auch R. der OS → in Tokio (´21).

Rekord, Superlative der Sportart. Im Guinness Buch der Rekorde sind auch Badminton-Leistungen vertreten. Die höchste Geschwindigkeit → eines Badmintonschlags wurde am 26. September 2009 in Japan bei einem Test der Firma Yonex → mit 421 km/h gemessen. Am 21. Dezember 2006 jonglierte die Chinesin Li Huifeng einen Badmintonball vier Stunden und 40 Minuten nur mit dem Fuß. Ein urkundlich erwähnter Rekord aus dem Jahre 1830 beläuft sich auf 2117 Schläge für einen Ballwechsel zwischen Mitgliedern der Somerset-Familie (Badminton House →).

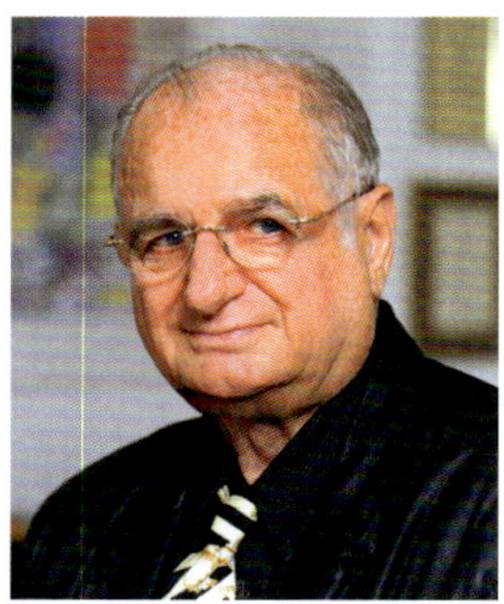

Abb. 232: Hans Riegel

Riegel, Hans, Dr., 1923-2013, Bonner Fabrikant („Haribo") und erster Präsident des DBV →, brachte zusammen mit seinem Bruder Paul (1926-2009) nach dem 2. Weltkrieg Badminton aus Dänemark mit nach Deutschland, gründete am 14. September 1951 den 1. DBC Bonn, baute 1953 die erste reine Badminton-Halle (Hans-Riegel-Halle →) auf dem Firmengelände in Bonn-Kessenich. R. stiftete die Trophäe für die Deutsche Mannschaftsmeisterschaft (Hans-Riegel-Pokal →). Gewann die DM → im HD (´54-55) und MX (´53). Zog sich Anfang der 80er Jahre völlig vom Badmintonsport zurück.

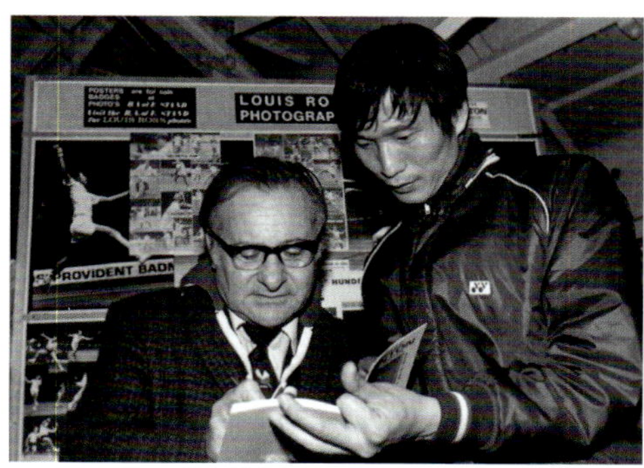

Abb. 233: Louis Ross (li.)

Ross, Louis, Engländer, 1928-2020, Fotograf aus Southampton, prägte mit seinen Badminton-Fotos die 70er und 80er Jahre, fotografierte bei den All England → und anderen Großveranstaltungen die Stars seiner Zeit; Fotos erschienen in Zeitungen und Magazinen wie der Badminton Gazette →, der World Badminton und zahlreichen Büchern, die er zum Teil selbst herausbrachte. Sein Markenzeichen war der kleine Klappstuhl, mit dem er am Feldrand saß.

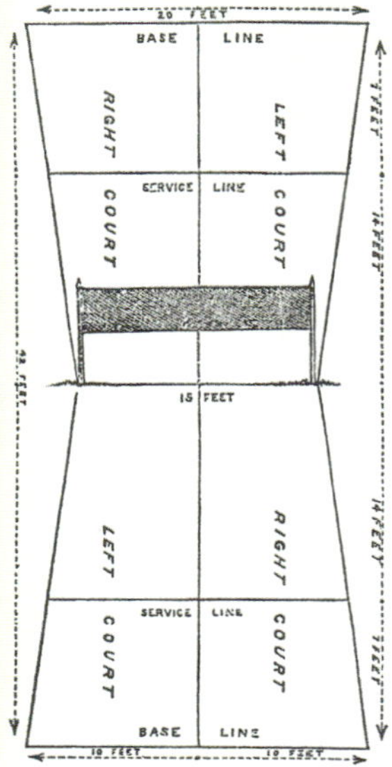

Abb. 234: Court in Sanduhr-Form

Sanduhr-Court, Ursprungsform des Badminton-Feldes, im Engl. Hourglass Court, wurde in den ersten Badminton-Regeln ab 1873 vorgegeben und in Indien so gespielt. Änderung auf rechteckiges Spielfeld ab 1901. Auch der ursprüngliche Tennisplatz war so gestaltet. Wer den Federball → seitlich an den Pfosten vorbei ins gegnerische Spielfeld beförderte, handelte regelkonform.

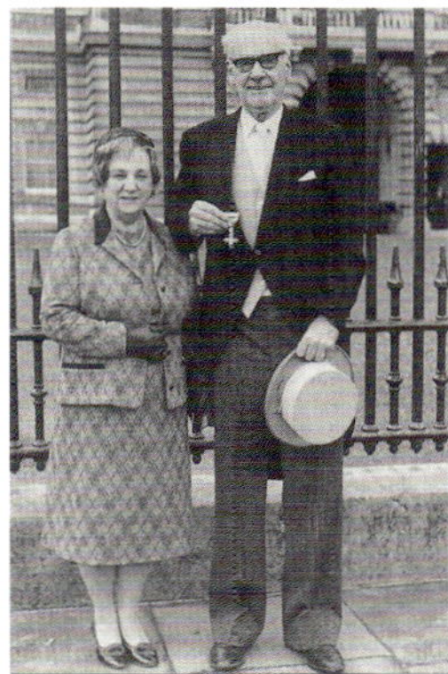

Abb. 235: Herbert Scheele und Frau Betty

Scheele, Herbert, Engländer, 1905 - 1981, Mitglied der Hall of Fame →, legendärer Funktionär, war hauptamtlicher Sekretär der IBF → von 1938 bis 1976, dieses Amt übte er auch für den englischen Badminton Verbandes von 1945 – 1970 aus. Managte die Geschäfte von seiner Wohnung in Kent, wurde von seiner Frau Betty (1914 - 2009) tatkräftig unterstützt. S. war internationaler Schiedsrichter von 1938 – 1976, er brach 1967 am Day of Shame → das Endspiel des Thomas Cup → ab. Von 1946 – 1970 fungierte er als Herausgeber der Badminton Gazette →. Er erhielt von der englischen Königin den Orden des British Empire. Nach ihm wurde die Herbert Scheele Trophy → benannt.

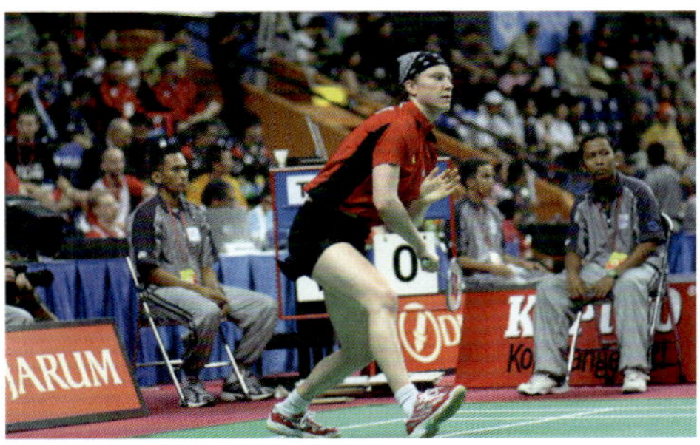

Abb. 236: Juliane Schenk

Schenk, Juliane, *1982, deutsche Spielerin, war im Juni 2013 eine Woche lang die Nummer zwei der Weltrangliste; nahm 3 x an OS → teil (´04, ´08, ´12), gewann im DE ein Turnier der Super Series →; stand 2 x im DE im Endspiel der EM → (´10, ´12) und einmal im DD (´06), erreichte im DE das HF der WM → (´11). Holte mit dem Damenteam des DBV → 2 x Bronze im Uber Cup → (´06, ´08); Gold bei der Team-Mixed-EM (´13); gewann 21 internationale Titel im DE und 11 im DD. 3 x DM im DE (´09-´11) und 4 x im DD (´04-´07). S. war Sportsoldatin →, beendete 2014 abrupt ihre Karriere. Erspielte sich 246.000 US-Dollar Preisgeld.

Schiedsrichter, Leiter des Spiels, bei bedeutenden Veranstaltungen gibt es neben dem Stuhlschiedsrichter noch den Aufschlagrichter und bis zu zehn Linienrichter →. Der DBV → kennt drei Lizenzstufen (1. für höhere internationale Aufgaben, 2. für höhere Aufgaben und 3. bestätigter S.). Der Stuhlschiedsrichter kann Entscheidungen der übrigen S. überstimmen. Bei strittigen Entscheidungen kann der Oberschiedsrichter (Referee →) hinzugezogen werden. Seit 2013 gibt es einen Video-Beweis →, Spieler/Paarungen können bei großen Turnieren mit einer Challenge → zweimal pro Satz eine Linienrichterentscheidung mittels Computer- und Kameratechnologie überprüfen lassen. Bei der BWF → gibt es seit 2018 halbprofessionelle Oberschiedsrichter (8), seit 2021 auch Schiedsrichter (7).

Schulsport, Badminton wurde zwischen 1975 und 1985 nacheinander in allen Bundesländern als Sportart in die Lehrpläne aufgenommen. Damit gehört der Sport zur Lehrerausbildung. Seit 1989 gehört Badminton zum Schulwettbewerb „Jugend trainiert für Olympia“.

Schwarze Karte, Sanktion für grob unsportliches Verhalten, der Schiedsrichter spricht zusammen mit dem Referee (Oberschiedsrichter) eine Disqualifikation aus - und damit die schärfste Form der Sanktion. Es stehen Verwarnkarten → in Schwarz, Rot und Gelb zur Verfügung.

Setiawan, Hendra, Indonesier, *1984, einer der erfolgreichsten Doppelspieler aller Zeiten, bildete bis 2012 ein Doppel mit Markis Kido, danach mit Mohammad Ashan; gewann Gold bei den OS (´08) und 4 x die WM (´07, ´13, ´15, ´19); gewann 2 x die Asienspiele → (´10, ´14), 2 x die Asienmeisterschaften (´05, ´09), gehörte mit 39 Jahren noch zu den Top 10 der Weltrangliste; gewann mit Indonesien den Thomas Cup → (´20). Ist dreifacher Vater, ein Sohn heißt mit Vornamen Richard Heinrich. Karrierepreisgeld: 695.950 US-Dollar.

Sidek-Aufschlag, verbannte Aufschlagvariante, wurde Ende der 1970er Jahre von den Sidek-Brüdern → aus Malaysia entwickelt. Der Federball wird beim Aufschlag nicht zuerst mit der Basis, sondern den Federn getroffen und trudelt entsprechend. Der Aufschlag wurde von der AGM → der IBF → ab Mitte 1982 verboten. Ein erster Verbotsversuch war 1981 gescheitert.

Sidek-Brüder, malaysische Badminton-Familie, allesamt Weltklassespieler: Misbun (*1960), Razif (*1962), Jalani (*1963), Rahman (*1965), Rashid (*1968). Größter Erfolg war der Sieg im Thomas Cup → 1992, an dem Razif und Jalani im Doppel sowie Rashid im Einzel beteiligt waren. Schwester Zamaliah brachte es immerhin zur Teilnahme bei einer WM →. Von den Sidek-Brüdern stammt der so genannte Sidek-Aufschlag →, bei dem der Ball zuerst an den Federn getroffen wird und damit zum Gegner hinübertrudelt, die Aufschlagvariante wurde 1982 verboten.

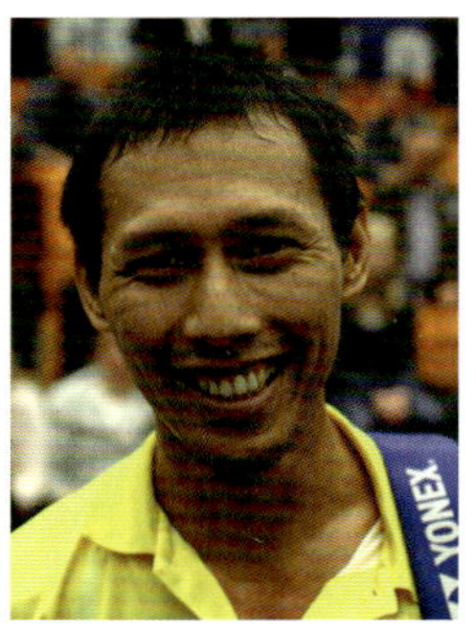

Abb. 237: Budiarto Sigit

Sigit, Budiarto, Indonesier, *1975, sorgte 1998 beim Badminton für den ersten spektakulären Fall von Doping →. Sigit wurde die Einnahme des anabolen Steroids Nandrolon nachgewiesen. Die IBF → sperrte den Sieger der WM → im HD (´97) für ein Jahr für alle nationalen und internationalen Turniere. Sigits Doppelpartner Chandra Wijaya gewann in der Zeit mit Ersatzmann Tony Gunawan Gold bei den OS → in Sydney (´00). Karrierepreisgeld: 89.954 US-Dollar.

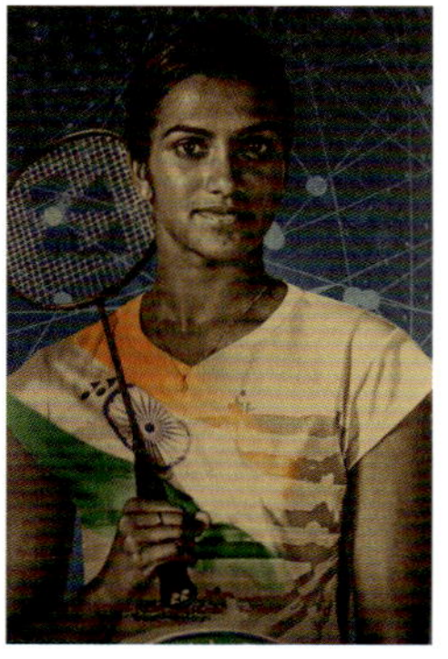

Abb. 238: Pusarla Sindhu

Sindhu, Pusarla Venkata, Inderin, *1995, gewann als erste Inderin einen Titel bei der WM →, sie siegte im DE (´19); sie gewann bei OS → Silber (´16) und Bronze (´21), sie gewann die Super Series Finals → (´18). Die Eltern waren Volleyballspieler, der Vater gewann mit Indien bei den OS → (´86) Bronze. Gewann die Commonwealth Games → im DE (´22) und mit Indien im Team (´18). Sie gehört seit Jahren zur Top 20 der Forbes-Liste der bestbezahlten Sportlerinnen weltweit, 2022 mit 7,1 Millionen US-Dollar als Nummer zwölf. Neben Preisgeld → zählen dort auch Sponsoren- und Werbegelder rein.

Skandale, negative Ereignisse in der Badminton-Historie. Hierzu zählen der Olympia-Skandal → von 2012, der Day of Shame → von 1967 sowie Positiv-Fälle beim Doping →. Mehrfach wurden Akteure wegen Dopings gesperrt, prominenteste Fälle waren Lee Chong Wei → und Budiarto Sigit. Es gab auch Suspendierungen wegen illegaler Sportwetten → und manipulierter Spiele (Anti-Match-Fixing →), die BWF hat entsprechende Regularien. 2016 wurde der Japaner Kento Momota → vom eigenen Verband wegen illegalen Glücksspiels für ein Jahr suspendiert.

Spin-Service, verbannte Aufschlagvariante, wurde im März 2023 vom dänischen Doppelspieler Marcus Rindshøj bei den Polish Open eingesetzt; der Federball wird beim S. bei der Aufschlagausführung am Korkfuß zwischen Zeigefinger und Daumen gehalten und mit einem Schnippen zum Rotieren gebracht; der Ball bekommt eine flatternde Flugbahn und ist nur schwer retournierbar. Die BWF → verbot die Variante schon drei Wochen später, zunächst bis zu einem Zeitraum nach den OS → 2024 in Paris. Die Regel besagt seither, dass der Aufschläger dem Ball keinen zusätzlichen Spin geben darf. Bereits 1982 hatte der Weltverband einen Aufschlag, den sogenannten Sidek-Aufschlag → verbannt.

Sportsoldat, Förderung des Hochleistungssports durch die Bundeswehr. Badminton gehört zu den geförderten Sportarten, dem DBV → stehen 13 Plätze in den Sportförderkompanien zu, seit 1992 auch für Frauen. Dazu kommt eine Trainerstelle über die Bundeswehr. Die Sportler werden von der Bundeswehr bezahlt und können sich weitgehend auf ihren Sport konzentrieren. Es besteht lediglich eine Präsenzpflicht von wenigen Wochen, die nach dem Trainingsplan abgestimmt ist.

Sportwetten-Verbot, offizielle Regelung der BWF →, laut Statuten des Weltverbandes ist es Spielern, Offiziellen und Turnierorganisatoren untersagt, auf Badminton-Wettkämpfe zu wetten; gilt als Prävention vor manipulierten Spielen (Anti-Match-Fixing →) und Korruption; wenn Fälle bekannt werden, kommt es zu Anhörung und gegebenenfalls zur Suspendierung; ist beim Badminton bereits mehrfach vorgekommen.

Stützpunkte, zentrale Trainingsorte für den Leistungssport beim DBV →. Die besten deutschen Doppel- und Mixedspieler trainieren am Olympiastützpunkt (OSP) in Saarbrücken, die besten Einzelspieler am Bundesstützpunkt in Mülheim a.d. Ruhr, einen weiteren Bundesstützpunkt gibt es in Hamburg mit Schwerpunkt nationale Nachwuchsförderung. Nachwuchsstützpunkte für die Altersklasse → U19, U17 bestehen in Berlin, Frankfurt/M., Jena, Kaiserslautern und Nürnberg. Ferner gibt es Talentstützpunkt bis Altersklassen → U15, U13 zumeist angebunden an einzelne Vereine (10 bundesweit), weiter gibt es sogenannte Talentnester (15) für talentierte Spieler der Altersklasse → U11, U9, U7.

Sudirman Cup, Mannschafts-WM für gemischte Mannschaften, wird seit 1989 alle zwei Jahre ausgetragen. Bis 2001 fand der S. im Zusammenhang mit der Individual-WM → am selben Ort statt. Der Pokal ist nach dem ehemaligen indonesischen Verbandspräsidenten Dick Sudirman (1922-1986) benannt. Drei Länder konnten sich in die Siegerliste eintragen: China (13 x), Korea (4 x), Indonesien (1 x). Pro Länderkampf wird jeweils ein Spiel im HE, DE, HD, DD und Mixed ausgetragen.

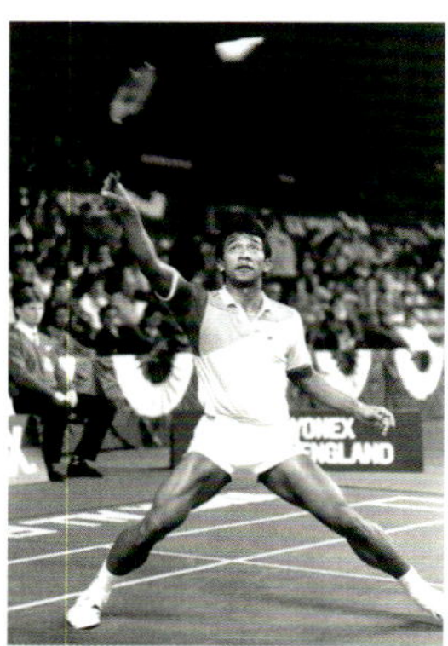

Abb. 239: Icuk Sugiarto

Sugiarto, Icuk, Indonesier, *1962, besiegte in einem denkwürdigen Endspiel bei der WM → 1983 seinen Landsmann und Favoriten Liem Swie King → im dritten Satz nach 90 Minuten mit 17:16, er wehrte drei Matchbälle ab. Gewann 2 x den World Cup → (´85, ´86) und neun Grand-Prix-Turniere →. Gehörte 1984 zur Siegermannschaft des Thomas Cup →.

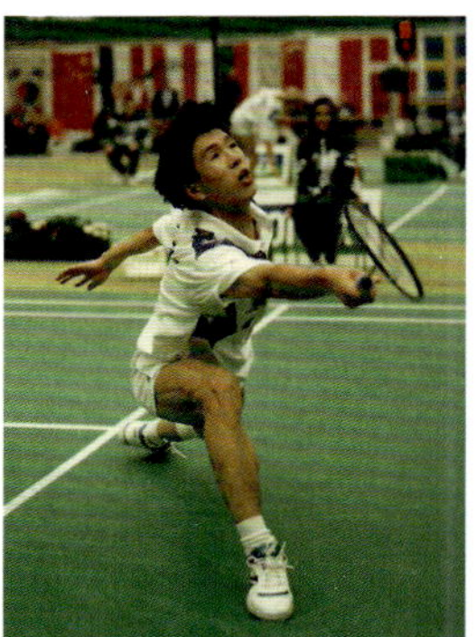

Abb. 240: Sun Jun

Sun, Jun, Chinese, *1975, gewann im HE die WM → (´99), nachdem er zwei Jahre zuvor in einem legendären Endspiel gegen Peter Rasmussen → verloren hatte, S. war damals von Krämpfen geplagt und spielte das Match dennoch zu Ende. Er war bei Gegnern und Schiedsrichtern gefürchtet für seine spektakulären Schauspieleinlagen auf dem Feld. Er gewann die All England → (´88), den World Cup → (´97) und das Grand-Prix-Finale → (´97, ´98) sowie mit China 2x den Sudirman Cup → (´95, ´99). Gewann ansonsten nur noch drei weitere Grand-Prix-Turniere →. Er war der erste Spieler der nach der Jugend-WM (´92) auch bei der WM → der Erwachsenen (´99) gewann. Karrierepreisgeld: 66.892 US-Dollar.

Super Series, internationale Turnierserie von 2007-2017, löste die seit 1983 bestehende Grand-Prix-Serie → als Top-Turnierserie der BWF → ab. Die Turnierveranstalter mussten mindestens ein Preisgeld → von 200.000 US-Dollar ausschütten. Zur Serie gehörten zunächst (2007-2010) vier Turniere in Europa (England, Dänemark, Frankreich und Schweiz) sowie acht Veranstaltungen in Asien (Korea, Indonesien,

Hongkong, Japan, Malaysia, Singapur und 2 x China). Ab 2011 gehörten die Swiss Open nicht mehr dazu, ab 2013 genauso wenig das China Masters; dafür kamen Indien (ab 2011) und Australien (ab 2014) dazu. Nur die besten Spieler der Weltrangliste → sind startberechtigt, es wird jeweils eine Qualifikation zum Erreichen der Hauptfelder ausgetragen. Zum Jahresende spielten die erfolgreichsten Athleten der Saison das Super Series-Finale → aus. Ab 2011 gab es Turniere unter dem Namen Premier Super Series → mit den fünf herausragenden Super Series-Turnieren (All England →, China, Dänemark, Indonesien und Malaysia) mit einem Preisgeld → von mindestens 350.000 Euro. Unterhalb der Super Series existierten Turniere des Grand-Prix Gold und Grand-Prix.

Super Series-Finals, 2008-2017 ausgetragen als Jahresabschluss-Turnier der Super Series →. Startberechtigt waren die besten acht Spieler bzw. Paarungen der Super Series-Rangliste, die gesondert von der Weltrangliste → geführt wurde. Das Preisgeld → betrug insgesamt 500.000 Euro; mit der Austragung von 2014 bis 2017 stieg es auf eine Million US-Dollar.

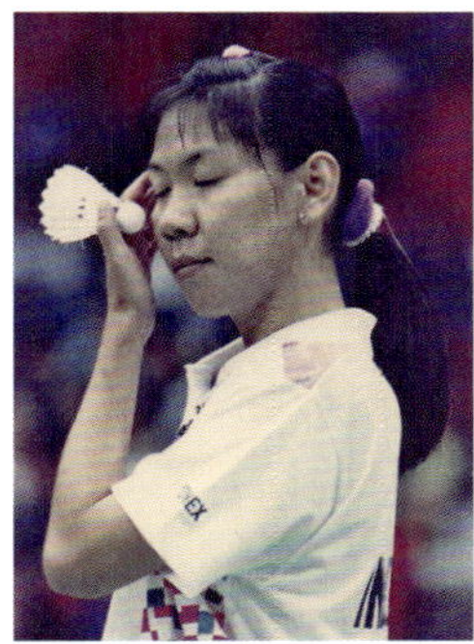

Abb. 241: Susi Susanti

Susanti, Susi, Indonesierin, *1971, Mitglied der Hall of Fame →, sie beherrschte zwischen 1989 und 1997 das DE. Die zierliche Frau (1,62 Meter, 52 Kilo) konnte aus dem Spiel heraus beim Ausfallschritt in den Spagat übergehen. Sie gewann im DE bei den OS → die Goldmedaille (´92) und die Bronzemedaille (´96). Siegerin bei der WM → (´93), im Uber Cup → (´94, ´96), im Sudirman Cup → (´89), beim World Cup → (´89, ´93, ´94, ´96, ´97), beim Grand-Prix-Finale → (´90-´94, ´96) sowie bei 33 Grand-Prix-Turnieren → (darunter vier Titel bei den All England →). Verheiratet mit Alan Budi Kusuma → (Gold im HE bei OS → 1992). Karrierepreisgeld: 269.306 US-Dollar.

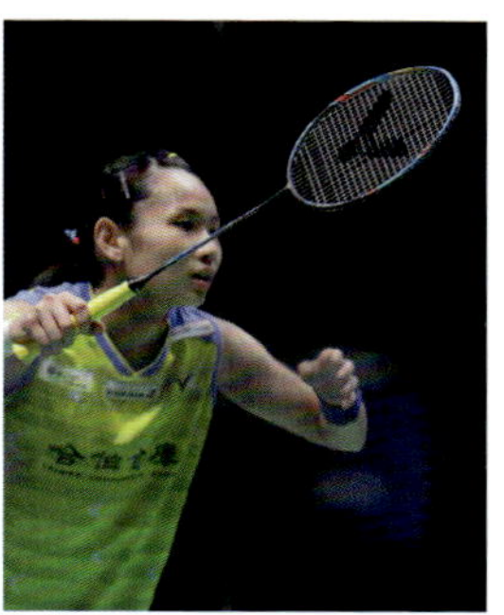

Abb. 242: Tai Tzu Ying

Tai, Tzu Ying, Taiwanesin, *1994, 2016 wurde sie mit 22 Jahren Nummer eins der Weltrangliste →, gewann im DE Silber bei den OS → (´21) sowie bei der WM (´21); gewann die Asienspiele → (´18), die Asienmeisterschaften → (´17, ´18, ´23), gewann 16 Titel der World Tour → und 12 Turniere der Super Series →, darunter 3 x die All England → (´17, ´18, ´20) und die Super Series Finals → (´14, ´16) sowie die World Tour Finals → (´20, ´23). Sie hält den Preisgeldrekord im Badminton, hat mittlerweile 2,25 Millionen US-Dollar verdient (Stand: 12/2023), sie überholte im September 2022 den bisherigen Rekordhalter Lee Chong Wei →.

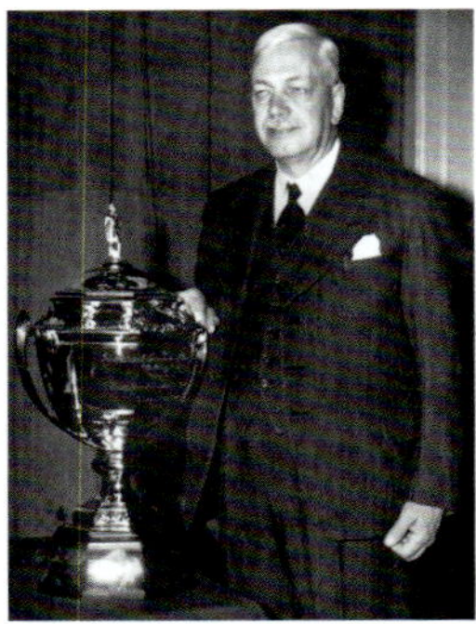

Abb. 243: George Thomas

Thomas, Sir George Alan, Engländer, 1881-1972, Mitglied der Hall of Fame →. Pionier des Badmintonsportes. Gründungspräsident der IBF →, amtierte von 1934 bis 1955. Schrieb das Buch „The Art of Badminton" (1925). T. regte schon 1939 eine Mannschafts-WM an, kriegsbedingt kam es erst 1949 zur Austragung des nach ihm benannten Thomas Cup →, er selbst bezeichnete das Turnier nur als „International Cup". Gewann 21 Titel bei den All England →. Auch erfolgreich im Tennis (im HE im VF in Wimbledon 1920, 1923) sowie 2 x britischer Meister im Schach.

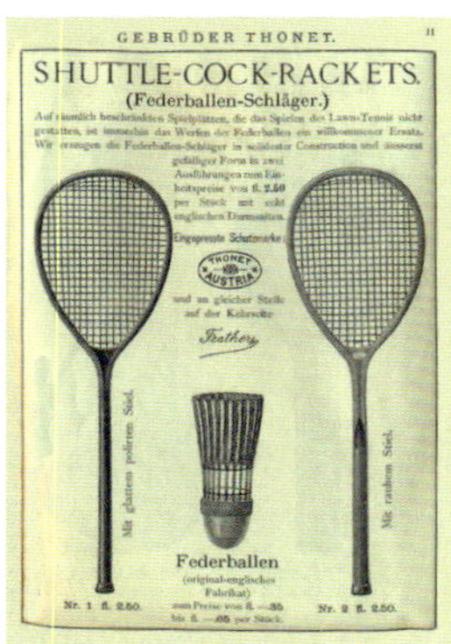

Abb. 244: Thonet

Thonet, deutsch-österreichischer Möbelhersteller und Schlägerpionier, spezialisiert auf gebogenes Holz. Firmengründer Michael Thonet (1796-1871) entwickelte um 1830 ein Verfahren zum Biegen von Holz unter Wasserdampf. Spezialität von T. waren Bugholz-Stühle, später Bauhaus-Klassiker wie den Freischwingerstuhl; stellte ab 1890 erste Tennisschläger her, zwischen 1893 und 1910 auch etwa 1150 Federballschläger - die wohl einzigen auf dem europäischen Festland, ansonsten nur englische Firmen.

Thomas Cup, Mannschafts-WM der Herren, erstmals 1949 ausgetragen, bis 1982 alle drei Jahre, seither alle zwei Jahre. Der Pokal ist benannt nach dem Stifter Sir George Thomas →. Bisher konnten sich sechs Länder in die Siegerliste eintragen: Indonesien (14 x), China (10x), Malaysia (5 x) sowie Japan, Dänemark und Indien (je 1 x). Pro Länderkampf werden zwei HD und drei HE ausgetragen, bis 1982 waren es 9 Spiele pro Partie. Seit 1984 wird die Endrunde zusammen mit dem Uber Cup → ausgetragen. An der Endrunde dürfen der Titelverteidiger, der Gastgeber, vier Teams aus Asien, drei aus Europa und je eines aus Afrika, Panamerika und Ozeanien teilnehmen.

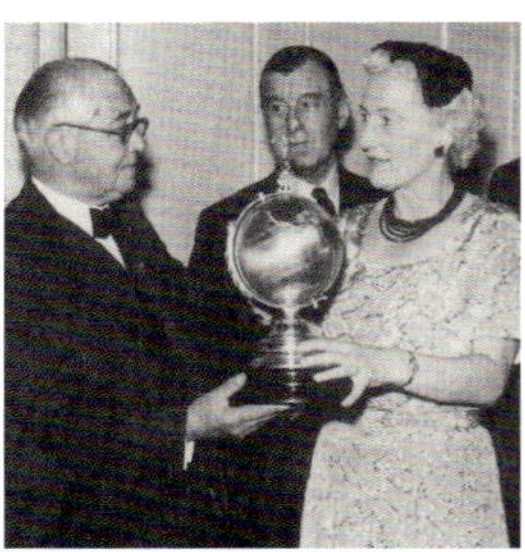

Abb. 245: Betty Uber

Uber, Betty, geb. Corbin, Engländerin, *1906-1983, Mitglied Hall of Fame →, gewann 13 Titel bei den All-England → (´30-´49) im DE (1x), DD (3x) und MX

(8x). Sie stiftete 1956 den Pokal für die Mannschafts-WM der Frauen, den Uber Cup →. U. gewann als Juniorin in Wimbledon (Tennis), sie schrieb das Buch „That Badminton Racket".

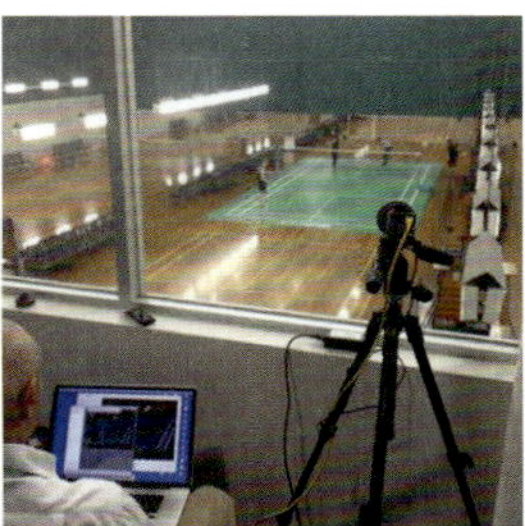

Abb. 246: Video-Beweis

Video-Beweis, computerunterstützte Schiedsrichterentscheidung, international bezeichnet als Instant Review Sysetm; von der BWF → ab 2013 beim Badminton eingeführt, gibt es beim Tennis bereits seit 2006 als Hwk-Eye; mit High-Speed und Slow-Motion-Kameras werden Bilder eingefangen, die die Grundlage für Entscheidung „in" oder „out" sind; bei großen Turnieren wie OS → oder WM → können Spieler / Paarungen pro Satz zweimal den V. anfordern; wird bezeichnet als Challenge → und ist über Video-Leinwand auch für Zuschauer nachvollziehbar; wenn eine Linienrichter/Schiedsrichterentscheidung durch den V. korrigiert werden muss, dann zählt die Challenge nicht als Versuch.

Uber Cup, Mannschafts-WM der Frauen, erstmals 1957 ausgetragen, bis 1984 alle drei Jahre, seither alle zwei Jahre. Der Pokal ist benannt nach der Stifterin Betty Uber →. Fünf Länder konnten sich bisher in die Siegerliste eintragen: China (15 x), Japan (6 x), USA und Indonesien (jeweils 3 x) sowie Südkorea (2 x). Pro Länderkampf werden zwei DD und drei DE gespielt. Seit 1984 findet das Turnier zusammen mit dem Thomas Cup → statt.

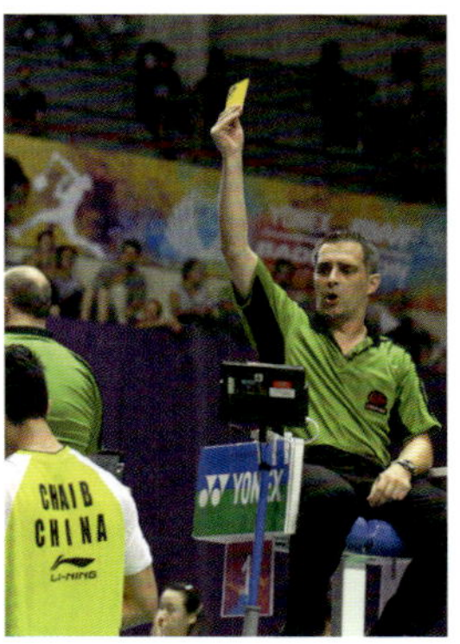

Abb. 247: Gelbe Karte

Verwarnkarten, Sanktionsmöglichkeit des Schiedsrichters, es stehen drei Farbkarten zur Verfügung; Schwarze Karte → für grob unsportliches Verhalten, endet in Absprache mit dem Referee (Oberschiedsrichter) mit der Disqualifikation; eine rote Karte gibt es für wiederholt unsportliches Verhalten, in diesem Fall erhält der Gegner einen Punkt sowie das Aufschlagsrecht; mit der gelben Karte werden Spieler für unsportliches Verhalten verwarnt – dies hat keine unmittelbare Konsequenz.

Weltmeisterschaften (WM), gibt es als Individual- und als Mannschaftsturnier in verschiedenen Altersklassen. Die Individualturniere werden im Erwachsenenbereich seit 1977 ausgetragen, zunächst alle drei Jahre (´77-´83), dann alle zwei Jahre (´85-´05), seither jährlich (mit Ausnahme der Olympiajahre). Eine WM → im Jugendbereich (U19) besteht seit 1992, seit 2003 für die Altersklassen → der Senioren. Die Tradition der Mannschaftsturniere ist älter als die Individual-WM. Die prestigeträchtige

Mannschafts-WM der Herren (Thomas Cup →) besteht seit 1949, das Turnier der Damen (Uber Cup →) seit 1957. 1989 kam die Mannschafts-WM für gemischte Mannschaften (Sudirman Cup →) hinzu. Bei der Jugend gibt es seit 2000 den Suhandinata Cup. Die WM-Turniere werden von der BWF → ausgerichtet.

Weltrangliste, 1990 vom Weltverband eingeführt, diente zunächst zur Ermittlung der Teilnehmer der OS →. Spieler bzw. Paarungen erhalten entsprechend ihres Abschneidens bei den Turnieren Punkte für die Rangliste. Die Punktzahl richtet sich nach der Wertigkeit des Turniers (BWF Major Event, BWF World Tour →, BWF Tour, International Challenge, International Series und Future Series). In die Weltrangliste gehen die zehn besten Turnierergebnisse der vergangenen zwölf Monate ein. Die BWF → veröffentlicht jeweils dienstags auf der Website (www.bwfbadminton.com) die neueste Rangliste, sie dient sowohl für die Olympiaqualifikation als auch die Zulassung zu bestimmten Turnieren. Seit 2018 gibt es neben der Weltrangliste der BWF → die Rangliste der BWF World Tour →, womit die Teilnehmer der BWF World Tour Finals → bestimmt werden. Mittlerweile gibt es auch Weltranglisten für Junioren, Para-Badminton und eine Team/Nationen-Wertung. Zu finden auf www.bwfbadminton.com/rankings.

Werner-Seelenbinder-Turnier, internationale Meisterschaften in der DDR, an verschiedenen Orten von 1973-89 ausgetragen. Zuvor hatte es in der DDR bereits von 1962 bis 1967 das internationale Federballturnier in Tröbitz gegeben, wo sich u.a. der Däne Erland Kops → und Ferry Sonneville (Indonesien) in die Siegerliste eintrugen. Rekordsiegerin bei dem Turnier ist Monika Cassens → mit 29 Titeln. Neben DDR-Sportlern finden sich Russen, Tschechen und Polen in der Siegerliste. Der Name des Turniers geht auf den Ringer Werner Seelenbinder (1904-44) zurück, der von den Nationalsozialisten hingerichtet wurde.

World Badminton Federation (WBF), ein 1978 in Hongkong gegründeter Gegenverband zur International Badminton Federation (IBF) →. Ihm gehörten 13 asiatische und sechs afrikanische Verbände an. Die Abspaltung des Weltverbandes beruhte auf vier Gründen: 1) Das Vorhaben der IBF → Taiwan auszuschließen, um China aufzunehmen. 2) Der Wunsch, dass jedes Mitgliedsland nur eine Stimme hat. 3) Das Unverständnis darüber, dass England, Wales, Schottland und Irland jeweils als ein Land zählten. 4) Das Südafrika als Apartheitsregime in der IBF → sein konnte. Am 26. Mai 1981 vereinigten sich IBF → und WBF zu einem Verband, China trat dem neuen Verband bei.

World Cup, Einladungsturnier der BWF → von 1981 bis 1997 sowie 2005 und 2006 ausgetragen. Der World Cup galt bei seiner Einführung als eines der prestigeträchtigsten Veranstaltungen und ebnete den Weg zur Professionalisierung → des Badmintonsports. Schon 1981 gab es ein Preisgeld → von 118.000 US-Dollar.

World Tour → siehe BWF World Tour.

World Training Center, von der BWF → im Jahre 2005 gegründete Trainingsstandorte für talentierte Spieler aus verschiedenen Nationen. Standorte waren Saarbrücken (Deutschland), Guangzhou (China) und Sofia (Bulgarien). Die W. sollten zur Internationalisierung → des Sports beitragen. Die BWF → setzt mittlerweile auf Trainer- und Lehrerfortbildung (Shuttle Time) und zwar in den einzelnen Ländern vor Ort.

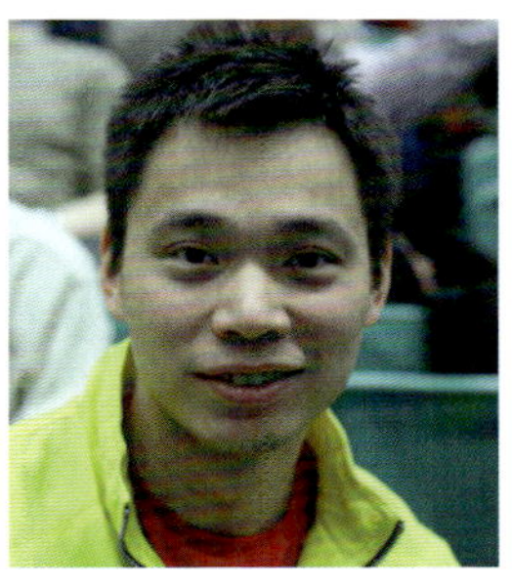

Abb. 248: Xia Xuanze

Xia, Xuanze, Chinese, *1979, gewann die WM → (´03) sowie Bronzemedaille bei den OS → (´00), gehörte zum Siegerteam des Thomas Cup → (´04). Sein Markenzeichen war ein hochgestellter Hemdskragen. Gehört heute zum chinesischen Trainerstab und ist für Lin Dan → zuständig. Karrierepreisgeld: 86.183 US-Dollar.

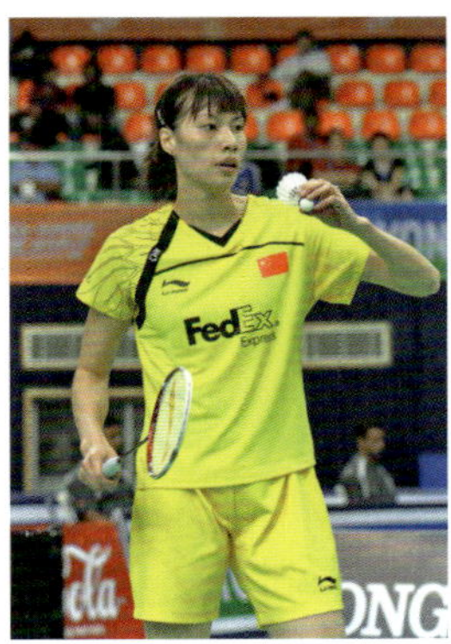

Abb. 249: Xie Xingfang

Xie, Xingfang, Chinesin, *1981, Gewinnerin der WM → im DE (´05, ´06), der Silbermedaille bei den OS → (´08). Drei Titel im DE bei All England → (´05-´07). Gewann den Uber Cup → (´02, ´04, ´06, ´08). Verheiratet mit Lin Dan →. Zierte als Model mehrfach Titelseiten chinesischer Magazine. Karrierepreisgeld: 242.050 US-Dollar.

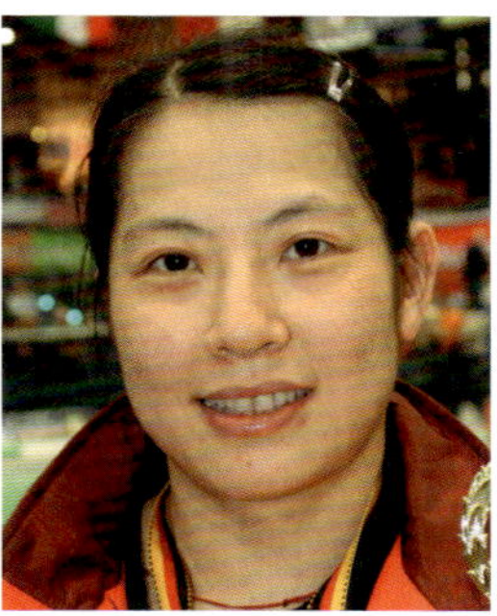

Abb. 250: Xu Huaiwen

Xu, Huaiwen, *1975, geboren in Chengdu (China), seit 2003 Deutsche. Sie gewann im DE zweimal die EM → (´06, ´08), 5x DM → im DE (´04-´08), 57 Länderspiele → für Deutschland. Teilnehmerin der OS → 2004 (Niederlage 1. Runde) und 2008 (Niederlage im VF). Gewann als erste deutsche Spielerin im DE ein Turnier der Grand-Prix-Serie → (Helexpo Thessaloniki 2005). Gewann mit dem deutschen Frauen-Team 2x Bronze beim Uber Cup → (´06, ´08). X. beendete 2008 ihre Karriere und zog in die USA, später nach England. Karrierepreisgeld: 77.806 US-Dollar.

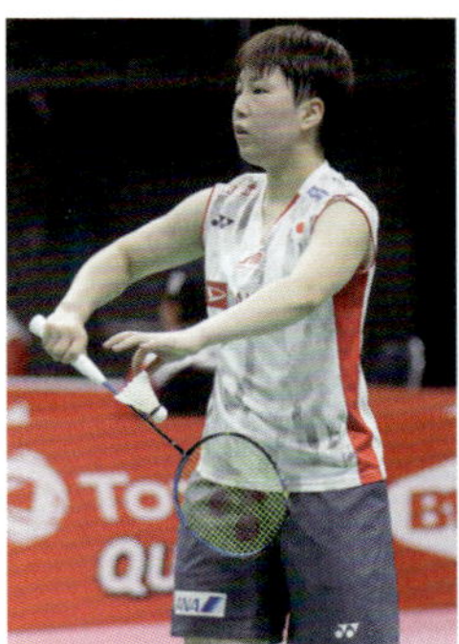

Abb. 251: Akane Yamaguchi

Yamaguchi, Akane, Japanerin, *1997, die gerade einmal 1,56 Meter große Frau, ist ein explosive Spielerin auf dem Court, gewann im DE 2 x die WM (´21, ´22), sie hatte bereits in der Altersklasse → U19 2 x die WM → gewonnen (´13, ´14) und einmal Silber geholt (´12), bei den OS → der Jugend gewann sie Silber (´14); mit Japan gewann sie nach 38 Jahren wieder den Uber Cup → (´18); sie gewann 5 Titel der Super Series → und 14 Titel der World Tour →, inklusive Super Series Finals → (´17) und World Tour Finals → (´22) sowie 4x die German Open → (´17-´19, ´23).

Yang, Yang, Chinese, *1963, verteidigte als erster Spieler im HE seinen Titel bei der WM (´87, ´89), gewann mit China dreimal den Thomas Cup → (`86, `88, ´ 90). Er gewann zwölf große internationale Meisterschaften, darunter das Grand-Prix-Finale → (´86), den World Cup → (´88, ´90) und die All England Open → (´89). Dazu kommt noch der Sieg beim Show-Event der OS → in Seoul (´88). Beendete 1991 seine Karriere und wurde Trainer in Malaysia, gewann mit dem Land den Thomas Cup → (´92). Y. gründete eine Firma für Badminton-Equipment, kehrte 2000 nach China zurück und gründete in Nanjing einen nach ihm benannten Badminton Club.

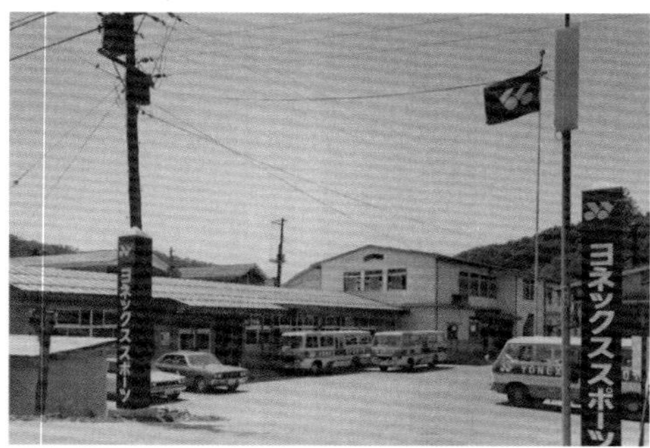

Abb. 252: Niigata

Yonex, japanischer Sportartikelhersteller, Firma Yoneyama Manufacturing Ltd. von Minoru Yoneyama (1924-2019) im Jahre 1946 für Holzprodukte gegründet; Firma 1973 in Yonex umbenannt; 1962 wurde der erste Yoneyyama-Badmintonschläger (B2000 „King Dia") produziert; ab 1969 auch Tennisschläger; seit 1965 werden Federbälle → produziert, seit 1970 auch Plastikbälle →; experimentierte bei Schlägern mit Material und brachte ab Ende der 1970er Jahre Schläger mit Carbon-Schaft heraus; 1978 erster Schläger unter 100 Gramm (Carbonex 8, CAB-8).

Yuki, Hiroe, Japanerin, *1950, Mitglied Hall of Fame →, erfolgreichste japanische Spielerin, gewann mit ihrem Heimatland dreimal den Uber Cup → (´69, ´72, ´78). Gewann bei den All England → viermal im DE (´69, ´74, ´75, 77).

Zählweise, Regel zur Zählung der Spielpunkte. Für fast 100 Jahre galt beim Badminton weltweit ein unverrückbares Zählsystem (Es galt: 2 Gewinnsätze bis 15; nur der Aufschläger kann punkten; bei 13 beide kann bis 18 und bei 14 beide kann bis 17 verlängert werden. Im DE galten 2 Gewinnsätze bis 11). 1995 probierte Norwegen ein Jahr lang das System 5 x 9 (5 Gewinnsätze bis 9 Punkte) aus. 2001 führte die BWF → für ein Jahr das System 5 x 7 ein. Seit 2006 wird international nach Rallypoint → mit 2 x 21 in allen Disziplinen gezählt. Versuche zur Änderung der Z. auf 5 x 11 sind zweimal (`18, ´21) bei der Mitgliederversammlung AGM → gescheitert.

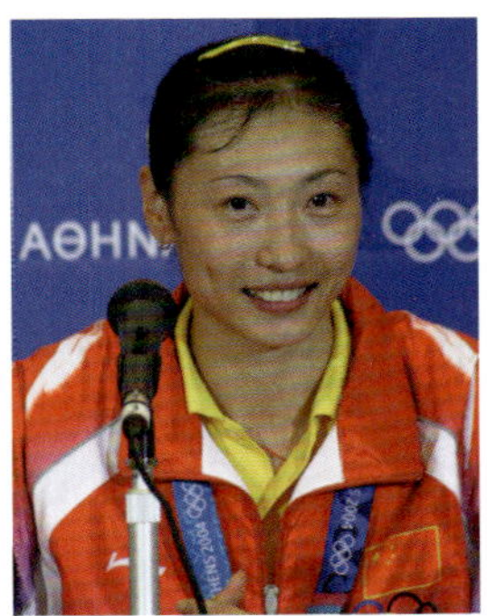

Abb. 253: Zhang Ning

Zhang, Ning, Chinesin, *1975, Mitglied Hall of Fame →, verteidigte 2008 bei den OS → als erste Frau ihre 2004 gewonnene Goldmedaille, Siegerin der WM → im DE (´03). 2008 gab Cheftrainer Li Yongbo zu, dass der Sieg von Z. im HF der OS→ 2004 gegen Landsfrau Zhou Mi abgesprochen war. Sie gewann den Uber Cup → (´02, ´04, ´06). Bitterste Niederlage erlitt sie 1994 im entscheidenden Spiel im Finale des Uber Cup →, sie verlor nach zwei vergebenen Matchbällen gegen die damals 14-jährige Indonesierin Mia Audina. Z. trat nach ihrem Karriereende 2008 in den chinesischen Trainerstab ein. Karrierepreisgeld: 259.053 US-Dollar.

Zhao Jianhua, Chinese, *1965, gewann gleich bei seinem ersten Auftritt bei den All England → 1985 im Endspiel gegen Morten Frost → den Titel. Er konnte diesen 1990 noch einmal gewinnen. Gewann die WM → (´91), das Grand-Prix-Finale → (´91) und den World Cup → (´87). Siegte beim Thomas Cup → (´88, ´90). Verlor bei den OS → 1992 als Topgesetzter im VF gegen den Indonesier Hermawan Susanto. Er legte sich danach als Strafe auf, einige Turnier im Mixed zu spielen, ehe er seine Karriere mit 27 Jahren beendete. Karrierepreisgeld: 40.944 US-Dollar.

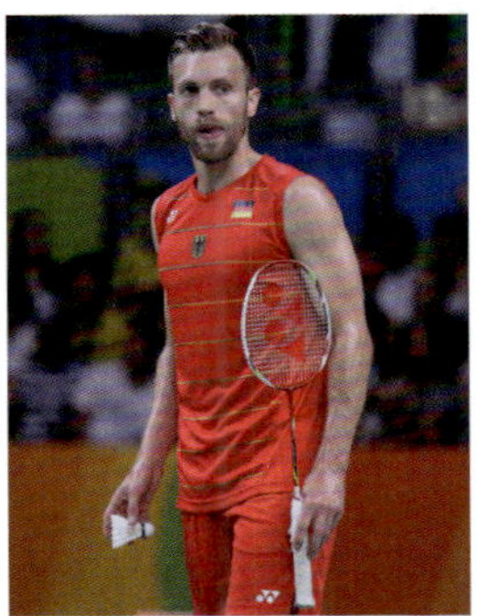

Abb. 254: Marc Zwiebler

Zwiebler, Marc, *1984, erfolgreichster deutscher Spieler, gewann im HE die EM → (´12), ist Rekordsieger der DM → mit 9 Titeln im HE (´05, ´08-´13, ´15, ´16), 3x Teilnehmer OS → (´08, ´12, ´16), war 2017 die Nr. 10 der Weltrangliste, 93 Länderspiele → für den DBV →, gehörte zum Siegerteam Mixed-Mannschafts-EM (´13), gewann 16 internationale Titel, stand im Endspiel der Super Series → in Dänemark (´09) und Indonesien (´13) sowie im HF der All England (´11). Z. hätte seine Karriere nach einem Bandscheibenvorfall 2006 fast beenden müssen. Gehörte der Athletenkommission der BWF → von 2017-2021 an, 2019-2021 als Vorsitzender und damit Mitglied im Vorstand der BWF →. Karrierepreisgeld: 166.930 US-Dollar.

Glossar

IOC – Internationales Olympisches Komitee

VF – Viertelfinale

HF – Halbfinale

F – Finale

HE – Herreneinzel

DE – Dameneinzel

HD – Herrendoppel

DD – Damendoppel

MX – Mixed

OS – Olympische Spiele

WM – Weltmeisterschaft

EM – Europameisterschaft

DM – Deutsche Meisterschaft

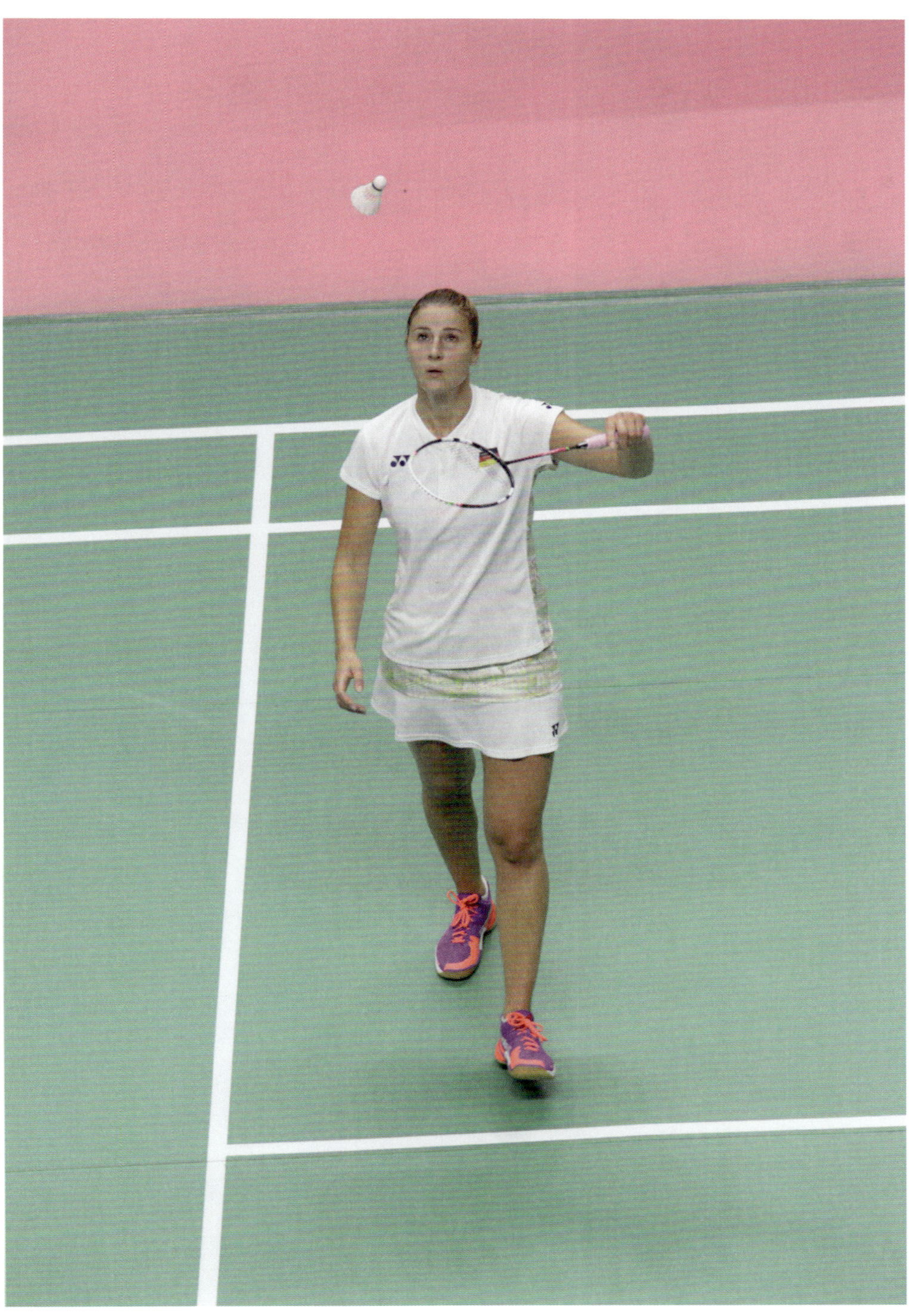

Abb. 255: Fabienne Deprez jongliert einen Federball.

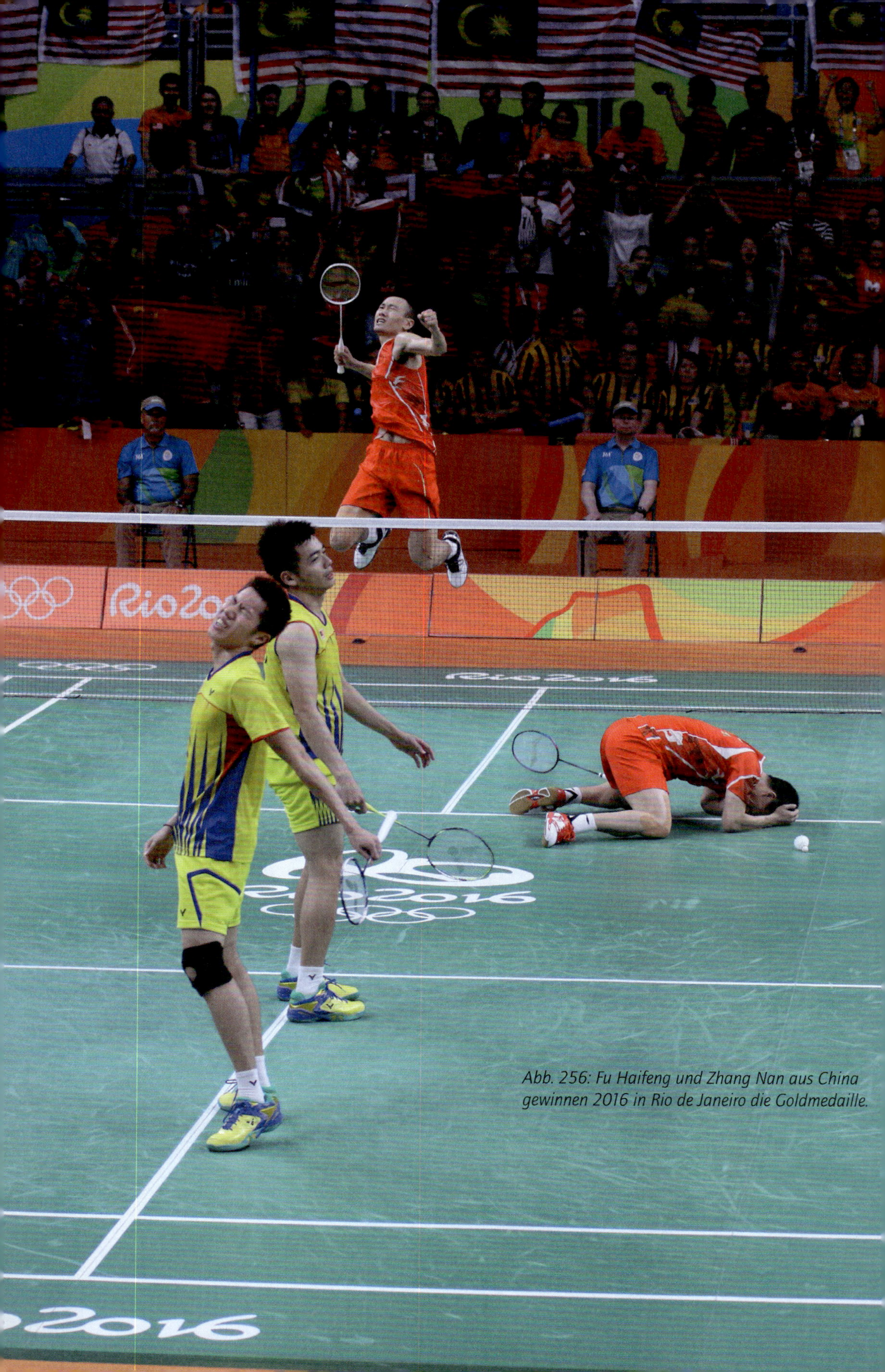

Abb. 256: Fu Haifeng und Zhang Nan aus China gewinnen 2016 in Rio de Janeiro die Goldmedaille.

27 Statistiken

Olympiasieger

Herreneinzel

1972 Rudy Hartono (Indonesien)*
1988 Yang Yang (China)*
1992 Alan Budi Kusuma (Indonesien)
1996 Poul-Erik Høyer-Larsen (Dänemark)
2000 Ji Xinpeng (China)
2004 Taufik Hidayat (Indonesien)
2008 Lin Dan (China)
2012 Lin Dan (China)
2016 Chen Long (China)
2021 Viktor Axeslen (Dänemark)

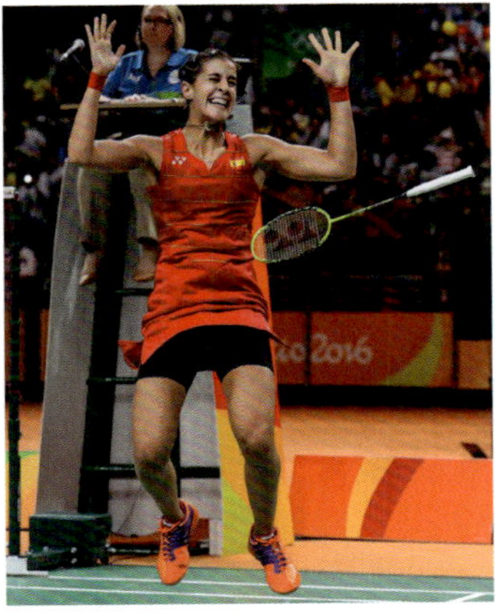

Abb. 257: Carolina Marin

Dameneinzel

1972 Noriko Nakayama (Japan)*
1988 Han Aiping (China)*
1992 Susi Susanti (Indonesien)
1996 Bang Soo-Hyun (Korea)
2000 Gong Zhichao (China)
2004 Zhang Ning (China)
2008 Zhang Ning (China)
2012 Li Xuerui (China)
2016 Carolina Marin (Spanien)
2021 Chen Yu Fei (China)

Herrendoppel

1972 Ade Chandra/Christian Hadinata (Indonesien)*
1988 Li Yongbo/Tian Bingyi (China)*
1992 Park Joo-Bong/Kim Moon-Soo (Südkorea)
1996 Ricky Subagja/Rexy Mainaky (Indonesien)
2000 Tony Gunawan/Candra Wijaya (Indonesien)
2004 Kim Dong-Moon/Ha Tae-Kwon (Korea)
2008 Markis Kido/Hendra Setiawan (Indonesien)
2012 Cai Yun/Fu Haifeng (China)
2016 Fu Haifeng/Zhang Nan (China)
2021 Lee Yang/Wang Chi-Lin (Taiwan)

Damendoppel

1972 nicht ausgetragen
1988 Kim Yun-Ja/Chung Soo-Young (Südkorea)*
1992 Hwang Hye-Young/Chung Soo-Young (Südkorea)
1996 Ge Fei/Gu Jun (China)
2000 Ge Fei/Gu Jun (China)
2004 Yang Wei/Zhang Jiewen (China)
2008 Du Jing/Yu Yang (China)
2012 Tian Qing/Zhao Yunlei (China)
2016 Misaki Matsutomo/Ayaka Takahashi (Japan)
2021 Greysia Polii/Apriyani Rahayu (Indonesien)

Mixed

1972 Derek Talbot/Gillian Gilks (England)*
1988 Park Joo-Bong/Chung Myung-Hee (Südkorea)*
1992 nicht ausgetragen
1996 Kim Dong-Moon/Gil Young-Ah (Südkorea)
2000 Zhang Jun/Gao Ling (China)
2004 Zhang Jun/Gao Ling (China)
2008 Lee Yong-Dae/Lee Hyo-Jung (Südkorea)
2012 Zhang Nan/Zhao Yunlei (China)
2016 Tontowi Ahmad/Liliyana Natsir (Indonesien)
2021 Wang Yilu/Huang Dongping (China)

***keine offiziellen Olympiasieger (Sieger des Demonstrations- bzw. Show-Wettbewerbs)**

Olympische Jugendspiele

Austragungsorte
2010 Singapur (Singapur)
2014 Nanjing (China)
2018 Buenos Aires (Argentinien)
2022 ausgefallen wegen Covid 19
2026 Dakar (Sengeal)

Herreneinzel
2010 Pisit Poodchalat (Thailand)
2014 Shi Yuqi (China)
2018 Li Shifeng (China)
2022 ausgefallen

Dameneinzel
2010 Sappsiree Taerattanachai (Thailand)
2014 He Bingjiao (China)
2018 Goh Jin Wei (Malaysia)
2022 ausgefallen

Mixed
2010 nicht ausgetragen
2014 Cheam June Wei / Ng Tsz Yau (Malaysia / Hongkong)
2018 Team Alpha (verschiedene Nationen)
2022 ausgefallen

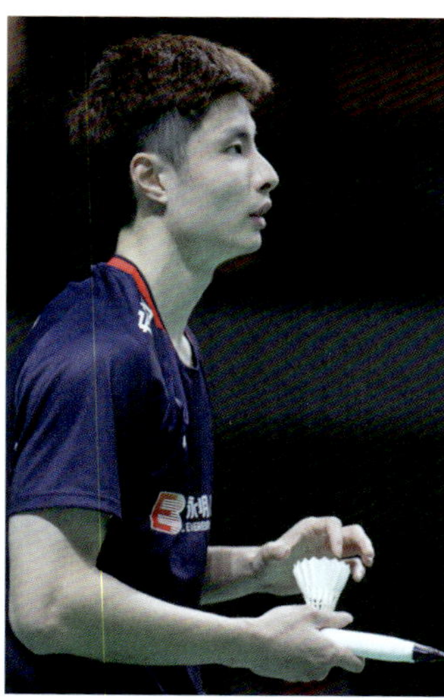

Abb. 258: Shi Yuqi

Weltmeister

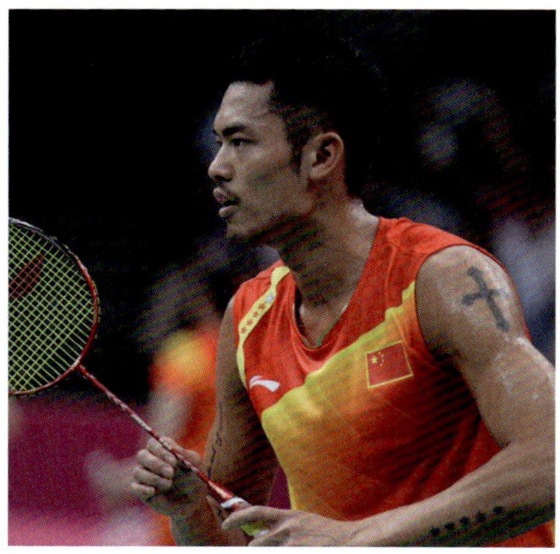

Abb. 259: Lin Dan

Herreneinzel
1977 Flemming Delfs (Dänemark)
1980 Rudy Hartono (Indonesien)
1983 Icuk Sugiarto (Indonesien)
1985 Han Jian (China)
1987 Yang Yang (China)
1989 Yang Yang (China)
1991 Zhao Jianhua (China)
1993 Joko Suprianto (Indonesien)
1995 Heryanto Arbi (Indonesien)
1997 Peter Rasmussen (Dänemark)
1999 Sun Jun (China)
2001 Hendrawan (Indonesien)
2003 Xia Xuanze (China)
2005 Taufik Hidayat (Indonesien)
2006 Lin Dan (China)
2007 Lin Dan (China)
2009 Lin Dan (China)
2010 Chen Jin (China)
2011 Lin Dan (China)
2013 Lin Dan (China)
2014 Chen Long (China)
2015 Chen Long (China)
2017 Viktor Axelsen (Dänemark)
2018 Kento Momota (Japan)
2019 Kento Momota (Japan)
2021 Loh Kean Yew (Singapur)
2022 Viktor Axelsen (Dänemark)
2023 Kunlavut Vitidsarn (Thailand)

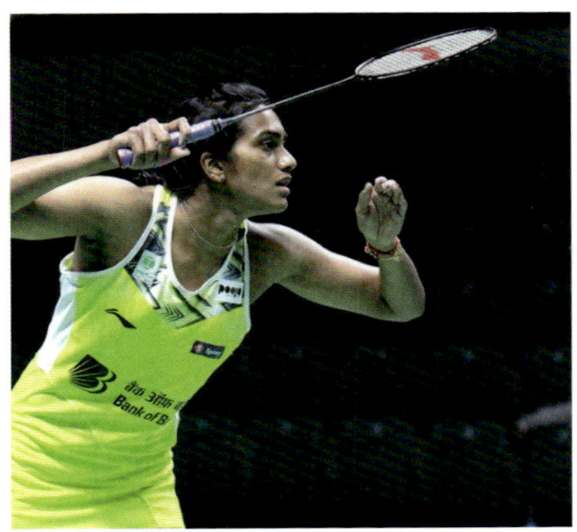

Abb. 260: Pursala V. Sindhu

Dameneinzel
1977 Lene Køppen (Dänemark)
1980 Verawati Wiharjo (Indonesien)
1983 Li Lingwei (China)
1985 Han Aiping (China)
1987 Han Aiping (China)
1989 Li Lingwei (China)
1991 Tang Jiuhong (China)
1993 Susi Susanti (Indonesien)
1995 Ye Zhaoying (China)
1997 Ye Zhaoying (China)
1999 Camilla Martin (Dänemark)
2001 Gong Ruina (China)
2003 Zhang Ning (China)
2005 Xie Xingfang (China)
2006 Xie Xingfang (China)
2007 Zhu Lin (China)
2009 Lu Lan (China)
2010 Wang Lin (China)
2011 Wang Yihan (China)
2013 Ratchanok Intanon (Thailand)
2014 Carolina Marin (Spanien)
2015 Carolina Marin (Spanien)
2017 Nozomi Okuhara (Japan)
2018 Carolina Marin (Spanien)
2019 Pusarla Venkata Sindhu (Indien)
2021 Akane Yamaguchi (Japan)
2022 Akane Yamaguchi (Japan)
2023 An Se-Young (Südkorea)

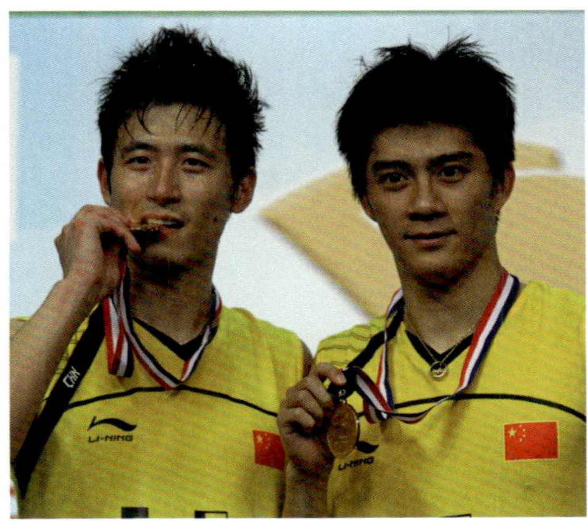

Abb. 261: Fu Haifeng/Cai Yun

Herrendoppel
1977 Tjun Tjun/Johan Wahjudi (Indonesien)
1980 Christian Hadinata/Ade Chandra (Indonesien)
1983 Steen Fladberg/Jesper Helledie (Dänemark)
1985 Park Joo-Bong/Kim Moon-Soo (Südkorea)
1987 Tian Bingyi/Li Yongbo (China)
1989 Tian Bingyi/Li Jongbo (China)
1991 Park Joo-Bong/Kim Moon-Soo (Südkorea)
1993 Ricky Subagja/Rudy Gunawan (Indonesien)
1995 Ricky Subagja/Rexy Mainaky (Indonesien)
1997 Candra Wijaya/Sigit Budiarto (Indonesien)
1999 Kim Dong-Moon/Ha Tae-Kwon (Südkorea)
2001 Halim Haryanto/Tony Gunawan (Indonesien)
2003 Lars Paaske/Jonas Rasmussen (Dänemark)
2005 Tony Gunawan/Howard Bach (USA)
2006 Fu Haifeng/Cai Yun (China)
2007 Markis Kido/Hendra Setiawan (Indonesien)
2009 Fu Haifeng/Cai Yun (China)
2010 Fu Haifeng/Cai Yun (China)
2011 Fu Haifeng/Cai Yun (China)
2013 Mohammad Ahsan/Hendra Setiawan (Indonesien)
2014 Ko Sung-Hyun/Shin Baek-Cheol (Südorea)
2015 Mohammad Ahsan/Hendra Setiawan (Indonesien)
2017 Zhang Nan/Liu Cheng (China)
2018 Li Junhui/Liu Cheng (China)
2019 Mohammad Ahsan/Hendra Setiawan (Indonesien)
2021 Takuro Hoki/Yugo Kobayashi (Japan)
2022 Aron Chia/Soh Wooi Yik (Malaysia)
2023 Kang Min-Hyuk/Seo Seung-Jae (Südkorea)

Damendoppel

1977 Etsuko Toganoo/Emiko Ueno (Japan)
1980 Nora Perry/Jane Webster (England)
1983 Lin Ying/Wu Dixi (China)
1985 Han Aiping/Li Lingwei (China)
1987 Lin Ying/Guan Weizhen (China)
1989 Lin Ying/Guan Weizhen (China)
1991 Qunhua Nong/Guan Weizhen (China)
1993 Qunhua Nong/Lei Zhou (China)
1995 Gil Young-Ah/Jang Hye-Ock (Südorea)
1997 Ge Fei/Gu Jun (China)
1999 Ge Fei/Gu Jun (China)
2001 Huang Sui/Gao Ling (China)
2003 Huang Sui/Gao Ling (China)
2005 Yang Wei/Zhang Jiewen (China)
2006 Huang Sui/Gao Ling (China)
2007 Yang Wei/Zhang Jiewen (China)
2009 Zhang Yawen/Zhao Tingting (China)
2010 Du Jing/Yu Yang (China)
2011 Wang Xiaoli/Yu Yang (China)
2013 Wang Xiaoli/Yu Yang (China)
2014 Tian Qing/Zhao Yunlei (China)
2015 Tian Qing/Zhao Yunlei (China)
2017 Chen Qingchen/Jia Yifan (China)
2018 Wakana Nagahara/Mayu Matsumoto (Japan)
2019 Wakana Nagahara/Mayu Matsumoto (Japan)
2021 Chen Qingchen/Jia Yifan (China)
2022 Chen Qingchen/Jia Yifan (China)
2023 Chen Qingchen/Jia Yifan (China)

Mixed

1977 Steen Skovgaard/Lene Køppen (Dänemark)
1980 Christian Hadinata/Imelda Wigoeno (Indonesien)
1983 Thomas Kihlstrøm/Nora Perry (Schweden/England)
1985 Park Joo-Bong/Yoo Sang-Hee (Südkorea)
1987 Wang Pengren/Shi Fangjing (China)
1989 Park Joo-Bong/Chung Myung-Hee (Südkorea)
1991 Park Joo-Bong/Chung Myung-Hee (Südkorea)
1993 Thomas Lund/Catrine Bengtsson (Dänemark/Schweden)
1995 Thomas Lund/Marlene Thomsen (Dänemark)
1997 Liu Yong/Ge Fei (China)
1999 Kim Dong-Moon/Ra Kyung-Min (Südkorea)
2001 Zhang Jun/Gao Ling (China)
2003 Kim Dong-Moon/Ra Kyung-Min (Südkorea)
2005 Nova Widianto/Lilyana Natsir (Indonesien)
2006 Nathan Robertson/Gail Emms (England)
2007 Nova Widianto/Lilyana Natsir (Indonesien)
2009 Thomas Laybourn/Kamilla Rytter Juhl (Dänemark)
2010 Zheng Bo/Ma Jin (China)
2011 Zhang Nan/Zhao Yunlei (China)
2013 Tontowi Ahmad Liliyana Natsir (Indonesien)
2014 Zhang Nan/Zhao Yunlei (China)
2015 Zhang Nan/Zhao Yunlei (China)
2017 Tontowi Ahmad Liliyana Natsir (Indonesien)
2018 Zheng Siwei/Huang Yaqiong (China)
2019 Zheng Siwei/Huang Yaqiong (China)
2021 Dechapol Puavaranukroh/Sapsiree Taerattanachai (Thailand)
2022 Zheng Siwei/Huang Yaqiong (China)
2023 Seo Seung-Jae/Chae Yoo-Jung (Südkorea)

Jugend-Weltmeister

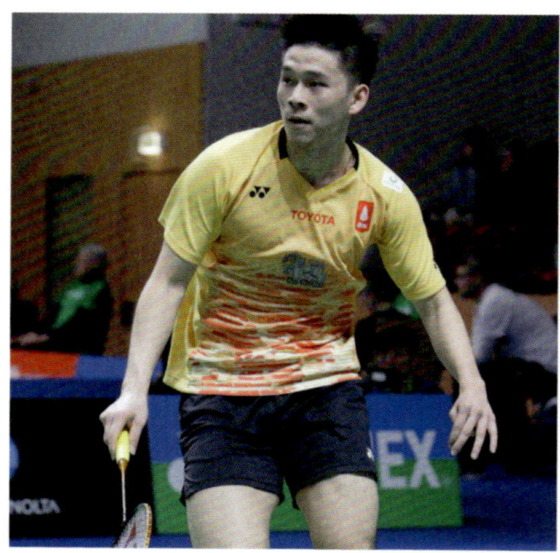

Abb. 262: Kunlavut Vitidsarn

Herreneinzel

1992 Sun Jun (China)
1994 Chen Gang (China)
1996 Feng Zhu (China)
1998 Zhang Yang (China)
2000 Bao Chunlai (China)
2002 Chen Jin (China)
2004 Chen Jin (China)
2006 Hong Ji-Hoon (Südkorea)
2007 Chen Long (China)

2008 Wang Zhengming (China)
2009 Houwei Tian (China)
2010 Victor Axelsen (Dänemark)
2011 Zulfadli Zulkiffli (Malaysia)
2012 Kento Momota (Japan)
2013 Heo Kwang-Hee (Südkorea)
2014 Lin Guipu (China)
2015 Lu Chia-Hung (Taiwan)
2016 Sun Feixiang (China)
2017 Kunlavut Vitidsarn (Thailand)
2018 Kunlavut Vitidsarn (Thailand)
2019 Kunlavut Vitidsarn (Thailand)
2020 nicht ausgetragen
2021 nicht ausgetragen
2022 Kuo Kuang-Lin (Taiwan)
2023 Alwi Farhan (Indonesien)

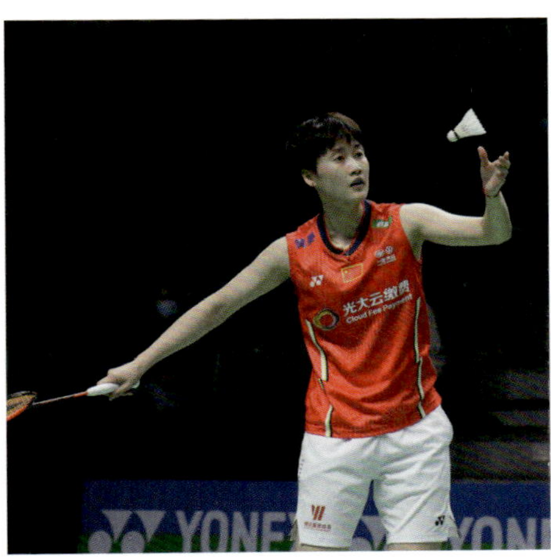

Abb. 263: Chen Yu Fei

Dameneinzel
1992 Kristin Junita (Indonesien)
1994 Wang Chen (China)
1996 Yu Hua (China)
1998 Gong Ruina (China)
2000 Wei Yan (China)
2002 Jiang Yanjiao (China)
2004 Cheng Shao Chieh (Taiwan)
2006 Wang Yihan (China)
2007 Wang Lin (China)
2008 Saina Nehwal (Indien)
2009 Ratchanok Intanon (Thailand)
2010 Ratchanok Intanon (Thailand)
2011 Ratchanok Intanon (Thailand)
2012 Nozomi Okuhara (Japan)
2013 Akane Yamaguchi (Japan)
2014 Akane Yamaguchi (Japan)
2015 Goh Jin Wei (Malaysia)
2016 Chen Yu Fei (China)
2017 Gregoria Mariska Tunjung (Indonesien)
2018 Goh Jin Wei (Malaysia)
2019 Riko Gunji (Japan)
2020 nicht ausgetragen
2021 nicht ausgetragen
2022 Tomoka Miyazaki (Japan)
2023 Pitchamon Opatniput (Thailand)

Herrendoppel
1992 A. Santoso / Kusno (Indonesien)
1994 Peter Gade/Peder Nissen (Dänemark)
1996 Jeremy Gan Wye Teck/Chan Chong Ming (Malaysia)
1998 Chan Chong Meng/Tao Seng Kok (Malaysia)
2000 Sang Yang/Zheng Bo (China)
2002 Han Sang-Hoon/Park Sung-Hwan (Südkorea)
2004 Hoon Tien How/Tan Boon Heong (Malaysia)
2006 Lee Yong-Dae/Cho Gun-Woo (Südkorea)
2007 Chung Eui Seok/Shin Baek Choel (Südkorea)
2008 Mak Hee Chun/Teo Kok Siang (Malaysia)
2009 Ow Yao Han/Choi Kah Ming (Malaysia)
2010 Ow Yao Han/Yew Hong Kheng (Malaysia)
2011 Nelson Heg Wei Keat/Teo Eee Yi (Malaysia)
2012 Lee Chun Hei/Ng Ka Long (Hongkong)
2013 Li Junhui/Liu Yuchen (China)
2014 Kittinupong Kedren/Dechapol Puavaranukroh (Thailand)
2015 He Jiting/Zheng Siwei (China)
2016 Han Chengkai/Zhou Haodong (China)
2017 Mahiro Kaneko/Yunosuke Kubota (Japan)
2018 Di Zijian/Wang Chang (China)
2019 Leo Rolly Carnando/Daniel Marthin (Indonesien)
2020 nicht ausgetragen
2021 nicht ausgetragen
2022 Xu Huayu/Zhu Yijun (China)
2023 Ma Shang/Zhu Yijun (China)

Damendoppel
1992 Gu Jun/Han Jingna (China)
1994 Wang Li/Qian Hong (China)
1996 Gao Ling/Yang Wie (China)
1998 Zhang Jiewen/Xie Xingfang (China)
2000 Zhang Yawen/Wei Yili (China)
2002 Du Jing/Rong Lu (China)
2004 Tian Qing/Yu Yang (China)
2006 Ma Jin/Wang Xiaoli (China)
2007 Xie Jing/Zhong Qianxin (China)
2008 Fu Mingtian/Yao Lei (Singapur)
2009 Jinhua Tang/Huan Xia (China)
2010 Bao Yixinn/Ou Dongni (China)
2011 Lee So-Hee/Shin Seung-Chan (Südkorea)
2012 Lee So-Hee/Shin Seung-Chan (Südkorea)
2013 Chae Yoo-Jung/Kim Ji-Won (Südkorea)
2014 Chen Qingchen/Jia Yifan (China)
2015 Chen Qingchen/Jia Yifan (China)
2016 Sayaka Hobara/Nami Matsuyama (Japan)
2017 Baek Ha-Na/Lee Yu-Rim (Südkorea)
2018 Liu Xuanxuan/Xia Yuting (China)
2019 Lin Fangling/Zhou Xinru (China)
2020 nicht ausgetragen
2021 nicht ausgetragen
2022 Liu Shengshu/Wang Tingge (China)
2023 Maya Taguchi/Aya Tamaki (Japan)

Mixed
1992 Jim Laugesen/Rikke Olsen (Dänemark)
1994 Zhang Wie/Qian Hong (China)
1996 Wang Wie/Lu Ying (China)
1998 Chan Chong Meng/Joanne Quay (Malaysia)
2000 Sang Yang/Zhang Yawen (China)
2002 Guo Zendong/Yu Yang (China)
2004 He Hanbin/Yu Yang (China)
2006 Lee Yong-Dae/Yoo Hyun-Young (Südkorea)
2007 Lim Khim Wah/Ng Hui Lin (Malaysia)
2008 Chai Biao/Xie Jung (China)
2009 Maneepong Jongjit/Rodjana Chuthabunditkul (Thailand)
2010 Liu Cheng/Bao Yixin (China)
2011 Alfian Eko Prasetya/Gloria Emanuelle Widjaja (Indonesien)
2012 Edi Subaktiar/Melati Daeva Oktavianti (Indonesien)
2013 Huang Kaixiang/Chen Qingchen (China)
2014 Huang Kaixiang/Chen Qingchen (China)
2015 Zheng Siwei/Chen Qingchen (China)
2016 He Jiting/Du Yue (China)
2017 Rinov Rivaldy/Pitha Haningtyas Mentari (Indonesien)
2018 Leo Rolly Carnando/Indah Cahya Sari Jamil (Indonesien)
2019 Feng Yanzhe/Lin Fangling (China)
2020 nicht ausgetragen
2021 nicht ausgetragen
2022 Zhu Yijun/Liu Shengshu (China)
2023 Liao Pinyi/Zhang Jianhan (China)

Europameister

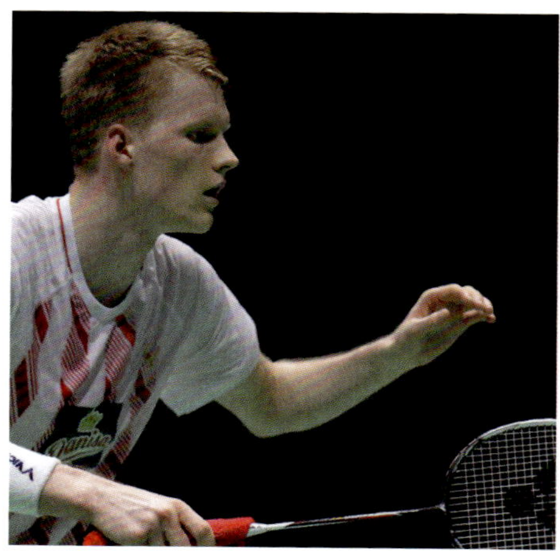

Abb. 264: Anders Antonsen

Herreneinzel
1968 Sture Johnsson (Schweden)
1970 Sture Johnsson (Schweden)
1972 Wolfgang Bochow (Deutschland)
1974 Sture Johnsson (Schweden)
1976 Flemming Delfs (Dänemark)
1978 Flemming Delfs (Dänemark)
1980 Flemming Delfs (Dänemark)
1982 Jens-Peter Nierhoff (Dänemark)
1984 Morten Frost (Dänemark)
1986 Morten Frost (Dänemark)
1988 Darren Hall (England)
1990 Steve Baddeley (England)
1992 Poul-Erik Høyer-Larsen (Dänemark)

1994 Poul-Erik Høyer-Larsen (Dänemark)
1996 Poul-Erik Høyer-Larsen (Dänemark)
1998 Peter Gade (Dänemark)
2000 Peter Gade (Dänemark)
2002 Peter Rasmussen (Dänemark)
2004 Peter Gade (Dänemark)
2006 Peter Gade (Dänemark)
2008 Kenneth Jonassen (Dänemark)
2010 Peter Gade (Dänemark)
2012 Marc Ziebler (Deutschland)
2014 Jan O. Jørgensen (Dänemark)
2016 Viktor Axelsen (Dänemark)
2017 Rajiv Ouseph (England)
2018 Viktor Axelsen (Dänemark)
2020 ausgefallen
2021 Anders Antonsen (Dänemark)
2022 Viktor Axelsen (Dänemark)

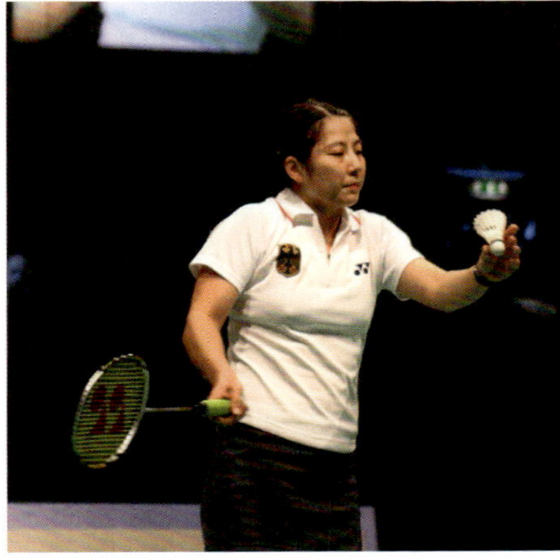

Abb. 265: Xu Huaiwen

Dameneinzel
1968 Irmgard Latz (Deutschland)
1970 Eva Twedberg (Schweden)
1972 Margaret Beck (England)
1974 Gillian Gilks (England)
1976 Gillian Gilks (England)
1978 Lene Køppen (Dänemark)
1980 Liselotte Blumer (Schweiz)
1982 Lene Køppen (Dänemark)
1984 Helen Troke (England)
1986 Helen Troke (England)
1988 Kirsten Larsen (Dänemark)
1990 Pernille Nedergaard (Dänemark)
1992 Pernille Nedergaard (Dänemark)
1994 Lim Xiao Qing (Schweden)
1996 Camilla Martin (Dänemark)
1998 Camilla Martin (Dänemark)
2000 Camilla Martin (Dänemark)
2002 Yao Jie (Niederlande)
2004 Mia Audina (Niederlande)
2006 Xu Huaiwen (Deutschland)
2008 Xu Huaiwen (Deutschland)
2010 Tine Rasmussen (Dänemark)
2012 Tine Rasmussen (Dänemark)
2014 Carolina Marin (Spanien)
2016 Carolina Marin (Spanien)
2017 Carolina Marin (Spanien)
2018 Carolina Marin (Spanien)
2020 ausgefallen
2021 Carolina Marin (Spanien)
2022 Carolina Marin (Spanien)

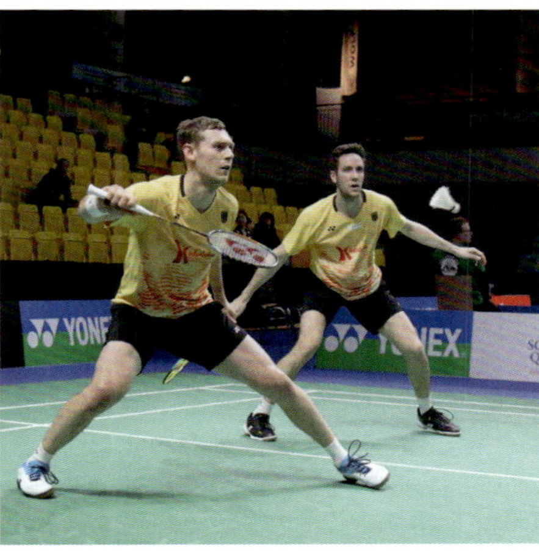

Abb. 266: Marvin Seidel/Mark Lamsfuß

Herrendoppel
1968 David Eddy/Roger Powell (England)
1970 Elo Hansen/Per Walsöe (Dänemark)
1972 Willy Braun/Roland Maywald (Deutschland)
1974 Willy Braun/Roland Maywald (Deutschland)
1976 Ray Stevens/Mike Tredgett (England)
1978 Ray Stevens/Mike Tredgett (England)
1980 Claes Nordin/Stefan Karlsson (Schweden)
1982 Thomas Kihlstrøm/Stefan Karlsson (Schweden)

1984 Mike Tredgett/Matin Dew (England)
1986 Steen Fladberg/Jesper Helledie (Dänemark)
1988 Jens-Peter Nierhoff/Michael Kjeldsen (Dänemark)
1990 Henrik Svarrer/Jan Paulsen (Dänemark)
1992 Thomas Lund/Jon Holst-Christensen (Dänemark)
1994 Chris Hunt/Simon Archer (England)
1996 Thomas Lund/Jon Holst-Christensen (Dänemark)
1998 Chris Hunt/Simon Archer (England)
2000 Jens Eriksen/Jesper Larsen (Dänemark)
2002 Jens Eriksen/Martin Lundgaard Hansen (Dänemark)
2004 Jens Eriksen/Martin Lundgaard Hansen (Dänemark)
2006 Jens Eriksen/Martin Lundgaard Hansen (Dänemark)
2008 Jonas Rasmussen/Lars Paaske (Dänemark)
2010 Jonas Rasmussen/Lars Paaske (Dänemark)
2012 Mathias Boe/Carsten Mogensen (Dänemark)
2014 Vladmir Ivanov/Ivan Sanzonov (Russland)
2016 Mads Conrad-Petersen/Mads Pieler Kolding (Dänemark)
2017 Mathias Boe/Carsten Mogensen (Dänemark)
2018 Kim Astrup/Anders Skaarup Rasmussen (Dänemark)
2020 ausgefallen
2021 Vladmir Ivanov/Ivan Sanzonov (Russland)
2022 Mark Lamsfuß/Marvin Seidel (Deutschland)

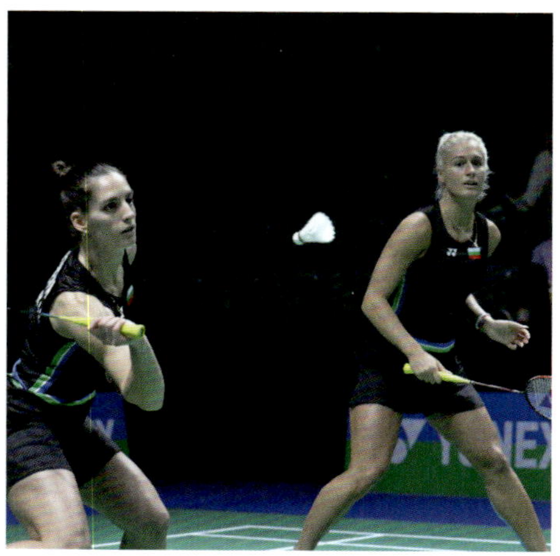

Abb. 267: Gabriela und Stefani Stoeva

Damendoppel

1968 Margaret Boxall/Susan Whetnal (England)
1970 Margaret Boxall/Susan Whetnal (England)
1972 Gillian Gilks/Judy Hashman (England)
1974 Gillian Gilks/Margaret Beck (England)
1976 Gillian Gilks/Susan Whetnal (England)
1978 Nora Perry/Anne Statt (England)
1980 Jane Webster/Nora Perry (England)
1982 Gillian Gilks/Gillian Clark (England)
1984 Karen Chapman/Gillian Clark (England)
1986 Gillian Clark/Gillian Gowers (England)
1988 Dorte Kjaer/Nettie Nielsen (Dänemark)
1990 Dorte Kjaer/Nettie Nielsen (Dänemark)
1992 Christine Magnusson/Lim Xiao Qing (Schweden)
1994 Christine Magnusson/Lim Xiao Qing (Schweden)
1996 Rikke Olsen/Helene Kirkegaard (Dänemark)
1998 Rikke Olsen/Marlene Thomsen (Dänemark)
2000 Donna Kellogg /Joanne Goode (England)
2002 Jane Bramsen/Ann-Lou Jörgensen (Dänemark)
2004 Mia Audina/Lotte Bruil (Niederlande)
2006 Donna Kellogg/Gail Emms (England)
2008 Kamilla Rytter Juhl/Lena Frier Kristiansen (Dänemark)
2010 Valeria Sorokina/Nina Vislova (Rußland)
2012 Christinna Pedersen/Kamila Rytter Juhl (Däenmark)
2014 Christinna Pedersen/Kamila Rytter Juhl (Däenmark)
2016 Christinna Pedersen/Kamila Rytter Juhl (Däenmark)
2017 Christinna Pedersen/Kamila Rytter Juhl (Däenmark)
2018 Gabriela Stoeva/Stefani Stoeva (Bulgarien)
2020 ausgefallen
2021 Gabriela Stoeva/Stefani Stoeva (Bulgarien)
2022 Gabriela Stoeva/Stefani Stoeva (Bulgarien)

Mixed

1968 Tony Jordan/Susan Whetnall (England)
1970 David Eddy/Susan Whetnall (England)
1972 Derek Talbot/Gillian Gilks (England)
1974 Derek Talbot/Gillian Gilks (England)

1976 Derek Talbot/Gillian Gilks (England)
1978 Mike Tredgett/Nora Perry (England)
1980 Mike Tredgett Nora Perry (England)
1982 Martin Dew/Gillian Gilks (England)
1984 Martin Dew/Gillian Gilks (England)
1986 Martin Dew/Gillian Gilks (England)
1988 Steen Fladberg/Gillian Clark (England)
1990 Jon Holst-Christensen/Grete Mogensen (Dänemark)
1992 Thomas Lund/Pernille Dupont (Dänemark)
1994 Michael Søgaard/Catrine Bengtsson (Dänemark/Schweden)
1996 Michael Søgaard/Rikke Olsen (Dänemark)
1998 Michael Søgaard/Rikke Olsen (Dänemark)
2000 Michael Søgaard/Rikke Olsen (Dänemark)
2002 Jens Eriksen/Mette Scholdager (Dänemark)
2004 Nathan Robertson/Gail Emms (England)
2006 Thomas Laybourn/Kamilla Juhl (Dänemark)
2008 Anthony Clark/Donna Kellogg (England)
2010 Thomas Laybourn/Kamilla Rytter Juhl (Dänemark)
2012 Robert Mateusiak/Nadiezda Zieba (Polen)
2014 Joachim Fischer Nielsen/Christinna Pedersen (Dänemark)
2016 Joachim Fischer Nielsen/Christinna Pedersen (Dänemark)
2017 Chris Adcock/Gabrielle Adcock (England)
2018 Chris Adcock/Gabrielle Adcock (England)
2020 ausgefallen
2021 Rodion Alimov/Alina Davletova (Rußland)
2022 Mark Lamsfuß/Isabel Lohau (Deutschland)

European Games

Austragungsorte
2015 Baku (Aserbaidschan)
2019 Minsk (Belarus)
2023 Krakau (Polen)

Herreneinzel
2015 Pablo Abian (Spanien)
2019 Anders Antonsen (Dänemark)
2023 Viktor Axelsen (Dänemark)

Dameneinzel
2015 Line Kjaersfeldt (Dänemark)
2019 Mia Blichfeldt (Dänemark)
2023 Carolina Marin (Spanien)

Herrendoppel
2015 Mathias Boe/Carsten Mogensen (Dänemark)
2019 Marcus Ellis/Chris Langridge (England)
2023 Kim Astrup/Anders Skaarup Rasmussen (Dänemark)

Damendoppel
2015 Gabrielea Stoeva/Stefani Stoeva (Bulgarien)
2019 Selena Piek/Cherryl Seinen (Niederlande)
2023 Gabrielea Stoeva/Stefani Stoeva (Bulgarien)

Mixed
2015 Niclas Nøhr/Sara Thygesen (Dänemark)
2019 Marcus Ellis/Lauren Smith (England)
2023 Robin Tabeling/Selena Piek (Niederlande)

Jugend-Europameister

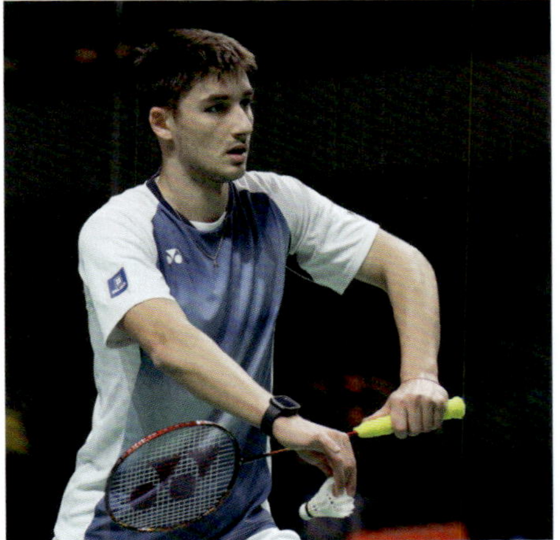

Abb. 268: Christo Popov

Herreneinzel
1969 Flemming Delfs (Dänemark)
1971 Rob Ridder (Niederlande)
1973 Jesper Helledie (Dänemark)
1975 Bruno Wackfeldt (Schweden)

1977 Andy Goode (England)
1979 Jens-Peter Nierhoff (Dänemark)
1981 Michael Kjelsen (Dänemark)
1983 Claus Thomsen (Dänemark)
1985 Matthew Smith (England)
1987 Pontus Jäntti (Finnland)
1989 Thomas Stuer-Lauridsen (Dänemark)
1991 Jürgen Koch (Österreich)
1993 Jim Laugesen (Dänemark)
1995 Peter Gade Christensen (Dänemark)
1997 Dicky Palyama (Niederlande)
1999 Björn Joppien (Deutschland)
2001 Eric Pang (Niederlande)
2003 Marc Zwiebler (Deutschland)
2005 Rajiv Ouseph (England)
2007 Mads Conrad (Dänemark)
2009 Emil Holst (Dänemark)
2011 Viktor Axelsen (Dänemark)
2013 Fabian Roth (Deutschland)
2015 Anders Antonsen (Dänemark)
2017 Toma Junior Popov (Frankreich)
2018 Arnauld Merklé (Frankreich)
2020 Christo Popov (Frankreich)
2022 Alex Lanier (Frankreich)

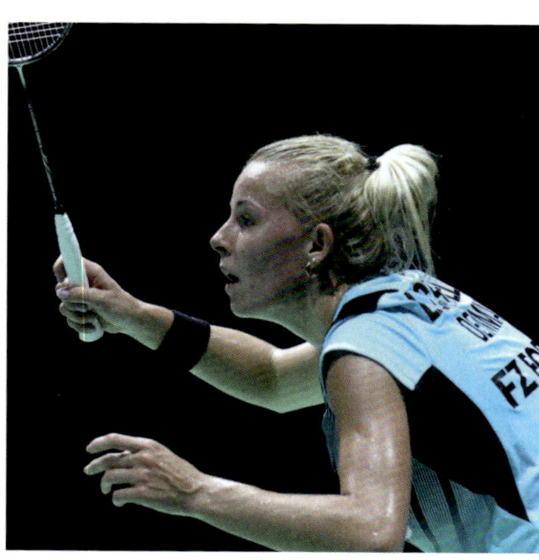
Abb. 269: Mia Blichfeldt

Dameneinzel
1969 Anne Berglund (Dänemark)
1971 Anne Berglund (Dänemark)
1973 Mette Myhre (Dänemark)
1975 Pia Nielsen (Dänemark)
1977 Karen Bridge (England)
1979 Kirsten Larsen (Dänemark)
1981 Helen Troke (England)
1983 Helen Troke (England)
1985 Lisbet Stuer-Lauridsen (Dänemark)
1987 Helle Andersen (Dänemark)
1989 Camilla Martin (Dänemark)
1991 Lotte Thomsen (Dänemark)
1993 Mette Sorensen (Dänemark)
1995 Brenda Beenhakker (Niederlande)
1997 Judith Meulendijks (Niederlande)
1999 Petra Overzier (Deutschland)
2001 Juliane Schenk (Deutschland)
2003 Larisa Griga (Ukraine)
2005 Janet Köhler (Deutschland)
2007 Karina Jørgensen (Dänemark)
2009 Anne Hald (Dänemark)
2011 Carolina Marin (Spanien)
2013 Stefani Stoeva (Bulgarien)
2015 Mia Blichfeldt (Dänemark)
2017 Julie Dawall Jakobsen (Dänemark)
2018 Line Christophersen (Dänemark)
2020 Anastasiia Shapovalova (Rußland)
2022 Kaloyana Nalbantova (Bulgarien)

Herrendoppel
1969 Keit Arthur/Ray Stevens (England)
1971 Peter Gardner/John Stretch (England)
1973 Stefan Karlsson/Willy Nilsson (Schweden)
1975 Bruno Wackfeldt/Göran Sterner (Schweden)
1977 Jesper Toftlund/Niels Christensen (Dänemark)
1979 Jan-Erik Antonsson/Peter Isaakson (Schweden)
1981 Michael Kjeldsen/Mark Christiansen (Dänemark)
1983 Chris Rees/Lyndon Williams (Wales)
1985 Jan Paulsen/Lars Petersen (Dänemark)
1987 Michael Sogaard/Jens Maibom (Dänemark)
1989 Thomas Stuer-Lauridsen/Christian Jakobsen (Dänemark)
1991 Martin Lundgaard Hansen/Peter Christensen (Dänemark)
1993 Jim Laugesen/Janek Roos (Dänemark)
1995 Peter Gade Christensen/Peder Nissen (Dänemark)

1997 Kasper Odum/Ove Svejstrup (Dänemark)
1999 Mathias Boe/Kasper Kim Jensen (Dänemark)
2001 Carsten Mogensen/Rasmus Andersen (Dänemark)
2003 Mikkel Delbo Larsen/Martin Bille Larsen (Dänemark)
2005 Rasmus Bonde/Kasper Henriksen (Dänemark)
2007 Peter Mills/Chris Adcock (England)
2009 Sylvain Grosjean/Sam Magee (Frankreich/Irland)
2011 Chris Coles/Matthew Nottingham (England)
2013 Kasper Antonsen/Oliver Babic (Dänemark)
2015 Alexander Bond/Joel Eipe (Dänemark)
2017 Thom Gicquel/Toma Junior Popov (Frankreich)
2018 Fabien Delrue/William Villeger (Frankreich)
2020 William Kryger Boe/Mads Vestergaard (Dänemark)
2022 Jakob Houe/Chrsitian Faust Kjaer (Dänemark)

Damendoppel

1969 Joke van Beusekom/Marjan Luesken (Niederlande)
1971 Anne Berglund/Lene Koppen (Dänemark)
1973 Ann Forrest/Kathleen Whiting (England)
1975 Liselotte Gottsche/Lilli Pedersen (Dänemark)
1977 Karen Bridge/Karen Puttick (England)
1979 Sally Leadbeater/Gillian Clark (England)
1981 Dorte Kjaer/Nettie Nielsen (Dänemark)
1983 Jane Shipman/Lisa Chapman (England)
1985 Lisbet Stuer-Lauridsen/Lotte Olsen (Dänemark)
1987 Catrine Bengsson/Margit Borg (Schweden)
1989 Marlene Thomsen/Trine Johanssen (Dänemark)
1991 Mette Pedersen/Trine Pedersen (Dänemark)
1993 Mette Sorensen/Rikke Olsen (Dänemark)
1995 Joanne Wright/Donna Kellog (England)
1997 Lene Mork/Jane Bramsen (Dänemark)
1999 Petra Overzier/Anne Hönscheid (Deutschland)
2001 Kamila Augustyn/Nadezhda Kostioutchik (Polen/Weißrussland)
2003 Nina Vislova/Valeri Sorokina (Rußland)
2005 Nina Vislova/Olga Kozlova (Rußland)
2007 Olga Konon/Kristina Ludikova (Weißrußland/Tschechien)
2009 Anastasia Chervyakova/Romina Gabdullina (Rußland)
2011 Mette Poulsen/Ditte Strunge Larsen (Dänemark)
2013 Gabriela Stoeva/Stefani Stoeva (Bulgarien)
2015 Julie Dawall Jakobsen/Ditte Søby Hansen (Dänemark)
2017 Emma Karlsson/Johann Magnusson (Schweden)
2018 Bengisu Ercetin/Nazlican Inci (Türkei)
2020 Anastasiia Boiarun/Alena Iakovleva (Rußland)
2022 Nikol Carulla/Lucia Rodriguez (Spanien)

Mixed

1969 Gerd Perneklo/Karin Lindquist (Schweden)
1971 Peter Gardner/Barbara Giles (England)
1973 Jesper Helledie/Susanne Johansen (Dänemark)
1975 Tim Stokes/Karen Puttik (England)
1977 Nigel Tier/Karen Puttik (England)
1979 Jens-Peter Nierhoff/Charlotte Pilgaard (Dänemark)
1981 Dipak Tayor/Mary Leeves (England)
1983 Anders Nielsen/Gitte Paulsen (Dänemark)
1985 Jan Paulsen/Marian Christiansen (Dänemark)
1987 Jens Maibom/Charlotte Madsen (Dänemark)
1989 Christian Jakobsen/Marlene Thomsen (Dänemark)
1991 Peter Christensen/Rikke Broen (Dänemark)
1993 Thomas Stavngaard/Sara Runesten (Dänemark)
1995 Peder Nissen/Mette Hansen (Dänemark)
1997 Ove Svejstrup/Britta Andresen (Dänemark)
1999 Mathias Boe/Karina Sorensen (Dänemark)
2001 Rasmus Andersen/Mette Nielsen (Dänemark)
2003 Marc Zwiebler/Birgit Overzier (Deutschland)
2005 Rasmus Bonde/Christinna Pedersen (Dänemark)
2007 Christian Larsen/Joan Christiansen (Dänemark)

2009 Jacco Arends/Selena Piek (Niederlande)
2011 Kim Astrup/Line Kjaersfeld (Dänemark)
2013 David Daungaard/Maiken Fruergaard (Dänemark)
2015 Max Weißkirchen/Eva Janssens (Deutschland)
2017 Rodion Alimov/Alinas Davletova (Rußland)
2018 Fabien Delrue/Juliette Moinard (Frankreich)
2020 Matthias Kicklitz/Thuc Phuong Nguyen (Deutschland)
2022 Lucas Renoir/Tea Margueritte (Frankreich)

German Open (seit 1955)

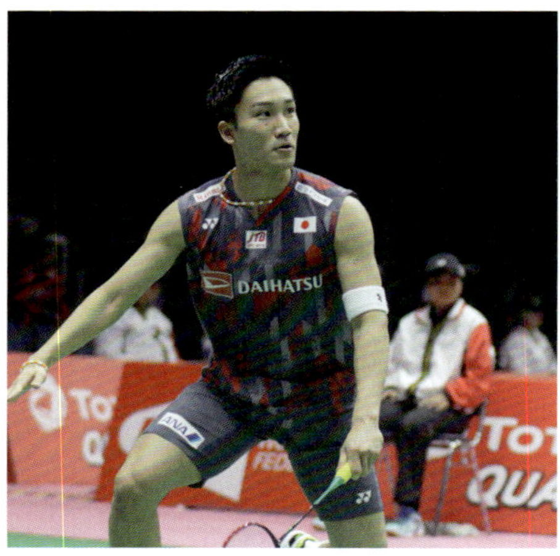

Abb. 270: Kento Momota

Herreneinzel
2004 Lin Dan (China)
2005 Lin Dan (China)
2006 Chen Jin (China)
2007 Lin Dan (China)
2008 Lee Hyun-Il (Korea)
2009 Bao Chunlai (China)
2010 Bao Chunlai (China)
2011 Lin Dan (China)
2012 Lin Dan (China)
2013 Chen Long (China)
2014 Arvind Bhat (Indien)
2015 Jan O. Jörgensen (Dänemark)
2016 Lin Dan (China)
2017 Chou Tien Chen (Taiwan)
2018 Chou Tien Chen (Taiwan)
2019 Kento Momota (Japan)
2020 nicht ausgetragen
2021 nicht ausgetragen
2022 Kunlavut Vitidsarn (Thailand)
2023 Ng Ka Long (Hongkong)

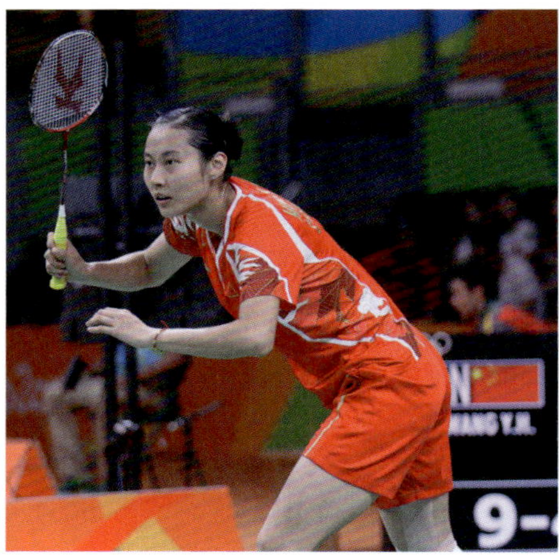

Abb. 271: Wang Yihan

Dameneinzel
2004 Xie Xingfang (China)
2005 Xie Xingfang (China)
2006 Zhang Ning (China)
2007 Xie Xingfang (China)
2008 Jun Jae-Youn (Südkorea)
2009 Wang Yihan (China)
2010 Wang Xin (China)
2011 Liu Xin (China)
2012 Li Xuerui (China)
2013 Wang Yihan (China)
2014 Sayaka Takahashi (Japan)
2015 Sung Ji-Hyun (Südkorea)
2016 Li Xuerui (China)
2017 Akane Yamaguchi (Japan)
2018 Akane Yamaguchi (Japan)
2019 Akane Yamaguchi (Japan)
2020 nicht ausgetragen
2021 nicht ausgetragen
2022 He Bingjiao (China)
2023 Akane Yamaguchi (Japan)

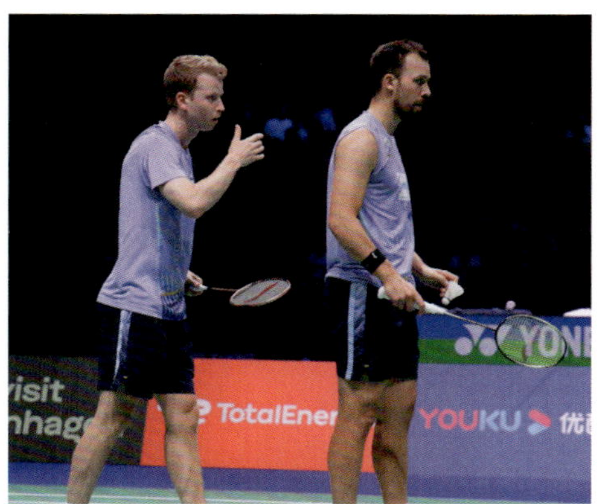

Abb. 272: Astrup und Rasmussen

Herrendoppel
2004 Mathias Boe/Carsten Mogensen (Dänemark)
2005 Fu Haifeng /Cai Yun (China)
2006 Jung Jae-Sung/Lee Yong-Dae (Südkorea)
2007 Lee Jae-Jin/Hwang Ji-Main (Südkorea)
2008 Lee Jae-Jin/Hwang Ji-Man (Südkorea)
2009 Lee Yong-Dae/Shin Beak-Cheol (Südkorea)
2010 Chai Baio/Zhang Nan (China)
2011 Jung Jae-Sung/Lee Yong-Dae (Südkorea)
2012 Hong Wei / Shen Ye (China)
2013 Chai Biao/Hong Wei (China)
2014 Takeshi Kamura/Keigo Sonoda (Japan)
2015 Mads Conrad-Petersen/ Mads Pieler Kolding (Dänemark)
2016 Ko Sung-Hyun/Shin Baek-Cheol (Südkorea)
2017 Kim Astrup/Anders Skaarup Rasmussen (Dänemark)
2018 Takuto Inoue/Yuki Kaneko (Japan)
2019 Hiroyuki Endo/Yuta Watanabe (Japan)
2020 nicht ausgetragen
2021 nicht ausgetragen
2022 Goh Sze Fei/Nur Izzuddin (Malaysia)
2023 Choi Sol-Gyu/Kim Won-Ho (Südkorea)

Damendoppel
2004 Zhang Dan/Zhang Yawen (China)
2005 Gao Ling/Huang Sui (China)
2006 Yang Wei/Zhang Jiewen (China)
2007 Yang Wei/Zhang Yawen (China)
2008 Lee Kyung-Won/Lee Hyo-Jung (Südkorea)
2009 Cheng Shu/Zhao Yunlei (China)
2010 Ma Jin/Wang Xiaoli (China)
2011 Mizuki Fujii/Reika Kakiiwa (Japan)
2012 Xia Huan/Tang Jinhua (China)
2013 Jung Kyung-Eun/Kim Ha-Na (Südkorea)
2014 Misaki Matsutomo/Ayaka Takahashi (Japan)
2015 Christinna Pedersen/Kamilla Rytter Juhl (Dänemark)
2016 Huang Yaqiong/Tang Jinhua (China)
2017 Yuki Fukushima/Sayaka Hirota (Japan)
2018 Yuki Fukushima/Sayaka Hirota (Japan)
2019 Du Yue/Li Yinhui (China)
2020 nicht ausgetragen
2021 nicht ausgetragen
2022 Chen Qingchen/Jia Yifan (China)
2023 Baek Ha-Na/Lee Soo-Hee (Südkorea)

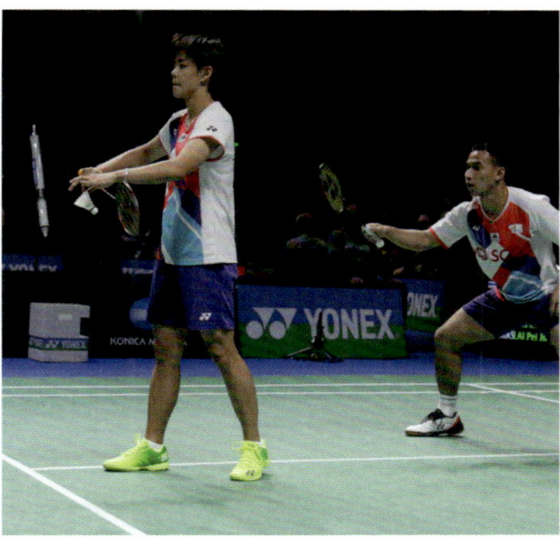

Abb. 273: Dechapol Puavaranukroh/Sapsiree Taerattanachai

Mixed
2004 Carsten Mogensen/Rikke Olsen (Dänemark)
2005 Lee Jae-Jin/Lee Hyo-Jung (Südkorea)
2006 Zhang Jun/Gao Ling (China)
2007 Zheng Bo/Gao Ling (China)
2008 Lee Yong-Dae/Lee Hyo-Jung (Südkorea)
2009 Xu Chen/Zhao Yunlei (China)
2010 Yohan Hadikusumo Wiramata/Tse Ying Suet (Hongkong)
2011 Robert Blair/Gabrielle Adcock (England)
2012 Thomas Laybourn/Kamilla Rytter Juhl (Dänemark)

2013 Shin Baek-Cheol/Chang Ye-Na (Südkorea)
2014 Robert Blair/Imogen Bankier (Schottland)
2015 Mads Pieler Kolding/Kamilla Rytter Juhl (Dänemark)
2016 Ko Sung-Hyun/Kim Ha-Na (Südkorea)
2017 Lu Kai/Huang Yaqiong (China)
2018 Goh Soon Huat/Shevon Jenie Lai (Malaysia)
2019 Seo Seung-Jae/Chae Yoo-Jung (Südkorea)
2020 nicht ausgetragen
2021 nicht ausgetragen
2022 Dechapol Puavaranukroh/Sapsiree Taerattanachai (Thailand)
2023 Feng Yanzhe/Huang Dongping (China)

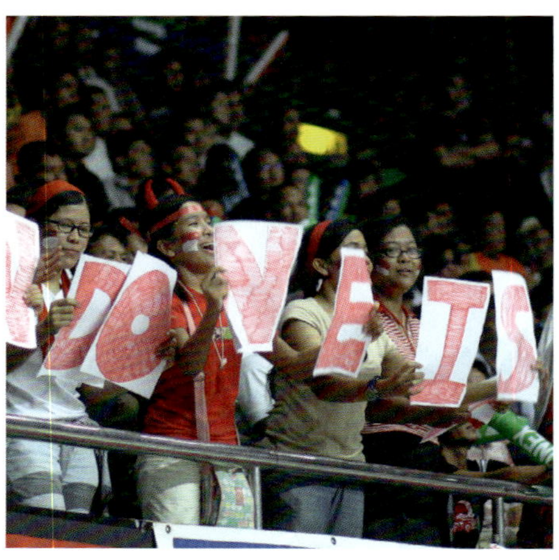

Abb. 274: Indonesische Fans

Thomas Cup (Mannschaftsweltmeisterschaft der Herren)

Sieger (Endspielergebnisse)

1949 Malaya - Dänemark 8:1
1952 Malaya - USA 7:2
1955 Malaya - Dänemark 8:1
1958 Indonesien - Malaya 6:3
1961 Indonesien - Thailand 6:3
1964 Indonesien - Dänemark 5:4
1967 Malaysia - Indonesien 6:3
1970 Indonesien - Malaysia 7:2
1973 Indonesien - Dänemark 8:1
1976 Indonesien - Malaysia 9:0
1979 Indonesien - Dänemark 9:0
1982 China - Indonesien 5:4
1984 Indonesien - China 3:2
1986 China - Indonesien 3:2
1988 China - Malaysia 4:1
1990 China - Malaysia 4:1
1992 Malaysia - Indonesien 3:2
1994 Indonesien - Malaysia 3:0
1996 Indonesien - Dänemark 5:0
1998 Indonesien - Malaysia 3:2
2000 Indonesien - China 3:0
2002 Indonesien - Malaysia 3:2
2004 China - Dänemark 3:1
2006 China - Dänemark 3:0
2008 China - Südkorea 3:1
2010 China - Indonesien 3:0
2012 China - Südkorea 3:0
2014 Japan- Malaysia 3:2
2016 Dänemark - Indonesien 3:2
2018 China - Japan 3:1
2020 Indonesien - China 3:0
2022 Indien - Indonesien 3:0

Uber Cup

Sieger (Endspiele)

1957 USA - Dänemark 6:1
1960 USA - Dänemark 5:2
1963 USA - England 4:3
1966 Japan - USA 5:2
1969 Japan - Indonesien 6:1
1972 Japan - Indonesien 6:1
1975 Indonesien - Japan 5:2
1978 Japan - Indonesien 5:2
1981 Japan - Indonesien 6:3
1984 China - England 5:0
1986 China - Indonesien 3:2
1988 China - Südkorea 5:0
1990 China - Südkorea 3:2
1992 China - Südkorea 3:2
1994 Indonesien - China 3:2
1996 Indonesien - China 4:1
1998 China - Indonesien 4:1
2000 China - Dänemark 3:0
2002 China - Südkorea 3:1
2004 China - Südkorea 3:1
2006 China - Niederlande 3:0
2008 China - Indonesien 3:0
2010 Südkorea - China 3:1

2012 China - Südkorea 3:0
2014 China - Japan 3:1
2016 China - Südkorea 3:1
2018 Japan - Thailand 3:0
2020 China - Japan 3:1
2022 Südkorea - China 3:2

Sudirman Cup

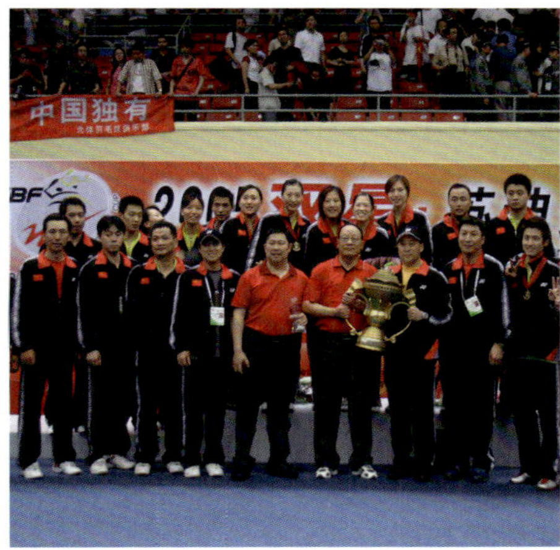

Abb. 275: China mit Pokal

Mannschaftsmeister
1989 Indonesien - Südkorea 3:2 (28*)
1991 Südkorea - Indonesien 3:2 (35)
1993 Südkorea - Indonesien 3:2 (40)
1995 China - Indonesien 3:1 (49)
1997 China - Südkorea 5:0 (59)
1999 China - Dänemark 3:1 (50)
2001 China - Indonesien 3:1 (53)
2003 Südkorea - China 3:1 (50)
2005 China - Indonesien 3:0 (41)
2007 China - Indonesien 3:0 (48)
2009 China - Südkorea 3:0 (34)
2011 China - Dänemark 3:0 (33)
2013 China - Südkorea 3:0 (30)
2015 China - Japan 3:0 (35)
2017 Südkorea - China 3:2 (32)
2019 China - Japan 3:0 (32)
2021 China - Japan 3:1 (16)
2023 China - Südkorea 3:0 (16)

***Anzahl der teilnehmenden Nationen**

Deutsche Meister (seit 1953)

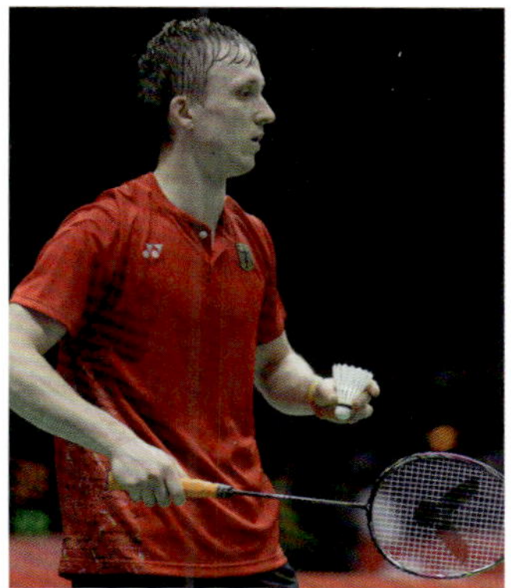

Abb. 276: Kai Schäfer

Herreneinzel
1994 Oliver Pongratz (FC Langenfeld)
1995 Oliver Pongratz (FC Langenfeld)
1996 Oliver Pongratz (FC Langenfeld)
1997 Oliver Pongratz (FC Langenfeld)
1998 Oliver Pongratz (FC Langenfeld)
1999 Oliver Pongratz (Berliner BC)
2000 Björn Joppien (FC Langenfeld)
2001 Björn Joppien (FC Langenfeld)
2002 Björn Joppien (FC Langenfeld)
2003 Björn Joppien (FC Langenfeld)
2004 Björn Joppien (FC Langenfeld)
2005 Marc Zwiebler (1. BC Beuel)
2006 Björn Joppien (FC Langenfeld)
2007 Björn Joppien (FC Langenfeld)
2008 Marc Zwiebler (1. BC Beuel)
2009 Marc Zwiebler (1. BC Beuel)
2010 Marc Zwiebler (1. BC Beuel)
2011 Marc Zwiebler (1. BC Beuel)
2012 Marc Zwiebler (1. BC Beuel)
2013 Marc Zwiebler (1. BC Beuel)
2014 Lukas Schmidt (1. BC Bischmisheim)
2015 Marc Zwiebler (1. BC Bischmisheim)
2016 Marc Zwiebler (1. BC Bischmisheim)
2017 Fabian Roth (TV Refrath)
2018 Max Weißkirchen (1. BC Beuel)
2019 Max Weißkirchen (1. BC Beuel)
2020 Max Weißkirchen (1. BC Beuel)
2021 Kai Schäfer (SV Fun-Ball Dortelweil)
2022 Kai Schäfer (SV Fun-Ball Dortelweil)
2023 Matthias Kicklitz (Blau-Weiß Wittorf)

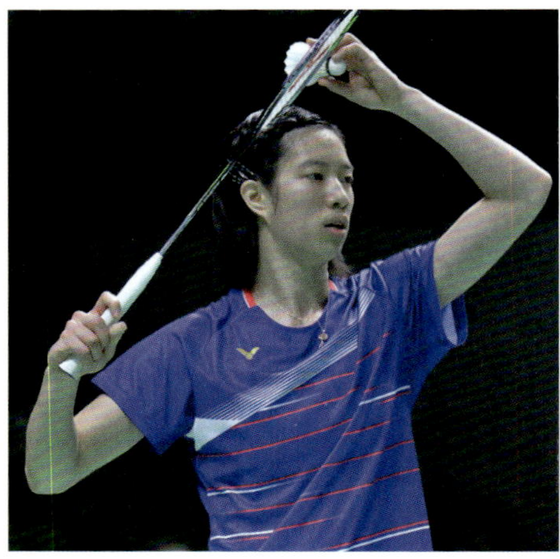

Abb. 277: Yvonne Li

Dameneinzel
1994 Nicole Baldewein (OSC Düsseldorf)
1995 Heike Schönharting
(PSV Grün-Weiß Wiesbaden)
1996 Heike Schönharting
(PSV Grün-Weiß Wiesbaden)
1997 Nicole Grether (SC Bayer 05 Uerdingen)
1998 Katja Michalowsky (SSV Heiligenwald)
1999 Heike Schönharting (SG Anspach)
2000 Katja Michalowsky (TuS Wiebelskirchen)
2001 Nicole Grether (SC Bayer 05 Uerdingen)
2002 Petra Overzier (TTC Brauweiler)
2003 Petra Overzier (TTC Brauweiler)
2004 Xu Huaiwen (1. BC Bischmisheim)
2005 Xu Huaiwen (1. BC Bischmisheim)
2006 Xu Huaiwen (1. BC Bischmisheim)
2007 Xu Huaiwen (1. BC Bischmisheim)
2008 Xu Huaiwen (1. BC Bischmisheim)
2009 Juliane Schenk
(SG Eintracht Brandenburger Tor)
2010 Juliane Schenk
(SG Eintracht Brandenburger Tor)
2011 Juliane Schenk
(SG Eintracht Brandenburger Tor)
2012 Olga Konon (1. BC Bischmisheim)
2013 Fabienne Deprez (1. FC Langenfeld)
2014 Karin Schnaase
(1. SC Union 08 Lüdinghausen)
2015 Olga Konon (1. BC Bischmisheim)
2016 Olga Konon (1. BC Bischmisheim)
2017 Luise Heim (1. BC Beuel)
2018 Luise Heim (1. BC Beuel)
2019 Yvonne Li (SC Union 08 Lüdinghausen)
2020 Yvonne Li (SC Union 08 Lüdinghausen)
2021 Yvonne Li (SC Union 08 Lüdinghausen)
2022 Yvonne Li (SC Union 08 Lüdinghausen)
2023 Yvonne Li (SV Fun-Ball Dortelweil)

Herrendoppel
1994 Uwe Ossenbrink/Kai Mitteldorf
(TuS Wiebelskirchen/FC Bayer 05 Uerdingen)
1995 Michael Keck/Michael Helber
(SSV Heiligenwald/SV Fortuna Regensburg)
1996 Michael Keck/Michael Helber
(SSV Heiligenwald/SV Fortuna Regensburg)
1997 Michael Helber/Björn Siegemund
(SV Fortuna Regensburg)
1998 Michael Helber/Björn Siegemund
(SV Fortuna Regensburg)
1999 Michael Helber/Björn Siegemund
(SV Fortuna Regensburg)
2000 Christian Mohr/Joachim Tesche
(FC Langenfeld /TuS Wiebelskirchen)
2001 Kristof Hopp/Thomas Tesche
(BSC Eintracht Südring Berlin/1. BC Bischmisheim)
2002 Kristof Hopp/Thomas Tesche
(BSC Eintracht Südring Berlin/1. BC Bischmisheim)
2003 Björn Siegemund/Ingo Kindervater
(VfB Friedrichshafen)
2004 Björn Siegemund/Ingo Kindervater
(VfB Friedrichshafen/TuS Wiebelskirchen)
2005 Kristof Hopp/Ingo Kindervater
(1. BC Bischmisheim/TuS Wiebelskirchen)
2006 Kristof Hopp/Ingo Kindervater
(1. BC Bischmisheim/1. BC Beuel)
2007 Roman Spitko/Michael Fuchs
(TuS Wiebelskirchen/1. BC Bischmisheim)
2008 Roman Spitko/Michael Fuchs
(1. BC Bischmisheim)
2009 Kristof Hopp/Johannes Schöttler
(1. BC Bischmisheim/SG Eintracht Brandenburger Tor)
2010 Kristof Hopp/Johannes Schöttler
(1. BC Bischmisheim)
2011 Ingo Kindervater/Johannes Schöttler
(1. BC Beuel/1. BC Bischmisheim)

2012 Ingo Kindervater/Johannes Schöttler (1. BC Beuel/1. BC Bischmisheim)
2013 Ingo Kindervater/Johannes Schöttler (1. BC Beuel/1. BC Bischmisheim)
2014 Michael Fuchs/Johannes Schöttler (1. BC Bischmisheim)
2015 Max Schwenger/Josche Zurwonne (TV Refrath/1. SC Union 08 Lüdinghausen)
2016 Raphael Beck/Peter Käsbauer (1. BC Beuel/1. BC Bischmisheim)
2017 Raphael Beck/Peter Käsbauer (1. BC Beuel/1. BC Bischmisheim)
2018 Jones Ralfy Jansen/Josche Zurwonne (1. BC Wipperfeld/SC Union Lüdinghausen)
2019 Marvin Seidel/Max Weißkirchen (1. BC Bischmisheim/1. BC Beuel)
2020 Jan Colin Völker/Bjarne Geiss (TV Refrath/Blau-Weiß Wittorf)
2021 Jan Colin Völker/Jones Ralfy Jansen (TV Refrath/1. BC Wipperfeld)
2022 Jan Colin Völker/Jones Ralfy Jansen (TV Refrath/1. BC Wipperfeld)
2023 Mark Lamsfuß/Marvin Seidel (1. BC Wipperfeld)

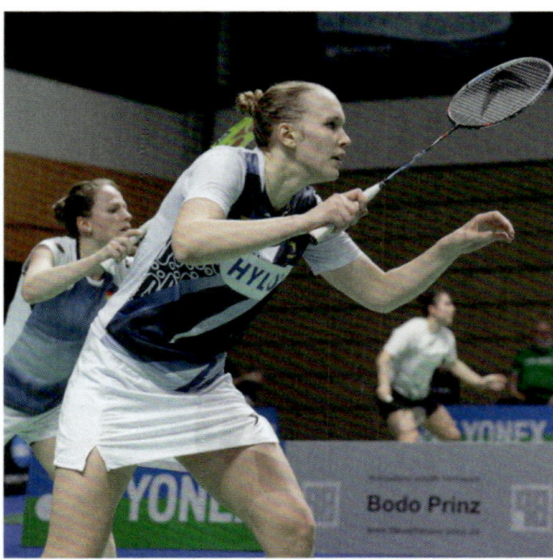

Abb. 278: Linda Efler / Isabel Lohau

Damendoppel

1994 Nicole Baldewein/Karen Stechmann (OSC Düsseldorf/FC Langenfeld)
1995 Katrin Schmidt/Kerstin Ubben (TuS Wiebelskirchen/OSC Düsseldorf)
1996 Katrin Schmidt/Kerstin Ubben (TuS Wiebelskirchen/OSC Düsseldorf)
1997 Katrin Schmidt/Kerstin Ubben (TuS Wiebelskirchen/VfL 93 Hamburg)
1998 Karen Stechmann/Kerstin Ubben (FC Langenfeld/VfL 93 Hamburg)
1999 Karen Stechmann/Nicole Grether (FC Langenfeld/SC Bayer 05 Uerdingen)
2000 Nicol Pitro/Anika Sietz (SV Fortuna Regensburg/PSV Grün-Weiß Wiesbaden)
2001 Nicol Pitro/Nicole Grether (VfB Friedrichshafen/SC Bayer 05 Uerdingen)
2002 Nicol Pitro/Nicole Grether (VfB Friedrichshafen/SC Bayer 05 Uerdingen)
2003 Carina Mette/Kathrin Piotrowski (Bottroper BG/FC Langenfeld)
2004 Nicole Grether/Juliane Schenk (EBT Berlin/SC Union 08 Lüdinghausen)
2005 Nicole Grether/Juliane Schenk (EBT Berlin/SC Union 08 Lüdinghausen)
2006 Nicole Grether/Juliane Schenk (EBT Berlin)
2007 Nicole Grether/Juliane Schenk (EBT Berlin)
2008 Carina Mette/Birgit Overzier (SC Union Lüdinghausen/1. BC Beuel)
2009 Birgit Overzier/Sandra Marinello (1. BC Beuel/1. BC Düren)
2010 Birgit Overzier/Sandra Marinello (1. BC Beuel/1. BC Düren)
2011 Birgit Michels/Sandra Marinello (1. BC Beuel/1. BC Düren)
2012 Birgit Michels/Sandra Marinello (1. BC Beuel/1. BC Düren)
2013 Birgit Michels/Johanna Goliszewski (1. BC Beuel/1. BV Mülheim)
2014 Birgit Michels/Johanna Goliszewski (1. BC Beuel/1. BV Mülheim)
2015 Johanna Goliszeweski/Carla Nelte (1. BV Mülheim/TV Refrath)
2016 Johanna Goliszeweski/Carla Nelte (1. BV Mülheim/TV Refrath)
2017 Carla Nelte/Isabel Herttrich (TV Refrath/1. BC Bischmisheim)
2018 Carla Nelte/Isabel Herttrich (TV Refrath/1. BC Bischmisheim)

2019 Isabel Herttrich/Linda Efler
(1. BC Bischmisheim/SC Union 08 Lüdinghausen)
2020 Linda Efler/Yvonne Li
(SC Union 08 Lüdinghausen)
2021 Linda Efler/Isabel Herttrich
(SC Union 08 Lüdinghausen/1. BC Bischmisheim)
2022 Stine Küspert/Emma Moszczynski
(1. BC Bischmisheim/SV Fun-Ball Dortelweil)
2023 Leona Michalski/Franziska Volkmann
(TV Refrath / Blau-Weiß Wittorf)

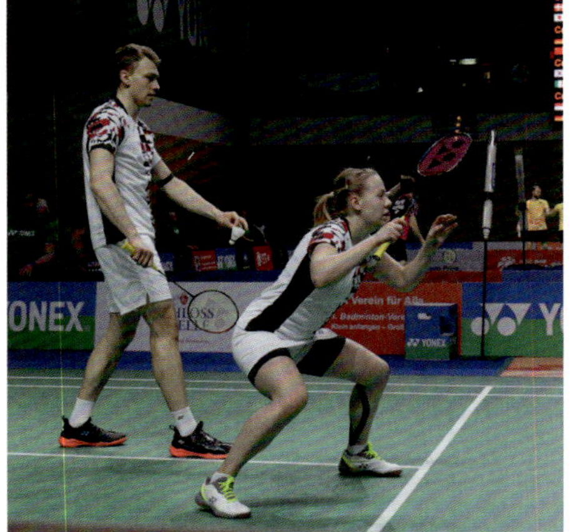

Abb. 279: Patrick Scheiel/Franziska Volkmann

Mixed
1994 Michael Keck/Karen Stechmann
(FC Langenfeld)
1995 Michael Keck/Karen Stechmann
(SSV Heiligenwald/FC Langenfeld)
1996 Michael Keck/Karen Stechmann
(SSV Heiligenwald/FC Langenfeld)
1997 Björn Siegemund/Katrin Schmidt
(SV Fortuna Regensburg/TuS Wiebelskirchen)
1998 Stephan Kuhl/Nicol Pitro
(SC Bayer 05 Uerdingen/SV Fortuna Regensburg)
1999 Björn Siegemund/Karen Stechmann
(SV Fortuna Regensburg/FC Langenfeld)
2000 Christian Mohr/Anne Hönscheid
(FC Langenfeld/TTC Brauweiler)
2001 Björn Siegemund/Nicol Pitro
(VfB Friedrichshafen)
2002 Björn Siegemund/Nicol Pitro
(VfB Friedrichshafen)
2003 Kristof Hopp/Kathrin Piotrowski
(SC Bayer 05 Uerdingen/FC Langenfeld)
2004 Björn Siegemund/Nicol Pitro
(VfB Friedrichshafen)
2005 Ingo Kindervater/Kathrin Piotrowski
(TuS Wiebelskirchen/FC Langenfeld)
2006 Ingo Kindervater/Kathrin Piotrowski
(1. BC Beuel/1. BC Bischmisheim)
2007 Tim Dettmann/Annekathrin Lillie
(EBT Berlin/BW Wittorf)
2008 Ingo Kindervater/Kathrin Piotrowski
(1. BC Beuel/BV Rot-Weiß Wesel)
2009 Michael Fuchs/Annekatrin Lillie
(1. BC Bischmisheim/BW Wittorf)
2010 Ingo Kindervater/Birgit Overzier
(1. BC Beuel)
2011 Michael Fuchs Birgit Michels
(1. BC Bischmisheim/1. BC Beuel)
2012 Michael Fuchs/Birgit Michels
(1. BC Bischmisheim/1. BC Beuel)
2013 Michael Fuchs/Birgit Michels
(1. BC Bischmisheim/1. BC Beuel)
2014 Michael Fuchs/Birgit Michels
(1. BC Bischmisheim/1. BC Beuel)
2015 Michael Fuchs/Birgit Michels
(1. BC Bischmisheim/1. BC Beuel)
2016 Mark Lamsfuß/Isabel Herttrich
(1. BC Wipperfeld/1. BC Bischmisheim)
2017 Raphael Beck/Carla Nelte
(1. BC Beuel/TV Refrath)
2018 Peter Käsbauer/Olga Konon
(1. BC Bischmisheim)
2019 Marvin Seidel/Linda Efler
(1. BC Bischmisheim/SC Union 08 Lüdinghausen)
2020 Jones Ralfy Jansen/Kilasu Ostermeyer
(1. BC Wipperfeld/TV Refrath)
2021 Mark Lamsfuß/Isabel Herttrich
(1. BC Wipperfeld/1. BC Bischmisheim)
2022 Bjarne Geiss/Emma Moszczynski
(Blau-Weiß Wittorf/SV Fun-Ball Dortelweil)
2023 Patrick Scheiel/Franziska Volkmann
(Blau-Weiß Wittorf)

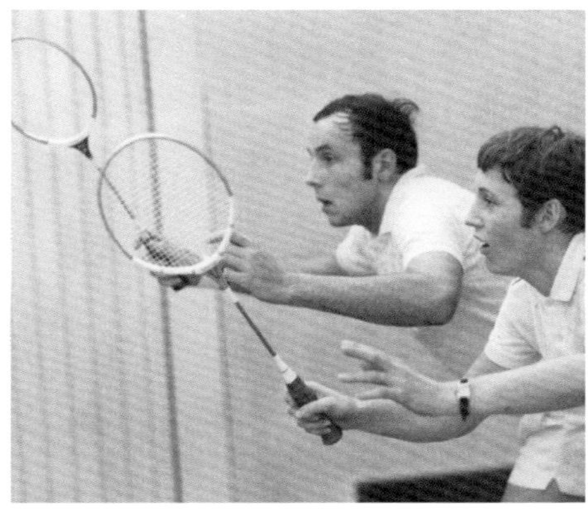

Abb. 280: Wolfgang Bochow/Irmgard Gerlatzka

DM-Rekorde

Rekordhalterin bei der DM mit insgesamt 17 Titeln ist **Irmgard Latz-Gerlatzka**. Sie gewann neunmal im Dameneinzel, fünfmal im Damendoppel und dreimal im Mixed. Auf je 15 Titel bringen es **Wolfgang Bochow** (8 HE, 2 HD, 5 MX) und **Katrin Schmidt** (5 DE, 6 DD, 4 MX). **Birgit Overzier** (Michels) bringt es auf 13 Titel (7 DD, 6 MX).

Mit neun Titeln zwischen 2005 und 2016 im Herreneinzel ist der gebürtige Bonner **Marc Zwiebler** seit 2016 alleiniger Rekordhalter. Lange Zeit hielt **Wolfgang Bochow**, der zwischen 1963 und 1975 achtmal erfolgreich war, diesen Rekord für die meisten HE-Titel. Auf sieben Titel bringen es drei Spieler: **Michael Schnaase** (zwischen 1973 und 1981), **Oliver Pongratz** (1993 bis 1999) und **Björn Joppien** (2000 und 2007).

Im Dameneinzel gewann **Irmgard Latz-Gerlatzka** die meisten Titel. Sie gewann zwischen 1961 und 1973 neunmal. Gefolgt wird sie von **Hannelore Schmidt** (verh. Wolfertz), die es von 1954 bis 1960 auf sieben Titel brachte. In der jüngsten Ära gewannen **Katrin Schmidt** (1987 bis 1991) **Xu Huaiwen** (2004 bis 2009) und **Yvonne Li** (SV Fun-Ball Dortelweil) jeweils fünf Titel.

Mit insgesamt acht Titeln im Herrendoppel ist **Roland Maywald** Rekordhalter, es folgt **Ingo Kindervater** mit sieben Titeln sowie **Kristof Hopp** und **Johannes Schöttler** mit je sechs Titeln. **Kristof Hopp** und **Ingo Kindervater** gewannen im Herrendoppel mit drei verschiedenen Partnern jeweils mindestens zwei Titel. Hopp schaffte dies zusammen mit Thomas Tesche, Ingo Kindervater und Johannes Schöttler, während Kindervater mit Björn Siegemund, Kristof Hopp und Johannes Schöttler erfolgreich war. Ebenfalls Titelträger mit drei Partnern sind **Stephan Kuhl**, der zwischen 1988 und 1992 mit Uwe Scherpen, Markus Keck und Stefan Frey erfolgreich war, sowie **Johannes Schöttler**, der dies zwischen 2009 und 2014 (mit Kristof Hopp, Ingo Kindervater und Michael Fuchs) schaffte.

Mit insgesamt acht Titeln im Damendoppel ist **Marieluise Wackerow** Rekordhalterin in dieser Disziplin. **Birgit Overzier** kommt auf sieben Titel. **Marieluise Wackerow** (verh. Zizmann) konnte ihre Titel zwischen 1967 und 1976 sogar mit vier verschiedenen Partnerinnen gewinnen. Mit drei verschiedenen Partnerinnen waren **Irmgard Latz, Brigitte Steden, Kirsten Schmieder, Kerstin Ubben, Karen Stechmann, Nicole Grether** und **Birgit Overzier** erfolgreich.

Mit sechs Mixed-Titeln war **Michael Keck** lange Rekordhalter in der Disziplin. Im Jahre 2015 konnten Michael Fuchs und Birgit Michels gleichziehen. Im Mixed schafften **Roland Maywald, Karin Dittberner** und **Björn Siegemund** den Titelgewinn mit drei verschiedenen Partnern.

Hall of Fame

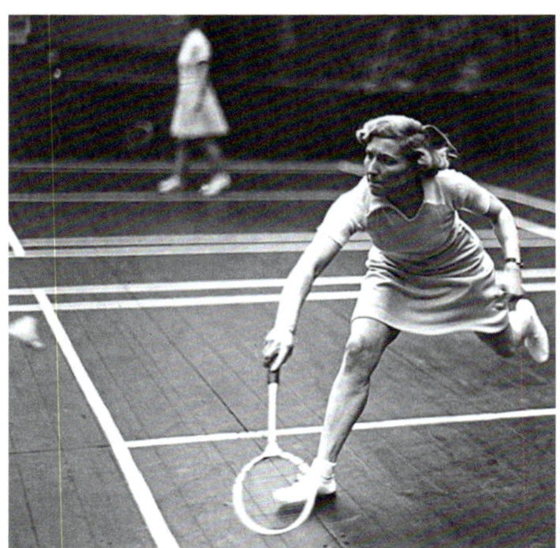

Abb. 281: Betty Uber

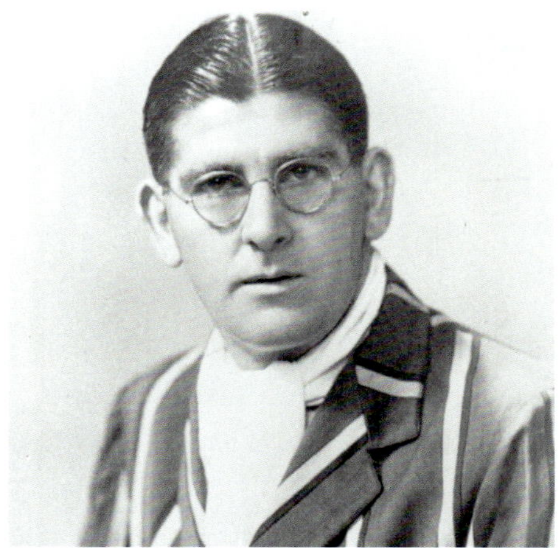

Abb. 282: Frank Devlin

Die Engländerin Betty Uber (1906-1983) ist eine Pionieren des Badmintonsports. Nach ihr wurde die Damen-WM als "Uber Cup" benannt.

Gründungsmitglieder
Seymour Sackville Carew Dolby (England)*
Sir George Thomas (England)*
Betty Uber (England)*
Herbert Scheele (England)*

Die Hall of Fame des Badmintonsportes wurde 1996 auf Initiative des damaligen BWF-Vizepräsidenten Roy Ward ins Leben gerufen. Der Weltverband ehrt damit unregelmäßig Legenden der Sportart. In der BWF-Geschäftsstelle in Kuala Lumpur (Malaysia) werden die Geehrten auf einer Ehrentafel gewürdigt.

1997
Tonny Ahm (Dänemark)
Frank Devlin (Irland)*
David Freeman (USA)
Rudy Hartono (Indonesien)*
Erland Kops (Dänemark)*
Major John McCallum (Irland)
Stellan Mohlin (Schweden)
Ralph Nichols (England)
Craig Reedie (Schotland)*
Eddy Choong (Malaysia)*
Judy Hashman (Devlin) (USA/England)*
Dick Sudirman (Indonesien)
Finn Kobberø (Dänemark)*

1998
David Choong (Malaysia)
Han Aiping (China)*
Jorgen Hammergaard Hansen (Dänemark)
Morten Frost Hansen (Dänemark)*
Lene Køppen (Dänemark)*
Li Lingwei (China)*
Meriel Lucas (England)*
Ng Boon Bee (Malaysia)
Ong Poh Lim (Malaysia)
Tan Yee Khan (Malaysia)

1999
Gillian Gilks (England)*
Nora Perry (England)*
Ulla Strand (Dänemark)
Margaret Tragett (England)
Margaret Varner Bloss (USA)
Wong Peng Soon (Singapur)

2000
Kirsten Thorndahl (Dänemark)
Charoen Wattanasin (Thailand)

2001
Christian Hadinata (Indonesien)*
Park Joo Bong (Südkorea)*

2002
Chen Yuniang (China)
Hou Jiachang (China)
Kim Moon Soo (Südkorea)*
Liem Swie King (Indonesien)*
Tang Xianhu (China)
Hiroe Yuki (Japan)*

2003
Chung Myeong Hee (Südkorea)
Chung So Young (Südkorea)

2004
Susi Susanti (Indonesien)*

2009
Ethel Thompson (England)
Lu Shengrong (China)*
Thomas Lund (Dänemark)*
Ge Fei (China)
Gu Jun (China)

2011
Li Yongbo (China)*
Tian Bingyi (China)*
Gao Ling (China)*
Zhang Jun (China)
Huang Sui (China)

2012
Ha Tae Kwon (Südkorea)
Gong Zhichao (China)*

2013
Bang Soo-Hyun (Südkorea)*

2021
Zhang Ning (China)*
Cai Yun (China)*
Fu Haifeng (China)*

2022
Liliyana Natsir (Indonesien)
Zhao Yunlei (China)

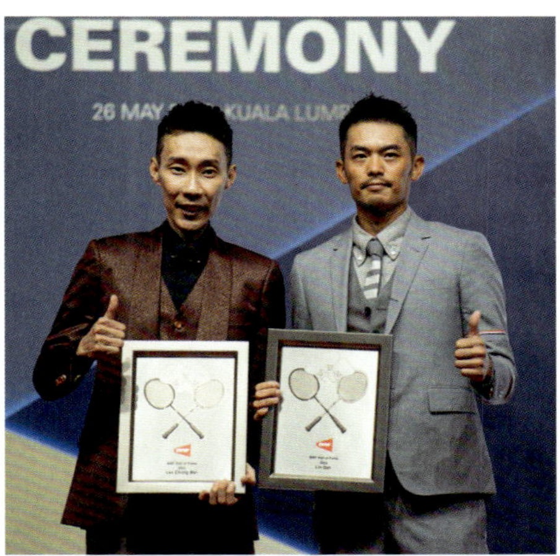

Abb. 283: Lee Chong Wei/Lin Dan

2023
Lee Chong Wei (Malaysia)*
Lin Dan (China)*

***Mit eigenem Eintrag im Lexikon dieses Buches vertreten.**

Anhang

1 Literaturhinweise

Berndt Barth/Heinz Kelzenberg (2011), *Badminton – Modernes Nachwuchstraining*, Aachen.

Wend-Uwe Boeckh-Behrends (1994), *Badminton heute*, Krefeld.

Ralf Fabig, Karl-Heinz Olinski & Martin Sklorz (2003), *Badminton*, München.

Klaus Fuchs & Lars Sologub (1984), *Badminton*, Niedernhausen.

Hans-Werner Niesner, Jürgen H. Ranzmayer (1996), *Badminton*, Hamburg.

Bo Ømosegård (1994), *Spaß am Badminton*, München.

Detlef Poste & Holger Hasse (2002), *Badminton Schlagtechnik*, Köln.

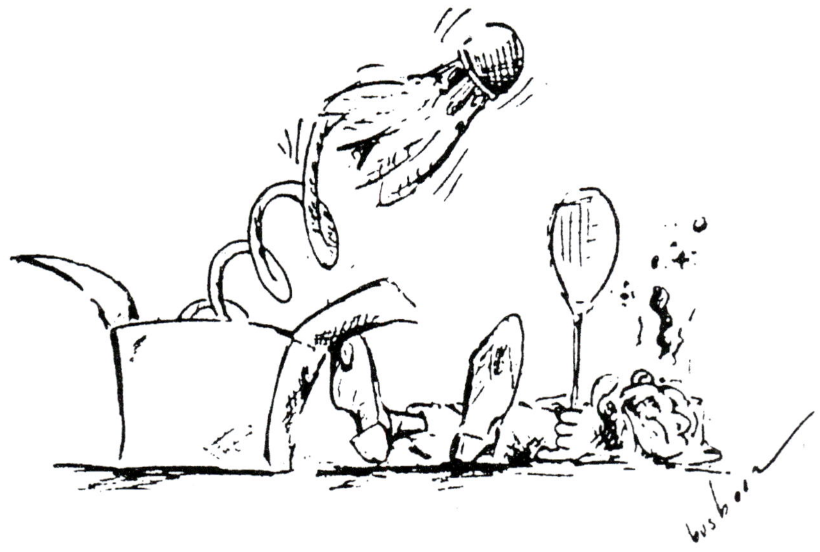

2 Besonderer Dank

Kerstin Singer, Hannah Singer, Hans-Jörg Brahms, Maria Neiling, Horst Rosenstock, Manfred Kehrberg, Claudia Pauli

3 Bildnachweis

Coverfoto: © dpa Picture-Alliance GmbH / EPA | DIEGO AZUBEL
Coverdesign: Dafni Perrou
Bilder Innenteil:
Bernd-Volker Brahms (alle Fotos und Grafiken, soweit nicht anders angegeben)
Sammlung Bernd-Volker Brahms (S. 188 beide, S. 190 alle, S. 192, S. 194, S. 196 li. unten, S. 200 unten, S. 203 li. oben, S. 210 re., S. 214 li., S. 216 re., S. 222 li. unten, S. 250 li.)
Louis Ross (S. 186 li., S. 196 re., S. 198 li., S. 202 li., S. 205, S. 207 re. oben, S. 211, S. 213, S. 215 unten, S. 216 li. unten, S. 217 oben, S. 220 li. S. 221 li.)
National Badminton Museum, Milton Keynes (S. 177, S. 195, S. 208 oben, S. 222 li. oben u. re. unten, S. 250 re.)
Badminton World Federation (BWF) (S. 9, S. 157 (Grafiken), S. 159, S. 160 (Grafik), S. 162, S. 185 li., S. 231, S. 251)
DBV-Archiv (S. 201 li., S. 249)
Melanie Reinsch, Grafiken (S. 29, S. 33, S. 37, S. 39, S. 45, S. 51, S. 55, S. 61, S. 65, S. 73, S. 96, S. 98, S. 99, S. 101, S. 105, S. 156)
Claudia Pauli (S. 53, S. 63, S. 121, S. 166, S. 171)
Sven Heise (S. 16)
Privat (S. 48, S. 58, S. 59)
Mark Speight (S. 55, S. 100)
Firma Haribo (S. 216 li. oben)
Viktor (S. 14 unten, S. 18 unten, S. 20)
Yonex (S. 12, S. 226)
Ubbo Busboom, Karrikatur (S. 252)
Innenlayout & Satz: Dafni Perrou, Katerina Georgieva
Lektorat: Dr. Irmgard Jaeger

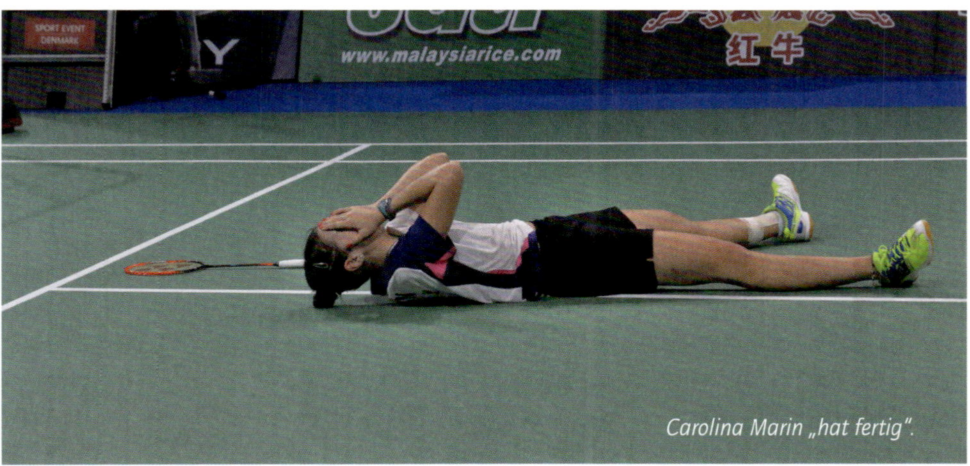

Carolina Marin „hat fertig".

Abonnieren Sie unseren kostenlosen Newsletter unter **www.dersportverlag.de**

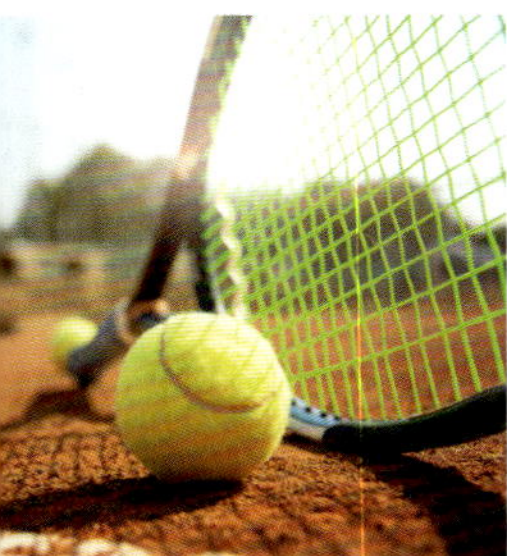

RÜCKSCHLAGSPIELE

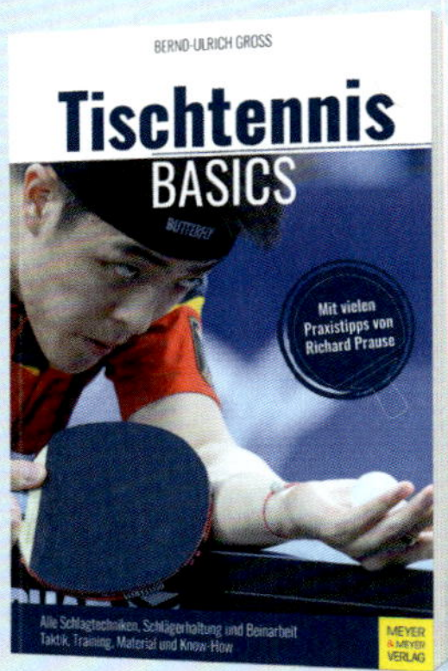

€ 22,00/ € [A] 22,70

ISBN 978-3-8403-7867-6

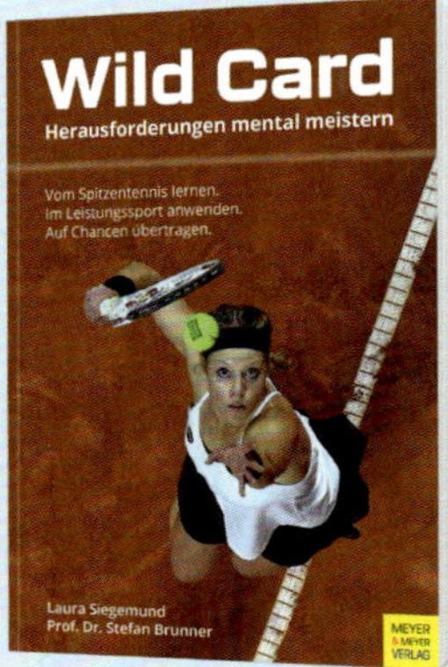

€ 30,00/ € [A] 30,90

ISBN 978-3-8403-7808-9

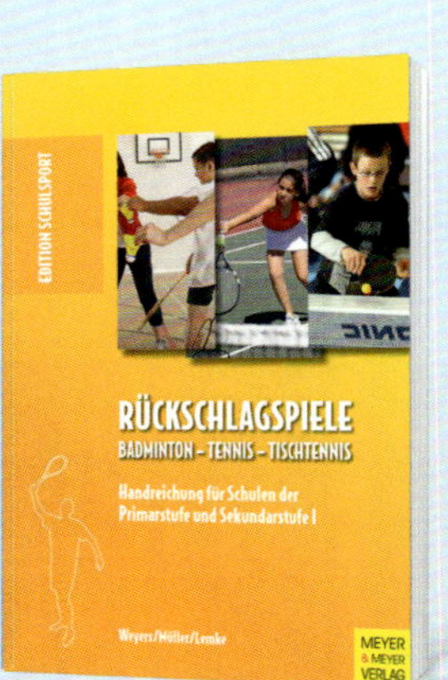

€ 18,95/ € [A] 19,50

ISBN 978-3-89899-817-8

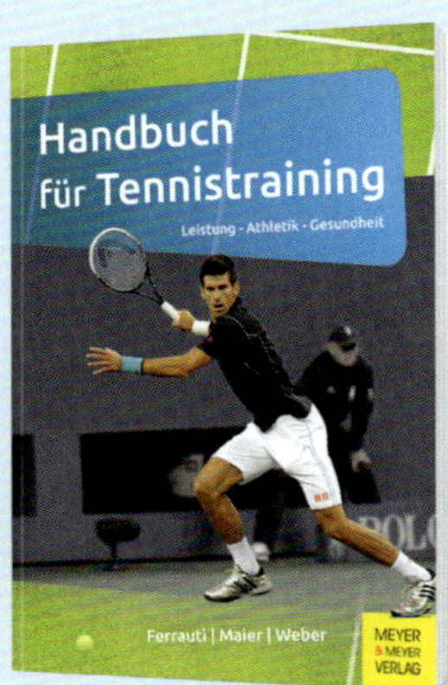

€ 28,00 / € [A] 28,80

ISBN 978-3-89899-948-9

* Preisänderungen vorbehalten und Preisangaben ohne Gewähr! © AdobeStock

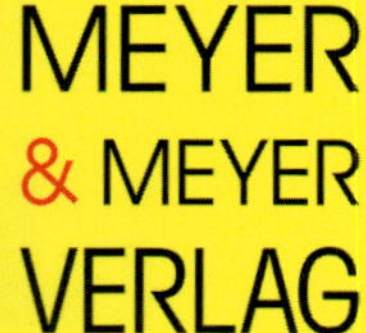

MEYER & MEYER
Fachverlag GmbH
Von-Coels-Str. 390
52080 Aachen

Telefon 02 41 - 9 58 10 - 13
Fax 02 41 - 9 58 10 - 10
E-Mail vertrieb@m-m-sports.com
Webseite www.dersportverlag.de

Unsere Bücher erhalten Sie online oder bei Ihrem Buchhändler.

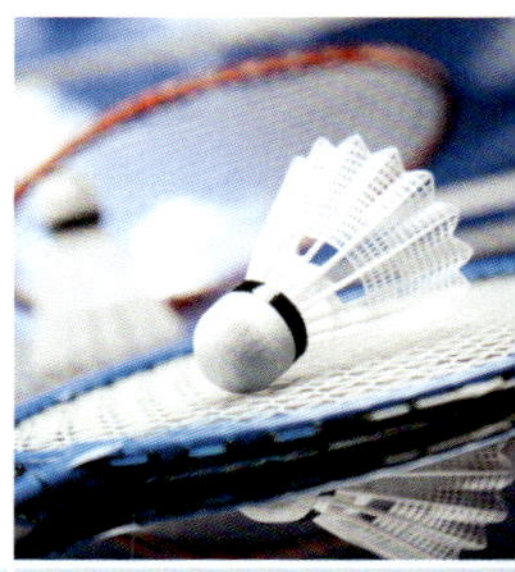

MEHR ZUM BADMINTONSPORT

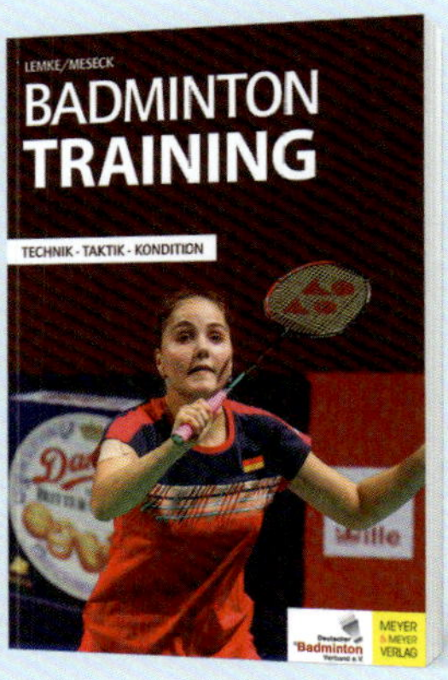

€ 20,00 € [A] 20,60
ISBN 978-3-8403-7884-3

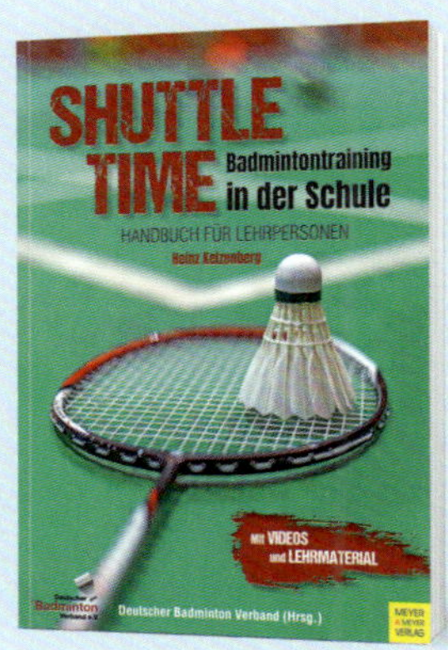

€ 24,00/ € [A] 24,70
ISBN 978-3-8403-7770-9

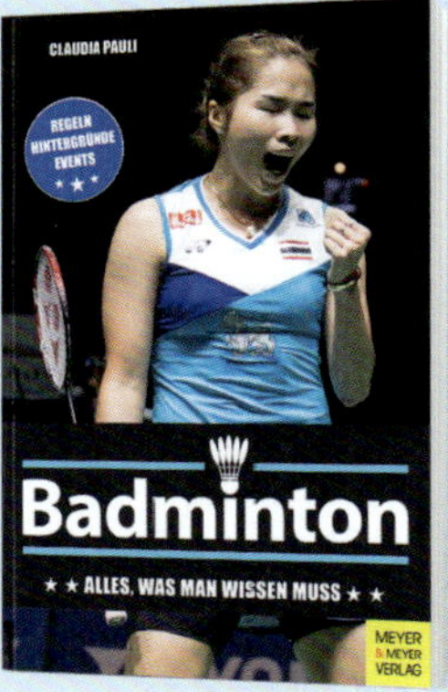

€ 16,00/ € [A] 16,50
ISBN 978-3-8403-7684-9

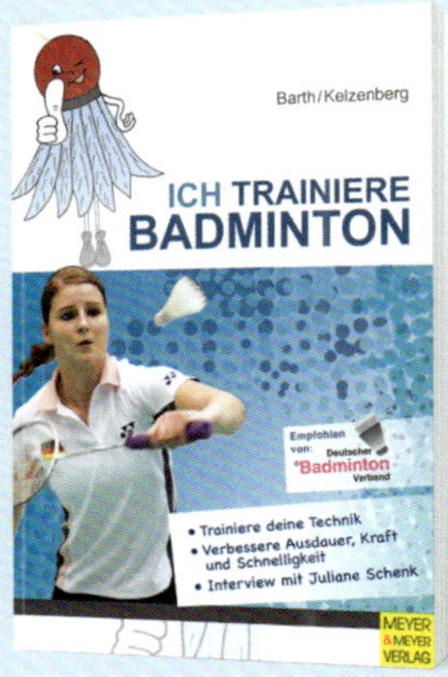

€ 14,95/ € [A] 15,40
ISBN 978-3-89899-585-6

* Preisänderungen vorbehalten und Preisangaben ohne Gewähr! © AdobeStock

MEYER & MEYER
Fachverlag GmbH
Von-Coels-Str. 390
52080 Aachen

Telefon 02 41 - 9 58 10 - 13
Fax 02 41 - 9 58 10 - 10
E-Mail vertrieb@m-m-sports.com
Webseite www.dersportverlag.de

Unsere Bücher erhalten Sie online oder bei Ihrem Buchhändler.

MEYER & MEYER VERLAG